JAPONÉS EN VIÑETAS

CURSO BÁSICO DE JAPONÉS A TRAVÉS DEL MANGA   Marc Bernabé

Ilustración de portada:
Maria Llovet

Manga *Rakujō*:
Gabriel Luque

Ilustradores interiores:
Guillermo March
J.M. Ken Niimura
Studio Kōsen

NORMA
Editorial

JAPONÉS EN VIÑETAS (Edición integral)
Curso básico de japonés a través del manga
Japonés en viñetas, 1ª edición: 2001
Japonés en viñetas, 8ª edición: 2011
Japonés en viñetas integral, 1ª edición: 2014.

© Marc Bernabé / Represented by NORMA Editorial S.A.
© 2001-2014 NORMA Editorial S.A. por la edición en castellano.
Passeig de Sant Joan, 7 08010 Barcelona.
Tel.: 93 303 68 20 - Fax: 93 903 68 31.
E-mail: norma@normaeditorial.com
ISBN: 978-84-679-1586-0
DL: B-6401-2014
Printed in E.U.

www.NormaEditorial.com/BlogManga

¡Búscanos en las redes sociales!
NormaEdManga

JAPONÉS EN VIÑETAS

CURSO BÁSICO DE JAPONÉS A TRAVÉS DEL MANGA   Marc Bernabé

Marc Bernabé (L'Ametlla del Vallès, Barcelona, 1976) es traductor e intérprete del japonés al español y catalán, con especial hincapié en la traducción de manga y anime. Combina su actividad traductológica con la enseñanza de la lengua y cultura japonesas a hispano-hablantes, campo en el que posee un máster por la Universidad de Estudios Extranjeros de Osaka. Aparte de las series *Japonés en viñetas* (libro de texto 1 con ejercicios comple-mentarios incluidos, libro de texto 2 y Cuaderno de ejercicios 2), y la serie de tres libros *Kanji en viñetas*, ha publicado *Apuntes de Japón* (Glénat, 2002), *Kanji para recordar I y II* (Herder, 2001 y 2004), *Kana para recordar* (Herder, 2003) —estos tres junto a James W. Heisig y Verònica Calafell—, así como la guía de viajes *Rumbo a Japón* (Laertes, 2005) —junto a V. Calafell y Jesús Espí. Más información en: http://www.nipoweb.com

Prefacio a la nueva edición

En diciembre de 1998 salió publicada en una conocida revista española de manga y animación japonesa la primera lección de un curso de japonés cuya filosofía consistía en enseñar el idioma de manera amena, utilizando ejemplos sacados de auténticos mangas para hacer el estudio lo más placentero posible. El éxito de las entregas mensuales en la revista permitieron, en mayo de 2001, recopilar todas las lecciones en un libro, *Japonés en viñetas*, que, de nuevo, fue acogido con los brazos abiertos por miles de lectores y que incluso propició la edición de una segunda parte, *Japonés en viñetas 2*, y de sendos cuadernos de ejercicios complementarios.

Tres años después de la aparición en el mercado de *Japonés en viñetas* se publicó la edición corregida y ampliada de ese libro, además de ediciones en seis idiomas aparte de la original en castellano. Esa nueva edición incluía notables mejoras: nuevo diseño interior, una ligera reestructuración de contenidos y una revisión a fondo del texto que incluía explicaciones más desarrolladas donde se había estimado necesario.

Por otro lado, en el año 2005 aparecía en el mercado el primer *Cuaderno de Ejercicios*, el complemento ideal para el primer libro de texto que incluía más de 150 actividades complementarias con las que interiorizar mejor lo aprendido en las lecciones.

Ocho ediciones más tarde, más dos ediciones más que salieron para Círculo de Lectores, en esta ocasión nos congratulamos en presentar una nueva edición de *Japonés en viñetas* que esta vez incluye, en un mismo libro, los contenidos del libro de texto original más los de su correspondiente cuaderno de ejercicios, para que el estudiante pueda tener todo el material en un solo libro y de la forma más cómoda posible.

Quiero aprovechar esta ocasión para agradecer de todo corazón a todos aquellos que siempre han apoyado a *Japonés en viñetas* y sus «hermanos», en especial a **Norma Editorial**, que dio luz verde al proyecto y creyó desde el primer momento en algo que parecía tan descabellado como un curso de japonés a través del manga. El tiempo, por suerte, ha demostrado la validez de la idea. Mi mayor agradecimiento, eso sí, va para los estudiantes y también profesores que han apoyado hasta ahora a *Japonés en viñetas*, y me han animado a continuar adelante. Sin ellos, ahora no tendrías esta nueva edición entre las manos.

Marc Bernabé
23 de abril de 2014

目次 Índice

挨拶 Saludo

Hoy en día, cada vez hay más jóvenes que aman el manga y el anime de Japón en todo el mundo, y muchos de estos jóvenes quieren aprender el idioma japonés precisamente por su interés en este aspecto de la cultura popular japonesa. Cada vez que visito países extranjeros por mi trabajo, me encuentro con el amor y la pasión de estos jóvenes hacia el manga y el anime de Japón, lo que me llena de felicidad.

El sr. Marc Bernabé, buen amigo mío, se ha dedicado durante muchos años a la traducción de manga japonés y al estudio del manga. Marc tiene un profundo conocimiento del tema, que abarca desde los mangas más actuales hasta obras históricas. No solamente conoce bien el manga mismo, sino también las condiciones y circunstancias que lo rodean – que son en sí mismas aspectos importantes de la cultura japonesa.

Al menos que yo sepa, se puede decir que Marc Bernabé es el experto estudioso número uno del manga japonés en el mundo hispanohablante.

También Marc ha publicado muchos libros para estudiar japonés a través del manga y ha ganado muchos lectores. En este libro, *Japonés en viñetas*, los lectores no solo pueden estudiar el idioma japonés de forma amena, sino que también pueden aprender varios aspectos de la cultura japonesa que aparecen en el manga.

Así pues, se puede decir que *Japonés en viñetas* es un gran libro de texto del idioma japonés y a la vez una guía excelente de la cultura japonesa.

Marzo de 2014

Akira Yamada
Director General, Departamento de América Latina y el Caribe,
Ministerio de Asuntos Exteriores, JAPÓN

挨拶 Saludo

Cuando sale el tema de la lengua japonesa, lo primero que se oye son exclamaciones tales como: «¡Ay, es dificilísima y durísima...!» «¡Y no hablemos de los ideogramas, que hay que tragárselos todos de memoria!». Tradicionalmente, se aprendía el japonés a base de retener de memoria tanto la gramática como la escritura, empleando en la tarea toda la paciencia que uno pudiera tener. Más tarde, desde hace unos treinta años, se empezaron a introducir en la enseñanza los métodos audiovisuales, intentando lograr la comprensión global del japonés, tanto escrito como hablado, mediante la utilización de casetes y vídeos. Actualmente, se ha dado otro giro en el acercamiento al japonés desde que se ha puesto en marcha el mundo de la informática con todos sus derivados.

Marc Bernabé ha elaborado un libro dedicado a la enseñanza del japonés abordándolo de una forma totalmente nueva: a través del manga. ¡Esta sí que es una novedad, que trae aire fresco y nuevo al ámbito de la enseñanza de la lengua japonesa! ¡Ya era hora de que apareciera un libro como este! Al considerar la afición de la gente a este género, sobre todo de los jóvenes, era natural y necesario que se editara algo así.

En este libro, apoyándose en el manga, se facilita el acceso al conocimiento de la lengua japonesa haciendo ameno el camino de su aprendizaje. La visualización del contenido con las figuras ya familiares ayuda a su rápida comprensión, superándose así la leyenda de «lengua japonesa=difícil».

Además, a la hora de escoger los materiales didácticos, el autor ha adoptado una actitud muy flexible, fiel reflejo de su persona, conservando los elementos clave de la metodología tradicional. Lo cual hace que el libro no caiga a la altura de un manual superficial que busca casi solo el entretenimiento, sino que tiene peso por sí mismo.

A mí me encanta ver cómo van progresando aquellos muchachos que hace poco se movían con inquietud en las aulas. Marc, aparte de tener una facilidad enorme para el japonés, estaba «loco por el manga». Aquella semilla ya se ha convertido en una planta joven que respira con todas sus fuerzas, y que seguirá creciendo hasta ser un árbol robusto y firme. Estoy convencida de que él conseguirá hacer realidad todos aquellos sueños, siguiendo la frase de 吉田兼好 Kenkō Yoshida en el siglo XVII en su ensayo *Tsurezuregusa:* «Cuando a uno se le da bien algo, es porque le encanta».

Shigeko Suzuki,
profesora retirada, Universidad Autónoma de Barcelona.

Febrero de 2001

本書の特徴 Introducción

Es posible que algunos lectores de este libro, no familiarizados con el mundo del manga y del anime (cómic y animación producidos en Japón), se pregunten por qué se han escogido viñetas de cómic para ilustrar las lecciones.

La primera razón es que las lecciones que forman este curso fueron originalmente publicadas en *Dokan,* una conocida revista de cómic y animación japonesa de España. Cuando la entonces redactora jefe de dicha publicación me confió la confección de un curso de japonés mensual, pensé que este debía ajustarse de algún modo a su temática. Inspirándome en las lecciones de la ya difunta revista estadounidense *Mangajin*, en las que se desarrollaba un tema lingüístico todos los meses con viñetas de manga como ejemplo, logré encontrar la fórmula, que consistía en desarrollar un curso de japonés con una clara estructura: una página de teoría, en la que se incluirían siempre cuadros de vocabulario y de gramática para hacer el estudio más visual y cómodo para el estudiante, y una segunda página de ejemplos sacados directamente de manga japonés, que ilustrasen y ampliasen lo explicado en la teoría.

Para mi propia sorpresa, la idea funcionó muy bien, lo que permitió que el curso se publicara ininterrumpidamente durante 30 números de la revista (casi tres años) y recibiera numerosas muestras de apoyo y sugerencias durante este período de gestación. Todo esto permitió la edición de este libro, una recopilación ampliamente mejorada de esos contenidos de la revista.

La segunda razón por la que aquí utilizamos viñetas de manga para enseñar japonés es que el manga es un auténtico fenómeno, ya no solamente en Japón, su país de origen, sino también en Occidente, al que poco a poco se ha ido extendiendo y haciendo cada vez más popular y accesible. El manga, con su enorme variedad temática, es una herramienta ideal para conseguir una «ventana» por la que ver la sociedad y la mentalidad japonesa en su contexto.

La palabra «manga» significa literalmente «dibujos espontáneos, sin sentido», y es la que se utiliza en Japón para referirse al cómic en general. Por extensión, en Occidente se ha adoptado esta palabra con el sentido de «cómic japonés», y aparece ya como tal en los diccionarios. Sin embargo, la popularidad del manga en Japón no se puede comparar con nada parecido a los países occidentales. Quizás un equivalente en peso específico a dicho fenómeno podría ser el cine, la literatura o algún deporte popular. Un autor de éxito puede llegar a cobrar auténticas fortunas y, de hecho, los más reconocidos se cuentan entre las personas más ricas de Japón.

Veamos unos pocos datos ilustrativos:

a) En 2010, el 36,4% de todos los libros y revistas publicados en Japón eran de manga, lo que reportaba el 22,2% de los beneficios totales de la industria editorial japonesa, según la edición 2009 de 出版指標年報 *Shuppan Shihyō Nenpō* (Índice editorial anual).

b) Las revistas de manga semanales tienen unas tiradas impresionantes. En el mercado japonés, no es raro que estas revistas superen el millón de ejemplares vendidos por semana. Por ejemplo, en 2010, 少年ジャンプ *Shōnen Jump* vendió unos tres millones de ejemplares a la semana, mientras que 少年マガジン *Shōnen Magazine* llegaba casi a los 1,8 millones de ejemplares... Aunque no se puede ni comparar con los 6,5 millones de *Shōnen Jump* en su época dorada de finales de los 80 y principios de los 90.

c) El manga, además, ha generado industrias paralelas en absoluto desdeñables: los dibujos animados o anime, que triunfan en el mundo entero, son un claro ejemplo.

Existen mangas de todas las tendencias, argumentos y estilos artísticos, así como para todas las edades y estratos sociales. Entre los lectores de manga se cuentan niños, adolescentes, mujeres maduras, obreros, oficinistas, etc. Por supuesto, también existe el género erótico y el pornográfico. En Japón, el cómic no es solo cosa de niños; todo el mundo lee o ha leído manga y su cultura está claramente influenciada por él.

El cómic japonés no es solo ciencia-ficción, violencia y sangre, de hecho los hay de todos los tipos. Cuando la primera oleada del manga llegó a Occidente, sin embargo, muchas de esas obras fueron de tipo violento o con alto contenido sexual, lo que contribuyó a crear una imagen distorsionada de lo que en realidad da de sí el cómic japonés. Ni todo el manga es violento, ni todo el manga contiene una alta carga sexual, ni todo el manga es gráficamente igual. Cierto, muchos tebeos japoneses parecen cortados por el mismo patrón de ojos grandes y brillantes y pelo de punta, pero también hay una enorme cantidad de obras que se salen de estos moldes.

Los mangas aparecen originalmente en gruesas y baratas revistas semanales, a razón de unas 20 páginas por serie por semana (cada revista serializa unas 15 colecciones). Cuando una serie tiene éxito, se suele recopilar luego en forma de una colección de libros de unas 200 páginas (que recoge unos 10 u 11 capítulos aparecidos previamente en la revista semanal), llamado 単行本 *tankōbon*. Esta es la forma en la que el manga suele llegar a las manos de los aficionados occidentales que lo consumen en versión original.

En definitiva, el manga es un fenómeno importantísimo en Japón. A través de estos cómics es posible, con cierta prudencia y espíritu analítico, aprender el idioma japonés y, lo que es quizás más importante todavía, aprender muchísimo acerca de la cultura e idiosincrasia japonesa. Te aseguramos que eso es de lo más interesante.

Lee atentamente las páginas siguientes para hacerte una idea de cómo funciona el método y cómo se estructura el libro. Espero que esta obra te sirva para aprender tanto idioma como cultura japonesa; es un gran honor para mí ser tu *sensei*.

Utilización y estructura de este libro

Este libro está orientado al estudio autodidacta del japonés que se utiliza en los mangas (japonés coloquial de tipo oral) para que puedas llegar a entender un cómic japonés, una serie de animación o una película de imagen real, de tipo infantil, en versión original (por supuesto, con la ayuda de un diccionario).

Al ser el objetivo del curso la comprensión del japonés de los mangas, encontrarás en él muchos aspectos de la lengua japonesa que no se suelen explicar en los cursos convencionales, al menos no en un estadio tan temprano. Estudiaremos algunos rasgos de la lengua hablada coloquial, como por ejemplo los distintos pronombres personales (L.7), las partículas enfáticas de fin de frase (L.17), o los verbos en forma simple (L.20), que no se suelen estudiar hasta una fase más avanzada del estudio «ortodoxo» del idioma. El nivel aumenta según avanzan las lecciones, por lo que lo más sensato es estudiar el libro por orden y solo pasar a la lección siguiente cuando se haya interiorizado el contenido de las lecciones anteriores. Para facilitar y agilizar el estudio, hemos optado por proporcionar siempre la transcripción a alfabeto romano (*rōmaji*) de todas las palabras y frases, aunque recomendamos aprender cuanto antes los silabarios (hiragana y katanaka) para no adquirir vicios que luego son difíciles de corregir.

Las treinta lecciones

El cuerpo del libro está formado por treinta lecciones, estructuradas en tres partes:

A) TEORÍA. En esta parte se desarrolla una explicación teórica y detallada acerca del tema de la lección. Suele haber uno o varios cuadros gramaticales o de vocabulario que ayudan a sintetizar y a captar mejor lo explicado.

B) MANGA-EJEMPLOS. Ejemplos sacados en su origen de manga japonés, rediseñados especialmente para este libro. Sirven para ilustrar y ampliar lo explicado anteriormente en las páginas de teoría. El sistema utilizado para analizar cada frase es el siguiente:

> **Tenchi:** この本はとても面白いですね。
> *kono hon wa totemo omoshiroi desu ne.*
> este libro PTM muy interesante ser PE.
> **Este libro es muy interesante, ¿verdad?**

Primera línea.	Transcripción exacta del original japonés del bocadillo.
Segunda línea.	Transcripción del texto al alfabeto occidental (*rōmaji*).
Tercera línea.	Traducción literal palabra por palabra. El significado de las distintas abreviaturas utilizadas se puede encontrar en el glosario.
Cuarta línea.	Traducción orientativa al español.

C) EJERCICIOS. Siempre tienen relación con el tema desarrollado en la lección y las respuestas se pueden siempre obtener o deducir del contenido de la lección en la que se encuentran. Las respuestas correctas de los ejercicios se encuentran al final del libro.

Los ejercicios complementarios

Cada cinco lecciones encontrarás un bloque de ejercicios complementario de doce páginas, encabezado siempre por un capítulo de cuatro páginas del manga *Rakujō*.

No es obligatorio realizar estos ejercicios complementarios si tu idea es usar este libro como una introducción general al japonés, sin querer ir más allá, por lo que si encajas con esta descripción puedes saltártelos. En cambio, si realmente quieres aprender japonés y vas en serio, estos te serán extremadamente útiles y de obligatoria realización.

Eso sí: aunque en las lecciones optamos por «regalar» al estudiante la transcripción al *rōmaji* de todos los textos, para hacer más llevadero el estudio y fomentar el interés y la motivación por aprender japonés incluso en los más perezosos, en los ejercicios complementarios esta ayuda desaparece. Aprovecha el primer bloque de ejercicios, en el que se practica a fondo la escritura del hiragana y el katakana, porque dominar los silabarios a va ser esencial.

Para recrear el «ambiente» que se puede encontrar en los manga de tipo *shōnen* (para chicos) y *shōjo* (para chicas), hemos optado por un japonés escrito «natural», tanto en el manga como en los ejercicios. Así, se usan kanji de dificultad media y alta, pero siempre con la ayuda del *furigana* («ayuda» en forma de caracteres hiragana escritos en pequeño que revelan la lectura de un kanji). Hay una importante excepción, sin embargo, que se explica en la sección KANJI del siguiente punto.

Al finalizar cada uno de los bloques puedes corregirte inmediatamente a ti mismo ya que en el Apéndice i se incluyen todas las respuestas. Utilízalas como guía para comprobar si has entendido bien los ejercicios y, si tienes dudas, repasa siempre las lecciones correspondientes para tratar de solventarlas: equivocarte y luego averiguar dónde está el origen de tu error es el mejor método de estudio.

Los bloques de ejercicios son de dificultad progresiva, lo que significa que en cada uno de ellos pueden salir patrones gramaticales o vocabulario de bloques anteriores: ¡mantente siempre atento porque no se toleran los despistes!

Estructura de cada bloque de ejercicios

Cada uno de los seis bloques cuenta con doce páginas ordenadas del siguiente modo:

A) RAKUJŌ. Este manga es una obra original creada expresamente para este método. Con él podrás realmente aprender japonés a través del manga, puesto que los textos están adaptados a lo que has aprendido en cada uno de los bloques de cinco lecciones. En cada capítulo, sin embargo, aparecen algunas palabras nuevas, listadas en la quinta página de cada bloque (justo después de las páginas de manga). Te recomendamos que primero leas y estudies el vocabulario nuevo e inmediatamente después disfrutes del manga. Tienes más información sobre la historia en la página 15. Si lo requieres, en www.nipoweb.com/rakujo.pdf, dispones de la traducción al español de todos los diálogos, en un archivo que, al imprimirlo, podrás encuadernar en forma de libreto.

b) **Comprensión lectora.** En estas dos páginas se formulan preguntas sobre el capítulo de *Rakujō* que acabas de leer. Mediante estos ejercicios podrás comprobar hasta qué punto has comprendido el texto y el desarrollo de la historia.

c) **Vocabulario.** Dos páginas en las que practicar, con varios tipos de ejercicios, el vocabulario aprendido en cada bloque (y repasar el de bloques anteriores).

d) **Gramática.** Dos páginas en las que afianzar, con varios tipos de ejercicios, los patrones gramaticales aprendidos en cada bloque (y repasar los de bloques anteriores).

e) **Kanji.** Dos páginas en las que practicar la lectura, la escritura y el uso en su contexto de los kanji. Mucho ojo, porque esta parte **no se basa en las lecciones**, sino en el «Recopilatorio de kanji» del Apéndice II (página 318). Eso sí, hemos intentado seleccionar siempre aquellos kanji que guarden cierta relación con los contenidos de cada bloque. Verás que la parte «Kanji» está encabezada por una lista de veintidós caracteres cada vez (salvo el primero, que sólo tiene dieciocho). Debajo de cada kanji aparece un número que corresponde al de entrada en el «Recopilatorio de kanji». Antes de realizar los ejercicios, deberás estudiar muy bien los veintidós kanji en el mencionado glosario; de lo contrario, te será muy difícil sacarle el máximo jugo a este apartado.

Atención: Conviene advertir que, al ser la dificultad de los bloques de ejercicios progresiva, una vez que se haya estudiado un kanji a fondo en un bloque aparecerá siempre sin *furigana* en bloques posteriores. Así, deberás esforzarte en leerlo de memoria cada vez (lo que, por supuesto, será muy positivo para tu estudio).

Los apéndices

El libro incluye cuatro apéndices con información complementaria muy útil:

i) **Respuestas a los ejercicios.** Detalladas respuestas de todos los ejercicios incluidos en el libro, para que puedas contrastar tú mismo si lo has hecho bien. Al ser un método autodidacta, hemos tratado de suplir el hándicap que supone la ausencia de profesor con todas las herramientas posibles, y esta es quizás la más significativa.

ii) **Recopilatorio de kanji.** Recopilatorio de 160 caracteres japoneses (kanji) básicos, con cinco palabras compuestas cada uno. El estudio de estos caracteres es fundamental para conseguir una base muy sólida para el posterior estudio más a fondo del idioma.

iii) **Glosario de onomatopeyas.** Útil herramienta de consulta para los lectores de manga en versión original o de manga en español sin onomatopeyas retocadas.

iv) **Índice de vocabulario.** Un índice de más de 1.000 palabras con todo el vocabulario que aparece a lo largo de las lecciones de este libro, ordenado por orden alfabético.

Material extra

Si deseas después de estudiar este libro deseas seguir adelante en el estudio del japonés, debes saber que hay disponible una segunda parte, *Japonés en viñetas 2*, que contiene 30 lecciones más y numeroso material extra. Entre otras cosas, el libro está adaptado al Examen de capacidad en lengua japonesa y cuenta con un *Cuaderno de ejercicios* complementario. Estos tres libros conforman ahora la colección *Japonés en viñetas.*

Asimismo, la serie de tres libros *Kanji en viñetas* puede ayudarte, de forma visual y amena, a superar el escollo que representan los temidos caracteres de origen chino. Entre los tres libros se presentan todos los kanji que los niños japoneses aprenden durante los seis años de escuela primaria, un total de 1.006 de ellos, los más básicos y absolutamente indispensables y, por supuesto, incluyen numerosos ejercicios complementarios.

En la página web *www.nipoweb.com* puedes encontrar más información sobre el proyecto *Japonés en viñetas,* con muestras de todos los libros, novedades, y mucho más.

Sobre las traducciones

En el libro se dan varias frases de ejemplo, así como muchos manga-ejemplos, con sus correspondientes traducciones palabra por palabra y al español. A veces, las frases ofrecidas pueden «chirriar» por poco naturales, pues al realizar sus traducciones hemos preferido pecar de literales al original japonés, de forma que comprendas mejor su formación. Un buen ejercicio sería intentar crear traducciones más naturales en español de cada una de las frases: esto te ayudará a afianzar conceptos, a analizar a fondo la frase japonesa y a pensar en ella como un todo en vez de como una mera agrupación de palabras. Aparte, quizás te ayude a descubrir la complejidad del trabajo del traductor...

Dicho todo esto, te dejamos con la introducción al manga *Rakujō* y con un glosario de abreviaturas utilizadas a lo largo del libro y te animamos a empezar. ¡Bienvenido al mundo del *nihongo*!

落城 Rakujō

La historia de *Rakujō*, manga creado expresamente para este libro, con dibujo de Gabriel Luque y guión de Marc Bernabé, se sitúa en el futuro, en el planeta Saka, devastado por una guerra perdida hace pocos años y que aún conserva, sin embargo, los aires de grandeza de cuando estaba en pleno apogeo y dominaba la galaxia entera.

Estamos en la base de Saka, una gran fortaleza aparentemente inexpugnable en la que se refugian Hide y su madre Yodo, que es la que en realidad lleva las riendas de la base. El actual gobernador de la galaxia, Yasu, busca una excusa para atacar y acabar de una vez con la amenaza que supone el planeta Saka, pero en su contra se encuentra el fiero general Yuki, que llega con sus tropas para defender la fortaleza...

Personajes

Yuki: General valiente y leal, fiel al clan encabezado por Hide y Yodo.

Yodo: Madre de Hide. Es una mujer guapa, obstinada y de carácter fuerte. Tiende a imponer sus opiniones a las de su hijo Hide.

Hide: Fue nombrado líder del planeta Saka al morir su padre, y es de carácter más bien pusilánime. Se deja llevar por su madre.

Yasu: Actual gobernador de la galaxia, un gran estratega muy astuto. No está dispuesto a dejar que nadie le impida hacerse con el control absoluto de la galaxia.

Yuki   **Yodo**   **Hide**   **Yasu**

Atención: Cuando los bordes de las viñetas están pintados de **negro**, lo relatado en esas viñetas ocurre en un momento temporal distinto al de la historia narrada: es decir, en el pasado o en el futuro. Esta es una convención típica del manga japonés que, como no podía ser de otra manera nos permitimos utilizar también.

略称集 Glosario de abreviaturas

P?: Partícula interrogativa. Indica que la frase es una pregunta. Ej.: か *ka* (L.17)

PC: Partícula de Complemento directo (qué). Ej.: を *o* (L.16)

PD: Partícula de Dirección (adónde). Ej.: へ *e* (L.16)

PE: Partícula Enfática. La mayoría de las partículas de final de frase expresan énfasis o añaden cierto matiz. Ej.: ね *ne*, よ *yo*, ぞ *zo*, etc. (L.17)

PI: Partícula de complemento Indirecto. Ej.: に *ni* (L.16)

PL: Partícula de Lugar (dónde). Ej.: で *de*, に *ni* (L.16)

PP: Partícula Posesiva (de quién). Ej.: の *no* (L.16)

PS: Partícula de Sujeto (quién). Ej.: が *ga* (L.16)

PT: Partícula de Tiempo (cuándo). Ej.: に *ni* (L.16)

PTm: Partícula de Tema. Indica que la palabra precedente es el tema. Ej.: は *wa* (L.16)

Suf.: Sufijo para nombres personales. Ej.: さん *san*, くん *kun*, etc. (L.15)

LECCIONES

1 a 30

Lección 1: Hiragana

El primer paso para aprender japonés que realizaremos en este libro será el de aprender un poco sobre la escritura nipona: estamos hablando, por supuesto, de esos «garabatos» que intrigan a más de uno. En estas primeras lecciones tendrás que esforzarte mucho para aprender los dos silabarios.

Los silabarios

La escritura es la base del aprendizaje correcto del japonés, ya que los libros de texto en *rōmaji* (es decir, escritos en alfabeto occidental) son útiles pero, a la larga, deficientes. Saber solo japonés hablado es equivalente a ser un analfabeto. Si lo que deseas es aprender japonés a todos los niveles, y especialmente si quieres llegar a leer revistas o cómics, debes pasar obligatoriamente por el aprendizaje de la escritura. Y los dos silabarios del japonés, de los cuales estudiamos en esta lección el hiragana, el más esencial, son el primer paso para un aprendizaje sólido del idioma. Debes acostumbrarte cuanto antes a las grafías japonesas; por eso empezaremos con las bases de la escritura.

Debes saber que en japonés no existe un alfabeto propiamente dicho, tal y como lo conocemos nosotros. En su defecto, existen dos «silabarios» llamados hiragana y katakana. Un carácter japonés equivale normalmente a una sílaba de dos letras en nuestro idioma (de ahí que sean llamados «silabarios»). Así, el carácter か se lee *ka*. Solo hay una excepción: el sonido «n», el único sonido consonántico que puede ir solo.

Tanto el hiragana como el katakana tienen 46 símbolos silábicos, equivalentes entre sí en lo que a pronunciación se refiere —aunque con escritura distinta—. Por ejemplo, el carácter hiragana ち y el carácter katakana チ se leen ambos *chi*.

Puede parecerte algo extraño, pero no lo es si consideramos que nosotros tenemos también un sistema parecido: las mayúsculas y minúsculas. Piensa: ¿qué parecido puramente formal tienen la «a» y la «A», o la «g» y la «G»? ¿Te parecen iguales?

También existen en japonés los llamados kanji, ideogramas tomados del chino sobre los siglos III y VI de nuestra era que designan conceptos en lugar de sonidos. Existen muchísimos kanji (se calcula que más de 50.000) pero en realidad se utilizan «solamente» unos 3.000 de forma frecuente y habitual, de los que 2.136 son considerados de uso común (L.3) y deben estudiarse obligatoriamente en las escuelas.

El tema de esta primera lección, pues, es el silabario hiragana, el más básico e imprescindible para aprender los fundamentos de la lengua japonesa.

Sobre la escritura japonesa

Antes de entrar en materia, vale la pena conocer algunos aspectos básicos de la escritura japonesa. Debes saber que el japonés puede escribirse al estilo tradicional (verticalmente y de derecha a izquierda), pero también al estilo occidental, (horizontalmente y de izquierda a derecha), como escribimos nosotros. En los periódicos y los mangas, por ejemplo, se tiende a utilizar el estilo tradicional. Hoy en día, en Japón se utilizan ambas modalidades, quizás con ligero predominio del estilo occidental, pero es fundamental acostumbrarse a ambas.

Eso sí, muchos libros, revistas, cómics y material impreso en general, se leen «al revés». Por lo tanto, en los libros japoneses, la cubierta se encuentra en lo que nosotros consideraríamos la contracubierta, y la lectura de las páginas se realiza de derecha a izquierda, justo al contrario que nuestros libros. Pensándolo bien, tampoco esto es tan extraño: los libros árabes, sin ir más lejos, se abren de la misma manera.

Los signos de puntuación también son distintos. El punto se escribe con un circulito (。) y la coma apunta hacia el lado contrario al que estamos habituados (、). Aparte, contamos también con corchetes de apertura (「) y de cierre (」) (que, ojo, se utilizan del mismo modo que nuestras comillas), y con varios de los demás signos de puntuación que todos conocemos, como interrogaciones (?), exclamaciones (!), etc.

El hiragana

Tras la introducción general a la escritura japonesa, vamos a meternos de lleno en el tema que nos ocupa en esta primera lección: el silabario hiragana. Presta atención al cuadro de la página siguiente porque tendrás que aprendértelo muy bien: es fundamental aprender a leer y escribir el hiragana con fluidez lo antes posible. Ten en cuenta que para escribir cada uno de los caracteres hay que seguir un orden de trazos determinado (aunque no lo parezca, el orden de trazos es muy importante). Al final de esta misma lección encontrarás una guía de escritura de cada uno de los caracteres básicos del hiragana, en la que se especifica el orden de trazos de cada uno.

Este silabario, el hiragana, es el más usado de los dos que existen, ya que se utiliza para escribir palabras propiamente japonesas, en contraste con el katakana, que se usa principalmente para extranjerismos, como veremos en la L.2. Una palabra se escribe en hiragana cuando no puede escribirse con kanji, el kanji está fuera de la lista de «kanji de uso común», o bien la persona que escribe no recuerda el kanji correspondiente a dicha palabra. Asimismo, las partículas gramaticales (L.16) y las desinencias verbales se escriben usando los signos de este silabario.

El hiragana es lo primero que aprenden los niños japoneses cuando estudian la escritura; por lo tanto, los libros infantiles de lectura más básicos estarán escritos enteramente con este silabario. Más tarde, a medida que el niño va ampliando sus conocimientos, se van introduciendo el katakana y los kanji.

Lista completa de caracteres hiragana												
Sonidos puros					**Sonidos impuros**					**Diptongos**		
あ a	い i	う u	え e	お o								
か ka	き ki	く ku	け ke	こ ko	が ga	ぎ gi	ぐ gu	げ ge	ご go	きゃ kya ぎゃ gya	きゅ kyu ぎゅ gyu	きょ kyo ぎょ gyo
さ sa	し shi	す su	せ se	そ so	ざ za	じ ji	ず zu	ぜ ze	ぞ zo	しゃ sha じゃ ja	しゅ shu じゅ ju	しょ sho じょ jo
た ta	ち chi	つ tsu	て te	と to	だ da	ぢ ji	づ zu	で de	ど do	ちゃ cha	ちゅ chu	ちょ cho
な na	に ni	ぬ nu	ね ne	の no						にゃ nya	にゅ nyu	にょ nyo
は ha	ひ hi	ふ fu	へ he	ほ ho	ば ba ぱ pa	び bi ぴ pi	ぶ bu ぷ pu	べ be ぺ pe	ぼ bo ぽ po	ひゃ hya びゃ bya ぴゃ pya	ひゅ hyu びゅ byu ぴゅ pyu	ひょ hyo びょ byo ぴょ pyo
ま ma	み mi	む mu	め me	も mo						みゃ mya	みゅ myu	みょ myo
や ya		ゆ yu		よ yo								
ら ra	り ri	る ru	れ re	ろ ro						りゃ rya	りゅ ryu	りょ ryo
わ wa				を (w)o								
ん n												

Descripción del silabario

Existen 46 sonidos básicos, que son los que puedes ver en la primera columna de la tabla que ofrecemos. Aprende primero estos caracteres porque luego te será infinitamente más sencillo memorizar los llamados sonidos «impuros» o «derivados».

Nota: notarás que hay dos hiragana que se pronuncian *ji* (じ y ち) y dos hiragana *zu* (ず y づ). Efectivamente, estos pares se pronuncian exactamente igual, pero su uso es distinto. Por ahora te basta con saber que la amplia mayoría de las veces utilizaremos じ y ず; los otros dos se usan en contadas ocasiones.

Los sonidos impuros (derivados de otros sonidos) se encuentran en la segunda columna. Fíjate en que la sílaba *ka* (か) se representa igual que *ga* (が), solo que la segunda cuenta con dos rayitas extra (la marca de sonorización o velarización) en la parte superior derecha; lo mismo ocurre cuando pasamos de la fila *s* a la *z*, de la *t* a la *d* y de la *h* a la *b*.

Observa también que para conseguir los sonidos «p» solo tenemos que añadir un circulito (la marca oclusiva) a la parte superior derecha de los hiragana de la fila *h*. Por ejemplo, は (*ha*) ⇒ ぱ (*pa*).

En la tercera columna, por fin, encontramos los diptongos, combinaciones de los caracteres de la columna «i» (き *ki*, し *shi*, ち *chi*, に *ni*, ひ *hi* y み *mi*) con los de la fila «y» (や *ya*, ゆ *yu*, よ *yo*), estos últimos escritos en menor tamaño. Estas combinaciones se usan para representar sonidos más complejos como ちゃ *cha*, ひょ *hyo* o ぎゅ *gyu*.

El sonido «l» no existe en japonés, así que cuando tengamos que escribir o pronunciar una palabra extranjera que lleve una «l», deberemos sustituirla por una «r» suave. Por ejemplo, el nombre *Laura* se pronunciaría como *Raura*. No, no se trata de un dato erróneo ni has leído mal: el japonés no tiene nada que ver con el chino (en el que ocurre lo contrario y las «r» nos parecen «l» en boca de un hablante de chino), lo que provoca malentendidos a veces bastante graves. ¿Cuántas veces habremos oído al gracioso de turno imitando a un japonés y hablando con la «l»?

No te preocupes por este tema de momento porque <u>nunca</u> usaremos el hiragana para transcribir nuestros nombres al japonés: esto lo estudiaremos en las lecciones 2 y 8.

Pronunciación

La pronunciación del japonés es verdaderamente sencilla para un hispanohablante, ya que en general podemos imitar todos los sonidos con cierta soltura. Algunos de ellos no existen en español: en tales casos daremos ejemplos en inglés, por lo que serán necesarios unos mínimos (muy mínimos) conocimientos de inglés para pronunciar bien el japonés.

- La «r» se pronuncia suave. Siempre como en *cara;* nunca como en *carro.*
- La «sh» como en *Sharon* (inglés).
- La «j» como en *James* (inglés); nunca como en *Jorge*. (Para los argentinos, como la «ll» de *llover*).
- La «z» como en *zone* (inglés); nunca como en *zorro.*
- La «h» se pronuncia ligeramente aspirada, como en *Harry* o *hockey* (inglés).

Todo lo demás suena igual que en español, incluso las vocales son exactamente las mismas cinco (a, e, i, o, u).

漫画例 Manga-ejemplos

Ahora veremos algunos ejemplos del uso del hiragana. En este curso siempre veremos ejemplos originalmente obtenidos de auténtico manga japonés para ilustrar lo explicado en las páginas de teoría. Una imagen vale más que mil palabras...

a) Bostezo

Studio Kōsen

Katsuko: ふわあっ。
fuwaa...
(Onomatopeya de bostezo)

Este primer ejemplo nos muestra a Katsuko levantándose de la cama y diciendo: *fuwaa...* El dibujo y la pose del personaje hacen evidente el significado de esta onomatopeya, por lo que no nos extenderemos en este aspecto.

Este manga-ejemplo demuestra lo útil que puede resultar practicar la lectura del hiragana con cualquier manga en japonés que se pueda obtener. Las onomatopeyas y efectos sonoros escritos en este silabario en las páginas de cómic son abundantes; reconocerlas y empezar a leerlas, aunque no se entienda el significado con claridad, es ya un primer paso muy satisfactorio y una buena motivación para seguir estudiando japonés con ilusión y ganas. Tienes un glosario de onomatopeyas en el Apéndice III.

Nota: algo curioso de observar es el pequeño carácter *tsu* (っ) al final de la exclamación, lo que indica que el sonido anterior termina bruscamente, es decir, que se corta de forma tajante. Encontrarás frecuentemente la «pequeña *tsu*» que indica un final tajante en los cómics, donde se utiliza con profusión. Sin embargo, difícilmente encontrarás este «efecto sonoro» en otro tipo de textos.

b) Risas

Mifu: あははははははははははは。
ahahahahahahahahahahaha
(Onomatopeya de risa)

Tatsu: へへへへへへへへへへへへ。
hehehehehehehehehehehe
(Onomatopeya de risa)

Aquí vemos a Tatsu y Mifu en el momento de conocerse. Su reacción es de lo más curiosa: ¿qué indicarán exactamente estas risitas escritas en hiragana?

Las onomatopeyas de sonidos emitidos por personajes humanos (risas, vacilaciones, gritos, etc.) suelen escribirse en hiragana, al contrario que los sonidos provocados por acciones, cosas y animales (explosiones, golpes, ladridos, etc.), que acostumbran a escribirse en katakana, como veremos en la L.2. Sin embargo, no te tomes esto como una «norma» rígida ni mucho menos; según el autor y sus gustos, el uso de los silabarios en los mangas puede variar.

c) Partículas y desinencias

Kazuhiro: ぼくが壊した！？
boku ga kowashita!?
yo PS romper!?
¿¡Lo rompí yo!?

En este tercer ejemplo podemos ver dos de los usos más característicos del silabario hiragana. Con este silabario se escriben las unidades que conforman el auténtico «esqueleto» de las oraciones. Se escriben siempre en hiragana las partículas gramaticales, fundamentales en la gramática japonesa, como estudiaremos en la L. 16. En este ejemplo tenemos una muestra de una de ellas, が (*ga*), que sirve para marcar el sujeto de la oración, es decir, quién realiza la acción. En este caso, ぼく *boku* («yo»), es quien realiza la acción.

También se escriben en hiragana las desinencias verbales, con las que sabemos si un verbo está conjugado en presente, pasado, etc. En este caso, al kanji 壊 se le añaden los hiragana した *shita*, que indican «pasado» (L.20). Así, 壊した *kowashita* significa «rompí».

d) La «cohabitación» de hiragana, katakana y kanji

> **Tarō:** わしよりハンサムなのは杉本明だけだ
> *washi yori hansamu na no wa sugimoto akira dake da*
> yo más guapo que sugimoto akira solo ser
> **Solo Akira Sugimoto es más guapo que yo.**

> **Sugimoto:** わーい　ありがとう　へへへ...
> *waai arigatō he he he...*
> ¡Guay! gracias je je je
> **¡Anda, pues gracias! Je, je, je...**

Este último ejemplo tiene muy poca relación con el resto de esta primera lección. En él podemos observar una de las características más curiosas y a la vez representativas del japonés. Se trata del uso en una misma frase de las tres formas de escritura del idioma nipón: los dos silabarios (hiragana y katakana) y los kanji.

Observa que todo el texto está escrito en hiragana, el verdadero «esqueleto» de las oraciones, excepto las palabras ハンサム *hansamu* que viene del inglés y que, por lo tanto, se escribe en katakana (L.2), y 杉本明 *Sugimoto Akira*, que está escrito en kanji con la lectura correspondiente al lado en pequeños caracteres hiragana llamados *furigana*. Los *furigana* se utilizan a menudo en textos de carácter infantil o juvenil −como los cómics *shōnen* (para chicos) o *shōjo* (para chicas)− para darles a los jóvenes lectores que todavía no dominan las lecturas de los kanji un apoyo que les permita leer cómodamente el texto. ¡No hace falta ni decir lo útil que puede ser para un estudiante de japonés utilizar cómics de este tipo para practicar la lectura!

Nota: en la camiseta de Sugimoto pone *aho*, palabra que significa «estúpido» (L.23).

Nota 2: los nombres propios de persona nipona funcionan en japonés con la estructura apellido + nombre, y no al revés. En este caso, 杉本 *Sugimoto* es el apellido y 明 *Akira* el nombre, así que nosotros llamaríamos a esta persona «Akira Sugimoto».

Vocabulario: *Washi* = «yo» (suelen decirlo las personas mayores, L.7) | *yori* = «más que» | *hansamu-na* = «guapo» (del inglés «handsome») | *dake* = «solamente» | *da* = verbo «ser», forma simple (L.7) | *arigatō* = «gracias»).

1 ¿Utiliza el japonés un alfabeto propiamente dicho? ¿A cuántas letras occidentales equivale normalmente un carácter hiragana al transcribirlo?

2 ¿Qué tipo de signos se utilizan para escribir en japonés (3 tipos)?

3 ¿Cómo suele ir el texto en los mangas, horizontalmente y de izquierda a derecha (estilo occidental) o verticalmente y de derecha a izquierda (estilo tradicional)?

4 ¿Para qué se suele utilizar el silabario hiragana?

5 Escribe en japonés las sílabas *te, mu, i* y *sa.*

6 Transcribe al español los siguientes signos hiragana: に, る, き y え.

7 Escribe en japonés las sílabas impuras *de, pi, da* y *za.*

8 Transcribe al español los siguientes hiragana: ぶ, ず, ぱ y じ.

9 ¿Cómo formamos sonidos complejos (diptongos) del tipo *cha, hyo* o *jo*? Escribe estos tres en japonés.

10 ¿Cómo se pronuncia en japonés la «r» de la palabra *Reiko*, como la «r» de «cara» o como la «rr» de «carro»?

a	一	十	あ		*su*	一	す	
i	し	い			*se*	一	甘	せ
u	ラ	う			*so*	そ		
e	え	ゑ			*ta*	一	才	た	た
o	一	お	お		*chi*	一	ち	
ka	ラ	力	か		*tsu*	つ		
ki	一	三	き	き	*te*	て		
ku	く				*to*	と		
ke	し	に	け		*na*	一	十	が	な
ko	ラ	こ			*ni*	し	に	に
sa	一	さ	さ		*nu*	し	ぬ	
shi	し				*ne*	十	ね	

no	の				yu	ゆ	
ha	に	は			yo	よ	
hi	ひ				ra	ら	り
fu	ふ	ふ	ふ		ri	り	け
he	へ				ru	る	
ho	に	に	ほ		re	れ	
ma	二	ま			ro	ろ	
mi	み	み			wa	わ	
mu	む	む			wo	を	
me	め				n	ん	
mo	も	も					
ya	づ	や					

Lección 2: Katakana

En la primera lección acabamos de ver cómo el hiragana se utiliza para escribir palabras propiamente japonesas. Ahora bien, ¿para qué se usa el katakana? En esta lección estudiaremos los usos de este segundo silabario y veremos también algunas características extra del hiragana.

Palabras extranjeras

El katakana tiene un uso más bien limitado, y de hecho los niños japoneses lo aprenden más tarde que el hiragana. Pero hay que señalar que este silabario es fundamental para leer en japonés, o sea que no dejes su estudio para el último momento: empieza cuanto antes a estudiar el cuadro adjunto. Es un error grave pensar que por ser un silabario «secundario» no vale la pena estudiarlo bien. **Atención:** presta especial atención a las diferencias entre シ *shi* y ツ *tsu* y entre ン *n* y ソ *so*, que son fácilmente confundibles.

El uso más básico y evidente del katakana es el de la transcripción al japonés de palabras extranjeras que han sido previamente adaptadas a la limitada fonética nipona. Así, «ordenador/computador» se convierte en コンピュータ *konpyūta*, «trabajo a tiempo parcial» en アルバイト *arubaito*, y «prêt-à-porter» en プレタポルテ *puretaporute*. Estos ejemplos provienen del inglés (*computer*), del alemán (*Arbeit*) y del francés (*prêt-à-porter*), aunque tampoco faltan ejemplos del portugués (*pan,* パン) e incluso del español (*capa,* カッパ *kappa*). Es importante constatar que casi el 11% de las palabras japonesas son extranjerismos, y que la gran mayoría de estos provienen del inglés. Siendo así, ¡si uno sabe inglés tiene bastante terreno ganado!

Otro uso del katakana es por ejemplo su función como elemento «destacador» de una palabra concreta dentro de una frase (un poco como nuestra cursiva). Por último, este silabario se utiliza también para representar onomatopeyas, por lo que es muy frecuente ver sonidos escritos en katakana en las páginas de cualquier cómic.

Nombres de persona

Se escriben en katakana todos los nombres de personas y topónimos −nombres de ciudades o lugares geográficos− que no sean japoneses, coreanos o chinos. Antes de transcribir hay que convertir los sonidos de la palabra que queramos escribir en japonés a la fonética japonesa. El principal problema es que el japonés no tiene sonidos consonánticos individuales (con excepción de la *n*). Por eso, para cada consonante que se pronuncie sola en el idioma original habrá que añadirle el sonido «u» detrás (las *u* detrás de consonante se pronuncian de forma muy suave en japonés). La única excepción se encuentra con «t» y «d», tras las cuales en vez de *u* hay que añadir *o*.

Así pues, el nombre de un servidor (Marc), quedaría *Maruku* マルク, Sandra quedaría *Sandora* サンドラ y, curiosamente, Olga quedaría *Oruga* オルガ (recuerda que la «l» no existe y que hay que sustituirla por «r» suave).

No te preocupes si lo de las transcripciones te parece complicado, porque ampliaremos más sobre el tema de la conversión de nombres extranjeros a katakana en la L.8.

Lista completa de caracteres katakana													
Sonidos puros					**Sonidos impuros**					**Diptongos**			
ア *a*	イ *i*	ウ *u*	エ *e*	オ *o*									
カ *ka*	キ *ki*	ク *ku*	ケ *ke*	コ *ko*	ガ *ga*	ギ *gi*	グ *gu*	ゲ *ge*	ゴ *go*	キャ *kya* ギャ *gya*	キュ *kyu* ギュ *gyu*	キョ *kyo* ギョ *gyo*	
サ *sa*	シ *shi*	ス *su*	セ *se*	ソ *so*	ザ *za*	ジ *ji*	ズ *zu*	ゼ *ze*	ゾ *zo*	シャ *sha* ジャ *ja*	シュ *shu* ジュ *ju*	ショ *sho* ジョ *jo*	
タ *ta*	チ *chi*	ツ *tsu*	テ *te*	ト *to*	ダ *da*	ヂ *ji*	ヅ *zu*	デ *de*	ド *do*	チャ *cha*	チュ *chu*	チョ *cho*	
ナ *na*	ニ *ni*	ヌ *nu*	ネ *ne*	ノ *no*						ニャ *nya*	ニュ *nyu*	ニョ *nyo*	
ハ *ha*	ヒ *hi*	フ *fu*	ヘ *he*	ホ *ho*	バ *ba* パ *pa*	ビ *bi* ピ *pi*	ブ *bu* プ *pu*	ベ *be* ペ *pe*	ボ *bo* ポ *po*	ヒャ *hya* ビャ *bya* ピャ *pya*	ヒュ *hyu* ビュ *byu* ピュ *pyu*	ヒョ *hyo* ビョ *byo* ピョ *pyo*	
マ *ma*	ミ *mi*	ム *mu*	メ *me*	モ *mo*						ミャ *mya*	ミュ *myu*	ミョ *myo*	
ヤ *ya*		ユ *yu*		ヨ *yo*									
ラ *ra*	リ *ri*	ル *ru*	レ *re*	ロ *ro*						リャ *rya*	リュ *ryu*	リョ *ryo*	
ワ *wa*				ヲ *(w)o*	**Caracteres katakana especiales**		ヴァ *va* ファ *fa*	ヴィ *vi* フィ *fi*	ヴ *vu* フェ *fe*	ヴェ *ve* フォ *fo*	ヴォ *vo* シェ *she*	ドゥ *du* ジェ *je*	ティ *ti* チェ *che*
ン *n*													

Vocales largas y cortas

En la lección anterior dejamos de lado algunas de las características del hiragana, que pueden aplicarse también al katakana, y que pasaremos a explicar a continuación. Se trata de las vocales largas y de los sonidos dobles.

Las llamadas «vocales largas», como su nombre indica, son vocales que se pronuncian durante un poco más de tiempo de lo normal. Esto es muy importante en un idioma tan limitado fonéticamente como el japonés, ya que la diferencia entre *kūso* («vacío», «insustancial») y *kuso* («mierda») se basa en esta sutil distinción. ¡Ándate con mucho cuidado con tu pronunciación; equívocos como este pueden ponerte en evidencia!

Para indicar este alargamiento de vocal escribiremos una «u» hiragana (う) detrás de signos hiragana acabados en *o* o *u:* くうそ *kūso,* がっこう *gakkō* (no se pronuncia «gakkoU» sino «gakkOO»).

En katakana, sin embargo, utilizaremos un guión largo: New York ニューヨーク *nyūyōku,* Madrid マドリード *madoriido.*

A lo largo de este curso, cuando debamos transcribir una palabra japonesa a nuestro alfabeto, utilizaremos una rayita horizontal encima de *u* y *o* para indicar este alargamiento de vocal: *ū* y *ō.*

Sonidos dobles

Los sonidos «dobles» son consonantes que suenan durante un poco más de tiempo que las normales y con más brusquedad. Este efecto se indica con un carácter *tsu* escrito más pequeño, colocado justo ante la consonante cuyo sonido se «dobla», tanto en hiragana (っ) como en katakana (ッ). Solo se doblan los hiragana que empiezan por las consonantes *k, s, t, ch, g, z, d, b* y *p.* **Ejemplos:** しゅっぱつ *shuppatsu* («salida», «partida») | きっさてん *kissaten* («cafetería») | まっちゃ *matcha* («té verde») | ラケット *raketto* (del inglés *racket,* «raqueta») | マッサージ *massaaji* (del inglés *massage,* «masaje»).

Ya para terminar con los silabarios, diremos que si de todos modos se te atraviesa el aprendizaje del hiragana y el katakana, siempre puedes buscar en tu librería algún libro específico sobre este tema que pueda serte útil y que te ayude a relacionar formas y sonidos de la manera más efectiva y rápida posible.

Un poco de vocabulario básico	
Sí はい *hai*	**De nada** どういたしまして *dō itashimashite*
No いいえ *iie*	**Adiós** さようなら *sayōnara*
Buenos días (por la mañana) おはようございます *ohayō gozaimasu*	**Por favor** おねがいします *onegai shimasu*
Buenos días (mediodía) こんにちは *konnichi wa*	**Adelante/Tenga** どうぞ *dōzo*
Buenas noches こんばんは *konban wa*	**Eso es** そうです *sō desu*
Gracias ありがとう *arigatō*	**Entiendo** わかりました *wakarimashita*
	No entiendo わかりません *wakarimasen*
	Disculpe すみません *sumimasen*

Entramos en los manga-ejemplos, en los que vamos a ver algunas muestras del extendido uso del silabario katakana en japonés. Veremos dos tipos de ejemplo: onomatopeyas y palabras extranjeras, provenientes en su mayoría del inglés, introducidas al idioma nipón.

a) Explosión y golpe

J.M. Ken Niimura

Guillermo March

Onomatopeya: ドカン
① *dokan*
(Sonido de explosión)

Onomatopeya: ズガッ
② *zuga*
(Sonido de golpe)

Las onomatopeyas de sonidos que no sean voces o gritos se suelen escribir casi siempre en katakana. Golpes, explosiones, ruidos de motor, etc., entran dentro de esta categoría. En un manga, los katakana de onomatopeyas resultan muchas veces casi ilegibles a los ojos de alguien no habituado, porque los autores los suelen deformar para conseguir efectos lo más espectaculares posible (fíjate en el dibujo (2), por ejemplo). Sin embargo, con la práctica uno puede llegar a identificarlas y leerlas sin mucho esfuerzo.

El problema de las onomatopeyas radica más en «comprenderlas» que en «leerlas», ya que suelen ser radicalmente distintas a las nuestras. Fíjate en los dibujos: donde nosotros diríamos «¡bum!» los japoneses dicen ドカン *dokan*, y donde nosotros diríamos, por ejemplo, «¡tras!» o «¡paaam!», ellos dicen ズガッ *zuga*. Cuestión de práctica...

Nota: la pequeña *tsu* (ッ) al final, ya sabes, indica que el sonido acaba bruscamente.

b) Títulos de libros y revistas

J.M. Ken Niimura

Studio Kōsen

Guillermo March

> **Título:** ファン
> ② *fan*
> **Phan**

> **Título:** イーブニング
> ② *iibuningu*
> **Evening**

> **Título:** ロストユース
> ③ *rosuto yūsu*
> **Lost Youth**

Aquí tenemos tres portadas de cómics y revistas en las que se utiliza el katakana. No es raro utilizar palabras o expresiones inglesas en títulos, sobre todo si van enfocadas a un público juvenil: el inglés tiene «gancho» y suena moderno y joven.

En el dibujo (2) tenemos ファン (literalmente *Fan*, pero transcrito *Phan*), un nombre propio no japonés que, por lo tanto, se escribe en katakana (los nombres japoneses se escriben casi siempre en kanji). En (2) y (3) tenemos palabras directamente tomadas del inglés: se trata de *evening* («anochecer») y *lost youth* («juventud perdida»).

Estos tres ejemplos te habrán servido para ver cómo el japonés tiende a deformar las palabras inglesas al convertirlas al katakana hasta el punto de resultar casi irreconocibles. No te preocupes si no consigues adivinar la palabra inglesa original al leer una transcripción en katakana. Acostumbrarse a la «katakanización» es solo cuestión de tiempo y cuando menos te lo esperes serás capaz de reconocer palabras extranjeras transcritas al katakana y de hacer el proceso inverso: transcribir tú mismo palabras extranjeras al japonés.

En los manga abundan onomatopeyas y extranjerismos: ¡ponte a practicar lo antes posible!

1. ¿Para qué se utiliza el silabario llamado «katakana»?

2. ¿Qué tanto por ciento de las palabras japonesas son extranjerismos y con qué silabario suelen escribirse?

3. Para escribir un nombre de persona español en japonés, ¿qué silabario utilizaremos?

4. Trata de escribir tu propio nombre en katakana. (Tienes más pistas en la L.8 si tienes dudas).

5. La letra «l» no existe en japonés. En su defecto, ¿qué letra se utiliza para representarla?

6. ¿Qué son las vocales largas y cómo las representamos en el silabario hiragana?

7. ¿Qué son los sonidos dobles y cómo los representamos en ambos silabarios?

8. Escribe en katakana las sílabas *ho, ku, wa* y *no*.

9. Transcribe al español los siguientes signos katakana: ド, エ, ヨ y ペ.

10. ¿Cómo se dice «sí» y «no» en japonés?

a	ラ	ア			*su*	ラ	ス	
i	ノ	イ			*se*	ラ	セ	
u	宀	宀	ウ		*so*	゛	ソ	
e	一	丁	エ		*ta*	ク	タ	タ
o	一	才	オ		*chi*	二	二	チ
ka	ラ	カ			*tsu*	゛	゛	ツ
ki	二	ニ			*te*	二	二	テ
ku	ノ	ク			*to*	丨	ト	
ke	ノ	ケ	ケ		*na*	一	ナ	
ko	ラ	コ			*ni*	二	ニ	
sa	一	十	サ		*nu*	ラ	ヌ	
shi	゛	シ	シ		*ne*	ラ	ネ	ネ

no	ノ			
ha	ノ	バ		
hi	ニ	ヒ		
fu	フ			
he	ヘ			
ho	ー	ナ	オ	ホ
ma	マ	マ		
mi	ミ	ミ	ミ	
mu	ム	ム		
me	ノ	メ		
mo	ニ	ニ	モ	
ya	ヤ	ヤ		

yu	ユ	ユ	
yo	ヨ	ヨ	ヨ
ra	ラ	ラ	
ri	リ	リ	
ru	ル	ル	
re	レ		
ro	ロ	ロ	ロ
wa	ワ	ワ	
wo	ヲ	ヲ	
n	ン	ン	

Lección 3: Kanji

En esta ocasión tendremos que ponernos las pilas porque vamos a tocar uno de los temas más complicados pero a la vez imprescindibles y fascinantes del idioma japonés: estamos hablando de los kanji o ideogramas.

Un poco de historia

Hace unos 5.000 años, en China se inventó un tipo de escritura basado en dibujos que representan diferentes conceptos materiales o abstractos. Esto no es raro en la historia humana: no hay más que ver la escriptura jeroglífica de los egipcios para comprender que el caso chino no es aislado. Lo peculiar en el caso de los caracteres chinos es que la escritura no se simplificó progresivamente para acabar formando un alfabeto que representase meramente los sonidos, como ocurrió en el caso de nuestra escritura romana, que se originó a partir del fenicio, pasando por el tamiz del griego. A diferencia de la escritura occidental, que expresa simplemente sonido, la función de los ideogramas chinos es la de expresar significado.

Evidentemente, estos caracteres no tenían la misma forma cuando fueron concebidos que en la actualidad. Empezaron como dibujos más o menos realistas de las cosas y, con el uso, se estilizaron y simplificaron hasta llegar a las formas actuales, como podemos ver en el cuadro que acompaña al texto.

Origen de algunos caracteres		
Formas originales	Carácter moderno	Significado
🌳米	木	árbol
🌳🌳	林	bosque
🌳🌳🌳	森	selva
⊙日	日	sol, día
🌙月	月	luna, mes
⊙🌙明	明	brillante
⛰山	山	montaña
🐦鳥	鳥	pájaro
🐦島	島	isla

Relación con el japonés

Hasta el siglo IV de nuestra era, los habitantes del archipiélago nipón no conocían la escritura: fue entonces cuando entró la escritura china en Japón a través de la península de Corea. En un principio, solo alguna gente culta sabía leer el chino: lo habían aprendido casi exclusivamente para leer tratados de budismo y filosofía. Sin embargo, poco a poco los ideogramas chinos empezaron a ser usados para escribir también el japonés.

No obstante, ahí surgió un problema: el idioma japonés ya existía (solo que sin escritura), y al importar los caracteres chinos se importó también la pronunciación china de los mismos (con cambios sustanciales por las características de la fonética japonesa). Así pues, ahora, un mismo carácter puede leerse de dos o más formas distintas.

Por ejemplo, el carácter que representa la idea de *montaña*, 山, se puede pronunciar «a la japonesa», es decir, *yama*, o bien «al estilo chino», *san*. Aquí encontramos por cierto uno de los errores de interpretación más típicos del japonés, puesto que esta palabra, 富士山, que significa «monte Fuji», ¡se pronuncia *Fuji-san* y no *Fuji-yama* como reza el tan manido tópico!

On'yomi y kun'yomi

Estas diferentes maneras de pronunciar un mismo carácter se llaman *on'yomi* (lectura derivada del chino) y *kun'yomi* (lectura original japonesa). Pero, ¿cómo podemos saber que la palabra 富士山 se pronuncia *Fuji-san* y no, por ejemplo, *Fuji-yama* o *Tomishi-san* o *Fūshi-yama* o cualquier otra de las combinaciones perfectamente posibles de estos tres kanji?

La respuesta es: no lo sabemos. Aunque tenemos pistas: normalmente, si un carácter va solo en la frase, se suele leer en *kun'yomi;* y si va acompañado de otros kanji, se acostumbra a leer en *on'yomi.* Los nombres propios de personas y lugares, por su parte, suelen leerse siempre en *kun'yomi.* Estas son normas que funcionan quizás el 90% de las veces (¡pero ojo con el 10% restante!).

Ejemplo: el carácter 新 *(nuevo)*

Observa este ejemplo porque va a serte muy útil para entender el funcionamiento de los kanji y sus lecturas *on'yomi* y *kun'yomi:*

その新しい新聞はおもしろいです。

Sono atarashii shinbun wa omoshiroi desu.

Ese periódico nuevo es interesante.

Sono=«ese» | *atarashii*=«nuevo» | *shinbun*=«periódico» | *wa*=partícula de tema | *omoshiroi*=«interesante» | *desu*=verbo «ser».

Fíjate en que el mismo carácter, 新, aparece dos veces en la frase pero se pronuncia diferente cada vez. La primera vez se pronuncia en *kun'yomi, atara(shii):* la palabra *atarashii* es un adjetivo que significa «nuevo». Observa que este carácter está «solo» (sin otro kanji al lado) en la frase, por lo que es lógico que se pronuncie en *kun'yomi,* de manera perfectamente acorde a las pistas que acabamos de proporcionar.

La segunda vez se lee *shin,* es decir, en *on'yomi,* y va acompañado de otro kanji, que significa «oír» (聞). 新 *shin* («nuevo») y 聞 *bun* («oír») forman juntos la palabra 新聞 *shinbun* («periódico»), que es algo que «recoge sucesos (cosas que se han oído) nuevos». En este caso, los dos caracteres están unidos formando una palabra. Por eso los pronunciaremos en *on'yomi.*

Japonés y *nihongo*

Analicemos la palabra *nihongo,* que es como se denomina el idioma japonés. En kanji, la palabra en cuestión se escribe 日本語. El primer kanji, 日 *ni,* significa «día, sol». El segundo, 本 *hon,* significa «origen, raíz» y el tercero, 語 *go,* «idioma».

En japonés, el nombre de Japón es *Nihon* —aunque también puede leerse *Nippon*— y se escribe 日本. ¿Y qué tienen que ver «sol» y «origen» con Japón? ¿No te suena la expresión «el país del sol naciente»? Pues ahora ya sabes de dónde ha salido... Entonces, *nihongo* significa «el idioma del país del sol naciente», es decir, «japonés».

Los kanji son complejos

Efectivamente, dominar la escritura y la lectura de los kanji resulta un desafío importante, ya que existen muchos caracteres parecidos y hay que tener también en cuenta las lecturas *on'yomi* y *kun'yomi.* Tenemos kanji más bien fáciles, como el de persona 人 (*hito, nin* o *jin,* de 2 trazos), pero también los hay complicados como el de máquina 機 (*ki,* de 16 trazos). En el Apéndice II, al final de este libro encontrarás un pequeño recopilatorio de 160 kanji básicos con su orden de trazos, lecturas *on'yomi* y *kun'yomi* y varios ejemplos de palabras compuestas: te será imprescindible para realizar la parte de kanji de los ejercicios complementarios que encontrarás cada cinco lecciones.

¿Cuántos kanji hay?

Técnicamente existen alrededor de 80.000 kanji, pero no te preocupes, porque «solo» se utilizan habitualmente unos 3.000. Existe una lista de 2.136 kanji llamados *Jōyō Kanji* o «kanji de uso común», que son los que se pueden utilizar en la prensa. Si se utiliza algún kanji de fuera de esa lista, entonces lo habitual es proporcionar la lectura con pequeños caracteres hiragana en lo alto del mismo (estas ayudas a la lectura en forma de hiragana encima de un kanji se denominan *furigana* o *rubi*).

Algunos kanji sencillos: numerales y palabras útiles							
一	いち	*ichi*	1	人	ひと	*hito*	persona
二	に	*ni*	2	男	おとこ	*otoko*	hombre
三	さん	*san*	3	女	おんな	*onna*	mujer
四	よん/し	*yon/shi*	4	月	つき	*tsuki*	luna
五	ご	*go*	5	火	ひ	*hi*	fuego
六	ろく	*roku*	6	水	みず	*mizu*	agua
七	なな/しち	*nana/shichi*	7	木	き	*ki*	árbol
八	はち	*hachi*	8	金	かね	*kane*	dinero, oro
九	きゅう/く	*kyū/ku*	9	土	つち	*tsuchi*	tierra
十	じゅう	*jū*	10	日	ひ	*hi*	día, sol
百	ひゃく	*hyaku*	100	山	やま	*yama*	montaña
千	せん	*sen*	1.000	川	かわ	*kawa*	río
万	まん	*man*	10.000	田	た	*ta*	campo

Veremos ahora algunos ejemplos del uso de los kanji: concretamente, los dos primeros ilustran las dificultades más comunes que nos vamos a encontrar en su estudio. En ellos veremos al rey Slime, a quien lo de leer y escribir kanji no se le da del todo bien...

a) Error al escribir un trazo de más

Autógrafo:	しげお〉んえ	うちゅーの玉者スライム大玉
	Shigeo-kun e	*uchū no tamaja suraimu ootama*
①	Shigeo (suf.) para	espacio PP pelota persona Slime gran pelota
	Para Shigeo	**Gran pelota Slime, pelota espacial.**

Shigeo:	みんなみんなー！このひと「宇宙のタマジャ」だって！「スライムオオタマ」だって！
	minna minna! kono hito «uchū no tamaja» da tte! «suraimu ootama» da tte!
②	¡todos, todos! ¡este persona «espacio PP bola persona» ser decir ¡«Slime gran bola» ser decir!
	¡Eh, mirad! ¡Este se llama «pelota espacial» ¡Es la «gran pelota Slime»!

¿De qué se ríe Shigeo aquí? Pues de un error de Slime, que en vez de escribir el kanji de rey, que es 王, ha escrito el de pelota, que es 玉. Observa que la única diferencia entre «rey» y «pelota» es un solo trazo abajo a la derecha que casi pasa desapercibido. Lo que en realidad quería poner Slime en el autógrafo es «Gran rey Slime, soberano espacial». El kanji de 王 «rey» se lee *ō*, mientras que el de 玉 «pelota» se lee *tama*.

Nota: el hiragana *ku* en *Shigeo-kun* (dibujo 1) está escrito al revés. La escritura correcta es く. Además, el hiragana *e*, que significa «para» (L.16), debería ser へ y no え.

Moraleja: mucho cuidado con los trazos, no hay que poner de más ni tampoco dejarse ninguno, ¡corres el mismo riesgo que Slime!

b) Error en la lectura de los kanji: *on'yomi* y *kun'yomi*

Guillermo March

Kumiko:	なに？
	nani?
	¿Qué?

Planeta:	火星
	kasei
	Marte

Slime:	あのヒボシをよくみてよ！
	ano hiboshi o yoku mite yo!
	ese «hiboshi» PC bien mirar PE!
	¡Mirad bien ese «Hiboshi»!

Súbdito:	カセイとよむのです 大王様
	kasei to yomu no desu daiō-sama
	«kasei» leerse ser gran rey (suf.)
	Se lee «Kasei», alteza...

¿Cuál ha sido el error de Slime en esta ocasión? Ha leído mal los kanji escritos en el planeta. En vez de usar la lectura *on'yomi*, que sería lo más lógico, ha usado la *kun'yomi*. Recuerda la pista: si un kanji va solo suele leerse en *kun'yomi* y, si va acompañado, en *on'yomi*. Inmediatamente, su súbdito se ha dado cuenta y le ha corregido.

«Fuego» (火) se lee *hi* si va solo (*kun'yomi*) y *ka* si va acompañado de otro kanji (*on'yomi*). «Estrella» (星) se lee *hoshi* en *kun'yomi* y *sei* en *on'yomi*. Por lo tanto, 火星 *kasei*, el nombre japonés del planeta Marte, significa literalmente «estrella de fuego».

En este caso, las lecturas ヒボシ (*hiboshi*) y カセイ (*kasei*) se escriben en katakana para que resalten en la frase: aquí, el katakana se usa de modo parecido a nuestras comillas.

Moraleja: Cuidado con las lecturas *on'yomi* y *kun'yomi* de los kanji. ¡Es muy importante saber leer bien!

c) Kanji en los mangas

Rinrin:	お父さん！お父さん！死んじゃいやぁ！
	otōsan! otōsan! shinja iyaa!
	¡Papá! ¡Papá! ¡No te mueras!

J.M. Ken Niimura

Aquí podemos ver dos kanji sencillos: el de «padre», 父, y el de «morir», 死.

Además, se nos da la lectura en *furigana*, algo frecuente en los mangas *shōnen* y *shōjo*, para público y juvenil masculino y femenino, respectivamente, que todavía no domina las lecturas de los kanji más difíciles. Como sugeríamos en la L.1, leer manga *shōnen* y *shōjo* es un buen ejercicio para aprender las lecturas de los kanji.

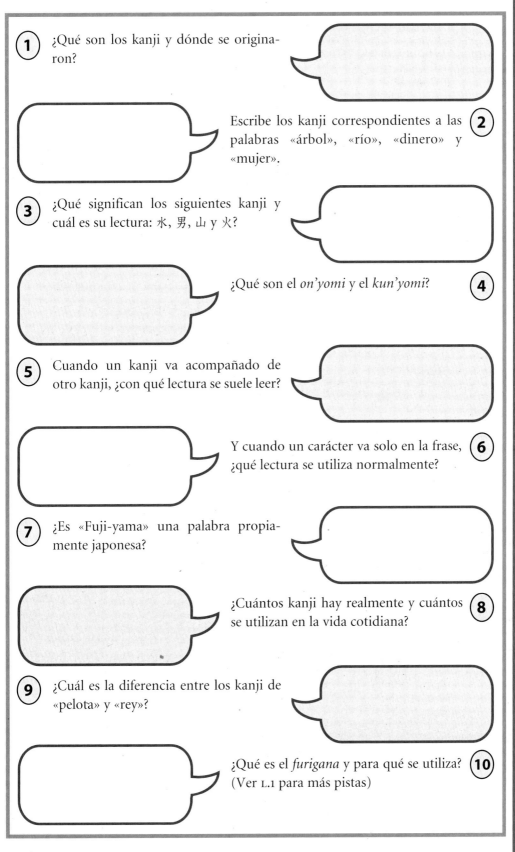

1. ¿Qué son los kanji y dónde se origina-ron?

2. Escribe los kanji correspondientes a las palabras «árbol», «río», «dinero» y «mujer».

3. ¿Qué significan los siguientes kanji y cuál es su lectura: 水, 男, 山 y 火?

4. ¿Qué son el *on'yomi* y el *kun'yomi*?

5. Cuando un kanji va acompañado de otro kanji, ¿con qué lectura se suele leer?

6. Y cuando un carácter va solo en la frase, ¿qué lectura se utiliza normalmente?

7. ¿Es «Fuji-yama» una palabra propia-mente japonesa?

8. ¿Cuántos kanji hay realmente y cuántos se utilizan en la vida cotidiana?

9. ¿Cuál es la diferencia entre los kanji de «pelota» y «rey»?

10. ¿Qué es el *furigana* y para qué se utiliza? (Ver L.1 para más pistas)

第3課 練習

Ejercicios

第４課：日常会話

Lección 4: Expresiones básicas

En esta lección vamos a dar una pequeña lista de expresiones básicas para empezar a hacer notar que estamos estudiando japonés. En la L.2 ya presentamos una lista muy básica, de la cual repetiremos algunas expresiones para aclarar más los conceptos. Por supuesto, en esta lección aprenderemos también muchas más expresiones nuevas.

Saludos

He aquí la lista de expresiones de saludo más habituales:

おはようございます *ohayō gozaimasu*		«Buenos días» (hasta las 12 PM aprox.)
こんにちは *konnichi wa*		«Buenos días» (de las 12 PM hasta 6 PM aprox.)
こんばんは *konban wa*		«Buenas noches» (desde las 6 PM aprox.)
お休みなさい *o-yasumi nasai*		«Buenas noches» (al irse uno a dormir)

Tras el saludo correspondiente es muy común decir:

お元気ですか？ *o-genki desu ka?* «¿Cómo está (usted)?»

Expresión a la que uno contesta:

はい、元気です *hai, genki desu* «Estoy bien».

Cómo presentarse

Ahora, con la siguiente conversación como modelo, aprenderemos a presentarnos:

Persona A: はじめまして *hajimemashite* «Encantado/a».

私の名前は＿＿です «Mi nombre es＿＿». («Me llamo＿＿»).
watashi no namae wa＿＿desu

よろしくお願いします «Encantado de conocerle».
yoroshiku o-negai shimasu

あなたの名前は何ですか？ «¿Su nombre cuál es?» («¿Cómo se llama?»)
anata no namae wa nan desu ka?

Persona B: 私の名前は＿＿です «Mi nombre es＿＿». («Me llamo＿＿»).
watashi no namae wa＿＿desu

こちらこそよろしく *kochira koso yoroshiku* «Encantado de conocerle (yo también)».

Pues ya lo sabes, solo hace falta que coloques tu nombre en el lugar correspondiente y ya podrás presentarte en japonés. Practica bien estas frases para poder dejar una inmejorable primera impresión.

Gracias

La forma más básica de decir «gracias» es:

ありがとう *arigatō*

Pero hay muchas más combinaciones, como por ejemplo esta, muy formal:

どうもありがとうございます   «Muchas gracias».

dōmo arigatō gozaimasu

Esta es un poco menos formal que la anterior:

ありがとうございます   «Gracias».

arigatō gozaimasu

O esta, muy sencilla, informal y útil en casi cualquier situación:

どうも *dōmo*   «Gracias».

La respuesta a cualquier expresión de agradecimiento suele ser:

どういたしまして *dō itashimashite*   «De nada».

O más sencillo todavía:

いいえ *iie*   «De nada».

Preguntar precios

Es muy importante saber cómo preguntar los precios de las cosas para poder sobre-vivir en Japón, así que esto es lo que vamos a estudiar ahora mismo.

Lo primero que dirá el vendedor al entrar el cliente en la tienda es:

いらっしゃいませ *irasshaimase*   «Bienvenido». | «¿Qué desea?»

Si no sabemos japonés, será cuestión de señalar la cosa que queramos y decir:

これはいくらですか？ *kore wa ikura desu ka?*   «¿Cuánto cuesta esto?»

A lo que el vendedor responderá:

これは＿＿円です *kore wa＿＿en desu*   «Esto cuesta＿＿yenes».

No te preocupes, sabemos que todavía no puedes contar en japonés. Esto lo solucio-naremos en la próxima lección, en la que hablaremos de los numerales.

Si el precio nos parece bien y realmente queremos comprar lo que sea, diremos:

これをください *kore o kudasai*   «(Deme) esto, por favor».

O bien:

これをお願いします *kore o o-negai shimasu*   «(Póngame) esto, se lo ruego».

En ese momento, deberás abonar el importe que el vendedor te haya dicho en la frase anterior y la transacción habrá finalizado.

Despedidas

Seguiremos con la parte de teoría de esta lección enumerando maneras de decir, pre-cisamente, «adiós». La manera de despedirse en japonés más conocida es:

さようなら *sayōnara*   «Adiós».

Pero no es la más utilizada, de hecho pocas veces la oiremos si vamos a Japón. Al igual que en español, se utilizan más expresiones similares a «hasta luego» o «nos vemos» en vez del típico «adiós». Las combinaciones *ja-mata* son muy frecuentes:

Esta es la forma completa, que significa «Bueno, mañana nos volvemos a encontrar»:

それでは（それじゃ）、また明日会いましょう *sore de wa (sore ja), mata ashita aimashō*

A continuación, una forma más reducida y muy utilizada:

じゃ、また明日 *ja, mata ashita*　　　«Bueno, hasta mañana».

Las siguientes dos formas, mucho más reducidas, son las más utilizadas en el japonés contemporáneo coloquial, es decir, en el idioma hablado de la calle:

じゃね、また！ *ja ne, mata!*　　　«¡Bueno, hasta luego!»

またね！ *mata ne!*　　　«¡Hasta luego!»

Incluso existe una despedida importada del inglés, ampliamente utilizada:

バイバイ！ *baibai!*　　　«Bye, bye!»

Otras expresiones útiles

はい *hai*　　　«Sí».

いいえ *iie*　　　«No».

すみません *sumimasen*　　　«Perdone». | «Disculpe».

ごめんなさい *gomen nasai*　　　«Perdone».

やった！ *yatta!*　　　«¡Viva!» | «¡Lo he conseguido!»

おめでとうございます *omedetō gozaimasu*　　　«¡Felicidades!»

Daremos por terminada la parte de teoría de esta cuarta lección ofreciendo una lista de kanji que complementa a la que ofrecimos en la L.3. Entre los dos cuadros hemos presentado un total de 53 kanji básicos que recomendamos aprender cuanto antes. Observa que las últimas cuatro palabras del cuadro están formadas por dos kanji en vez de uno solo, ¡es ya un progreso importante!

Pequeña lista de kanji útiles							
何	なに	*nani*	¿qué?	心	こころ	*kokoro*	corazón
子	こ	*ko*	niño	春	はる	*haru*	primavera
円	えん	*en*	yen	夏	なつ	*natsu*	verano
右	みぎ	*migi*	derecha	秋	あき	*aki*	otoño
左	ひだり	*hidari*	izquierda	冬	ふゆ	*fuyu*	invierno
上	うえ	*ue*	arriba	東	ひがし	*higashi*	este
下	した	*shita*	abajo	西	にし	*nishi*	oeste
中	なか	*naka*	centro	南	みなみ	*minami*	sur
目	め	*me*	ojo	北	きた	*kita*	norte
口	くち	*kuchi*	boca	学生	がくせい	*gakusei*	estudiante
手	て	*te*	mano	先生	せんせい	*sensei*	profesor
耳	みみ	*mimi*	oreja	学校	がっこう	*gakkō*	escuela
鼻	はな	*hana*	nariz	大学	だいがく	*daigaku*	universidad

漫画例 Manga-ejemplos

Es muy importante aprender a dominar con soltura los saludos básicos del japonés en un estadio temprano del estudio. En los manga-ejemplos, como ya viene siendo habitual, veremos muestras del uso real de algunas de las expresiones más básicas y a la vez más útiles.

a) Saludo de la mañana

J.M. Ken Niimura

Yui:	おはよう *(ohayō)*
Tetsuya:	おはよ *(ohayo)*
	Buenos días.

Este es el saludo de la mañana, que se suele utilizar hasta aproximadamente las 11 o las 12 del mediodía, momento en el que se sustituye por *konnichi wa* («buenas tardes»).

Ohayō es una simplificación coloquial de la expresión formal *ohayō gozaimasu*, y se utiliza muchísimo a nivel de conversación del día a día entre amigos. **Nota:** Fíjate en que Tetsuya es más escueto que Yui y no pronuncia la *o* larga (queda más «masculino»).

b) Saludo de la tarde

Profesora Shinobu: こんにちは
konnichi wa
Buenas tardes.

Aquí tenemos el saludo que se utiliza aproximadamente desde el mediodía hasta bien entrada la tarde (las 6 o las 7 PM).

Nota: la sílaba は no se pronuncia *ha* en este caso, que en realidad es como se tendría que leer según el cuadro hiragana de la L.1. La pronunciación en este caso es *wa*. En la L.16 veremos una pista sobre por qué esto es así.

J.M. Ken Niimura

c) Saludo de la noche

Guillermo March

> **Mary:** こんばんは　王子様
> *konban wa ōji-sama*
> **Buenas noches, mi príncipe.**

Konban wa es el saludo de la noche, que se usa aproximadamente desde las 6 o las 7 de la tarde. Al igual que en el ejemplo b), en este caso la sílaba は se pronuncia *wa* y no *ha*.

Nota: sobre las otras palabras del ejemplo, *ōji* significa «príncipe» y *-sama* es un sufijo honorífico para nombres de personas (L.15).

d) Expresión de agradecimiento

Aquí vemos una forma muy usual y bastante formal de dar las gracias: *dōmo arigatō*.

Conocer y saber utilizar esta expresión es muy útil y siempre queda muy bien.

J.M. Ken Niimura

> **Takashi:** どうもありがとう　　博士によろしく。
> *dōmo arigatō*　　　　*hakase ni yoroshiku*
> muchas gracias　　　　doctor PI recuerdos
> **¡Muchas gracias!**　　**Dale recuerdos al doctor.**

e) Despedida

J.M. Ken Niimura

> **Ken:** 気をつけろな
> *ki o tsukero na*
> espíritu PC cuidar PE
> **¡Ve con cuidado!**

Esta es una expresión que, traducida literalmente, vendría a ser algo como «cuida de tu espíritu». En realidad, se usa para despedirse de alguien pidiéndole que vaya con cuidado, de ahí la traducción más apropiada: «ve con cuidado».

La expresión tal como la vemos en este ejemplo no se usa sin embargo en el lenguaje coloquial contemporáneo. La forma más normal es: 気をつけて (*ki o tsukete*).

1. Son las 8 de la tarde y tienes que saludar a alguien en japonés. ¿Qué le dices?

2. Y si son las 4 de la tarde, ¿qué sería mejor decir?

3. Preséntate en japonés.

4. Escribe en japonés las palabras «boca», «yen» y «universidad» e indica cómo se pronuncian.

5. Indica al menos dos formas de dar las gracias en japonés.

6. Le has hecho un favor a un japonés y él te dice ありがとう. ¿Qué contestas tú?

7. ¿Cómo se pregunta el precio de algo?

8. Has cometido un error y tienes que disculparte. ¿Qué dices en tal caso?

9. Felicita a alguien por algún logro, como por ejemplo aprobar un examen.

10. Despídete a la japonesa.

第4課　練習

Ejercicios

第⑤課：数字

Lección 5: Numerales

Es el momento de ponernos a estudiar los números, algo que nos servirá para infinitas cosas, ¡como irnos de compras! Ponte las pilas porque en esta lección vas a tener que memorizar bastantes palabras nuevas.

¿Utilizan los japoneses «nuestros» números?

Ante todo, hay que señalar que aunque el idioma japonés posee una serie de kanji que se corresponden a cada número, hoy en día esta manera de representarlos ya no se usa mucho. Para nuestro alivio, los japoneses usan básicamente los números arábigos, los mismos que nosotros (¡pero ojo, porque se pronuncian, por supuesto, a la japonesa!)

Vamos a estudiar los números utilizando tres tablas distintas. Las dos primeras presentan el número primero en arábigo, luego en kanji, a continuación en hiragana, y finalmente en *rōmaji*, para que te sea más fácil su memorización.

Tabla número 1

En la primera tabla veremos los números del 1 al 19, en otras palabras, las unidades y las decenas. Los números del 1 al 10 debes memorizarlos uno por uno. Solo fíjate en que los números 0, 4, 7 y 9 pueden pronunciarse de dos maneras distintas: no importa cuál utilices, las dos son correctas y válidas.

Las decenas, es decir, los números del 10 al 19, son muy sencillas si ya sabes las unidades: solo debes añadirles *jū* (10) delante. Por ejemplo, el número 15 se llama *jū go* (diez-cinco). Algo parecido ocurre en castellano, por cierto: 16=dieciséis (diez-seis).

Tabla 1: unidades y decenas							
0	零	れい/ゼロ	*rei/zero*	10	十	じゅう	*jū*
1	一	いち	*ichi*	11	十一	じゅういち	*jū ichi*
2	二	に	*ni*	12	十二	じゅうに	*jū ni*
3	三	さん	*san*	13	十三	じゅうさん	*jū san*
4	四	し/よん	*shi/yon*	14	十四	じゅうし/じゅうよん	*jū shi/jū yon*
5	五	ご	*go*	15	十五	じゅうご	*jū go*
6	六	ろく	*roku*	16	十六	じゅうろく	*jū roku*
7	七	しち/なな	*shichi/nana*	17	十七	じゅうしち/じゅうなな	*jū shichi/jū nana*
8	八	はち	*hachi*	18	十八	じゅうはち	*jū hachi*
9	九	く/きゅう	*ku/kyū*	19	十九	じゅうく/じゅうきゅう	*jū ku/jū kyū*

Tabla 2: decenas, centenas, millares, etc.												
10	十	じゅう	*jū*	100	百	ひゃく	*hyaku*	1000	千	せん	*sen*
20	二十	にじゅう	*ni jū*	200	二百	にひゃく	*ni hyaku*	2000	二千	にせん	*ni sen*
30	三十	さんじゅう	*san jū*	300	三百	さんびゃく	*san byaku*	3000	三千	さんぜん	*san zen*
40	四十	よんじゅう	*yon jū*	400	四百	よんひゃく	*yon hyaku*	4000	四千	よんせん	*yon sen*
50	五十	ごじゅう	*go jū*	500	五百	ごひゃく	*go hyaku*	5000	五千	ごせん	*go sen*
60	六十	ろくじゅう	*roku jū*	600	六百	ろっぴゃく	*roppyaku*	6000	六千	ろくせん	*roku sen*
70	七十	しちじゅう ななじゅう	*shichi jū nana jū*	700	七百	ななひゃく	*nana hyaku*	7000	七千	ななせん	*nana sen*
80	八十	はちじゅう	*hachi jū*	800	八百	はっぴゃく	*happyaku*	8000	八千	はっせん	*hassen*
90	九十	きゅうじゅう	*kyū jū*	900	九百	きゅうひゃく	*kyū hyaku*	9000	九千	きゅうせん	*kyū sen*
10.000 100.000	一万 十万	いちまん じゅうまん	*ichi man jū man*	1.000.000 10.000.000	百万 千万	ひゃくまん せんまん	*hyaku man sen man*				

Tabla número 2

Aquí la cosa se complica un poco más. En esta tabla tenemos las decenas, centenas, millares y, en la parte inferior, los «diezmiles». Las decenas no tienen secreto alguno, se trata de «número+10». Es decir, el número 60 es *roku jū*, «seis dieces» si lo traducimos literalmente, y 30 es *san jū*, «tres dieces». Atención a las dos pronunciaciones de 70.

Con las centenas y los millares ocurre exactamente lo mismo. 500 es *go hyaku*, «cinco cienes», 900 es *kyū hyaku*, «nueve cienes», y 2.000 es *ni sen*, «dos miles». Atención a las lecturas un poco especiales de los números 300, 600, 800, 3.000 y 8.000.

Pasemos ahora a los «diezmiles» ¿Qué es esto? Se trata de una expresión que hemos inventado para definir al número *man*. Las culturas orientales no tienen el mismo concepto que nosotros respecto a los números grandes. Donde nosotros interpretamos el número 10000 como «10 millares», ellos dicen que este número es 1 *man*. Por lo tanto, en japonés el número 10.000 se llama *ichi man*. Ojo a no decir *jū sen*, literalmente «diez mil», porque es totalmente incorrecto.

Es extremadamente sencillo despistarte con este número, sobre todo cuando nos vamos a números más grandes. Nuestro millón se interpreta en Japón como *hyaku man*, «cien *man*», y diez millones como *sen man*, «mil *man*».

Para tu referencia, indicaremos números aún mayores que no están en la tabla pero con los que puedes toparte alguna vez: 億 *oku* (100.000.000, «cien millones») y 兆 *chō*, (1.000.000.000.000, «un billón»). Por ejemplo: 三十億 *san jū oku* (lit.: 30 *oku*), «tres mil millones», 三兆 *san chō* (lit.: 3 *chō*), «tres billones».

Tabla número 3

En esta última tabla veremos el proceso de composicón de un número complejo. Fíjate bien en cómo se va «montando» el número: no es especialmente difícil pero puedes hacerte un pequeño lío al principio.

Tabla 3: Formación de números complejos

									Número	Lectura
								一	1	いち *ichi*
							十	一	11	じゅういち *jū ichi*
						八	十	一	81	はちじゅういち *hachi jū ichi*
					百	八	十	一	181	ひゃくはちじゅういち *hyaku hachi jū ichi*
				五	百	八	十	一	581	ごひゃくはちじゅういち *go hyaku hachi jū ichi*
			千	五	百	八	十	一	1581	せんごひゃくはちじゅういち *sen go hyaku hachi jū ichi*
		三	千	五	百	八	十	一	3581	さんぜんごひゃくはちじゅういち *san zen go hyaku hachi jū ichi*
一	万	三	千	五	百	八	十	一	13581	いちまんさんぜんごひゃくはちじゅういち *ichi man san zen go hyaku hachi jū ichi*
七	万	三	千	五	百	八	十	一	73581	ななまんさんぜんごひゃくはちじゅういち *nana man san zen go hyaku hachi jū ichi*
					百			一	101	ひゃくいち *hyaku ichi*
					百		十		110	ひゃくじゅう *hyaku jū*
		三	千					一	3001	さんぜんいち *san zen ichi*
		三	千			八	十		3080	さんぜんはちじゅう *san zen hachi jū*
七	万			五	百			一	70501	ななまんごひゃくいち *nana man go hyaku ichi*

Para ejercitar la mente, vamos a poner un ejemplo parecido. ¿Cómo se pronuncia en japonés el número 34.267? Primero veamos cuántos *man* («diezmiles») hay. Vemos que hay 3, por lo tanto empezaremos diciendo *san man*, 30.000. Justo a continuación tenemos 4 miles (*yon sen*, 4.000). De momento tenemos *san man yon sen*, 34.000. De la misma manera, contamos también con dos centenas (*ni hyaku*, 200), 6 decenas (*roku jū*, 60), y finalmente un 7 (*nana*). Si lo juntamos todo, vemos que 34.267 se pronuncia *san man yon sen ni hyaku roku jū nana*. Es más sencillo de lo que parece, ¿verdad?

Ahora, al revés. ¿Cómo escribiríamos en números algo como *go man san zen roppyaku ni jū hachi*? Veamos: *go man*=50.000, *san zen*=3.000, *roppyaku*=600, *ni jū*=20 y *hachi*=8. La respuesta es, por lo tanto, 53.628.

Escrito en kanji resulta todavía más fácil. Fíjate: *go man*=五万, *san zen*=三千, *roppyaku*=六百, *ni jū*=二十 y *hachi*=八. Si juntamos todos los kanji obtendremos 五万三千六百二十八, que es el equivalente en escritura japonesa al número 53.628.

Atención porque muchas veces se combinan números occidentales con kanji, básicamente cuando se trata de números redondos. Por ejemplo, este número: 3千 *san zen* (3.000), o este otro: 500万 *go hyaku man* (5.000.000).

Para conocer el precio de algo siempre encontraremos el kanji 円 detrás de un número. Este carácter, que se pronuncia *en*, significa «yen», la moneda japonesa. Si un objeto está marcado a 4千円 (*yon sen en*), sabemos que su precio es de 4.000 yenes. ¡Ni que decir tiene que dominar los números y el kanji 円 es cuestión de supervivencia!

漫画例 Manga-ejemplos

Para esta lección hemos elegido unas viñetas un tanto difíciles por el alto nivel de japonés que hay que saber para comprenderlas. La estrategia recomendada es fijarse mucho en los numerales, el objeto de esta lección, y dejar un poco de lado el resto del texto.

a) 8 millones

Rage: 帝国第六機甲軍が…　　　　　　八百万の艦隊が…
teikoku dai roku kikōgun ga...　　　*happyaku man no kantai ga...*
imperio sexto división acorazada...　ocho cien man naves...
La 6ª división acorazada del imperio...　¡¡Tiene ocho millones de naves!!

Studio Kōsen

En este ejemplo podemos ver a una sorprendida Rage ante la potencia de la flota enemiga. Por lo que se refiere al texto, la parte a destacar es por supuesto el número 八百万 *happyaku man*, en el que destaca el kanji de 万 *man* que, recordarás, significa 10.000. Si 八 *hachi* es 8 y 百 *hyaku* es 100, entonces, el número 八百万 será 800 veces 10.000, es decir, 8.000.000. Aunque el significado literal sea el de «ocho millones», en según qué ocasiones los japoneses utilizan este número para referirse a un número muy grande, incontable o hasta infinito. En español, es como si dijéramos «cincuenta mil» o «mil millones», como en la frase «tengo cincuenta mil cosas que hacer»; en realidad no nos referimos a la cifra en concreto sino a un número desproporcionadamente grande.

Sobre los ordinales: formar ordinales en japonés es muy sencillo. Simplemente hay que colocar delante de un número el prefijo 第 *dai*. Vemos que Rage habla de la *sexta* división y lo hace diciendo <u>dai roku kikōgun</u>. Tienes más ejemplos en los títulos en japonés que encabezan las lecciones de este libro, como por ejemplo en el caso de esta, que es, ya lo ves, 第5課：数字 *dai go ka: sūji*. Si lo desglosamos, *dai go*=«quinto», *ka*=«lección», *sūji*=«numeral», es decir, «Quinta lección: numerales». Sencillo, ¿verdad?

b) 20 millones

Hashizaki: 二千万ある
ni sen man aru
dos mil *man* haber
Aquí hay 20 millones.

契約破棄の違約金だ
keiyaku haki no iyakukin da
contrato anulación indemnización ser
Es una indemnización por la rescisión del contrato.

受け取りたまえ
uketoritamae
aceptar (imp.)
Tienes que aceptar.

Guillermo March

Aquí vemos cómo un ejecutivo trata de sobornar a una cantante para que rescinda su contrato. Lo que interesa en este ejemplo es el número, 二千万 *ni sen man*, traducido literalmente «dos mil diezmiles» (atención de nuevo a 万 =10.000), es decir, 20 millones. Ten mucho ojo con el número 万 *man* porque es muy fácil confundirse con él.

c) Un curioso reloj

Reloj:	十二	三	六	九
	jū ni	*san*	*roku*	*kyū*
	Doce	Tres	Seis	Nueve

Círculo:	100人
	hyaku nin
	Cien personas

100人

Este curioso reloj formaba parte de los premios de un sorteo de una revista para sus lectores. Como curiosidad, podemos ver que los números están escritos a la japonesa y no a la manera occidental, como ocurre casi siempre.

Aparte, en el circulito de la parte inferior derecha podemos ver una inscripción con otro número. En él, se observa al número 100, *hyaku*, junto a 人, el kanji de «persona» que ya estudiamos en la L.3. Esto significa que había cien relojes para cien afortunados. La manera de indicar lo mismo usando números japoneses sería 百人 *hyaku nin*.

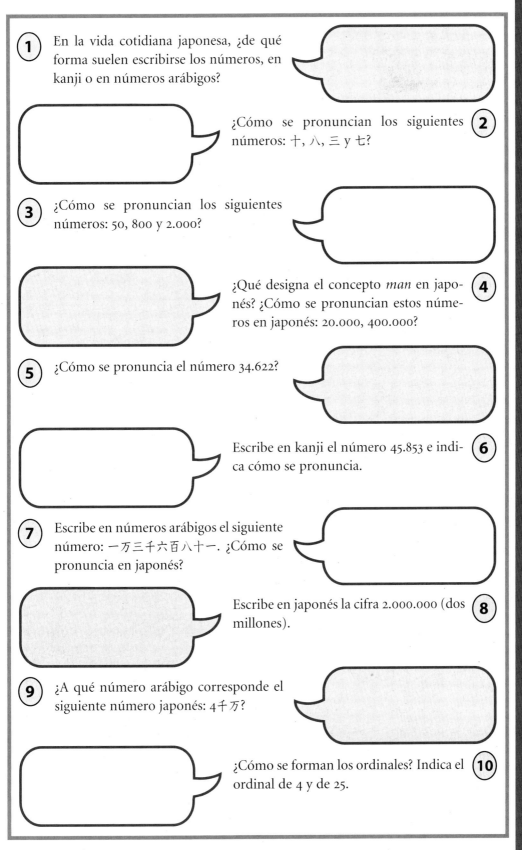

1. En la vida cotidiana japonesa, ¿de qué forma suelen escribirse los números, en kanji o en números arábigos?

2. ¿Cómo se pronuncian los siguientes números: 十, 八, 三 y 七?

3. ¿Cómo se pronuncian los siguientes números: 50, 800 y 2.000?

4. ¿Qué designa el concepto *man* en japonés? ¿Cómo se pronuncian estos números en japonés: 20.000, 400.000?

5. ¿Cómo se pronuncia el número 34.622?

6. Escribe en kanji el número 45.853 e indica cómo se pronuncia.

7. Escribe en números arábigos el siguiente número: 一万三千六百八十一. ¿Cómo se pronuncia en japonés?

8. Escribe en japonés la cifra 2.000.000 (dos millones).

9. ¿A qué número arábigo corresponde el siguiente número japonés: 4千万?

10. ¿Cómo se forman los ordinales? Indica el ordinal de 4 y de 25.

特別練習：その1 — Ejercicios complementarios I

Importante: Aunque en las lecciones seguiremos usando *rōmaji* como apoyo para acelerar tu aprendizaje, es muy importante que te habitúes cuanto antes a manejar sin ayuda externa el hiragana y el katakana. Así, los bloques de ejercicios complementarios carecerán de *rōmaji*, con la idea de ayudarte a prescindir de esas «muletas». En este bloque tenemos una parte especial de refuerzo de los silabarios (páginas 60 a 63), cuyos ejercicios puedes realizar, si lo deseas, antes de estas dos primeras páginas de comprensión lectora.

RAKUJŌ — *Nuevo vocabulario* 新しい単語

しょう 章	capítulo	area エリア	área
きち 基地	base (militar)	map マップ	mapa
leader リーダー	líder	army アーミー	ejército
security セキュリティー	seguridad		

1. Basándote en lo que has leído en el primer capítulo de *Rakujō*, ¿qué acción crees que representan las siguientes onomatopeyas?

カッカッカッカッ _____   わははははは _____

ゴゴゴゴゴ _____   ドカ—ン _____

ガキィィィン _____   ひゅ—— _____

2. ¿Cómo se llama el hombre que se presenta ante Hide al final de la tercera página?

3. ¿De cuántos hombres consta el primer ejército de Yasu? ¿Y el tercero?

4. «Lee» en japonés los números que indican cuántos hombres hay en los ejércitos de Yasu.

5. Elige la respuesta correcta.

a) ¿Qué saludo usarías a las 2 de la tarde?

    1.こんばんは ②こんにちは   3.こんにちわ   4.こんぱんは

b) ¿Qué dice uno cuando se va a dormir por la noche?

    1.おやすみなさい   2.おはよう   3.こんばんは   4.バイバイ

c) Si tuvieras que felicitar a alguien por un logro, ¿qué expresión usarías?

    1.すみません   2.じゃね、また   3.おめでとうございます   4.どうも

d) ¿Cómo se despediría un joven de un compañero de clase que verá al día siguiente?

    1.またね！   2.さようなら！   3.まだね！   4.ごめんなさい！

e) ¿Cuál es la respuesta estándar al saludo お元気ですか?

    1.まあ、ね   2.はい、元気です   3.気をつけて   4.よろしくお願いします

6. Un amigo te dice ありがとう！¿Qué contestas tú? ¿Y qué contestas en el caso de que una persona a la que prácticamente no conoces te dice ありがとうございます?

7. ¿Qué sentido tiene la expresión 気をつけて y en qué tipo de situaciones se usa?

8. Son las 8 de la mañana y entras en una tienda cualquiera. Reproduce la conversación que mantienes con el tendero siguiendo la guía que proporcionamos.

Tú:	おはようございます	(Buenos días)
Tendero:	_____	(Bienvenido/a)
Tú:	_____	(¿Cuánto cuesta esto?)
Tendero:	_____	(Esto cuesta 343 yenes)
Tú:	_____	(¿383 yenes?)
Tendero:	_____	(No, 343 yenes)
Tú:	_____	(Póngamelo, por favor)
Tendero:	_____	(Muchas gracias)
Tú:	_____	(De nada)
Tendero:	_____	(Adiós)
Tú:	_____	(Adiós)

9. Desarrolla el orden de trazos de los siguientes caracteres como en el ejemplo.

た	二	ナ	た	た	ふ		
あ	二	ナ			き		
む	二				え		
ゆ					ち		
す					ね		
は					を		
お					ま		
け					か		

10. Relaciona cada carácter hiragana con su correspondiente lectura en *rōmaji*.

の	mi	ちゃ	zu
き	sa	ぺ	cha
く	ku	じょ	ne
さ	no	づ	wa
じ	pa	わ	ga
し	ji	が	zu
み	ki	ず	jo
ぱ	shi	ね	pe

11. Transcribe cada carácter hiragana al *rōmaji* y viceversa.

い	i	う	___	じゅ	___	to	と	be	___	chu	___
ぞ	___	な	___	ちゃ	___	o	___	go	___	rya	___
ぽ	___	ぬ	___	りょ	___	pe	___	wa	___	gyu	___
か	___	を	___	きゃ	___	ru	___	zu	___	ja	___
り	___	ん	___	みゅ	___	mo	___	shi	___	byo	___

12. Transcribe las siguientes palabras del hiragana al *rōmaji*.

おんがく	_ongaku_	いちご	_____	つなみ	_____
さかな	_____	ちゃのゆ	_____	でんしゃ	_____
りょかん	_____	いしばし	_____	くいだおれ	_____
いいわけ	_____	けいさつかん	_____	ふつかよい	_____
したぎ	_____	いきじごく	_____	かみのけ	_____
どろぼう	_____	とうきょう	_____	きっぱり	_____
くうしゅう	_____	ぎょうざ	_____	まっちゃ	_____
がんりゅう	_____	さっぽろ	_____	きょうみ	_____
したっぱ	_____	ぎゅうにゅう	_____	いろっぽい	_____

13. Transcribe las siguientes palabras del *rōmaji* al hiragana.

nihongo	にほんご	meitantei	_____	jitabata	_____
shamisen	_____	nemawashi	_____	kannushi	_____
nagoyaka	_____	tsuyu	_____	tabako	_____
tanpopo	_____	pakuri	_____	ebisu	_____
momiage	_____	tebukuro	_____	donzoko	_____
kyūri	_____	jakkan	_____	assari	_____
jūdō	_____	kenkyū	_____	buchō	_____
gunyagunya	_____	kyūshū	_____	yappari	_____
kyakka	_____	nyōi	_____	kyūdō	_____

14. Si los hubiere, corrige los errores en las siguientes transcripciones.

かがや	ka$\overset{g}{k}$aya	おのはら	anohara	あっぱれ	appawa
こっぱ	kobba	さぼてん	kiboten	はだか	hodaka
ぶらり	purari	こわっぱ	koneppa	うねりごえ	unerigoe
りょうつう	ryōtsū	のうぎょう	nūgyō	まみれ	momiwa

15. Desarrollá el orden de trazos de los siguientes caracteres como en el ejemplo.

ホ	一 二	十 キ	オ	ホ	シ
チ	ノ	二 三			ク
サ	一				ウ
ロ					メ
マ					ソ
ヨ					ン
ナ					ラ
ネ					オ

16. Relaciona cada carácter katakana con su correspondiente lectura en *rōmaji*.

デ	so	チャ		pu
オ	a	ジ		shu
ソ	n	プ		su
マ	ma	ミョ		ji
ン	de	ス		re
ム	zo	ロ		cha
ゾ	o	シュ		ro
ア	mu	レ		myo

17. Transcribe cada carácter katakana al *rōmaji* y viceversa.

カ __ka__	エ ___	ギュ ___	ze __ゼ__	no ___	pyu ___
ド ___	ワ ___	リャ ___	u ___	n ___	ja ___
ツ ___	フ ___	チャ ___	ke ___	wa ___	myo ___
メ ___	ク ___	ピョ ___	ji ___	yu ___	byu ___
ル ___	ポ ___	ジョ ___	bi ___	mi ___	sho ___

18. Transcribe las siguientes palabras del katakana al *rōmaji*.

パンダ	_panda_	ミルク	_____	ワシントン	_____
ロリコン	_____	ピアノ	_____	ゼネラル	_____
ギャル	_____	ジャンボ	_____	タンゴ	_____
マラソン	_____	ギリシア	_____	ソンシツ	_____
オランダ	_____	シャワー	_____	ギブアップ	_____
キャラバン	_____	クリーナー	_____	ハーモニー	_____
バグダッド	_____	ルノアール	_____	フットボール	_____
キューピッド	_____	マトリックス	_____	チャーミング	_____
マスコット	._____	アットマーク	_____	ホットポット	_____

19. Transcribe las siguientes palabras del *rōmaji* al katakana.

furansu	_フランス_	shatsu	_____	gurume	_____
pasokon	_____	arabama	_____	igirisu	_____
maiwaifu	_____	neruson	_____	myunhen	_____
remon	_____	kyaria	_____	napori	_____
nūdo	_____	apaato	_____	gyappu	_____
kōhii	_____	kūdetaa	___ __	raamen	_____
pureeyaa	_____	kukkii	_____	piramiddo	_____
chachacha	_____	biitoruzu	_____	kyasshu	_____
supittsu	_____	jaanarisuto	_____	doraiyaa	_____

20. Si los hubiere, corrige los errores en las siguientes transcripciones.

シューマイ	sh$\bar{u}$amai	ソナタ	tsunata	レバー	rebaa
ミスター	misukū	アンドラ	asodora	メキシコ	mekinko
ノウハウ	souhawa	ケース	keenu	キャンセル	kyanseru
ビッグマン	pigguman	サッカー	sakkaa	ナニワ	naniu

Nota importante. Si no lo has hecho antes, lee la nota sobre la práctica de los kanji en esta sección de los «Ejercicios complementarios» en la Introducción (página 13).

一	二	三	四	五	六	七	八	九
(1)	(2)	(3)	(4)	(5)	(6)	(7)	(8)	(9)

十	百	千	万	円	東	西	南	北
(10)	(11)	(12)	(13)	(14)	(29)	(30)	(31)	(32)

21. Desarrolla el orden de trazos de los siguientes kanji.

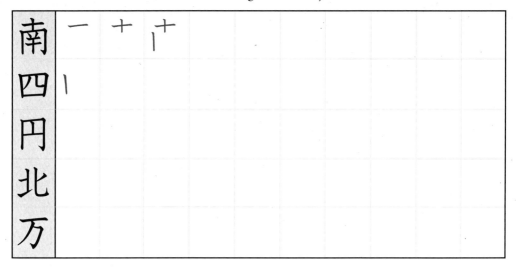

22. Relaciona cada kanji con su significado.

東 ⟶	Este		百		Oeste
六	Sur		九		diez
万	seis		西		nueve
円	diez mil		北		cien
南	yen		二		Norte
一	uno		十		dos

23. Relaciona cada kanji con su lectura más común.

北	なな		十		みなみ
七	ご		三		さん
千	いち		西		よん
東	きた		万		はち
五	ひがし		南		まん
一	せん		四		じゅう
円	えん		八		にし

24. Escribe los siguientes números en kanji e indica su lectura en *furigana*.

8	八	3	_____	9	_____
16	_____	12	_____	24	_____
35	_____	47	_____	50	_____
88	_____	111	_____	897	_____
7.200	_____	3.874	_____	1.011	_____

25. Indica la lectura de los siguientes números y escribe la cifra en números arábigos.

三	さん	(3)	五	_____	(	)
十九	_____	( )	八十	_____	(	)
五十八	_____	( )	九十五	_____	(	)
百二	_____	( )	三百五十七	_____	(	)
八千五十一	_____	( )	千二百三十三	_____	(	)

26. Escribe los siguientes números en kanji e indica su lectura en *furigana*.

3.783	<ruby>三千七百八十三<rt>さんぜんななひゃくはちじゅうさん</rt></ruby>	10.940	_____
24.851	_____	300.340	_____
834.901	_____	108.234	_____
560.205	_____	1.280.785	_____
75.034.026	_____	834.201.016	_____

27. Indica la lectura de los siguientes números y escribe la cifra en números arábigos.

二万六千二百三	にまんろくせんにひゃくさん	(26.203)	
五万七百二十九	_____	(	)
十八万五千五百三十二	_____	(	)
三百八十七万五千二百十四	_____	(	)
二億三千二百万五千百十二	_____	(	)

Lección 6: Días y meses

Así como en la lección anterior estudiamos los números, en esta veremos los días de la semana, los días del mes y los meses del año. Aunque a primera vista no lo parezca, las lecciones 5 y 6 tienen mucho en común, así que repasa bien la lección anterior antes de seguir adelante.

Días de la semana

En la primera tabla podemos observar cómo se dicen los días de la semana en japonés. En primer lugar puedes ver la versión kanji, después la hiragana y finalmente, por si no has aprendido todavía este silabario —lo que recomendamos encarecidamente hacer lo antes posible—, la versión *rōmaji*.

Observa que todos los días tienen en común la parte 曜日 *yōbi*: esto es porque *yōbi* significa «día de la semana». El kanji que precede a *yōbi* indica el significado original de cada uno de los días de la semana, como puedes ver en la parte inferior de la tabla. Así pues, el lunes sería el «día de la luna (月)», el martes el «día del fuego (火)», etc.

Días de la semana			
Lunes	月曜日	げつようび	*getsuyōbi*
Martes	火曜日	かようび	*kayōbi*
Miércoles	水曜日	すいようび	*suiyōbi*
Jueves	木曜日	もくようび	*mokuyōbi*
Viernes	金曜日	きんようび	*kin'yōbi*
Sábado	土曜日	どようび	*doyōbi*
Domingo	日曜日	にちようび	*nichiyōbi*

月 luna | 火 fuego | 水 agua | 木 árbol
金 metal | 土 tierra | 日 sol

Una pequeña observación

¿Recuerdas cuando en la L.3 hablábamos sobre los kanji y decíamos que tenían diferentes lecturas según su posición dentro de la frase y su significado? ¿No notas algo extraño en la tabla? Efectivamente, la palabra «domingo» es, en japonés, 日曜日 *nichiyōbi*, y el mismo kanji, 日, se pronuncia como *nichi* y *bi* en la misma palabra. Esto es debido a que 日 puede significar, según el contexto, tanto «sol» como «día». La primera vez que aparece (pronunciado *nichi*), se refiere a «sol», y la segunda vez (pronunciado *bi*), se refiere a «día». Por lo tanto, domingo es el «día del sol».

Exactamente lo mismo ocurre con el carácter 月, que puede significar «luna» −como en 月曜日 *getsuyōbi*, «día de la luna»− o «mes», como en 四月 *shi gatsu*, literalmente «mes número 4», es decir, «abril», como veremos dentro de unas pocas líneas.

Días del mes

En castellano no tenemos nombres concretos para los días del mes, simplemente decimos «hoy es día uno» o «mañana será día veinticinco», es decir, usamos los números sin más. En japonés, sin embargo sí existen nombres para los días del mes, como mínimo de los días uno al diez. A partir del día once, se utiliza el número correspondiente al día en el que estemos y se le agrega la palabra *nichi* (que en este contexto significa «día»). Es decir, si es día 26 diremos *kyō wa ni jū roku nichi desu* («hoy es día 26») (*kyō*=hoy | *wa*=partícula de tema | *ni jū roku*=26 | *nichi*=día | *desu*=verbo ser). Precisamente por esto hay que saberse muy bien los números, como decíamos en la introducción. Si no lo has hecho ya, apréndete al dedillo la l.5.

El problema radica en los días del 1 al 10, que, como puedes ver en la tabla, columna izquierda, tienen pronunciaciones especiales. Fíjate en que los kanji correspondientes a cada día son sencillamente los de los números más el kanji de día (日), pero que la lectura del día 4 (四日), por ejemplo, no es *yon nichi* (*yon*=4 | *nichi*=día) sino *yokka*... Acabas de toparte con uno de los escollos del japonés: las lecturas especiales de los kanji. Existen algunas palabras, como las correspondientes a los diez primeros días del mes, con lecturas especiales que no, hay más remedio que aprender de memoria.

				Días del mes y meses del año			
1	一日	ついたち	*tsuitachi*	Enero	一月	いちがつ	*ichi gatsu*
2	二日	ふつか	*futsuka*	Febrero	二月	にがつ	*ni gatsu*
3	三日	みっか	*mikka*	Marzo	三月	さんがつ	*san gatsu*
4	四日	よっか	*yokka*	Abril	四月	しがつ	*shi gatsu*
5	五日	いつか	*itsuka*	Mayo	五月	ごがつ	*go gatsu*
6	六日	むいか	*muika*	Junio	六月	ろくがつ	*roku gatsu*
7	七日	なのか	*nanoka*	Julio	七月	しちがつ	*shichi gatsu*
8	八日	ようか	*yōka*	Agosto	八月	はちがつ	*hachi gatsu*
9	九日	ここのか	*kokonoka*	Septiembre	九月	くがつ	*ku gatsu*
10	十日	とおか	*tooka*	Octubre	十月	じゅうがつ	*jū gatsu*
11	十一日	じゅういちにち	*jū ichi nichi*	Noviembre	十一月	じゅういちがつ	*jū ichi gatsu*
12	十二日	じゅうににち	*jū ni nichi*	Diciembre	十二月	じゅうにがつ	*jū ni gatsu*
14	十四日	じゅうよっか	*jū yokka*				
17	十七日	じゅうしちにち	*jū shichi nichi*				
19	十九日	じゅうくにち	*jū ku nichi*				
20	二十日	はつか	*hatsuka*				
?	何日？	なんにち？	*nan nichi?*	¿Qué mes?	何月？	なんがつ？	*nan gatsu?*

A partir del día 11, como ya hemos comentado, no hay apenas problema; la excepción es el día 14, que no es *jū yon nichi*, como cabría esperar, sino *jū yokka*. Lo mismo ocurre con el día 24, pronunciado *ni jū yokka* en vez de *ni jū yon nichi*. Atención por último a los días 17 y 19, que se pronuncian *jū shichi nichi* y *jū ku nichi*, respectivamente, y no *jū nana nichi* o *jū kyū nichi*, que serían otras posibilidades. Ah, ¡y el día 20 también tiene pronunciación especial! Es *hatsuka* en vez de *ni jū nichi*.

Meses del año

¡Por fin algo sencillo en el idioma japonés! Para el alivio de todos, los japoneses no tienen nombres de meses como los nuestros (marzo, julio, etc.), sino que utilizan los números del 1 al 12 para indicarlos, eso sí, seguidos por la palabra 月 *gatsu*, que significa «mes». Por lo tanto, al mes de «julio» se le llama en japonés *shichi gatsu*, es decir, «séptimo mes». Si sabes contar hasta 12, sabrás también decir los meses. Fácil, ¿verdad?

Para más facilidades todavía, puedes fijarte en la segunda tabla de la lección, columna derecha, donde están todos los nombres de los meses del año. Solo tienes que prestar atención a la pronunciación de «abril», «julio» y «septiembre». Estos meses se llaman *shi gatsu*, *shichi gatsu* y *ku gatsu*, respectivamente, en vez de *yon gatsu*, *nana gatsu* y *kyū gatsu*, como también podría pensarse. Recuerda que en la lección anterior vimos que los números 4, 7 y 9 tienen dos pronunciaciones distintas: aquí, solo sirve una de esas dos.

Sobre los años

Al no contar con una tradición cristiana fuerte, en Japón no se sigue nuestro calendario, que empezó en conmemoración del nacimiento de Jesucristo. Por ejemplo, mientras el mundo occidental vivía en el año 2000 después de Jesucristo, en Japón vivían en el año 12 de la era Heisei.

Aunque esto no significa que no utilicen nuestro calendario en la vida común. La influencia occidental ha podido más que la tradición y actualmente se habla tanto en términos de año 2000 como de año 12 de Heisei. Sin embargo, en documentos oficiales es todavía muy fuerte la tendencia a utilizar la nomenclatura japonesa en detrimento de la occidental.

La pregunta obvia es, pues, ¿en qué se basa la cuenta de los años de los japoneses? La respuesta está en los reinados de los emperadores. 1989 fue el año 1 de Heisei porque fue en ese año cuando el actual emperador, Akihito, subió al trono.

Daremos fin a la lección viendo algunas de las eras más recientes y sus emperadores:

Era Meiji	明治	(1868-1912)	Mutsuhito
Era Taishō	大正	(1912-1926)	Yoshihito
Era Shōwa	昭和	(1926-1989)	Hirohito
Era Heisei	平成	(1989-)	Akihito

漫画例 Manga-ejemplos

En esta sección estudiaremos primero un par de viñetas de manga, como de costumbre; a continuación, desmenuzaremos las características de un calendario. ¿Qué mejor manera de estudiar los días de la semana y los meses que ver cómo funciona un calendario japonés?

a) 28 de diciembre

La parte que nos interesa en esta frase es, por supuesto, la fecha: 12月28日 *jū ni gatsu ni jū hachi nichi*. 12月, literalmente «mes 12», es «diciembre», y 28日, «día 28». Así, tenemos «28 de diciembre».

Narrador: 　１２月２８日　　　　東京立川競輪場
jū ni gatsu ni jū hachi nichi　*Tōkyō Tachikawa keirin-jō*
doce mes veintiocho día　Tokio Tachikawa carrera de bicicletas lugar
28 de diciembre.　　　**Velódromo de Tachikawa, Tokio.**

競輪ＧＰ’９７　Ｓ級シリーズ
keirin GP' kyū jū nana S-kyū shiriizu
carrera de bicicletas GP'97 S clase serie
Gran premio ciclista '97, categoría S.

b) 26 de junio

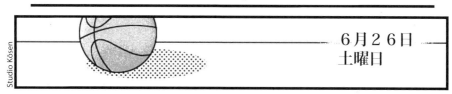

Cartel: 　６月２６日　　　　土曜日
roku gatsu ni jū roku nichi　*doyōbi*
seis mes veintiséis día　sábado
26 de junio.　　　　**Sábado.**

En este ejemplo tenemos 6月26日 *roku gatsu ni jū roku nichi*, es decir, «26 de junio». Fíjate en que primero se dice el mes y luego el día.

c) Calendario

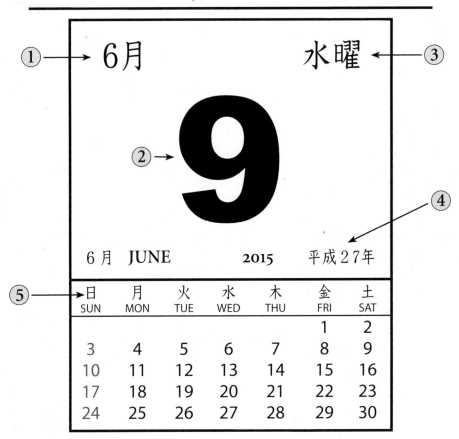

Analicemos los elementos de esta página de calendario uno por uno:

① 6月 *rokugatsu*. Es el nombre del mes de junio (literalmente se traduciría por «sexto mes»). Debajo del número 9 volvemos a ver exactamente los mismos caracteres acompañados de la traducción inglesa «June».

② 9 *kokonoka*. Así es como se lee el número 9 cuando nos referimos a días del mes (atención porque es una lectura especial). También se trata de una forma abreviada, ya que normalmente se escribiría 9日, con el kanji de «día» al lado.

③ 水曜 *suiyō*. Esta palabra significa «miércoles». Literalmente se traduciría por «día del agua». Aquí encontramos la forma abreviada que prescinde del kanji de «día» (日); la forma completa es 水曜日 *suiyōbi*.

④ 平成27年 *heisei ni jū nana nen*. Traducido literalmente por «año veintisiete de Heisei». Heisei es el nombre de la era actual, que empezó cuando el emperador Akihito subió al trono en 1989. Para que no haya confusiones, también se indica 2015 al lado.

⑤ 日 月 火 水 木 金 土. Estas son las formas más abreviadas posibles de los nombres de los días de la semana: se indica el primer kanji y se obvia la parte 曜日 *yōbi*. Para evitar confusiones, encontramos las abreviaturas inglesas debajo. Por cierto, la semana japonesa en los calendarios es al estilo anglosajón: empieza el domingo y no el lunes.

1 Traduce al español las palabras 金曜日, 月曜日 y 木曜日.

Escribe en japonés los siete días de la semana e indica su lectura. **2**

3 ¿Qué significan los kanji 土, 火 y 木?

¿Por qué el kanji 日 puede tener dos lecturas diferentes incluso en la misma palabra, 日曜日 *(nichiyōbi, «domingo»)*? **4**

5 Escribe en japonés, indicando su lectura, la siguiente fecha: 15 de mayo.

Traduce al español la siguiente fecha: 三月 三日. ¿Cómo se leen estos kanji? **6**

7 Escribe en japonés los doce meses del año e indica sus lecturas.

¿Cómo se dice «día seis» en japonés? ¿Y «día once»? **8**

9 ¿En qué año empezó la era Heisei?

¿A qué año cristiano corresponde el año 20 de la era Shōwa? **10**

Lección 7: Pronombres personales

En esta ocasión cambiaremos un poco de enfoque y, en vez de estudiar inacabables (aunque imprescindibles) listas de vocabulario, veremos uno de los rasgos más curiosos del idioma nipón: los pronombres personales. ¿Cómo decimos «yo», «tú», «él», «nosotros», etc., en japonés?

Antes de empezar...

Antes de empezar, hay que hacer algunas aclaraciones importantes para entender esta lección. Primeramente, debes saber que el japonés es un idioma muy jerarquizado: según la posición social de la persona que habla y la que escucha, el hablante usará palabras o expresiones que no utilizaría nunca en otras situaciones. Enseguida veremos ejemplos concretos que te ayudarán a comprenderlo mejor.

En segundo lugar, el japonés hablado por los hombres y las mujeres puede llegar a ser bastante diferente. Hay expresiones, palabras y construcciones que un hombre nunca usaría por no parecer afeminado y viceversa.

Entender, aunque sea por encima, estos rasgos de la cultura japonesa es fundamental para poder hacerse una idea de cómo funciona el idioma.

¿No hay una sola palabra para *yo*?

En los idiomas indoeuropeos solo existe un pronombre personal de primera persona del singular. Se trata, por ejemplo, del *yo* en español, *I* en inglés, *ich* en alemán, *jo* en catalán, *eu* en portugués, etc. En el japonés no ocurre lo mismo: existe una gran variedad de pronombres personales tanto de primera como de segunda persona. La tercera persona, no obstante, es una excepción (después veremos por qué).

	Primera persona		
	Singular (yo)	Plural (nosotros/as)	
Muy formal	わたくし *watakushi*	わたくしども *watakushidomo*	わたくしたち *watakushitachi*
Formal	私 *watashi*	わたしたち *watashitachi*	われわれ *wareware*
Informal	僕 *boku* ♂ あたし *atashi* ♀	僕たち *bokutachi* ♂ 僕ら ♂ *bokura*	あたしたち ♀ *atashitachi* あたしら ♀ *atashira*
Vulgar	俺 *ore* ♂	俺たち ♂ *oretachi*	俺ら ♂ *orera*

Según si somos hombre o mujer y con quién estemos hablando, usaremos un pronombre personal distinto cada vez (en la primera tabla tienes los más utilizados). Veamos unos ejemplos sencillos de qué pronombre utilizaría qué persona y en qué situación:

a) **Un empleado de una empresa importante de 50 años, nacido en Osaka.**

1- Si habla con su jefe: *watashi* | 2- Si habla con su mujer: *washi* (ver pág. siguiente)

b) **Una chica de 20 años.**

1- Si habla con su novio: *atashi* | 2- Si habla con su profesor: *watashi*

c) **Un estudiante de 25 años.**

1- Si habla con otro estudiante: *ore* | 2- Si habla con el padre de un amigo: *boku*

Segunda persona

La segunda persona del singular («tú», «usted», en español) es muy parecida a la primera en cuanto al uso se refiere. En este caso, tenemos también términos que se usan en situaciones formales y otros en situaciones coloquiales.

Veamos, al igual que antes, unos pocos ejemplos:

Yo a un desconocido: *anata* | Una chica a una amiga íntima: *anta* | Un chico a su novia: *kimi* | Un chico a su amigo: *omae*, etc.

	Segunda persona		
	Singular (tú)	Plural (vosotros/as)	
Formal	あなた *anata*	あなたがた *anatagata*	あなたたち *anatatachi*
Informal	君 *kimi* ♂	君たち ♂ *kimitachi*	君ら ♂ *kimira*
Vulgar	お前　　あんた *omae*　*anta* ♂	お前たち ♂ *omaetachi* お前ら ♂ *omaera*	あんたたち *antatachi* あんたら *antara*

No obstante, a menudo se tiende a no utilizar el pronombre correspondiente, sino el nombre de la persona con la que hablamos o bien su título o profesión. Esto ocurre aunque hablemos directamente con esa persona. Veamos unos ejemplos.

Hablando con un profesor:

先生は頭がいいです *sensei wa atama ga ii desu*

Usted es inteligente. (Literalmente: «El profesor es inteligente»)

(*sensei*=profesor | *atama ga ii*=inteligente | *desu*=verbo ser)

Hablando con el señor Tanaka:

田中さんは頭がいいです *Tanaka-san wa atama ga ii desu*

Usted es inteligente. (Literalmente: «El señor Tanaka es inteligente»)

Aunque por el uso de las palabras *sensei* («profesor») y *Tanaka-san* («señor Tanaka»), parezca que estemos hablando sobre terceras personas, en realidad es muy posible que se trate de una conversación cara a cara con el mismo profesor y el mismo Sr. Tanaka.

Tercera persona

La tercera persona («él», «ella») del japonés es un caso aparte. Tradicionalmente, los japoneses no suelen hacer demasiado uso de los pronombres «él» y «ella», sino que en su lugar se utiliza muchas veces el nombre o el título de la persona a la que se quiera referir. Así pues, las frases que acabamos de ver hace unas líneas *(Sensei wa atama ga ii desu* y *Tanaka-san wa atama ga ii desu)* podrían ser perfectamente frases referidas a una tercera persona. En tal caso el significado sería literal: «El profesor es inteligente» y «El señor Tanaka es inteligente». La única manera de distinguir en una frase de este tipo si el hablante está hablando <u>con</u> la persona que protagoniza la frase (segunda persona) o bien habla <u>de</u> ella (tercera persona) es conociendo el contexto.

De todos modos, existen pronombres de tercera persona, bastante utilizados en todos los contextos y registros: 彼 *kare,* «él» y 彼女 *kanojo,* «ella». Ojo sin embargo con estos dos pronombres, porque también significan «novio» y «novia», respectivamente, según el contexto. Observa esta frase:

彼女は頭がいいです *kanojo wa atama ga ii desu*

Según el tema de conversación (el contexto) o el tono con el que pronuncie la frase el hablante, puede tener tanto el sentido de «Ella es inteligente» como el de «Mi novia es inteligente».

El plural y otros pronombres

Los pronombres personales de primera y segunda persona del plural («nosotros» y «vosotros»/«ustedes», respectivamente), funcionan de modo muy parecido a los del singular en lo que respecta al uso. Tienes las tablas para guiarte, y los ejemplos que hemos dado para el singular sirven también para el plural con solo cambiar el pronombre.

En cuanto a la tercera persona, los pronombres personales del plural son 彼ら *karera,* «ellos» y 彼女たち *kanojotachi,* «ellas».

Aparte de las listas que damos en las dos tablas, existen otros pronombres menos utilizados, pero con los que podemos toparnos de vez en cuando. Por ejemplo:

わし *washi* («yo») – Hombres mayores de 50 años (muchas veces dialectal).

あっし *asshi* («yo») – Hombres en situaciones muy informales/vulgares.

オイラ *oira* («yo») – Hombres del campo (se utiliza básicamente en parodias).

拙者 *sessha* («yo») – Samurais de la antigüedad (en películas, cómics, etc.)

きさま *kisama* («tú») – Lo utilizan hombres en señal de amenaza a un contrincante.

てめえ *temee* («tú») – Muy vulgar, lo utilizan hombres y es prácticamente un insulto.

Un último consejo, que puede ser muy útil para cualquier *gaikokujin* («extranjero») que quiera chapurrear el japonés, es utilizar siempre 私 *watashi* («yo») y あなた *anata* («usted») en cualquier situación, hasta que no se domine mejor el idioma. Es una manera de hablar muy segura que garantiza que nunca meterás la pata y que, además, te dará una imagen de persona muy educada a ojos de tu interlocutor.

漫画例 # 漫画例 Manga-ejemplos

Como siempre, las páginas de teoría se complementan con la sección de manga-ejemplos. En esta ocasión estudiaremos los variados usos de los pronombres personales en el manga.

a) Primera persona del singular: «yo»

Keita: やだよ　オレあんなカオになりたくないもん
ya da yo　*ore anna kao ni naritakunai mon*
desagradable　yo ese tipo de cara no quiero ponerme
¡Ni hablar!　**¡No quiero que se me quede esa cara!**

Guillermo March

Suzuki: オレもだよ！！
ore mo da yo!!
yo también ser PE!!
¡¡Pues yo tampoco!!

En este primer bloque de ejemplos tenemos dos maneras de decir «yo». Una es *boku*, pronombre utilizado por los hombres jóvenes en situaciones ni muy formales ni muy coloquiales. La segunda manera es *ore*, utilizado también por los hombres jóvenes, pero más rudo e informal que *boku*. Las mujeres no usan estos dos pronombres.

Dong: こいつは僕が殺す...
koitsu wa boku ga korosu...
este tipo yo matar
¡Voy a matarlo!

←

Blade: 俺は...ちがう...
ore wa... chigau...
yo equivocado
Estoy equivocado...

→

Studio Kōsen

Studio Kōsen

b) Segunda persona del singular: «tú»

Hara:	さ…さつき	お前 たばこを吸うのか…
	Sa... Satsuki	*omae tabako o suu no ka...*
	Sa... Satsuki	tú tabaco fumar P?
	Sa... Satsuki...	**¿Desde cuándo fumas?**

En el segundo bloque vemos dos maneras de decir «tú». La primera es *omae*, utilizada solo por hombres, ya que se trata de una palabra bastante ruda e informal que una mujer no utilizaría. La segunda manera es *kimi*, bastante informal pero muy utilizado. Debes ir con mucho cuidado con qué pronombre elegir para referirte a una segunda persona: lo más seguro es referirte a tu interlocutor por su nombre más un sufijo de respeto (L.15), su título (profesor, director, etc.) o bien por *anata* («usted»).

Kishiwada:	誰かね 君は？
	dare ka ne kimi wa?
	quién P? PE tú PTm?
	¿Y tú quién eres?

Amaterasu:	女神のアマテラスと申します！
	megami no amaterasu to mōshimasu!
	diosa PP Amaterasu me llamo!
	¡Soy Amaterasu, la diosa!

J.M. Ken Niimura

c) Primera persona del plural: «nosotros»

Para terminar, este último ejemplo nos muestra el uso de «nosotros». El pronombre está en boca de una chica que parece hablar muy en serio (!!). Reservamos el pronombre *watashitachi* (formal) para este tipo de ocasiones más serias.

Chica:	私たちっ 別れましょう
	watashitachi wakaremashō
	nosotros cortar vamos a
	Quiero cortar contigo.

Chico:	ええっ 何故だ！？
	ee! naze da!?
	eh? Por qué!?
	¿Qué? ¡¡Y por qué!?

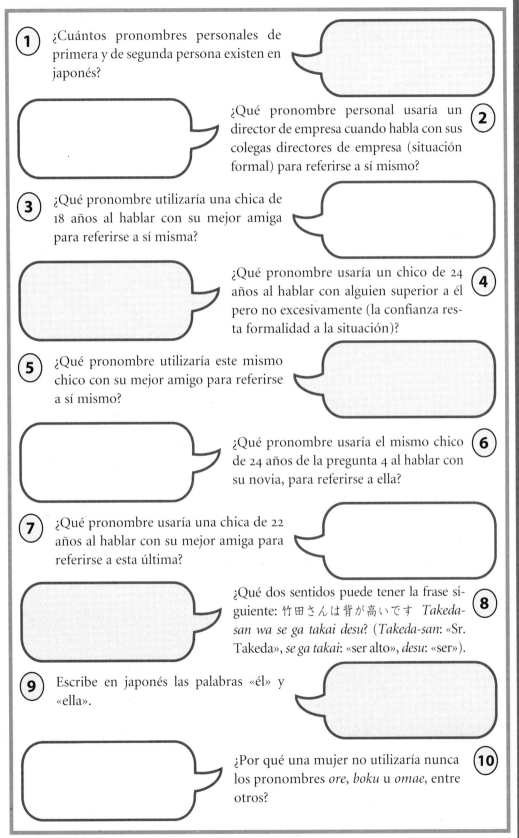

1 ¿Cuántos pronombres personales de primera y de segunda persona existen en japonés?

2 ¿Qué pronombre personal usaría un director de empresa cuando habla con sus colegas directores de empresa (situación formal) para referirse a sí mismo?

3 ¿Qué pronombre utilizaría una chica de 18 años al hablar con su mejor amiga para referirse a sí misma?

4 ¿Qué pronombre usaría un chico de 24 años al hablar con alguien superior a él pero no excesivamente (la confianza resta formalidad a la situación)?

5 ¿Qué pronombre utilizaría este mismo chico con su mejor amigo para referirse a sí mismo?

6 ¿Qué pronombre usaría el mismo chico de 24 años de la pregunta 4 al hablar con su novia, para referirse a ella?

7 ¿Qué pronombre usaría una chica de 22 años al hablar con su mejor amiga para referirse a esta última?

8 ¿Qué dos sentidos puede tener la frase siguiente: 竹田さんは背が高いです *Takeda-san wa se ga takai desu*? (*Takeda-san*: «Sr. Takeda», *se ga takai*: «ser alto», *desu*: «ser»).

9 Escribe en japonés las palabras «él» y «ella».

10 ¿Por qué una mujer no utilizaría nunca los pronombres *ore*, *boku* u *omae*, entre otros?

第 8 課：カタカナ特集

Lección 8: Especial katakana

En la L.2 aprendimos el funcionamiento básico del katakana; ahora vamos a profundizar en el tema, ya que con una lección no es suficiente para llegar al fondo de la cuestión. Aconsejamos repasar muy bien la L.2 antes de seguir adelante para refrescar bien la memoria.

La limitada fonética del japonés

Antes que nada, asegúrate de haber interiorizado las características de la pronunciación japonesa (L.1) para poder hacer buenas transcripciones al katakana y para interpretar el origen de palabras escritas en este silabario. El japonés tiene unas características fonéticas que hacen que la transcripción exacta de palabras extranjeras resulte casi imposible. He aquí las más significativas:

a) Al basarse en un sistema silábico, no existen las consonantes aisladas: una consonante debe ir <u>siempre</u> seguida de una vocal. La excepción es ん *n*, que sí puede ir sola.

b) No existen los sonidos *l, rr, x («ks»), ñ, j/g* ni la *v* sonora inglesa.

c) No existen las combinaciones *fa, fe, fi, fo, she, che, je (pronunciado «he»), ti, di, zi, tu* y *du* en japonés «puro».

Estrategias para superar las limitaciones fonéticas

A causa de la escasez fonética del japonés se ha creado un sistema de transcripción de palabras extranjeras que sigue unas reglas más o menos establecidas. Estudiaremos estas reglas en forma de pregunta y respuesta:

1) *¿La transcripción se basa en la pronunciación o en la escritura de la palabra original?*
En la pronunciación original y <u>nunca</u> en su escritura. **Ejemplos:**

コンピュータ *konpyūta*. Proviene de *computer* («ordenador»/«computadora»). Al venir del inglés, se transcribe según la pronunciación inglesa.

オランダ *oranda*. Proviene del portugués *Holanda*, por lo que se transcribe según la pronunciación original portuguesa.

2) *¿Cómo podemos transcribir una consonante sola, si no existen (excepto la n)?*
La solución consiste en elegir la columna de la tabla katakana que se parezca más a la pronunciación original y escoger el carácter que tenga el valor de la consonante+u. La razón es que la *u* se pronuncia de manera muy débil y pasa casi desapercibida.

Por ejemplo, para transcribir la palabra «crack», del inglés, fíjate en que hay dos soni-dos *k* que van solos (sin vocal que los acompañe). Para transcribir esas *k* sueltas, hay que ir a la columna de la *k* en el silabario katanaka y elegir *k+u* (ク, *ku*). Así, la palabra «crack» quedaría クラック *kurakku*. Otro ejemplo: para transcribir el sonido *s* tendremos que elegir el katakana ス *su*, como en «service», que quedaría サービス *saabisu*.

Solo hay una excepción a esta regla: como las combinaciones *tu* y *du* no existen (en su lugar encontramos los sonidos ツ *tsu* y ヅ *zu*), usaremos los katakana ト *to* y ド *do* para transcribir los sonidos *t* y *d* sueltos. Ejemplos: ヒント *hinto* (proveniente de «hint» −pista), ベッド *beddo* (proveniente de «bed» −cama). Existen transcripciones más exactas, aunque menos utilizadas, de *tu* o *du*: las veremos en el apartado 6.

3) *¿Cómo representamos sonidos largos?*

Con un guión. El guión indica que una vocal se pronuncia durante un lapso de tiem-po ligeramente superior al habitual. **Ejemplos:** バレーボール *bareebōru* (de «volleyball» −voleibol), カレー *karee* (de «curry»), ヒーター *hiitaa* (de «heater» −calefacción).

4) *¿Cómo se representan las consonantes dobles?*

En el idioma inglés muchas palabras tienen una consonante que se pronuncia con más brusquedad de lo habitual: a este tipo de consonantes se les llama «dobles». Este efecto se representa con un pequeño carácter ッ *tsu* ante la consonante que se dobla.

Ejemplos: カーペット *kaapetto* (de «carpet» −alfombra), スリッパ *suríppa* (de «slip-per» −zapatilla), ポケット *poketto* (de «pocket» −bolsillo).

5) *¿Cómo representamos los sonidos inexistentes?*

Como estos sonidos no existen en japonés, habrá que sustituirlos por los que más se parezcan a la pronunciación original.

a) *l*: Se sustituye siempre por *r*, que, recuerda, se pronuncia siempre suave en japonés. **Ejemplos:** ボール *bōru* (de «ball» −pelota), レンズ *renzu* (de «lens» −lente)

b) *rr*: El sonido «doble r», como en «carro», no existe en japonés. En estos casos sim-plemente utilizaremos la «r» simple para transcribir, como en ローマ *rōma*, «Roma».

c) *x* («ks»): Usaremos el doble katakana クス *kusu*, como en ファックス *fakkusu*, «fax».

d) *ñ* (gn en francés, nh en portugués): Veremos este sonido en el apartado 6 e).

e) *j y g* (de la palabra «gente» y no de «galón»): Se suelen sustituir por los katakana de la columna *h*, porque la *h* se pronuncia un poco aspirada, con un sonido parecido (aunque más suave) al de la *j* y la *g*. Lo mismo ocurre con la *h* aspirada inglesa.

Ejemplos: ホセ *hose* (de «José»), ヘマ *hema* (de «Gema»), フアン *fuan* (de «Juan»), ハーリス (*haarisu*, de «Harris»).

f) *v sonora (fricativa) inglesa:* En inglés, la *v* se suele pronunciar de forma fricativa: es como un cruce entre la *b* y la *f*. Tradicionalmente, al transcribir palabras inglesas con sonido *v* se solía obviar esta sutil distinción fonética y se usaban los katakana de la columna *b*. Así, la palabra «violin» (violín) se transcribía バイオリン *baiorin*.

En los últimos años se observa la tendencia a utilizar el katakana *u* con dos pequeñas rayitas (ヴ, *vu*) para representar este sonido de manera más fiel. Sin embargo, tanto ブ como ヴ se pronuncian en japonés exactamente igual: *bu*.

Para transcribir los sonidos *va, ve, vi* y *vo* colocaremos una pequeña *a, e, i* u *o*, respectivamente, tras ヴ. Así, ヴァ *va*, ヴェ *ve*, ヴィ *vi* y ヴォ *vo*. *Vu* quedaría tal cual, ヴ. Actualmente, pues, la palabra «violin» se suele transcribir ヴァイオリン *vaiorin*.

Otros ejemplos: エヴァンゲリオン *evangerion*, (de «evangelion» – evangelio), ヴェロニカ *veronica* (de «Veronica» (en inglés)).

6) Si no existen las combinaciones fa, fe, fi, fo, she, che, je, ti, di, tu, du, ni el sonido ñ, ¿cómo se transcriben palabras con estos sonidos?

Hay una serie de normas que se aplican en estos casos, aunque la estrategia más frecuente es utilizar un carácter katakana concreto más una vocal (a veces puede tratarse de una combinación) en pequeño al lado.

a) *Sonidos con f:* El único carácter con pronunciación *f* de la tabla del katakana es フ *fu*. Para transcribir las sílabas *f*+vocal (excepto *u*, ya que tenemos フ *fu*), usaremos el katakana フ *fu* más la vocal correspondiente escrita más pequeña al lado.

Ejemplos: ファ *fa* (*fu*+*a* pequeña), フィ *fi* (*fu*+*i* pequeña).

Ejemplos de palabras reales: ファン *fan* (de «fan» – aficionado), フォント *fonto* (de «font» – tipo de letra).

b) *She, che y je:* Para *she* se usa el katakana *shi*+*e* pequeña (シェ), para *che*, *chi*+*e* pequeña (チェ), y para *je*, *ji*+*e* pequeña (ジェ).

Ejemplos: チェス *chesu* (de «chess» – ajedrez), ジェット *jetto* (de «jet» – reactor).

c) *Ti y di:* Transcripción: *te/de*+*i* pequeña (ティ *ti*, ディ *di*).

Ejemplos: スパゲッティ *supagetti* (de «spaghetti» – espaguetis), ディスク *disuku* (de «disk» – disco).

d) *Tu y du:* Estos sonidos son bastante especiales porque pueden transcribirse de varias maneras. La manera más usual de transcribir *tu* es utilizando el katakana ツ *tsu*, como en ツアー *tsuaa* (de «tour» – visita guiada). También es posible toparse con la transcripción トゥ (*tu*=*to*+*u* pequeña).

El sonido *du* no se suele utilizar mucho, pero si tuviéramos que transcribir alguna palabra con este sonido y quisiéramos ser lo más fieles posibles al original (con lo que la simple transcripción ド *do* no nos serviría), utilizaríamos seguramente la combinación ドゥ (*du*=*do*+*u* pequeña).

e) *Ñ (gn en francés, nh en portugués, ny en catalán):* El último sonido de esta larga lista es la ñ. En este caso, utilizaremos el carácter ニ *ni* más una ャ *ya*, ュ *yu* o ョ *yo* escrita en pequeño.

Ejemplos: カタルーニャ *katarūnya*, (de «Cataluña»), エスパーニャ広場 *esupaanya hiroba*, (de «Plaza España»), ギニョール *ginyooru*, (del francés «gignol», títere).

漫画例 Manga-ejemplos

En los ejemplos veremos algunos usos del katakana y estudiaremos cómo se transforman las palabras extranjeras al entrar en el japonés; la mayoría de las veces se adoptan pronunciaciones bastante alejadas del original.

a) Topónimo no japonés

Studio Kōsen

Cindy: なにをしにブロードウエーまでいったのだろう...
nani o shi ni burōdouee made itta no darō...
qué hacer Broadway hasta ir me pregunto...
Me pregunto por qué se fue a Broadway...

Decíamos en la L.2 que el katakana se utiliza para transcribir topónimos y nombres de personas de fuera de Japón (y China y Corea). En este ejemplo tenemos, pues, una muestra de un topónimo: Broadway. La palabra se transforma al japonés en *burōdouee*; recuerda que la transcripción debe ser fiel a la pronunciación original inglesa (algo como «broduey»).

b) Nombre propio no japonés

Capitán George: キャプテンジョージ！
kyaputen jōji!
capitán George!
¡Soy el capitán George!

Guillermo March

En este segundo ejemplo contamos con un nombre propio de persona transcrito al japonés. Al ser «captain George» un nombre no japonés, usamos el silabario katakana para transcribirlo. Asimismo, habrá que adaptar el nombre entero a la pronunciación japonesa siguiendo las reglas que hemos estudiado en las páginas anteriores. Así, «captain George» (pronunciado «capten jorj») se transcribirá como *kyaputen jōji*. ¡Ahora intenta escribir tu propio nombre al japonés!

c) Extranjerismo

J.M. Ken Niimura

Aquí se usa la palabra «stadium» (estadio). Observa que la palabra japonesa está transcrita según la pronunciación inglesa («stadiam» =スタジアム *sutajiamu*) y no según como se escribe («stadium»).

Keiko: 一郎 スタジアムの中に入るんだ！	Ichirō: いま手が離せねえんだよ！
Ichirō sutajiamu no naka ni hairu n da	*ima te ga hanasenee n da yo*
Ichirō estadio dentro entrar	ahora mano apartar (neg.)
¡Ichirō! ¡Entremos al estadio!	**¡Ahora no puedo soltar esto!**

d) Extranjerismo (2)

Aquí vemos la palabra *sentaa,* del inglés «center» (pronunciado «senta» – centrar). Pese a que existe una palabra autóctona japonesa con el mismo sentido, 中心 *chūshin*, a ojos de los japoneses parece más «interesante» y «moderno» decantarse por el vocablo inglés.

Kurō: 目標をセンターに入れて…
mokuhyō o sentaa ni irete...
objetivo centro meter...
Centro el objetivo y...

Guillermo March

e) Onomatopeya y extranjerismo

Guillermo March

Aquí vemos dos formas de usar el katakana. La primera está en la palabra *arukōru,* que proviene del holandés «alcohol». La segunda, en *hikku,* que representa el sonido del hipo, lo que significa que es una onomatopeya (recuerda que el katakana se usa mucho para representarlas, L.2).

Tetsu: アルコールの臭い？	Ryōko: ヒック
arukōru no nioi?	*hikku*
alcohol olor?	(sonido de hipo)
Huele a alcohol...	**¡Hic!**

1 ¿Para qué se utiliza el silabario kata-kana?

2 Los silabarios japoneses se basan en combinaciones de consonante y vocal, pero ¿hay alguna excepción a esta norma?

3 ¿Cómo transcribimos consonantes aisladas al japonés? Por ejemplo, si hay que escribir en japonés la consonante *s*, ¿qué se hace?

4 En el caso de que haya que transcribir las consonantes *t* y *d*, ¿qué se suele hacer?

5 ¿Qué son las consonantes dobles y cómo se representan en katakana? Da un ejemplo.

6 ¿Cómo transcribimos la sílaba *fi* al japonés si en principio no existe la «f»?

7 ¿Cómo transcribimos la sílaba *ti* al japonés?

8 Transcribe al japonés la palabra española «amigo», tal cual.

9 Transcribe al japonés la palabra española «familia», tal cual.

10 Escribe tu propio nombre en japonés.

第(9)課：基礎文法

Lección 9: Gramática básica

En esta novena lección, y tras haber visto en las anteriores cómo funciona la escritura y algunas particularidades del idioma japonés, empezaremos a explorar temas gramaticales con el verbo más básico: el verbo «ser».

El verbo «ser»: afirmativo presente

En japonés, el verbo «ser» es です *desu* (formal), y だ *da* (informal/vulgar). Empecemos por ver unas frases muy simples en los que este verbo tiene un papel fundamental:

これはりんごです

kore wa ringo desu

Esto es una manzana.

それはテーブルです

sore wa teeburu desu

Eso es una mesa.

あれはとりです

are wa tori desu

Aquello es un pájaro.

どれがボールペンですか？

dore ga bōrupen desu ka

¿Cuál es un bolígrafo?

Conjugaciones del verbo «ser» (です)		
	Formal	Simple
Presente	です *desu*	だ *da*
Pasado	でした *deshita*	だった *datta*
Negativo	ではありません *de wa arimasen* じゃありません *ja arimasen*	ではない *de wa nai* じゃない *ja nai*
Negativo pasado	ではありませんでした *de wa arimasen deshita* じゃありませんでした *ja arimasen deshita*	ではなかった *de wa nakatta* じゃなかった *ja nakatta*

Como puedes observar en los ejemplos, el verbo *desu* va siempre al final de la frase. El japonés exige que el verbo vaya siempre al final de la frase, sin excepciones. Además, los verbos japoneses no tienen número ni género. En el caso de «ser», el verbo siempre será *desu*, no cambiará de forma ni si hablo de mí (僕はぺぺです *boku wa pepe desu*, «Yo soy Pepe»), ni de ellos (彼らはバカです *karera wa baka desu*, «Ellos son tontos»), ni de una cosa (これはテレビです *kore wa terebi desu*, «Esto es un televisor»).

Nota: la «u» de *desu* apenas se pronuncia. Así, la frase 僕はぺぺです se pronuncia en realidad de manera cercana a *boku wa pepe des*.

Kosoado

Habrás visto en los ejemplos estas palabras tan parecidas: これ *kore,* それ *sore,* あれ *are* y どれ *dore*. Estas palabras significan, respectivamente, «esto», «eso», «aquello» y «¿cuál?». Como puedes observar, todas tienen la misma raíz *(re)*, ante la cual se colocan los prefijos *ko-*, *so-*, *a-* y *do-*.

Hay varias palabras más de ese tipo en japonés, en las que se colocan los prefijos *ko-* (que indica «cerca del hablante»), *so-* («cerca del oyente»), *a-* («lejos de ambos») y *do-* (interrogativo) ante una raíz. De momento, estudia a fondo estos tres grupos porque te serán extremadamente útiles:

- これ *kore*, «esto», それ *sore*, «eso», あれ *are*, «aquello» y どれ *dore*, «¿cuál?»
Ejemplo: それは犬です *sore wa inu desu*, «Eso es un perro».
- この *kono*, «este», その *sono*, «ese», あの *ano*, «aquel» y どの *dono*, «¿cuál?»
Ejemplo: この犬は大きいです *kono inu wa ookii desu*, «Este perro es grande».
- ここ *koko*, «aquí», そこ *soko*, «ahí», あそこ *asoko*, «allí», y どこ *doko*, «¿dónde?»
Ejemplo: あそこに犬がいる *asoko ni inu ga iru*, «Allí hay un perro».

La partícula *wa*

Observa también que a veces, detrás de un nombre, se encuentra el hiragana は *ha*. Se trata de una partícula gramatical muy importante que se coloca tras sustantivos para indicar el «tema» de la frase. Dedicaremos una lección entera a estudiar las diversas partículas que existen en japonés (L.16), ya que es fundamental entenderlas bien.

Nota: Cuando encontremos un は *ha* que funcione como partícula de tema (es decir, de qué se habla en la frase), lo pronunciaremos *wa* aunque se escriba con el hiragana *ha*.

Afirmativo pasado

El verbo «ser» se puede conjugar en presente o pasado, afirmativo o negativo, y formal o informal (observa la tabla de la página anterior). No te preocupes, en realidad es más sencillo de lo que puede parecer: solo varía la forma del verbo que colocamos al final de la frase. Veamos unos ejemplos, los mismos que antes, esta vez en pasado:

これはりんごでした	それはテーブルでした
kore wa ringo deshita	*sore wa teeburu deshita*
Esto era una manzana.	**Eso era una mesa.**

Como puedes observar, el pasado del verbo «ser» es でした *deshita* y, al igual que su versión afirmativa presente, です *desu*, va al final de la frase. **Nota:** la «i» de *deshita* casi no se pronuncia. Así, でした se pronunciará más como «deshta» que como «deshita».

Negativo presente

Pasemos ahora al negativo, que tampoco tiene truco alguno. Se trata de cambiar です *desu* por ではありません *de wa arimasen* o じゃありません *ja arimasen*.

Nota: *ja arimasen* es menos formal que *de wa arimasen*.

これはりんごではありません	それはテーブルじゃありません
kore wa ringo de wa arimasen	*sore wa teeburu ja arimasen*
Esto no es una manzana.	**Eso no es una mesa.**

Negativo pasado

La versión negativa pasada del verbo «ser» es ではありませんでした *de wa arimasen deshita* o じゃありませんでした *ja arimasen deshita* (la última menos formal).

これはりんごではありませんでした
kore wa ringo de wa arimasen deshita
Esto no era una manzana.

それはテーブルじゃありませんでした
sore wa teeburu ja arimasen deshita
Eso no era una mesa.

Interrogativo

El interrogativo del japonés tampoco es nada difícil: se trata de colocar か *ka* al final de una frase y adoptar una entonación interrogativa al hablar.

これはりんごですか?
kore wa ringo desu ka?
¿Esto es una manzana?

それはテーブルですか?
sore wa teeburu desu ka?
¿Eso es una mesa?

Introduzcamos ahora la palabra *nan* o *nani*, cuyo kanji es 何. Esta palabra significa «¿qué?», y es fundamental a la hora de formular preguntas, como podemos ver en el siguiente ejemplo interrogativo y su correspondiente respuesta:

これは何ですか?
kore wa nan desu ka?
¿Qué es esto?

これはりんごです
kore wa ringo desu
Esto es una manzana.

Forma simple

Para terminar, introduciremos la forma simple del verbo «ser», muy utilizada sobre todo al hablar. Se trata de una versión acortada que se utiliza en situaciones informales y que puedes (y debes) estudiar en la primera tabla. Veamos unos ejemplos:

これはりんごだった
kore wa ringo datta
Esto era una manzana.

それはテーブルじゃない
sore wa teeburu ja nai
Eso no es una mesa.

あれはとりではなかった
are wa tori de wa nakatta
Aquello no era un pájaro.

Un poco de vocabulario					
Japonés	Rōmaji	Significado	Japonés	Rōmaji	Significado
りんご	*ringo*	manzana	ふで	*fude*	pincel
テーブル	*teeburu*	mesa	パソコン	*pasokon*	ordenador
とり	*tori*	pájaro	レモン	*remon*	limón
ボールペン	*bōrupen*	bolígrafo	本（ほん）	*hon*	libro
ばか	*baka*	tonto	うた	*uta*	canción
テレビ	*terebi*	televisor	しゃしん	*shashin*	foto
いす	*isu*	silla	アニメ	*anime*	animación
ねこ	*neko*	gato	マンガ	*manga*	cómic
いぬ	*inu*	perro	おかね	*o-kane*	dinero

Y como siempre, en la sección de manga-ejemplos, ilustraremos la teoría con viñetas de manga. Esta vez veremos ejemplos con el verbo «ser», en sus distintas conjugaciones y en sus formas simple y formal.

a) Forma afirmativa presente (formal)

Studio Kōsen

Ayako: そして私があなた達のコーチです
soshite watashi ga anatatachi no kōchi desu
entonces yo PS vosotros PP entrenador ser
Entonces yo soy vuestra entrenadora.

En este ejemplo tenemos la forma más sencilla del verbo «ser»: です *desu*, el afirmativo presente. Recuerda que la «u» casi no se pronuncia y que diremos algo parecido a «des».
Desu se percibe como formal: lo usaremos al hablar con desconocidos (como en este caso, donde Ayako habla con unos chicos a los que no conoce) o con personas jerárquica o socialmente por encima. Es similar a tratar de «usted» a alguien.

b) Forma afirmativa presente (informal)

Kenji: あった！これだ！
atta! kore da!
encontré! esto ser!
¡Lo encontré! ¡Esto es!

Guillermo March

Aquí vemos dos particularidades aprendidas en esta misma lección. Por una parte, tenemos el verbo «ser» en forma afirmativa presente simple, だ *da*, con el mismo significado que です *desu*, pero en versión informal.
Por otra parte, tenemos これ *kore*, palabra que significa «esto» y que deberías aprender junto a それ *sore*, «eso», あれ *are*, «aquello» y どれ *dore*, «¿cuál?».

c) Forma negativa presente (formal)

> **Irumi:** 世の中 正しいことばかりではありません。お気をつけて。
> *yo no naka tadashii koto bakari de wa arimasen. o-ki o tsukete*
> mundo dentro correcto cosa solamente no es. Cuidado.
> **En el mundo no hay solo cosas buenas. Id con cuidado.**

En esta ocasión contamos con la forma negativa presente ではありません *de wa arimasen*, que significa «no ser». Su forma simple puede ser ではない *de wa nai* o じゃない *ja nai* (encontraremos esta última forma en la mayoría de los mangas). Aparte de esto, fíjate también en la forma de despedirse, お気をつけて *o-ki o tsukete*, que ya vimos en la L.4.

d) Forma interrogativa (afirmativo presente formal)

> **Kurō:** これも 父の仕事ですか
> *kore mo chichi no shigoto desu ka*
> esto también padre trabajo es P?
> **¿Esto también... es el trabajo de mi padre?**

Aquí volvemos a ver a です *desu*, esta vez en su forma interrogativa. Basta con añadir か *ka* tras una frase conjugada en cualquier forma (afirmativo presente/pasado o negativo presente/pasado en sus versiones formal e informal) para crear una pregunta.

Guillermo March

e) Forma afirmativa pasada (informal)

> **Anne:** 総理大臣って変な顔の人だった
> *sōri daijin tte hen-na kao no hito datta*
> primer ministro raro cara persona era
> **El 1ʳ ministro era una persona de cara rara.**

Para finalizar, veamos la forma pasada del verbo «ser» en forma simple: だった *datta*, cuya versión formal es でした *deshita*. Las conjugaciones simples y formales del mismo verbo se usan según el contexto conversacional. Hablando con amigos usaremos las primeras y, en situaciones más formales, las segundas.

Studio Kōsen

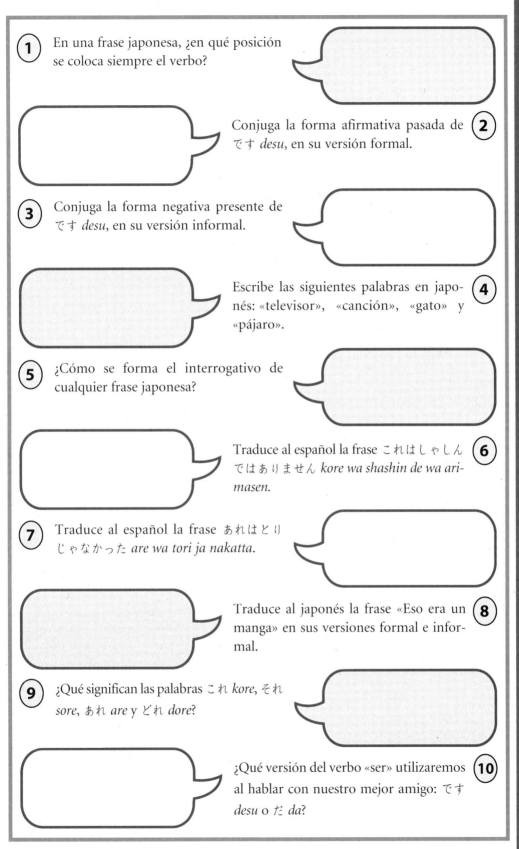

1. En una frase japonesa, ¿en qué posición se coloca siempre el verbo?

2. Conjuga la forma afirmativa pasada de です *desu*, en su versión formal.

3. Conjuga la forma negativa presente de です *desu*, en su versión informal.

4. Escribe las siguientes palabras en japonés: «televisor», «canción», «gato» y «pájaro».

5. ¿Cómo se forma el interrogativo de cualquier frase japonesa?

6. Traduce al español la frase これはしゃしん ではありません *kore wa shashin de wa arimasen.*

7. Traduce al español la frase あれはとり じゃなかった *are wa tori ja nakatta.*

8. Traduce al japonés la frase «Eso era un manga» en sus versiones formal e informal.

9. ¿Qué significan las palabras これ *kore*, それ *sore*, あれ *are* y どれ *dore*?

10. ¿Qué versión del verbo «ser» utilizaremos al hablar con nuestro mejor amigo: です *desu* o だ *da*?

第⑩課：日本の季節

Lección 10: Estaciones del año

En esta lección hablaremos de las estaciones del año y de los diversos fenómenos meteorológicos, con lo que vas a aprender muchas palabras con las que aumentar tu vocabulario japonés. No obstante, recuerda que en el Apéndice IV tienes la lista completa de todo el vocabulario que ha aparecido e irá apareciendo a lo largo de las sucesivas lecciones.

Situación meteorológica de Japón

A modo introductorio, veamos primero la situación geográfica y meteorológica de Japón para hacernos una idea general. Japón, que en japonés se llama, como ya sabes, 日本 *Nihon* o *Nippon*, está situado en el hemisferio norte del planeta, lo que quiere decir que las estaciones siguen el mismo orden que, por ejemplo, en México o en España; es decir, en julio y agosto es verano, en enero y febrero, invierno, etc.

Japón está situado en una zona meteorológicamente muy activa, por lo que las cuatro estaciones están muy marcadas y hay temporadas con más lluvia que otras, épocas con humedad intensa, etc. Aparte, ya sabes que Japón se encuentra en una de las áreas con mayor actividad tectónica de la Tierra, lo que comporta un gran peligro de terremotos (地震 *jishin*).

Por lo que se refiere a temperaturas (温度 *ondo*), diremos que Japón, al ser un conjunto de islas que cubren mucha distancia de norte (北 *kita*) a sur (南 *minami*), es un país muy variado meteorológicamente. Por ejemplo, 北海道 Hokkaidō, la isla más septentrional, tiene un clima casi siberiano, con mucho frío en invierno y veranos muy frescos, mientras que el archipiélago de 沖縄 Okinawa, el conjunto de islas situadas en el extremo sur del país, cuenta con un clima prácticamente tropical.

Clima

Aparte de 北海道 Hokkaidō, las otras tres grandes islas principales que conforman el país (本州 Honshū, 四国 Shikoku y 九州 Kyūshū), tienen un clima variado según la latitud, que en general es parecido al de España. Los inviernos (冬 *fuyu*) son moderadamente fríos, y los veranos (夏 *natsu*), muy calurosos. Por ejemplo, en 京都 Kyōto (Kioto), ciudad situada aproximadamente en el centro de Japón, en medio de la isla principal de Honshū, los veranos son muy calurosos (se llega fácilmente a los 36°C) y hace mucho bochorno (蒸し暑さ *mushiatsusa*), debido a la elevada humedad ambiental. Los inviernos en el valle de Kioto son fríos y las temperaturas bajo cero no son raras.

Por cierto, en Japón utilizan los grados centígrados (Celsius), y no los Fahrenheit.

Particularidades meteorológicas

Las cuatro estaciones, primavera (春 *haru*), verano (夏 *natsu*), otoño (秋 *aki*) e invierno (冬 *fuyu*), están muy diferenciadas en el archipiélago japonés, y cada una de ellas tiene una particularidad. En invierno hace mucho frío (寒い *samui*), en primavera florecen los cerezos (桜 *sakura*), en verano hace mucho calor (暑い *atsui*) y en otoño las hojas de los árboles (sobre todo los arces) toman tonalidades rojizas y marrones, el llamado 紅葉 *momiji* o también *kōyō*.

Lluvia y nieve

En Japón llueve bastante a menudo, gracias a lo cual prácticamente jamás hay restricciones de agua, a pesar de que los japoneses tomen siempre un お風呂 *o-furo*, baño diario en el que se utiliza muchísima agua porque hay que llenar una bañera muy profunda. Sin embargo, no suele haber tormentas violentas, con excepción de los tifones.

Hay dos meses en los que llueve (lluvia: 雨 *ame*) con especial abundancia: junio y septiembre. Desde mediados de junio a mediados de julio se da la temporada de lluvias (梅雨 *tsuyu* o *baiu*): se trata de un mes entero en el que llueve casi todos los días. Septiembre es la época de los tifones (台風 *taifū*), grandes tormentas acompañadas de lluvias torrenciales. Sobre la nieve (雪 *yuki*), solo diremos que en la parte de Japón que da al Océano Pacífico (donde están la mayoría de las ciudades más grandes) no suele nevar mucho, mientras que en Hokkaidō y en la parte del país que da al Mar del Japón (costa oeste) las nevadas son muy copiosas durante los meses de invierno.

Vocabulario meteorológico					
Japonés	Rōmaji	Significado	Japonés	Rōmaji	Significado
冬	*fuyu*	invierno	日	*hi*	sol
春	*haru*	primavera	星	*hoshi*	estrella
夏	*natsu*	verano	月	*tsuki*	luna
秋	*aki*	otoño	梅雨	*tsuyu/baiu*	estación de lluvias
寒い	*samui*	frío	嵐	*arashi*	tormenta
涼しい	*suzushii*	fresco	雲	*kumo*	nube
暑い	*atsui*	calor	晴れ	*hare*	despejado
暖かい	*atatakai*	templado	くもり	*kumori*	nublado
風	*kaze*	viento	きり	*kiri*	niebla
台風	*taifū*	tifón	ひょう	*hyō*	granizo
雨	*ame*	lluvia	紅葉	*kōyō/momiji*	hojas rojas de arce
雪	*yuki*	nieve	桜	*sakura*	(flor de) cerezo

Estas dos frases pueden serte útiles:

今日は雨が降っています *kyō wa ame ga futte imasu*, «Hoy está lloviendo».

今日は雪が降っています *kyō wa yuki ga futte imasu*, «Hoy está nevando».

Un poco de geografía

Para terminar con la parte de teoría de la lección, vamos a hablar sobre la geografía japonesa para hacernos una idea de cómo es el país y dónde se sitúan sus principales ciudades. Japón (日本 *Nihon* o *Nippon*) es un país formado por casi 7.000 islas, aunque hay cuatro que son, con mucha diferencia, las más grandes e importantes: 本州 Honshū, 北海道 Hokkaidō, 九州 Kyūshū y 四国 Shikoku, por orden de tamaño. Aparte, también destaca el archipiélago situado al sur llamado 沖縄 Okinawa.

Honshū es la isla más grande y donde se encuentran la mayoría de las ciudades más importantes. De hecho, solo dos de las once ciudades con más de un millón de habitantes se encuentran fuera de Honshū: 札幌 Sapporo, en Hokkaidō, y 福岡 Fukuoka, en Kyūshū. Las demás ciudades que superan el millón de habitantes son 東京 Tōkyō, (Tokio), 横浜 Yokohama, 大阪 Ōsaka, 名古屋 Nagoya, 神戸 Kōbe, 京都 Kyōto (Kioto), 川崎 Kawasaki, 広島 Hiroshima, さいたま Saitama y 仙台 Sendai. Sin embargo, la ciudad de 北九州 Kitakyūshū (en Kyūshū) está a punto también de llegar a esa cifra.

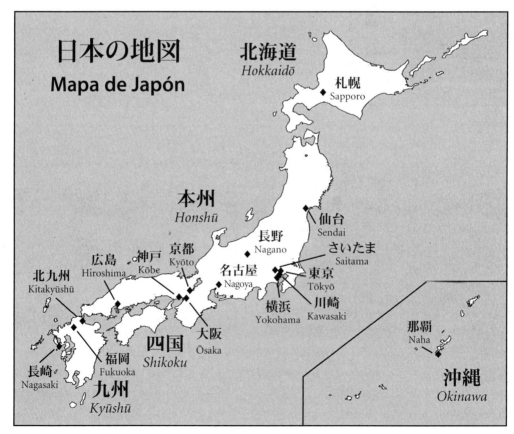

-92- 第10課 Lección 10

漫画例 Manga-ejemplos

Pasemos ahora a la sección de manga-ejemplos, donde veremos viñetas de manga en las que aparece vocabulario y frases útiles relacionadas con la meteorología y la geografía.

a) Nevar

Guillermo March

Jack: その年の最初の雪が降り始めた...
sono toshi no saisho no yuki ga furihajimeta..
ese año primer nieve caer empezar...
Empezó a caer la primera nieve del año...

En el primer ejemplo aparece la palabra 雪 *yuki*, que significa «nieve», y con ella, la construcción que en español equivaldría al verbo «nevar»: 雪が降る *yuki ga furu*, literalmente «caer nieve». Aquí tenemos una forma un poco distinta, 雪が降り始めた *yuki ga furihajimeta*, «empezar a nevar». El sufijo *-hajimeru* se coloca tras un verbo para añadir el matiz de «empezar a».

b) Tengo frío

John: どうしたジェシカ？
dōshita jeshika?
qué pasa Jessica?
¿Qué te pasa, Jessica?

Jessica: ううん なんだか寒いだけ
uun nanda ka samui dake
nada un poco frío solo
Nada, solo tengo un poco de frío.

Studio Kōsen

Vemos aquí la palabra 寒い *samui*, un adjetivo muy utilizado que significa «frío». Estudia bien esta útil palabra, junto a su antónimo 暑い *atsui*, «calor»; te servirán, por ejemplo, para iniciar conversaciones. Un 寒いですね *samui desu ne* («Hace frío, ¿verdad?») es una buena manera de establecer un primer contacto con alguien.

c) Viento y tifón

Chieko: 風が静まったわよ
kaze ga shizumatta wa yo
viento calmarse PE PE
El viento se ha calmado.

Takuya: 台風はどうしたんだ！？
taifū wa dōshita n da!?
tifón PTM qué pasar!?
¡¡Qué ha pasado con el tifón!?

En este ejemplo tenemos dos palabras relacionadas con el tiempo: son 風 *kaze*, «viento», y 台風 *taifū*, «tifón». Hablando de viento, seguramente te sonará la palabra 神風 *kamikaze* (literalmente «viento divino»): esta palabra surgió a finales del s.XIII para designar a los muy oportunos vendavales y tormentas súbitas que frustraron los dos intentos de invasión de Japón por parte de la flota del ejército mongol de Kublai Khan.

d) Un poco de geografía

Keita: サッポロラーメン 食べたい。できれば 家族そろって北海道へ...
sapporo raamen tabetai. dekireba kazoku sorotte hokkaidō e...
Sapporo *rāmen* comer quiero. si pudiera familia juntar Hokkaidō hacia...
Quiero comer *rāmen* de Sapporo. Si pudiera, iría con mi familia a Hokkaidō...

Este último ejemplo nos servirá para dar un repaso a la geografía japonesa. Aquí Keita habla sobre el *rāmen* de サッポロ Sapporo (el *rāmen* son unos fideos de origen chino muy populares en Japón, y la especialidad típica de Sapporo es deliciosa). A continuación, Keita habla de ir a 北海道 Hokkaidō. Mira el mapa de la parte de teoría y verás que Hokkaidō es la isla grande más al norte de Japón y que su capital es 札幌 Sapporo, ciudad que cuenta con casi dos millones de habitantes.

1. ¿En qué hemisferio del planeta está situado el archipiélago japonés?

2. Enumera los nombres de las cuatro estaciones en japonés.

3. ¿Qué particularidad tiene el mes de junio en Japón, meteorológicamente hablando?

4. Escribe las siguientes palabras en japonés: «viento», «frío», «luna», y «estrella».

5. Indica la pronunciación en japonés de las siguientes palabras y su traducción al español: 雪, 嵐, 暑い y 桜.

6. ¿De cuántas islas está formado el archipiélago de Japón? ¿Cuáles de ellas son las más importantes?

7. ¿Cómo decimos «hoy está lloviendo» en japonés? ¿Y «hoy está nevando»?

8. Escribe al menos tres nombres de ciudades japonesas con más de un millón de habitantes.

9. ¿Qué clima tiene Hokkaidō? ¿Y el archipiélago de Okinawa?

10. Indica una estrategia para empezar una conversación con un desconocido en Japón en pleno mes de agosto.

第 10 課　練習

Ejercicios

Ejercicios complementarios II

RAKUJŌ — *Nuevo vocabulario* 新しい単語

銀河 (ぎんが)	galaxia	キャノン (cannon)	cañón
サイボーグ (cyborg)	ciborg	ライフル (rifle)	rifle
ロボット (robot)	robot	キャンプ (camp)	campamento
メガ (mega)	mega- (prefijo)	よし！	¡bien!
ファイト (fight)	lucha	アタック (attack)	ataque
ヴァイオレント (violent)	violento	わかりました	entendido
外 (そと)	fuera	敵 (てき)	enemigo
しかし	sin embargo	サー (sir)	señor
来ます (き)	venir	バンザイ(万歳)	¡viva! ¡hurra!

1. Basándote en lo que has leído en el segundo capítulo de *Rakujō*, ¿en qué año de la era cristiana transcurre la acción?

2. ¿Qué tiempo hace actualmente sobre la base de Saka? (Indícalo en japonés.)

3. ¿Qué es lo que ocurrirá dentro de cuatro días, meteorológicamente hablando?

4. ¿Qué pronombre personal emplea Hide para dirigirse a Yuki? ¿Y Yodo al hablar a Yuki? ¿Por qué crees que utilizan este en concreto y no otro?

5. ¿Hide conjuga el verbo です en forma simple o en forma formal cuando habla con Yuki? ¿Por qué crees que habla de este modo?

6. ¿En qué modo está conjugada la frase de Hide ライフルじゃなかった? Especifica todas las conjugaciones posibles de esta frase:

Presente simple   _____

Presente formal   _____ライフルです_____

Pasado simple   _____

Pasado formal   _____

Negativo simple   _____

Negativo simple (2)   _____

Negativo formal   _____

Negativo pasado simple _____

Negativo pasado simple (2) _____

Negativo pasado formal _____

Negativo pasado formal (2) _____

7. Escribe la respuesta de Yuki a la pregunta de Hide ライフルじゃなかった?. Transforma esa respuesta al interrogativo en sus dos versiones, simple y formal.

8. Basándote en la l.8 y tomando también como ejemplo las «katakanizaciones» de algunas palabras de origen inglés que hemos visto en este capítulo de *Rakujō*, intenta transformar los siguientes términos ingleses y españoles al katakana (te facilitamos la pronunciación aproximada de las palabras inglesas, por si no la conoces).

cybot (*saibot*)   _____ザイボット_____   shake (*sheik*)   _____

cybernet (*saibaanet*) _____   fake (*feik*)   _____

scandal (*skandal*)   _____   venus (*vinas*)   _____

jamón   _____   guerrilla   _____

cheque   _____   tiramisú   _____

9. Traduce las siguientes fechas al japonés. No te olvides de especificar también su lectura en *furigana*, como en el ejemplo.

13 de marzo　<ruby>３月１３日<rt>さんがつじゅうさんにち</rt></ruby>　4 de abril　＿＿＿＿＿＿＿＿

12 de junio　＿＿＿＿＿＿＿＿　10 de agosto　＿＿＿＿＿＿＿＿

6 de mayo　＿＿＿＿＿＿＿＿　26 de enero　＿＿＿＿＿＿＿＿

17 de julio　＿＿＿＿＿＿＿＿　1 de diciembre　＿＿＿＿＿＿＿＿

20 de septiembre　＿＿＿＿＿＿＿＿　24 de febrero　＿＿＿＿＿＿＿＿

10. Es importante conocer bien las «eras» japonesas, que se basan en el reinado de los emperadores, para poder interpretar correctamente las fechas escritas al estilo clásico, muy utilizado incluso en la actualidad. Según lo estudiado en la L.6, ¿a qué años de la era cristiana corresponden los siguientes años japoneses?

<ruby>平成<rt>へいせい</rt></ruby>１７<ruby>年<rt>ねん</rt></ruby>　＿＿2005＿＿　<ruby>昭和<rt>しょうわ</rt></ruby>３０<ruby>年<rt>ねん</rt></ruby>　＿＿＿＿＿＿＿＿

<ruby>明治<rt>めいじ</rt></ruby>５<ruby>年<rt>ねん</rt></ruby>　＿＿＿＿＿＿＿＿　<ruby>平成<rt>へいせい</rt></ruby>２<ruby>年<rt>ねん</rt></ruby>　＿＿＿＿＿＿＿＿

<ruby>大正<rt>たいしょう</rt></ruby>１０<ruby>年<rt>ねん</rt></ruby>　＿＿＿＿＿＿＿＿　<ruby>昭和<rt>しょうわ</rt></ruby>５１<ruby>年<rt>ねん</rt></ruby>　＿＿＿＿＿＿＿＿

11. Relaciona las siguientes palabras entre sí por similitud de conceptos o asociación de ideas. La perspectiva utilizada en este ejercicio es la japonesa, por lo que debes tener muy en cuenta el paso de las estaciones en Japón (consulta la L.10 si tienes dudas).

<ruby>夏<rt>なつ</rt></ruby>　　<ruby>桜<rt>さくら</rt></ruby>　　<ruby>涼<rt>すず</rt></ruby>しい　　<ruby>３月<rt>さんがつ</rt></ruby>

<ruby>６月<rt>ろくがつ</rt></ruby>　　<ruby>雪<rt>ゆき</rt></ruby>　　<ruby>秋<rt>あき</rt></ruby>　　<ruby>寒<rt>さむ</rt></ruby>い

<ruby>春<rt>はる</rt></ruby>　　<ruby>梅雨<rt>つゆ</rt></ruby>　　<ruby>暖<rt>あたた</rt></ruby>かい　　<ruby>沖縄<rt>おきなわ</rt></ruby>

<ruby>北海道<rt>ほっかいどう</rt></ruby>　　<ruby>暑<rt>あつ</rt></ruby>い　　<ruby>冬<rt>ふゆ</rt></ruby>　　<ruby>紅葉<rt>こうよう</rt></ruby>

12. Coloca los pronombres del cuadro de la derecha en el recuadro correspondiente.

	singular	plural
1.ª persona	<ruby>私<rt>わたし</rt></ruby>	
2.ª persona		

<ruby>私<rt>わたし</rt></ruby>　　あなた

<ruby>お前<rt>まえ</rt></ruby>ら　　<ruby>僕<rt>ぼく</rt></ruby>

<ruby>君<rt>きみ</rt></ruby>　　<ruby>俺<rt>おれ</rt></ruby>たち

われわれ　わし

<ruby>お前<rt>まえ</rt></ruby>　　あんたたち

13. Completa estas frases sencillas con la palabra que falta. Puedes escribir los topónimos japoneses en hiragana o, si los conoces, en kanji.

_{おおさか} 大阪は＿＿晴れ＿です

_{あらし} ＿＿＿＿＿は嵐です

_{おきなわ} 沖縄は＿＿＿＿＿ではありません

_{きゅうしゅう} 九州は＿＿＿＿＿です

＿＿＿＿＿は_{くも}曇りです (1)

＿＿＿＿＿は_{くも}曇りです (2 op.)

_{ほっかいどう} 北海道は＿＿＿＿＿です

_{ひろしま} 広島は＿＿＿＿＿ではありません

14. «Katakaniza» estas palabras según las reglas estudiadas en las lecciones 2 y 8.

Ramón	ラモーン	Silvia	＿＿＿＿＿
Valencia	＿＿＿＿＿	Jorge	＿＿＿＿＿
Chema	＿＿＿＿＿	Dionisio	＿＿＿＿＿
Pamplona	＿＿＿＿＿	Estefanía	＿＿＿＿＿
Iñaki	＿＿＿＿＿	Jordi	＿＿＿＿＿

15. Elige la respuesta correcta.

a) ＿＿＿はボールペンです。

　　　1.その　2.それ　3.あそこ　4.あの

b) ＿＿＿に筆がある。（ある＝«haber»）

　　　1.あそこ　2.あれ　3.この　4.これ

c) 彼女は＿＿＿ですか。

　　　1.この　2.どの　3.あれ　4.どこ

d) ＿＿＿は何ですか。

　　　1.あれ　2.どの　3.この　4.どれ

16. Completa las frases siguientes con el pronombre *kosoado* adecuado en cada caso.

a) これ は写真です。（cerca del hablante）

b) ＿＿＿は雪ですか。（lejos de ambos）

c) ＿＿＿に鳥がいる。（いる＝«haber»; cerca del hablante）

d) **A:** ボールペンはどこですか。│ **B:** ＿＿＿だ！（cerca del oyente）

e) **A:** ＿＿＿人が先生ですか。│ **B:** あの人です。（lejos de ambos）

f) ＿＿＿犬はばかです！（cerca del hablante）

17. Sigue las instrucciones y conjuga la forma correcta del verbo です en cada caso.

a) あれはテーブル＿＿でした＿＿。（pasado formal）

b) その人は学生＿＿＿＿＿＿。／＿＿＿＿＿＿。（negativo formal; 2 opciones）

c) 今日は土曜日＿＿＿＿＿＿。（interrogativo formal）

d) これはお金＿＿＿＿＿＿。／＿＿＿＿＿＿。（negativo simple; 2 opciones）

e) その人は先生＿＿＿＿＿＿。／＿＿＿＿＿＿。（neg. formal interr.; 2 ops.）

f) それは一万円＿＿＿＿＿＿。（pasado simple）

g) その猫はばか＿＿＿＿＿＿。／＿＿＿＿＿＿。（neg. pasado simple; 2 ops.）

h) あれはレモン＿＿＿＿＿＿。（pasado formal interrogativo）

旅行予定

3日(日) 東京 とうきょう

4日(月) ロンドン

5日(火) ローマ

6日(水) バルセロナ

7日(木) パリ

8日(金) アムステルダム

9日(土) 上海 シャンハイ

18. El señor Akiyama tiene que hacer un viaje de negocios por varias ciudades del mundo. Teniendo en cuenta su plan de viaje, especificado en la hoja de la izquierda, completa las siguientes frases. Añade también la lectura de los kanji que escribas y rellena en kanji los espacios entre paréntesis.

a) 秋山さんは火曜日に___ローマ___です。
あきやま かようび

b) むいか（ 六日 ）は ___水曜日___ です。(día)
すいようび

c) 秋山さんは_____にパリです。(2 ops.)
あきやま

d) _____は土曜日です。
どようび

e) 秋山さんは日曜日に_____です。
あきやま にちようび

f) 秋山さんはいつか（　　　　）に_____です。
あきやま

g) 秋山さんはよっか（　　　　）にアムステルダム_____。
あきやま

h) 秋山さんはここのか（　　　　）に_____です。
あきやま

i) ようか（　　　　）は_____じゃありません。

19. Completa con el pronombre personal indicado en cada caso, sacándolo del recuadro de la parte inferior.

a) ___私___の名前はトモコです。(1ª sing. | mujer, a un desconocido)
わたし なまえ

b) _____の名前は山田と秋本です。(1ª pl. | políticos, entre ellos)
なまえ やまだ あきもと

c) _____の名前は風之介です。(1ª sing. | samurái, a un desconocido)
なまえ かぜのすけ

d) _____の名前は何ですか。(2ª sing. | hombre de 40 años, a chica joven)
なまえ なん

e) _____の名前はエミカです。(3ª sing. | chica con un desconocido)
なまえ

f) _____はばかじゃない！(1ª pl. | chicos jóvenes, con unos amigos)

g) _____はばかだった (3ª pl. | chicos jóvenes, entre ellos)

彼ら	君	私	俺ら	彼女	拙者	われわれ
かれ	きみ	わたし	おれ	かのじょ	せっしゃ	

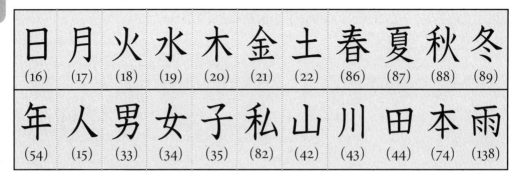

20. Desarrolla el orden de trazos de los siguientes kanji.

21. Relaciona cada kanji con su lectura más común (normalmente, el *kun'yomi*).

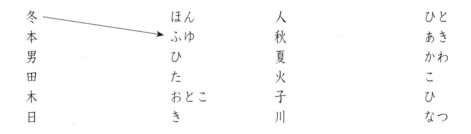

22. Elige el kanji o combinación de kanji correcta para cada lectura.

a) はる

  1.春　2.巻　3.春　4.泰

b) つき

  1.日　2.目　3.月　4.円

c) だんじょ

  1.男子　2.男女　3.男山　4.男人

d) わたし

  1.利　2.秋　3.科　4.私

23. Indica la lectura correcta para cada combinación de kanji.

a) 木曜日

  1.どようび　2.げつようび　3.きんようび　4.もくようび

b) 日本人

  1.にっぽんしん　2.にっぽんじん　3.にほんしん　4.にはんじん

c) 雨水

  1.あめみず　2.あまみす　3.あまみず　4.あめみづ

24. Proporciona en hiragana las lecturas de estas palabras e indica su significado.

人	<u>　ひと　</u>	<u>　persona　</u>	秋	_____	_____
山	_____	_____	平成３年	_____	_____
女子	_____	_____	水曜日	_____	_____
春休み	_____	_____	六日	_____	_____
冬眠	_____	_____	油田	_____	_____

25. Escribe en kanji estas palabras e indica su significado.

なつ	夏	<u>　verano　</u>	おんな	_____	_____
つき	_____	_____	かわ	_____	_____
あめ	_____	_____	か曜び	_____	_____
しがつ	_____	_____	わたし	_____	_____
はつか	_____	_____	ごねん	_____	_____

26. Corrige los errores (de escritura o de lectura) de las siguientes palabras.

日曜日	にちようび	日木	にほん	年金	としかね
上曜日	どようび	冬休み	なつやすみ	全曜日	きんようび
月曜日	にちようび	火出	かざん	女了	じょし

Lección 11: Sustantivos

En esta undécima lección vamos a entrar un poco más en la gramática, aunque no será muy complicada puesto que los sustantivos del japonés son bastante sencillos. Aprovecharemos la ocasión para estudiar bastante vocabulario nuevo, que nos hará mucha falta a partir de ahora.

Los sustantivos del japonés

Un sustantivo, como sabes, es una palabra que designa una cosa o un concepto; también se conocen por la denominación «nombre». Es importante conocer cuantos más sustantivos mejor: sin ellos, no podríamos designar cosas concretas, como «cabeza», «carretera», «bolígrafo», etc., ni tampoco conceptos abstractos como «alegría», «amor» o «tristeza».

¿Qué tienen de especial los sustantivos japoneses para que les dediquemos una lección entera? Por una parte, hablar sobre sustantivos nos da la excusa perfecta para estudiar vocabulario nuevo en japonés, algo que empieza a ser ya muy necesario. Por la otra, habrá que explicar algunas características que distinguen a los sustantivos japoneses de los de nuestro propio idioma.

Diferencias

La diferencia más evidente entre los sustantivos del español y del japonés es que estos últimos no tienen género (femenino/masculino) ni número (singular/plural). Para poner un ejemplo claro, diremos que las palabras «gato», «gatos», «gata» y «gatas» equivalen a la palabra japonesa 猫 *neko,* sin distinción de si hay solo uno o más, ni de si es (o son) macho o hembra. Al principio puede sorprendernos, pero una vez acostumbrados resulta de lo más sencillo porque no hay que pensar en indicar ningún tipo de forma según haya uno o varios o según lo indicado sea masculino o femenino. Los sustantivos japoneses no varían nunca.

Esta particularidad hace que los sustantivos del japonés sean a la vez sencillos de dominar (porque no varían) y complicados de interpretar (porque a priori no sabemos si nos hablan de uno o varios o de algo de sexo masculino o femenino).

Para que lo veas más claro, fíjate en la frase これは猫です *kore wa neko desu.* Esta oración puede significar hasta cuatro cosas distintas: a) «esto es un gato», b) «esto es una gata», c) «estos son unos gatos» y d) «estas son unas gatas».

¿Y no hay confusiones?

Por supuesto, esta característica del japonés puede inducir a confusiones. Si queremos especificar si el o los gatos son macho o hembra, o si hay solo uno o varios, deberemos formar una oración mucho más compleja. Así pues, las siguientes frases corresponden a las frases que acabamos de ver (a, b, c y d):

a) これは雄の猫が一匹です
kore wa osu no neko ga ippiki desu
Esto es un gato macho.

b) これは雌の猫が一匹です
kore wa mesu no neko ga ippiki desu
Esto es un gato hembra.

c) これは雄の猫が五匹です
kore wa osu no neko ga go hiki desu
Esto son cinco gatos macho.

d) これは雌の猫が五匹です
kore wa mesu no neko ga go hiki desu
Esto son cinco gatos hembra.

Pero en realidad este tipo de oraciones no se suelen utilizar, excepto en situaciones muy extremas en las que sea absolutamente necesario deteminar género y número. Normalmente, el contexto dejará claro de qué estamos hablando en cada ocasión.

Cuando termines esta lección y hayas aprendido cómo funcionan los llamados «contadores» (ver página siguiente), intenta formar tus propias frases con la lista de vocabulario de nombres de animales, frutas y verduras que damos en el cuadro en esta misma página. Puedes basarte en las oraciones que acabamos de estudiar.

Animales, frutas y verduras					
Japonés	Rōmaji	Significado	Japonés	Rōmaji	Significado
犬	*inu*	perro	バナナ	*banana*	banana
猫	*neko*	gato	りんご	*ringo*	manzana
鳥	*tori*	pájaro	なし	*nashi*	pera
馬	*uma*	caballo	すいか	*suika*	sandía
牛	*ushi*	vaca/toro	オレンジ	*orenji*	naranja
さる	*saru*	mono	みかん	*mikan*	mandarina
うさぎ	*usagi*	conejo	いちご	*ichigo*	fresa
羊	*hitsuji*	oveja	レモン	*remon*	limón
へび	*hebi*	serpiente	もも	*momo*	melocotón
ぶた	*buta*	cerdo	トマト	*tomato*	tomate
魚	*sakana*	pez/pescado	じゃがいも	*jagaimo*	patata
くま	*kuma*	oso	たまねぎ	*tamanegi*	cebolla
あり	*ari*	hormiga	レタス	*retasu*	lechuga
ライオン	*raion*	león	ピーマン	*piiman*	pimiento
ぞう	*zō*	elefante	きのこ	*kinoko*	seta
しか	*shika*	ciervo	にんにく	*ninniku*	ajo
とら	*tora*	tigre	かぼちゃ	*kabocha*	calabaza
りゅう	*ryū*	dragón	まめ	*mame*	judía

Contadores

Todo esto nos lleva a hablar sobre cómo contar las cosas en japonés. Fíjate que en las frases que acabamos de ver se utiliza la palabra 匹 *(hiki, piki* o *biki,* según el caso)*.* A esto se le llama un «contador». Los contadores se utilizan según la siguiente estructura: «lo que haya que contar + partícula が *ga* + numeral + contador + verbo». Por ejemplo:

これは紙が三枚です

kore wa kami ga san mai desu

Esto son tres hojas de papel.

kami=papel | *san*=3 | *mai*=contador

Existen varios contadores que varían según las cualidades de los objetos de los que queramos indicar el número. En la L.25 estudiaremos los contadores de forma más exhaustiva, pero de momento podemos adelantarte estos:

人 *nin* para personas 枚 *mai* para cosas planas
匹 *hiki* para animales pequeños 本 *hon* para cosas alargadas
台 *dai* para máquinas 冊 *satsu* para libros, revistas, etc.

Para terminar, te recomendamos estudiar muy bien los dos cuadros de vocabulario que ofrecemos en esta lección: aprender todas estas palabras te dará una base de vocabulario suficiente para poder formar tus propias frases en las próximas lecciones.

Unos pocos sustantivos					
Japonés	Rōmaji	Significado	Japonés	Rōmaji	Significado
くるま	*kuruma*	automóvil	レストラン	*resutoran*	restaurante
じてんしゃ	*jitensha*	bicicleta	おかし	*o-kashi*	dulce/bollo
カメラ	*kamera*	cámara	おちゃ	*o-cha*	té
しんぶん	*shinbun*	periódico	コーヒー	*kōhii*	café
たばこ	*tabako*	tabaco	ごはん	*gohan*	arroz (cocido)
きって	*kitte*	sello	こめ	*kome*	arroz (sin cocer)
えんぴつ	*enpitsu*	lápiz	パン	*pan*	pan
ボールペン	*bōrupen*	bolígrafo	スープ	*sūpu*	sopa
きょうしつ	*kyōshitsu*	aula/clase	うた	*uta*	canción
にわ	*niwa*	jardín	えいが	*eiga*	película
たてもの	*tatemono*	edificio	てがみ	*tegami*	carta
びょういん	*byōin*	hospital	やすみ	*yasumi*	descanso
トイレ	*toire*	lavabo	パーティー	*paatii*	fiesta
いえ	*ie*	casa	ざっし	*zasshi*	revista
かみ	*kami*	papel	あさ	*asa*	mañana
にく	*niku*	carne	ひる	*hiru*	mediodía
くだもの	*kudamono*	frutas	ゆうがた	*yūgata*	tarde
やさい	*yasai*	verduras	よる	*yoru*	noche

漫画例 Manga-ejemplos

Como introducción a estos manga-ejemplos, no está de más saber que los sustantivos suelen escribirse en kanji y que, como no cambian de forma, son las palabras más sencillas de buscar en el diccionario.

a) «Lágrima» y «sangre»

> Yūsuke: 血の... 涙
> *chi no... namida*
> sangre PP lágrima
> **Lágrimas... de sangre.**

En este ejemplo podemos observar dos sustantivos: 血 *chi* («sangre») y 涙 *namida* («lágrima»). Como vemos, no se especifica si se trata de una lágrima o de varias de ellas, pero podríamos decir casi con seguridad que se trata de más de una, de ahí la traducción en plural. También podemos ver la partícula の *no*, que sirve para indicar «posesivo» y que estudiaremos en la L.16.

J.M. Ken Niimura

b) «Corazón» y repaso de la L.7

Guillermo March

> Kamada: おまえの心臓よ!!
> *omae no shinzō yo!!*
> tú PP corazón PE!!
> **¡¡Se trata de tu corazón!!**

Aprovechemos este ejemplo para repasar la L.7: fíjate en la palabra おまえ *omae*. Este pronombre personal significa «tú», pero su connotación es que el hablante se siente superior a la persona a la que habla, por lo que que no recomendamos su uso.

Además, tenemos el sustantivo 心臓 *shinzō*, que significa «corazón», y vuelve a aparecer la partícula の *no*. La partícula final よ *yo* se usa para dar énfasis a la frase (L.17).

c) Varios sustantivos

Kudō: 歯向かうヤツを殺す!! 酒と女と悦楽の日々!!
hamukau yatsu o korosu!! *sake to onna to etsuraku no hibi!!*
rebelarse tipo PC matar!! alcohol y mujer y placer PP día a día!!
¡¡Al que se mueva lo mato!! **¡¡Una vida de alcohol, mujeres y placer!!**

Aquí vemos más sustantivos, como ヤツ *yatsu* («persona», en sentido vulgar, tal vez equivalente a la palabra «tipo»), 酒 *sake* («cualquier bebida alcohólica» en sentido amplio, «sake japonés» en sentido reducido), 女 *onna* («mujer»), 悦楽 *etsuraku* («placer») y 日々 *hibi* («día a día»). Fíjate en que hemos traducido la palabra 女 *onna* por «mujeres», en plural. Primeramente, en una frase como esta, un hispanohablante hablaría de «mujeres» en plural, y no de una sola. En segundo lugar, el mismo dibujo ya nos ofrece una pista (vemos a dos mujeres), por lo que todo indica que el hablante habla de más de una mujer: de ahí la traducción en plural.

d) Contador de personas

Mai: おそらく...『七人の使者』
osoraku... «shichinin no shisha»
quizá... «siete personas PP mensajero»
Quizá sean... «Los siete mensajeros».

He aquí un par de cosas interesantes. En primer lugar tenemos el contador de personas 人 *nin* que, unido al número 七 *shichi* («siete»), forma la palabra 七人 *shichinin*, es decir, «siete personas». En el ejemplo se habla de 使者 *shisha* («mensajero»), por lo que 七人の使者 *shichinin no shisha* significa «siete mensajeros». Este es un ejemplo muy claro del uso de los contadores.

Por último, fíjate en la forma de las comillas japonesas, 「 y 」 o bien 『 y 』, completamente distintas de las que usamos en español.

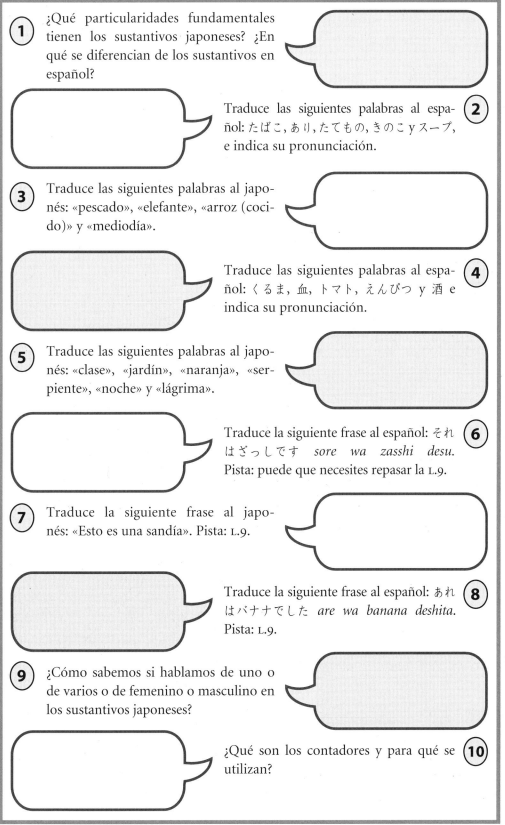

1. ¿Qué particularidades fundamentales tienen los sustantivos japoneses? ¿En qué se diferencian de los sustantivos en español?

2. Traduce las siguientes palabras al español: たばこ, あり, たてもの, きのこ y スープ, e indica su pronunciación.

3. Traduce las siguientes palabras al japonés: «pescado», «elefante», «arroz (cocido)» y «mediodía».

4. Traduce las siguientes palabras al español: くるま, 血, トマト, えんぴつ y 酒 e indica su pronunciación.

5. Traduce las siguientes palabras al japonés: «clase», «jardín», «naranja», «serpiente», «noche» y «lágrima».

6. Traduce la siguiente frase al español: それはざっしです *sore wa zasshi desu.* Pista: puede que necesites repasar la L.9.

7. Traduce la siguiente frase al japonés: «Esto es una sandía». Pista: L.9.

8. Traduce la siguiente frase al español: あれはバナナでした *are wa banana deshita.* Pista: L.9.

9. ¿Cómo sabemos si hablamos de uno o de varios o de femenino o masculino en los sustantivos japoneses?

10. ¿Qué son los contadores y para qué se utilizan?

第11課 練習

Ejercicios

第⑫課：何時ですか？

Lección 12: ¿Qué hora es?

En esta ocasión aprenderemos a decir las horas en japonés y expresiones derivadas. Como habrás deducido, el tema tiene mucho que ver con los numerales, por lo que es altamente recomendable repasar a fondo la L.5 antes de entrar en materia.

Unas pocas lecturas especiales

Estudia primero la tabla de la tercera página de esta lección, fijándote bien en las palabras que en ella hay marcadas en negrita: estas palabras tienen lecturas irregulares. Por ejemplo, el kanji 四時 se pronuncia *yo ji* y no, por ejemplo, *yon ji* o *shi ji*, que serían las otras posibilidades (L.5). Igualmente, 六分 se pronuncia *roppun* y no *roku fun*.

Concretamente en el caso del kanji 分, hay que remarcar que su lectura básica es *fun*, pero que en ciertos casos, por razones fonéticas, se pronuncia *pun*. Tal es el caso de 1分, 3分, 4分, 6分, 8分 y 10分, que se pronuncian respectivamente *ippun, san pun, yon pun, roppun, happun* y *juppun/jippun* (10分 tiene dos lecturas válidas).

Aprender las pronunciaciones correctas de los kanji de las horas y minutos es difícil, ya que existen numerosas excepciones que es necesario estudiar de memoria.

今、八時です
ima, hachi ji desu
Ahora son las ocho

今、五時十五分すぎです
ima, go ji jū go fun sugi desu
Ahora son las cinco y cuarto

今、三時半です
ima, san ji han desu
Ahora son las tres y media

今、十一時十五分まえです
ima, jū ichi ji jū go fun mae desu
Ahora son las once menos cuarto

Decir la hora

En realidad, decir la hora en japonés es muy sencillo: solo hay unos pocos puntos a tener en cuenta, y de hecho tampoco son imprescindibles. Pronto diremos por qué.

Cuando te pregunten qué hora es, la mejor manera de iniciar la respuesta es con 今 *ima*, que significa «ahora». A continuación, diremos la hora y terminaremos con el verbo です *desu* que, recordarás, significa «ser» (ver L.9).

Ahora fíjate en el primer reloj de los cuatro que hay en la página anterior para aprender a decir las horas en punto, algo de lo más sencillo. Solamente tienes que seguir la pauta 今、X時です *ima, x ji desu,* cambiando la x por un número. Por ejemplo, 今、九 時です *ima, ku ji desu* significa «ahora son las nueve».

Otras construcciones

Existen otras tres construcciones básicas: la hora y media, la hora y cuarto y la hora menos cuarto. Fíjate de nuevo en la ilustración de los relojes para entender de forma más gráfica la explicación.

Hora y media: para decir «son las x y media», solo tendremos que añadir 半 *han* después de 時 *ji*. El patrón básico será, pues, 今、X時半です *ima, x ji han desu.* Ejemplo (3.30): 今、三時半です *ima, san ji han desu,* «Ahora son las tres y media».

Hora y cuarto: para decir «son las x y cuarto», añadiremos 十五分すぎ *jū go fun sugi* después de 時 *ji*, con lo que nos quedará el patrón básico 今、X時十五分すぎです *ima, x ji jū go fun sugi desu.* Ejemplo (12.15): 今、十二時十五分すぎです *ima, jū ni ji jū go fun sugi desu,* «Ahora son las doce y cuarto».

Hora menos cuarto: para decir «son las x menos cuarto», añadiremos 十五分まえ *jū go fun mae* después de 時 *ji*. Así pues, el patrón básico es 今、X時十五分まえです *ima, x ji jū go fun mae desu.* Ejemplo (6.45): 今、七時十五分まえです *ima, shichi ji jū go fun mae desu,* «Ahora son las siete menos cuarto».

Unos datos que seguramente te servirán para entender mejor estas construcciones: 半 *han* significa «medio», すぎ *sugi* es «sobrepasar» y まえ *mae* tiene el sentido de «antes». Así encajan mejor las piezas, ¿verdad?

Más sencillo todavía

En realidad, sin embargo, lo que acabamos de explicar no es imprescindible, ya que, al igual que en español, es posible decir en todos los casos «son las x e y minutos».

Por ejemplo, uno puede referirse a las 6.30 tanto como con 六時半です *roku ji han desu* («son las seis y media») como con 六時三十分です *roku ji san juppun desu* («son las seis y treinta minutos»). Así las cosas se hacen más sencillas, y con solo dominar bien los números puedes salir de cualquier apuro. Ejemplos:

今、二時十二分です *ima, ni ji jū ni fun desu,* «Ahora son las 2 y 12 minutos».

今、十時五十七分です *ima, jū ji go jū nana fun desu,* «Ahora son las 10 y 57 minutos».

Conversación ejemplo

Veamos ahora una sencilla conversación que puede servirte como muestra:

A: すみませんが...

sumimasen ga...

Disculpe...

B: はい、何でしょうか?

hai, nan deshō ka?

Sí, ¿qué desea?

A: 今、何時ですか?

ima, nan ji desu ka?

¿Qué hora es ahora?

B: ええ...今、X時Y分です

ee... ima, x ji y fun desu

Hm... Ahora son las x e y minutos.

A: ありがとうございます

arigatō gozaimasu

Muchas gracias.

B: どういたしまして

dō itashimashite

De nada.

Horas 時 (ji)		Minutos 分 (fun)	
一時	*ichi ji*	一分	***ippun***
二時	*ni ji*	二分	*ni fun*
三時	*san ji*	三分	*san pun*
四時	***yo ji***	四分	*yon pun*
五時	*go ji*	五分	*go fun*
六時	*roku ji*	六分	***roppun***
七時	*shichi ji*	七分	*nana fun*
八時	*hachi ji*	八分	***happun***
九時	*ku ji*	九分	*kyū fun*
十時	*jū ji*	十分	***jippun/juppun***
十一時	*jū ichi ji*	十一分	***jūippun***
十二時	*jū ni ji*	十二分	*jū ni fun*
何時?	*nan ji?*	何分?	*nan pun?*
En negrita, lecturas especiales			

Esta es una conversación que podría estar perfectamente llevándose a cabo en estos mismos instantes en cualquier localidad japonesa. Solo hay que cambiar la x y la y por la hora y minutos que sean, respectivamente, y podrás decir la hora con toda tranquilidad. ¡Prueba tú mismo a hacerlo!

Fíjate, en cualquier caso, en cómo preguntar la hora, porque también te será muy útil: 今、何時ですか? *ima, nan ji desu ka?* «¿Qué hora es (ahora)?»

AM y PM

Para terminar, seguramente te preguntarás cómo se hace para distinguir si nos estamos refiriendo a la mañana o a la tarde. Para esto, al igual que en español, hay dos estrategias.

La primera es usar la nomenclatura de veinticuatro horas. Por ejemplo, si queremos indicar las 6.00 PM, podemos decir 今、十八時です *ima, jū hachi ji desu*, «Ahora son las dieciocho horas». Sin embargo, lo más usado, de lejos, es utilizar los adverbios de tiempo 午前 *gozen* o 朝 *asa* («mañana», de las 5 a las 11 AM), 昼 *hiru* («mediodía», las 12 PM), 午後 *gogo* («tarde», desde la 1 PM hasta el anochecer), 夕方 *yūgata* («anochecer»), 夜 *yoru* («noche», desde el anochecer a las 12 AM) y 深夜 *shin'ya* («madrugada», desde la 1 hasta las 4 AM), acompañados de la partícula の *no* justo antes de decir la hora. Ejemplos:

今、午前の9時半です *ima, gozen no ku ji han desu*, «Ahora son las 9 y media de la mañana».

今、深夜の3時です *ima, shin'ya no san ji desu*, «Ahora son las 3 de la madrugada».

漫画例 Manga-ejemplos

Aprovecharemos los manga-ejemplos para repasar lo estudiado en las páginas anteriores y también para ampliar miras y observar una manera más coloquial de decir la hora.

a) Las 3.30

Kei: ３時２４分...タイムリミットは３時半... それまでにやらなきゃ...
san ji ni jū yon pun... taimu rimitto wa san ji han... sore made ni yaranakya...
3 h. 24 min.... tiempo límite 3 horas medio... hasta entonces hacer...
Las 3 y 24... La hora límite son las 3 y media... Debo hacerlo antes de esa hora...

Guillermo March

Aquí podemos observar dos horas, ３時２４分 *san ji ni jū yon pun* («las 3.24») y ３時半 *san ji han* («las 3 y media»). En el segundo caso también sería válido ３時３０分 *san ji san juppun* («las 3 y 30 minutos»). Ojo también a la palabra タイムリミット *taimu rimitto*, que proviene del inglés «time limit» (tiempo límite, L.2 y 8).

b) Las 6.10

Kei: ６時１０分を指していたよ
roku ji juppun o sashite ita yo
seis horas señalar PE
(El reloj) marcaba las 6:10.

Studio Kōsen

En este ejemplo, Kei está hablando acerca de un reloj, por eso utiliza el verbo 指す *sasu*, que significa «señalar» o, en este contexto, «marcar las horas (las agujas de un reloj)». La hora que se nos indica es ６時１０分 *roku ji juppun*, («las 6 y 10 minutos»), pero así, sin conocer el contexto, no se sabe si habla de la mañana o de la tarde.

c) «¿Qué hora es?»

Hiroshi: そうだ 今何時だ!?
sō da ima nan ji da!?

eso ser ahora qué hora ser!?

Miyuki: １２時１０分よ！
jū ni ji juppun yo!

12 horas 10 minutos PE!

J.M. Ken Niimura

Esta viñeta nos servirá para ilustrar dos de los puntos que hemos visto en las páginas de teoría.

El primero es cómo preguntar la hora actual: antes hemos mostrado la manera formal de hacerlo, es decir, 今、何時ですか？ *ima, nan ji desu ka?* En el ejemplo, Hiroshi utiliza la manera informal (un poco ruda, pero aceptable entre amigos) de hacerlo, 今 何時だ？ *ima nan ji da?* Fíjate en que en este caso se utiliza だ *da*, la forma simple del verbo です *desu* («ser», L.9).

El segundo punto a destacar en el ejemplo es la respuesta de Miyuki: １２時１０分 *jū ni ji juppun*, «las 12 y 10 minutos». Como ves, es fundamental saberse muy bien los números (L.5) para poder decir las horas.

d) Las dos «tardes» del japonés

Sayoko: よっしゃ！午後の３時にしよう！！
yossha! gogo no san ji ni shiyō!!
bien! tarde PP 3 horas decidirse por!!
¡Bien! ¡Lo haremos a las 3 de la tarde!

Studio Kōsen

Nuestro último ejemplo, aparte de presentar un nuevo uso de cómo decir una hora (en este caso, ３時 *san ji*, «las tres»), nos ofrece una muestra del uso de uno de los adverbios de tiempo que sirven para indicar exactamente de qué parte del día estamos hablando. Aquí, la palabra 午後 *gogo* («tarde»), deja claro que Sayoko está hablando de las 3 PM y no de las 3 AM (en cuyo caso, usaría la palabra 深夜 *shin'ya*, «madrugada»).

午後 *gogo* se utiliza para referirse a la franja del día que va desde el mediodía hasta que se pone el sol, más o menos entre 4-5 PM en invierno y 7-8 PM en verano: es la «tarde temprana». A partir de entonces hablamos de 夕方 *yūgata*, que vendría a significar algo como «tarde tardía».

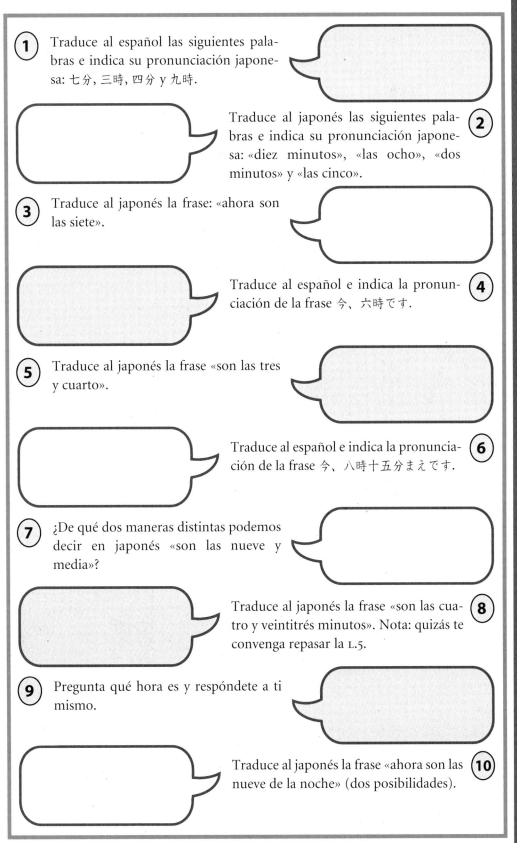

1 Traduce al español las siguientes palabras e indica su pronunciación japonesa: 七分, 三時, 四分 y 九時.

2 Traduce al japonés las siguientes palabras e indica su pronunciación japonesa: «diez minutos», «las ocho», «dos minutos» y «las cinco».

3 Traduce al japonés la frase: «ahora son las siete».

4 Traduce al español e indica la pronunciación de la frase 今、六時です.

5 Traduce al japonés la frase «son las tres y cuarto».

6 Traduce al español e indica la pronunciación de la frase 今、八時十五分まえです.

7 ¿De qué dos maneras distintas podemos decir en japonés «son las nueve y media»?

8 Traduce al japonés la frase «son las cuatro y veintitrés minutos». Nota: quizás te convenga repasar la L.5.

9 Pregunta qué hora es y respóndete a ti mismo.

10 Traduce al japonés la frase «ahora son las nueve de la noche» (dos posibilidades).

第⑬課：イ形容詞

Lección 13: Adjetivos de tipo -*i*

Llegamos a la lección 13, donde aprenderemos uno de los dos tipos de adjetivos del japonés: los adjetivos de tipo -*i*. Como ya sabes, un adjetivo es una palabra que indica una cualidad de un sustantivo. Por ejemplo, en «abrigo caro», la palabra «caro» es un adjetivo que indica una cualidad del «abrigo», en este caso que «cuesta mucho dinero».

¿Por qué adjetivo «-*i*»?

En japonés existen dos tipos de adjetivos, contrariamente al castellano, en que no existe ninguna distinción. Los adjetivos llamados de tipo «-*i*» son uno de los dos, siendo el segundo los adjetivos llamados de tipo «-*na*».

¿Por qué esta denominación? La razón de que estos adjetivos sean llamados -*i* es que todos ellos terminan en el sonido い *i*, sin excepciones. Por supuesto, los adjetivos de tipo -*na* terminan en な *na*, pero este es otro tema que desarrollaremos en la L.14.

Normalmente, en español los adjetivos suelen seguir inmediatamente al sustantivo al que califican, como en los ejemplos «árbol alto» o «cielo azul», aunque también hay casos en los que pueden ir delante (como en las formas más bien poéticas «blanca nieve» o «triste soledad»). En japonés, no obstante, al igual que ocurre en inglés, los adjetivos van siempre <u>ante</u> el sustantivo al que califican, sin excepciones.

Fíjate en los mismos ejemplos, ahora en japonés: 高い木 *takai ki* (*takai*=«alto», *ki*= «árbol»), 青い空 *aoi sora* (*aoi*=«azul», *sora*=«cielo»). Observa que en inglés −*tall tree, blue sky*−, la estructura es exactamente la misma: primero adjetivo y luego sustantivo.

Algunos adjetivos -i					
Japonés	Rōmaji	Significado	Japonés	Rōmaji	Significado
小さい	*chiisai*	pequeño	黄色い	*kiiroi*	amarillo
大きい	*ookii*	grande	高い	*takai*	alto/caro
やさしい	*yasashii*	fácil	安い	*yasui*	barato
むずかしい	*muzukashii*	difícil	低い	*hikui*	bajo
白い	*shiroi*	blanco	新しい	*atarashii*	nuevo
赤い	*akai*	rojo	古い	*furui*	viejo
青い	*aoi*	azul	暗い	*kurai*	oscuro
黒い	*kuroi*	negro	明るい	*akarui*	claro

Flexiones de los adjetivos -i				
		Afirmativo		Negativo	
		Forma *desu*	F. simple	Forma *desu*	Forma simple
Presente	Regla Ejemplo Rōmaji	いです 安いです *yasui desu*	い 安い *yasui*	〜くないです 安くないです *yasukunai desu*	〜くない 安くない *yasukunai*
Presente	Traducción	Es barato		No es barato	
Pasado	Regla Ejemplo Rōmaji	〜かったです 安かったです *yasukatta desu*	〜かった 安かった *yasukatta*	〜くなかったです 安くなかったです *yasukunakatta desu*	〜くなかった 安くなかった *yasukunakatta*
Pasado	Traducción	Era barato		No era barato	

Los adjetivos -*i* se flexionan

Acabas de llegar al punto más complicado de los adjetivos japoneses. Aparte de que existen dos tipos (-*i* y -*na*), que funcionan de maneras diferentes, nos encontramos que los adjetivos -*i* se flexionan. Presta mucha atención, porque al ser un concepto que no existe en español pueden surgir dudas y malentendidos.

Por suerte para el estudiante, solo hay cuatro tipos de flexión, que son afirmativo presente, afirmativo pasado, negativo presente y negativo pasado. Además, existen también sendas versiones formales, (forma *desu,* que usaremos ante desconocidos, gente mayor o más importante jerárquicamente) e informales (forma simple, que usaremos con familia, amigos y conocidos bastante cercanos), con lo que tenemos ocho formas a estudiar por cada adjetivo. La formación de estas cuatro flexiones, y sus dos versiones de formalidad, está ilustrada en el cuadro que tienes justo arriba, que muestra todas las flexiones posibles del adjetivo 安い *yasui*, «barato».

No te preocupes por la distinción entre forma *desu* y forma simple, porque para formar la versión formal (forma *desu*) de un adjetivo -*i* simplemente deberás añadir el verbo です *desu* al final, por lo cual no es muy significativo (siempre que recuerdes esta pequeña norma, claro está).

Las cuatro flexiones

Repasemos las cuatro formas, en su versión informal, una por una, con ejemplos:

Afirmativo presente: esta es la forma más sencilla, porque se trata del adjetivo, tal como lo has estudiado en las listas de vocabulario, sin cambio alguno. Al ser la conjugación más básica, esta forma recibe también el nombre de «infinitivo» del adjetivo. Ejemplo: «casa vieja» 古い家 *furui ie* (*furui*=«viejo», *ie*=«casa»), «libro blanco» 白い本 *shiroi hon* (*shiroi*=«blanco», *hon*=«libro»).

Afirmativo pasado: en este caso, quitamos la い *i* del infinitivo y colocamos en su lugar かった *-katta,* la marca de pasado. Ejemplo: «casa que era vieja» 古かった家 *furukatta ie*, «libro que era blanco» 白かった本 *shirokatta hon*.

Negativo presente: para conjugar un adjetivo *-i* en su forma negativa presente, sustituiremos la い *i* del infinitivo por くない *-kunai,* marca de negativo. Ejemplo: «casa que no es vieja» 古くない家 *furukunai ie,* «libro que no es blanco» 白くない本 *shirokunai hon.*

Negativo pasado: esta es una suma de las dos formas anteriores. Quitaremos la い *i* del infinitivo y en su lugar pondremos くな *-kuna-* (marca de negativo) + かった *-katta* (marca de pasado). Ejemplo: «casa que no era vieja» 古くなかった家 *furukunakatta ie,* «libro que no era blanco» 白くなかった本 *shirokunakatta hon.*

Parece un rompecabezas, ¿verdad? Prueba ahora a practicar las diferentes flexiones con los adjetivos de la tabla de la primera página de esta lección. Cuando termines, prueba con el adjetivo あたたかい *atatakai* («cálido»): ¡verás qué trabalenguas!

Frases con el verbo *desu* («ser»)

Para entender bien lo que explicaremos a continuación es muy importante recordar la L.9 (gramática básica), ya que daremos muchas cosas por sabidas.

Como hemos dicho, si colocamos el verbo です *desu* tras un adjetivo flexionado, obtendremos oraciones formales. Veamos ahora unas cuantas frases formales del tipo «esta maleta es pesada» o «ese perro era peligroso». Para ello, deberás dominar muy bien las palabras この *kono* («este»), その *sono* («ese») y あの *ano* («aquel»), que ya estudiamos también en la L.9. Fíjate bien en los ejemplos:

このかばんは重いです
kono kaban wa omoi desu
Esta maleta es pesada.
(*kaban*=«maleta», *omoi*=«pesado»)

あのマンガはおもしろくないです
ano manga wa omoshirokunai desu
Aquel manga no es interesante.
(*omoshiroi*=«interesante»)

その犬は危なかったです
sono inu wa abunakatta desu
Ese perro era peligroso.
(*inu*=«perro», *abunai*=«peligroso»)

あの肉はおいしくなかったです
ano niku wa oishikunakatta desu
Aquella carne no era buena.
(*niku*=«carne», *oishii*=«bueno», «delicioso»)

Como puedes observar, son los adjetivos los que se flexionan: el verbo です *desu* siempre se queda igual, es decir, en infinitivo (no se conjuga). **Nota:** Solo con eliminar el verbo です *desu,* obtendríamos las mismas frases en versión informal, como por ejemplo, その犬は危なかった *sono inu wa abunakatta,* «Ese perro era peligroso».

¡Atención!

Una frase como la siguiente es totalmente incorrecta:

*その犬は危ないでした *sono inu wa abunai deshita,* «Ese perro era peligroso».

La razón es que se ha conjugado el verbo です *desu* en vez de flexionar el adjetivo, como sería lo correcto. Hay que ir con mucho cuidado con esta particularidad de los adjetivos *-i,* ya que es muy fácil construir frases erróneas por influencia del español.

漫画例 Manga-ejemplos

¡Bienvenido a los manga-ejemplos! Como siempre, hemos seleccionado algunas viñetas para ilustrar lo explicado en las páginas de teoría, en este caso el uso de los adjetivos de tipo -i.

a) Afirmativo presente (infinitivo)

Guillermo March

Sakura: かっこいい...
kakkoii
guapo
Qué guapo...

Como comentábamos, en el lenguaje informal se suele omitir el verbo *desu* al utilizar los adjetivos -i. Este es un caso muy claro, en el que solo se usa el adjetivo sin más. En español no queda muy natural limitarse a poner el adjetivo a secas (en este caso, «guapo»), por lo que al traducir hay que añadir algo, como en nuestra propuesta «qué guapo». かっこいい *kakkoii* es una palabra que se usa para referirse a un hombre «guapo». Una mujer «guapa» sería 美しい *utsukushii* (que también es adjetivo -i).

b) Afirmativo pasado

Kyōko: 相手が悪かったわ
aite ga warukatta wa
oponente PS malo PE
Escogiste una mal rival.

La palabra a destacar aquí es 悪かった *warukatta*, forma afirmativa pasado del adjetivo -i 悪い *warui*, «malo». En la traducción hemos usado el verbo «escoger», que no se encuentra en el original, ya que una traducción literal al español, sin verbo, sonaría forzada.

Studio Kōsen

c) Negativo presente

Wolf: あ！その肉あまってんのか...?　　　よくないな、それ！
a! sono niku amatten no ka...?　　　*yokunai na, sore!*
ah! esa carne queda PE P?　　　bueno PE eso!
¡Ah! ¿Todavía quedaba esa carne?　　**¡No es bueno, eso!**

J.M. Ken Niimura

Aquí podemos ver よくない *yokunai*, que es la flexión negativa presente del adjetivo *-i* いい *ii* («bueno»). Este adjetivo, como ves, es ligeramente irregular: en vez de ser いくない *ikunai* es よくない *yokunai* (es el único adjetivo irregular que existe). Sus flexiones son: presente: いい *ii*, pasado: よかった *yokatta* (que a veces se traduce como «menos mal») negativo presente: よくない *yokunai* y negativo pasado: よくなかった *yoku-nakatta*. Al ser un adjetivo ampliamente utilizado, deberías memorizar estas flexiones.

d) Negativo pasado

Studio Kösen

Mio: 忠臣くん あたしがこわくなかった？
tadaomi-kun atashi ga kowakunakatta?
Tadaomi (suf.) yo PS no miedo P?
Tadaomi, ¿no tuviste miedo de mí?

Para terminar esta L.13, veremos un adjetivo *-i* flexionado en la forma negativo pasado. Se trata de こわくなかった *kowakunakatta*, cuyo infinitivo, que significa «que produce miedo», es こわい *kowai*. Las otras flexiones posibles son: negativo presente こわくない *kowakunai* y afirmativo pasado こわかった *kowakatta*. Aparte, aquí podemos observar un punto que comentábamos en la L.7. La chica, Mio, no se dirige al chico usando un pronombre de segunda persona (tú, usted), sino que utiliza su nombre propio, «Tadaomi». Si tradujéramos literalmente, la frase sería «¿Tadaomi no tuvo miedo de mí?», como si ella estuviera hablando acerca de una tercera persona.

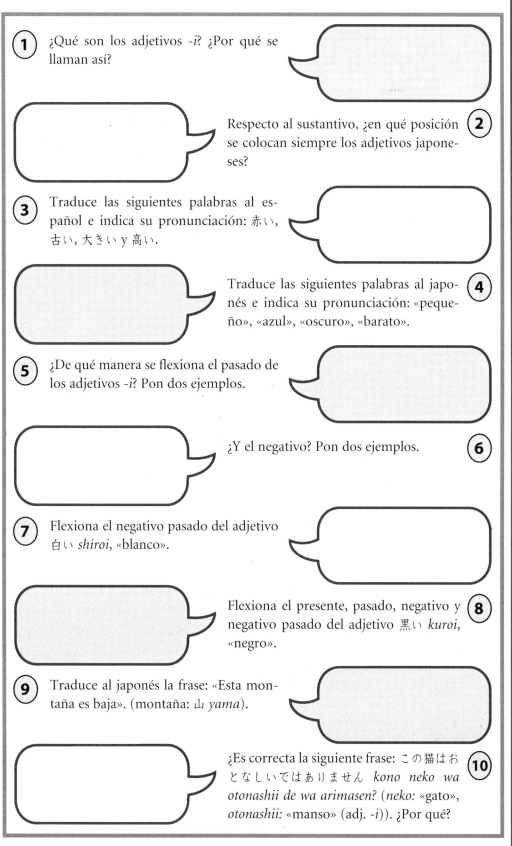

1. ¿Qué son los adjetivos -*i*? ¿Por qué se llaman así?

2. Respecto al sustantivo, ¿en qué posición se colocan siempre los adjetivos japoneses?

3. Traduce las siguientes palabras al español e indica su pronunciación: 赤い, 古い, 大きい y 高い.

4. Traduce las siguientes palabras al japonés e indica su pronunciación: «pequeño», «azul», «oscuro», «barato».

5. ¿De qué manera se flexiona el pasado de los adjetivos -*i*? Pon dos ejemplos.

6. ¿Y el negativo? Pon dos ejemplos.

7. Flexiona el negativo pasado del adjetivo 白い *shiroi*, «blanco».

8. Flexiona el presente, pasado, negativo y negativo pasado del adjetivo 黒い *kuroi*, «negro».

9. Traduce al japonés la frase: «Esta montaña es baja». (montaña: 山 *yama*).

10. ¿Es correcta la siguiente frase: この猫はおとなしいではありません *kono neko wa otonashii de wa arimasen*? (*neko*: «gato», *otonashii*: «manso» (adj. -*i*)). ¿Por qué?

Lección 14: Adjetivos de tipo -na

En la lección anterior hablamos sobre uno de los dos tipos de adjetivos que existen en el idioma japonés: los adjetivos -i. En esta ocasión estudiaremos el segundo tipo, los llamados «adjetivos -na». Antes de empezar, recomendamos repasar bien las lecciones 9 y 13.

¿Por qué adjetivo «-na»?

Como explicamos en la lección anterior, existen dos clases de adjetivos en japonés: los de tipo -i y los de tipo -na. Los primeros se llaman así porque terminan siempre con el sonido い i. Los de tipo -na, como habrás deducido, también se llaman así porque todos ellos, sin excepciones, terminan en la sílaba な na (aunque en los diccionarios se suelen encontrar sin este な -na). Observa la tabla de vocabulario.

Al igual que los adjetivos -i, los adjetivos -na irán siempre delante del sustantivo al que califican, sin excepciones. Fíjate en los ejemplos: «carpintero torpe» 下手な大工 *heta-na daiku* (*heta-na*=«torpe», *daiku*=«carpintero»), «mujer famosa» 有名な女 *yūmei-na onna* (*yūmei-na*=«famoso/a», *onna*=«mujer»).

Los adjetivos -na no se flexionan

Así pues, ¿cuál es la diferencia entre uno y otro tipo de adjetivo, si hasta ahora hemos visto que ambos ocupan el mismo lugar en la frase? Hemos llegado al punto más importante en la diferenciación de los dos tipos de adjetivo del japonés.

En la L.13 explicamos que los adjetivos -i tienen cuatro formas, a saber: afirmativo

Algunos adjetivos -na					
Japonés	Rōmaji	Significado	Japonés	Rōmaji	Significado
大変な	*taihen-na*	difícil, duro	安全な	*anzen-na*	seguro
しずかな	*shizuka-na*	tranquilo	上手な	*jōzu-na*	hábil
きれいな	*kirei-na*	bonito	下手な	*heta-na*	torpe
ひまな	*hima-na*	desocupado	大切な	*taisetsu-na*	importante
丈夫な	*jōbu-na*	sano, vigoroso	有名な	*yūmei-na*	famoso
元気な	*genki-na*	fuerte, animado	大丈夫な	*daijōbu-na*	sin problemas
親切な	*shinsetsu-na*	amable	好きな	*suki-na*	que gusta
危険な	*kiken-na*	peligroso	きらいな	*kirai-na*	que no gusta

Formas de los adjetivos -na				
		Afirmativo		**Negativo**	
		Forma desu	Forma simple	Forma desu	Forma simple
Presente	Regla Ejemplo Rōmaji	なです 有名です *yūmei desu*	なだ 有名だ *yūmei da*	なではありません 有名ではありません *yūmei de wa arimasen*	なではない 有名ではない *yūmei de wa nai*
	Traducción	Es famoso		No es famoso	
Pasado	Regla Ejemplo Rōmaji	なでした 有名でした *yūmei deshita*	なだった 有名だった *yūmei datta*	なではありませんでした 有名ではありませんでした *yūmei de wa arimasen deshita*	なではなかった 有名ではなかった *yūmei de wa nakatta*
	Traducción	Era famoso		No era famoso	

presente, afirmativo pasado, negativo presente y negativo pasado. Bastaba con añadir el verbo です *desu* («ser») tras el adjetivo flexionado para obtener una oración formal. Sin です *desu*, la oración se convertía en coloquial.

Pues bien, los adjetivos -na no se flexionan. Lo que sí se flexiona es el verbo ser, como puedes observar en la tabla de conjugaciones de esta misma página: por eso es importante repasar muy bien la L.9 y saberse al dedillo las conjugaciones de です *desu*.

¿Cómo funcionan los adjetivos -na?

Manejar los adjetivos -na es relativamente más sencillo que los adjetivos -i porque no se flexionan. Lo único que hay que hacer para formar frases del tipo «este libro es importante» es conjugar el verbo です *desu* y, atención, eliminar la な *na* final del adjetivo. Fíjate en los ejemplos que hay unas líneas más abajo.

Observa ahora que en la tabla están las versiones «formal» (forma *desu*) y «simple»: al igual que ocurre con los adjetivos -i, la primera la usaremos en situaciones formales, y la segunda, por ejemplo, al hablar con amigos. En los mangas, sin ir más lejos, se utiliza con más frecuencia la forma simple, como reiteraremos en las lecciones 19 y 20.

Frases con el verbo ser

Veamos ahora unas pocas frases que complementarán lo que hemos dicho hasta ahora y te ayudarán a entender mejor la tabla:

1- この本は大切です
kono hon wa taisetsu desu
Este libro es importante.
(*hon*=«libro», *taisetsu-na*=«importante»)

2- 私は魚が大嫌いでした
watashi wa sakana ga daikirai deshita
No me gustaba nada el pescado.
(*watashi*=«yo», *sakana*=«pescado»,
daikirai-na= «no gustar nada algo a uno»)

3- あの道は危険ではない
ano michi wa kiken de wa nai
Aquel camino no es peligroso.
(*michi*=«camino», *kiken-na*=«peligroso»)

4- その花はきれいじゃなかった
sono hana wa kirei ja nakatta
Esa flor no era bonita.
(*hana*=«flor», *kirei-na*=«bonito»)

De las cuatro oraciones, la primera es afirmativa presente formal, la segunda es afirmativa pasado formal, la tercera, negativa presente simple, y la cuarta, negativa pasado simple. Recuerda, como vemos en la cuarta frase, que la parte では *de wa* de ではありません *de wa arimasen* y ではない *de wa nai* puede contraerse a じゃ *ja* (L.9).

Nota: como puedes observar, el funcionamiento de los adjetivos *-na* es muy parecido al de los sustantivos, por lo que si te estudiaste bien las lecciones 9 y 11 no tendrás problema alguno al formar este tipo de oraciones.

¿Cuándo permanece «-*na*» y cuándo no?

Habrás podido comprobar que en ciertas ocasiones la sílaba な *na* desaparece y en otras se mantiene. Mantendremos な *na* cuando el adjetivo *-na* que usemos vaya ante un sustantivo, como en los ejemplos que hemos visto en la primera sección: «carpintero torpe» 下手な大工 *heta-na daiku*.

En cambio, eliminaremos な *na* cuando el adjetivo *-na* esté colocado ante el verbo です *desu*, como por ejemplo en esta oración parecida al sintagma que acabamos de ver: «este carpintero es torpe» この大工は下手です *kono daiku wa heta desu*.

Como puedes comprobar, el adjetivo *-na* utilizado es el mismo, 下手な *heta-na*, «torpe». En el primer ejemplo mantenemos な *na*, y en cambio en el segundo desaparece a causa de estas normas gramaticales.

¡Atención!

Recordarás que al final de la L.13 comentamos que los adjetivos *-i* podían prescindir del verbo です *desu* en ocasiones informales, como por ejemplo:

試験はむずかしかった（です）

shiken wa muzukashikatta (desu)

El examen fue difícil.

(shiken=«examen», *muzukashikatta*=«fue difícil»)*

En el caso de los adjetivos *-na*, el verbo です *desu* tiene que estar siempre presente, ya sea en su forma simple o formal, como por ejemplo:

Forma simple: 試験は大変だった   **F. formal:** 試験は大変でした

shiken wa taihen datta   *shiken wa taihen deshita*

El examen fue duro/difícil.   **El examen fue duro/difícil.**

Aquí, las palabras むずかしい *muzukashii* (adjetivo *-i*) y 大変な *taihen-na* (adjetivo *-na*) son casi sinónimas, pero la segunda, al ser un adjetivo *-na*, requiere necesariamente del verbo です *desu* (sea en su forma formal o informal).

En cambio, en el caso del adjetivo *-i* se puede prescindir perfectamente del verbo, con lo cual nos situaremos en el registro coloquial. Si no prescindimos del です *desu*, recuerda, obtendremos una oración formal.

漫画例 Manga-ejemplos

Como siempre en la sección de manga-ejemplos, vamos a ver el uso práctico y las diferencias de uso de los adjetivos de tipo -na, por supuesto aprovechando para repasar lo estudiado en las páginas de teoría.

a) Afirmativo presente

> **Tomoko:** 大丈夫だよ
> *daijōbu da yo*
> bien/correcto ser PE
> **No pasa nada. | Tranquilo.**

En el primer ejemplo tenemos una forma simple afirmativa presente de una frase de verbo *desu* («ser») con adjetivo -na. La forma simple es muy utilizada en los mangas, y el adjetivo -na de este ejemplo, 大丈夫な *daijōbu-na*, se usa muchísimo en japonés. No tiene traducción directa al español, aunque su significado sería «no pasa nada», «estoy bien», «tranquilo»...

J.M. Ken Niimura

b) Negativo presente

Guillermo March

> **Ken:** なんだ、元気じゃねーか？
> *nanda, genki ja nee ka?*
> qué ser, sano ser PE
> **¿Qué pasa? ¿No te encuentras bien?**

Aquí tenemos la forma simple negativa presente del adjetivo 元気な *genki-na* («fuerte», «saludable», «que se encuentra bien»). La parte «de wa» de *genki de wa nai* puede contraerse y transformase en «ja», como en este caso, *genki ja nai*. Además, Ken habla con el dialecto de Kantō (Tokio y alrededores), por lo que una vez más ocurre una contracción, esta vez dialectal: *nai* se convierte en *nee*. Así, *genki de wa nai* se transforma, en este caso, en *genki ja nee*.

c) Negativo pasado

Nanako: あたし ちっともイヤじゃなかった
atashi chittomo iya ja nakatta
yo nada desagradable no ser
No me resultaba en absoluto desagradable.

Otra muestra más de una frase con un adjetivo *-na*, esta vez conjugada en negativo pasado. El adjetivo *-na* es *iya-na*, que en este ejemplo encontramos escrito en katakana, pero que suele escribirse en kanji, 嫌な *iya-na*.

Este adjetivo tan utilizado en los mangas significa, según el diccionario, «desagradable», «enfadoso», «fastidioso», «molesto», «repugnante» o «repulsivo» (¡cuánta variedad!). **Nota:** en esta viñeta observa también la contracción coloquial que hemos visto en el ejemplo b): la parte *«de wa»* de *de wa nakatta* se convierte en *«ja»* *(ja nakatta)*.

d) ¿Cuándo se mantiene *-na*?

Tamiko: 嫌な予感がするわ...
iya-na yokan ga suru wa...
desagradable presentimiento ᴘs hacer ᴘᴇ
Tengo un horrible presentimiento...

Para terminar con los manga-ejemplos de esta ʟ.14, estudiaremos una muestra de cuándo no se quita la parte な *na* de los adjetivos *-na*. Como hemos dicho en la parte de teoría, solo se mantiene な *na* cuando detrás del adjetivo viene un sustantivo, como en este caso, en el que tenemos el sustantivo *yokan*, «presentimiento».

Por lo tanto, como muy bien dice Tamiko, la frase no es *iya yokan ga suru*, sino *iya-na yokan ga suru*. Sin el な *na*, la frase sería incorrecta.

Por lo demás, el adjetivo *-na* que destacamos en este ejemplo vuelve a ser *iya-na*, el mismo del ejemplo anterior, aunque esta vez escrito en kanji en vez de katakana.

1. ¿Qué son los adjetivos de tipo -na? ¿Por qué se llaman así?

2. ¿En qué se diferencian los adjetivos -i de los -na?

3. ¿Qué le pasa al adjetivo -na cuando va ante el verbo «ser», es decir, cuando la frase está conjugada en presente, pasado, negativo o negativo pasado?

4. Traduce estas palabras al español e indica su pronunciación japonesa: 丈夫な, 親切な, 好きな y ひまな.

5. Traduce las siguientes palabras al japonés e indica su pronunciación: «peligroso, «bonito», «famoso», «hábil».

6. ¿De qué manera se conjuga el pasado de los adjetivos -na en las formas desu y simple? Da un ejemplo con el adjetivo -na que prefieras.

7. Conjuga el negativo pasado (forma desu) del adjetivo 大変な taihen-na, «difícil», «grave».

8. Conjuga el presente, pasado, negativo y negativo pasado (formas desu y simple) del adjetivo 元気な genki-na, «vigoroso», «animado».

9. Traduce al japonés la frase «Este camino era seguro», usando la forma desu. (camino: 道 michi). Recomendamos repasar la L.9.

10. Traduce al japonés el sintagma «parque tranquilo». (parque: 公園 kōen)

第15課：呼称

Lección 15: Sufijos en nombres personales

En esta nueva lección estudiaremos los sufijos para nombres personales, una particularidad muy curiosa del japonés que tiene mucho que ver con la manera de ser japonesa y la estructura de la sociedad. Recuerda que en la L.7 ya hicimos un pequeño comentario sobre esta jerarquización social.

Jerarquía social

La sociedad japonesa es igualitaria, pero en la práctica las distancias jerárquicas están muy marcadas, sobre todo entre personas de diferente edad. Por ejemplo, las relaciones 先輩 *senpai*, «veterano»—後輩 *kōhai*, «no veterano» o 先生 *sensei*, «profesor»—学生 *gakusei*, «estudiante», entre tantas otras, resultan ser muy importantes y llegan hasta el punto de cambiar radicalmente la manera de hablar de uno, tanto gramatical como léxicamente.

Por ejemplo, un chico de 25 años hablará de forma informal-vulgar con sus amigos, pero con su profesor cambiará su manera de hablar. Ya vimos en la L.7 un aspecto de esta jerarquización en forma de los pronombres personales de primera y segunda persona: en el primer caso (con sus amigos), el chico en cuestión usará seguramente 俺 *ore* para referirse a sí mismo y en el segundo (con el profesor) usará posiblemente 私 *watashi* o, a lo sumo, 僕 *boku*.

Sufijos para nombres personales

El japonés tiene, ya lo hemos venido viendo, numerosas características que lo distinguen de los idiomas occidentales. Una de ellas es el uso de sufijos detrás de los nombres propios de persona. En otras palabras, al referirse a otra persona por su nombre propio en japonés, deberemos poner casi siempre un sufijo detrás de dicho nombre.

El sufijo más común y conocido es さん *-san*. Por ejemplo, si nos referimos al «señor Tanaka», no diremos «Tanaka» a secas, sino siempre *Tanaka-san*. Por ejemplo, la frase «El señor Tanaka es guapo» sería 田中さんはかっこいいです *Tanaka-san wa kakkoii desu* (*kakkoii*=«guapo», L.13 | *desu*=«ser», L.9).

Es muy importante colocar el sufijo さん *-san* detrás de los nombres de las personas a las que no conozcamos bien o con las que tengamos poca confianza, así como con personas jerárquicamente superiores o de más edad. No hacerlo equivaldría a pasar por maleducado o, según la situación, nuestra omisión podría resultar incluso ofensiva.

Distintos tipos de sufijo según la formalidad

Como puedes imaginar por lo que acabamos de decir, el sufijo さん -*san* implica cierta formalidad: sería más o menos equivalente a hablarle de «usted» a alguien. Así pues, existen otras opciones que explicaremos a continuación por orden, de más a menos formal.

〜殿 -*dono:*   Este es un sufijo extremadamente formal y arcaico. Actualmente solo se utiliza en las películas de samuráis y en contadas ocasiones muy formales. No lo utilices a menos que estés parodiando a un samurái.

〜様 -*sama:*   Sufijo muy formal, utilizado sobre todo en el lenguaje escrito o bien en la relación cliente-dependiente: el dependiente siempre tratará al cliente con -*sama*, por ejemplo con la expresión お客様 *o-kyaku-sama*, señor cliente. Las cartas irán dirigidas siempre a 田中様 *Tanaka-sama* (ojo a no utilizar -*san* en cartas o documentos escritos en general). También se utiliza -*sama* cuando un súbdito habla con un rey, por ejemplo. Antiguamente, los hijos trataban de -*sama* a sus padres.

〜氏 -*shi:*   El sufijo 氏 -*shi* se utiliza en contadas ocasiones: el 95% de las veces lo verás escrito o lo escucharás en periódicos y telediarios, respectivamente. Se usa para referirse a una persona con respeto y con cierta distancia, de manera bastante impersonal.

〜さん -*san:*   Ya hemos comentado hace unas líneas la utilización de este sufijo. Es el de uso más habitual.

〜君 -*kun:*   Este sufijo es bastante utilizado en la relación «superior cuando habla al inferior» para referirse al inferior, aunque también se utiliza entre jóvenes cuando no hay mucha confianza todavía. Quizás equivale también a un «usted», pero no tan fuerte como -*san*. Normalmente se usa con nombres de hombre y, si el hablante es mujer, indica cierta familiaridad o incluso cariño para con el interlocutor masculino.

〜ちゃん -*chan:* Sufijo cariñoso utilizado tras nombres de niños y niñas. También se puede utilizar con chicas jóvenes cuando hay mucha confianza. No lo uses con hombres, porque suena como si estuvieras hablando con un niño.

A secas: Por último, entre amigos bastante íntimos, jóvenes, familiares, etc., se suele llamar a las personas por su nombre propio a secas. Pero hay que ir con mucho cuidado al llamar a alguien por su nombre sin añadir sufijo alguno: tiene que ser algún muy buen amigo y además, preferiblemente, joven. Si no es así, siempre es mejor curarse en salud y utilizar como mucho -*san* o -*kun* o, incluso, -*chan* si estamos hablando con una chica joven o un niño/a.

Un par de advertencias

La opción más cómoda y fácil para un extranjero que todavía no domine mucho el idioma es utilizar siempre さん -san para evitar problemas.

¡**Atención!** Todos estos sufijos <u>nunca</u> se utilizan para referirse a uno mismo. Una frase como 私はアルベルトです *watashi wa aruberuto desu*, «Yo soy Alberto», sería la forma correcta de presentarse. Decir アルベルトさん *Aruberuto-san* aquí es un error garrafal.

Tratar a alguien por su título

A pesar de contar con esta variedad de sufijos, lo más correcto es colocar detrás del nombre de alguien una palabra que indica su condición respecto del hablante; una especie de «título» similar al «Sir» inglés pero de uso mucho más extendido.

Algunos de estos títulos más usados son 先生 *sensei*, «maestro», «doctor en medicina» o, a menudo, «persona a la que se respeta, con prestigio, experiencia o conocimiento en una materia» (Ej: 田中先生 *Tanaka-sensei*, «profesor Tanaka» o «doctor Tanaka»), 夫人 *fujin* «señora de» (Ej: 田中夫人 *Tanaka-fujin*, «señora de Tanaka»), 社長 *shachō*, «director de empresa» (Ej: 田中社長 *Tanaka-shachō*, «director Tanaka»), 課長 *kachō*, «jefe de sección», 部長 *buchō*, «jefe de departamento» o 選手 *senshu*, «deportista», «atleta».

Nombres de tiendas

Como puedes ver, en esta ocasión la clásica tabla de vocabulario trata sobre nombres de diferentes tiendas, e incluso de algunos restaurantes. ¿Qué relación tendrá esto con los sufijos para nombres personales? Observa primero la tabla y verás que los nombres de todas las tiendas que especificamos en ella terminan con el kanji 屋 *ya*, que significa «tienda». Pues bien, muchas veces se añade el sufijo さん -san al final del nombre de un establecimiento: se trata de un uso honorífico muy curioso. Por ejemplo, es muy normal que alguien diga 本屋さんへ行く *hon'ya-san e iku*, «Voy a la librería».

Tiendas y restaurantes					
Japonés	Rōmaji	Significado	Japonés	Rōmaji	Significado
本屋	*hon'ya*	librería	おかし屋	*o-kashiya*	tienda de dulces
文房具屋	*bunbōguya*	papelería	電気屋	*denkiya*	tienda de electrónica
肉屋	*nikuya*	carnicería	くつ屋	*kutsuya*	zapatería
魚屋	*sakanaya*	pescadería	居酒屋	*izakaya*	taberna
八百屋	*yaoya*	verdulería	お弁当屋	*o-bentōya*	tienda de *bentō*
果物屋	*kudamonoya*	frutería	すし屋	*sushiya*	restaurante de *sushi*
パン屋	*pan'ya*	panadería	ラーメン屋	*raamenya*	restaurante de *ramen*
ケーキ屋	*keekiya*	pastelería	うどん屋	*udon'ya*	restaurante de *udon*

Notas. *bentō*: comida preparada colocada dentro de una caja para llevar (una especie de fiambrera)
ramen y udon: dos tipos de fideos en sopa muy populares

Aprovecharemos los manga-ejemplos para estudiar en la práctica algunos de estos sufijos para nombres personales sin traducción directa pero que proporcionan matices muy importantes a las frases japonesas.

a) -san

> Ayumi: 奥西さん！
> *Okunishi-san!*
> Okunishi (suf.)
> **¡Señor Okunishi!**

J.M. Ken Niimura

Empezamos con el sufijo más común: さん *-san*. Al ver a su antiguo jefe, Ayumi le llama por su apellido y le añade el sufijo *-san*. Al ser Okunishi un hombre mayor que ella, y además su ex jefe, el uso de *-san* como muestra de respeto es obligatorio: equivaldría a tratarle de «usted».

b) -kun

J.M. Ken Niimura

> Miho: 気をつけてね 茂くん!!
> *ki o tsukete ne Shigeru-kun*
> ir con cuidado PE Shigeru (suf.)!!
> **¡¡Ve con cuidado, Shigeru!!**

En este ejemplo vemos el sufijo くん *-kun*, que a veces veremos escrito en kanji: 君. Miho, la chica, añade cariñosamente *-kun* al nombre de su interlocutor, Shigeru.

En realidad, *-kun* tiene dos usos bastante diferenciados: por un lado está su uso cariñoso, utilizado con nombres de hombres generalmente jóvenes (como en este ejemplo), y por el otro está su uso en boca de un superior para referirse a un inferior o subordinado. Solo es posible ver utilizado *-kun* tras el nombre de una chica si su uso corresponde a este segundo caso.

c) -senpai

!?

麻美先輩!!

J.M. Ken Niimura

> **Tetsuharu:** 麻美先輩!!
> *Asami-senpai*
> Asami (suf.)
> **¡¡Asami!!**

No todo es *-san*, *-kun*, etc. en los sufijos tras los nombres de personas: también es muy frecuente, como veíamos en las páginas de teoría, poner el título de esa persona como muestra de respeto.

En este caso se utiliza el sufijo 先輩 *-senpai*, un concepto muy japonés sin una traducción directa que vendría a indicar, más o menos, «persona que estudia o que desarrolla el mismo trabajo que yo pero que empezó antes y tiene más experiencia». Siempre es más correcto y queda mejor utilizar el «título» que tiene el interlocutor respecto al hablante que la fórmula *-san*.

d) -dono

> **Nagatomo:** 綾香殿　傷の手当てありがとうでござる
> *Ayaka-dono kizu no teate arigatō de gozaru*
> Ayaka (suf.) herida PP ocuparse gracias ser
> **Doña Ayaka, gracias por ocuparos de mis heridas.**

Studio Kōsen

En este último ejemplo podemos ver una muestra de japonés antiguo, concretamente del modo de hablar de los samuráis. Fíjate cómo Nagatomo se refiere a su interlocutora como 綾香殿 *Ayaka-dono*. *-dono* es un sufijo arcaico que actualmente no se usa (excepto por escrito en algunos documentos extremadamene formales). Al traducir no podemos trasladar el matiz de profundo respeto y «antigüedad» que da *-dono*, por lo que hemos optado por utilizar «doña» y hablar de «vos» para compensar la pérdida.

Nota: el verbo でござる *de gozaru* es una versión arcaica de です *desu* («ser», L.9).

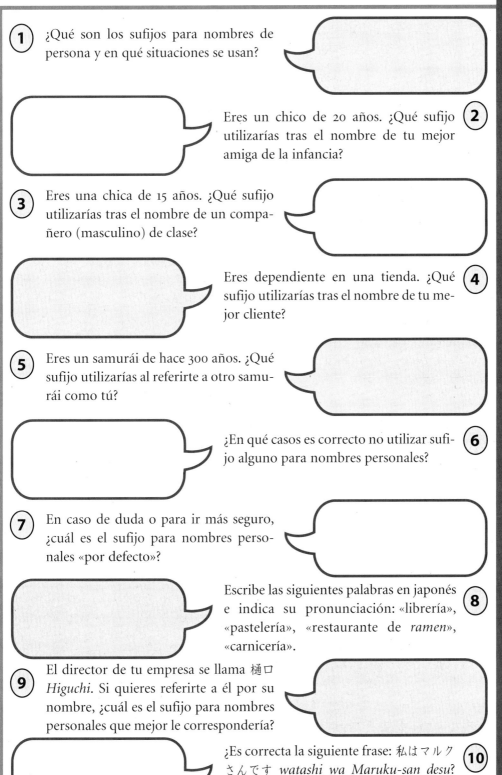

1. ¿Qué son los sufijos para nombres de persona y en qué situaciones se usan?

2. Eres un chico de 20 años. ¿Qué sufijo utilizarías tras el nombre de tu mejor amiga de la infancia?

3. Eres una chica de 15 años. ¿Qué sufijo utilizarías tras el nombre de un compañero (masculino) de clase?

4. Eres dependiente en una tienda. ¿Qué sufijo utilizarías tras el nombre de tu mejor cliente?

5. Eres un samurái de hace 300 años. ¿Qué sufijo utilizarías al referirte a otro samurái como tú?

6. ¿En qué casos es correcto no utilizar sufijo alguno para nombres personales?

7. En caso de duda o para ir más seguro, ¿cuál es el sufijo para nombres personales «por defecto»?

8. Escribe las siguientes palabras en japonés e indica su pronunciación: «librería», «pastelería», «restaurante de *ramen*», «carnicería».

9. El director de tu empresa se llama 樋口 *Higuchi*. Si quieres referirte a él por su nombre, ¿cuál es el sufijo para nombres personales que mejor le correspondería?

10. ¿Es correcta la siguiente frase: 私はマルクさんです *watashi wa Maruku-san desu*? (*Maruku:* «Marc» (nombre propio)). ¿Por qué?

第15課 練習

Ejercicios

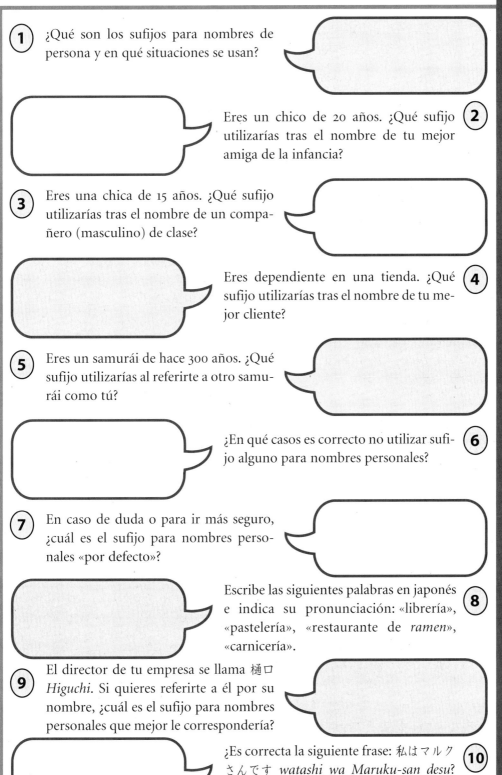

Sufijos en nombres personales 呼称 −137−

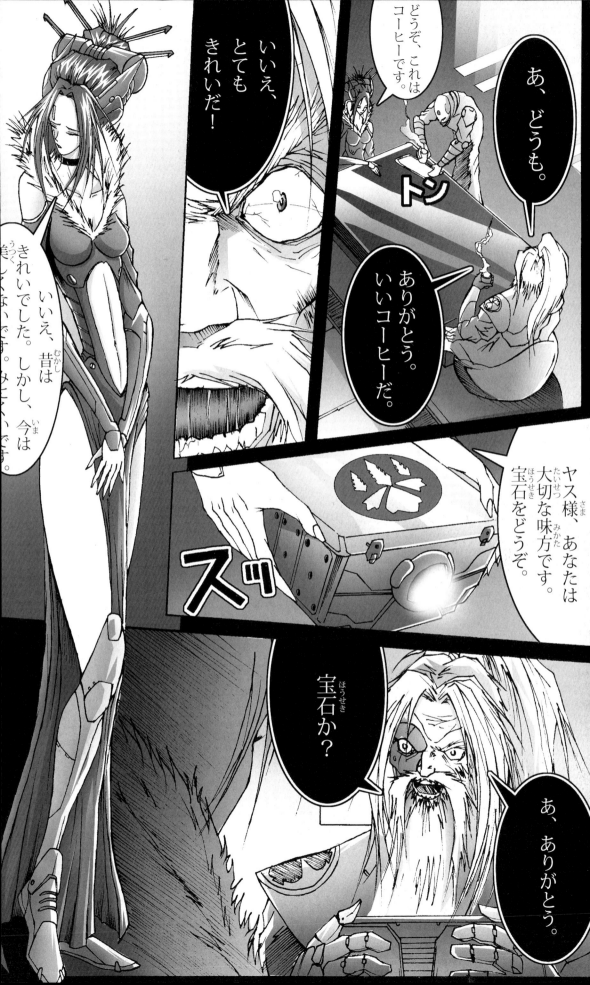

RAKUJŌ — *Nuevo vocabulario* 新しい単語

会議 (かいぎ)	reunión	宝石 (ほうせき)	piedra preciosa
忙しい (いそが)	ocupado (adj. -*i*)	個 (こ)	contador cosas pequeñas
最近 (さいきん)	últimamente	無理な (むり)	imposible (adj. -*na*)
昔 (むかし)	antes	頼み (たの)	petición
みにくい	feo (adj. -*i*)	戦争 (せんそう)	guerra
とても	mucho	来る (く)	venir
味方 (みかた)	aliado	強い (つよ)	fuerte (adj. -*i*)

1. Basándote en lo que has leído en el tercer capítulo de *Rakujō*, ¿qué sufijo para nombre de persona utiliza Yasu al dirigirse a Yodo? ¿Por qué crees que usa este y no otro?

2. ¿Qué sufijo para nombre de persona utiliza Yodo con Yasu? ¿Por qué crees que ha elegido este? ¿Qué connotaciones tiene? Y Yasu, al referirse a Hide, ¿qué sufijo añade después del nombre? ¿Por qué?

3. ¿A qué hora transcurre la reunión entre Yodo y Yasu que abre el capítulo? Da la lectura de esa hora e indica una manera alternativa de decirla. Por otro lado, ¿a qué hora afirma Yasu que volverá al día siguiente? Da la lectura e indica también una manera alternativa de decirla.

4. Haz una lista de todos los adjetivos -*i* y los adjetivos -*na* que aparecen en este tercer capítulo de *Rakujō*.

<table>
<tr><th>Adjetivos -i</th><th>Adjetivos -na</th></tr>
<tr><td>_____</td><td>_____</td></tr>
<tr><td>_____</td><td>_____</td></tr>
<tr><td>_____</td><td>_____</td></tr>
<tr><td>_____</td><td>_____</td></tr>
<tr><td>_____</td><td>_____</td></tr>
</table>

5. Conjuga estos dos adjetivos en las diferentes formas que indicamos.

みにくいです	afirmativo presente formal	きれいです
_____	afirmativo presente simple	_____
_____	afirmativo pasado formal	_____
_____	afirmativo pasado simple	_____
_____	negativo presente formal	_____
_____	negativo presente simple	_____
_____	negativo pasado formal	_____
_____	negativo pasado simple	_____

6. Yodo, en una de sus frases, dice 大切な味方. Poco después, Yasu añade 大切じゃなかった. ¿Por qué en la primera frase se conserva el な del adjetivo -*na* y en la segunda no?

7. ¿A qué se debe el malentendido entre Yodo y Yasu que enfurece tanto a este último, hasta el punto de decidir declararle la guerra?

8. ¿Qué son los contadores y para qué se utilizan? Analizando el contexto del tercer capítulo, ¿qué crees que significa 個?

9. Selecciona de esta lista solamente los animales mamíferos y márcalos con un círculo.

(くま)	あり	いちご	トマト	ライオン	馬 うま	さる
へび	魚 さかな	犬 いぬ	鳥 とり	豆 まめ	きって	えいが
にく	ぞう	牛 うし	みかん	もも	うさぎ	きのこ

10. Relaciona cada una de las tiendas con los artículos que se venden en ellas.

八百屋 やおや	もも	魚屋 さかなや	魚 さかな
本屋 ほんや	やさい	果物屋 くだものや	カメラ
肉屋 にくや	ざっし	電気屋 でんきや	レタス
文房具屋 ぶんぼうぐや	かみ	八百屋 やおや	ごはん
果物屋 くだものや	にく	レストラン	みかん

11. Completa las frases con las palabras del recuadro de la parte inferior.

a) バナナは＿＿＿＿＿＿です。

b) ＿＿＿＿＿＿は赤_{あか}いです。

c) あの犬_{いぬ}は黒_{くろ}くないです。＿＿＿＿＿＿です。

d) ＿＿＿＿＿＿は黄色_{きいろ}いです。

e) 空_{そら}は黄色_{きいろ}くないです。＿＿＿＿＿＿です。

f) ＿＿＿＿＿＿トマトが大好_{だいす}きです。

黄色い きいろ	青い あお	レモン	いちご	赤い あか	白い しろ

12. Cambia las palabras cuyo significado no encaje en las frases siguientes por otras adecuadas al contexto.

くだもの

a) ももは~~やさい~~です。

b) なしは果物_{くだもの}ではありません。

c) りんごは黒_{くろ}いです。

d) ぞうは大_{おお}きくないです。

e) 日本_{にほん}の夏_{なつ}は暑_{あつ}くないです。

f) レモンは白_{しろ}いです。

13. Indica qué hora es en cada reloj. Escribe la hora en kanji, indicando (si las hay) las dos maneras posibles de decir la misma hora y añadiendo la lectura en *furigana*. Finalmente, traduce la frase al español.

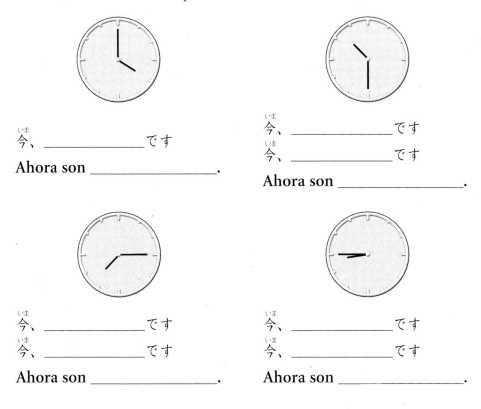

今、＿＿＿＿＿＿＿です

Ahora son ＿＿＿＿＿＿＿＿.

今、＿＿＿＿＿＿＿です
今、＿＿＿＿＿＿＿です

Ahora son ＿＿＿＿＿＿＿＿.

今、＿＿＿＿＿＿＿です
今、＿＿＿＿＿＿＿です

Ahora son ＿＿＿＿＿＿＿＿.

今、＿＿＿＿＿＿＿です
今、＿＿＿＿＿＿＿です

Ahora son ＿＿＿＿＿＿＿＿.

14. Completa las siguientes frases según el ejemplo.

a) 14.00 h ｜ 今、＿午後＿の＿二時＿です。

b) 07.30 h ｜ 今、＿＿＿＿の＿＿＿＿＿＿＿です。

c) 02.15 h ｜ 今、＿＿＿＿の＿＿＿＿＿＿＿です。

d) 19.45 h ｜ 今、＿＿＿＿の＿＿＿＿＿＿＿です。

e) 05.58 h ｜ 今、＿＿＿＿の＿＿＿＿＿＿＿です。

f) 22.24 h ｜ 今、＿＿＿＿の＿＿＿＿＿＿＿です。

15. ¿Qué cuatro sentidos puede tener la siguiente frase? ¿Por qué?

a) これはぶたです。

1) ＿＿＿＿＿＿ 2) ＿＿＿＿＿＿＿ 3) ＿＿＿＿＿＿＿ 4) ＿＿＿＿＿＿＿

練習3

16. Indica la respuesta correcta.

a) あの家は＿＿＿＿＿くないです。
　　1.小さく　　2.小さな　　3.小さ　　4.小さい

b) 私はやさいが好き＿＿＿＿＿なかった。
　　1.じゃ　　2.く　　3.ではな　　4.でわ

c) 小林くんは＿＿＿＿＿です。
　　1.親切な　　2.親切だ　　3.親切　　4.親切い

d) ＿＿＿＿＿お茶がきらいでした。
　　1.暖かいな　　2.暖かいかった　　3.暖かくなかい　　4.暖かい

17. Conjuga los adjetivos de la forma correcta en cada caso.

a) この自転車は(赤い) ＿赤かったです＿ 。 (afirmativo pasado formal)

b) あのカメラは(高い)＿＿＿＿＿＿＿。 (negativo pasado simple)

c) キミコちゃんは(きれいな)＿＿＿＿＿＿＿。 (afirmativo presente formal)

d) その山は(低い)＿＿＿＿＿＿＿。 (negativo presente formal)

e) あのラーメン屋は(大きい)＿＿＿＿＿＿＿。 (afirmativo presente simple)

f) 私は(静かな)＿＿＿＿＿庭が(好きな)＿＿＿＿＿。 (afirmativo presente simple)

g) 古い映画が(きらいな)＿＿＿＿＿＿＿。 (negativo pasado formal)

18. Reescribe cada frase para que acabe teniendo el mismo significado.

a) この家は新しいです。
　　この家は ＿古くないです＿。

b) この試験はむずかしいです。
　　この試験は＿＿＿＿＿＿＿。

c) その馬は大きくなかった。
　　その馬は＿＿＿＿＿＿＿。

d) あのたてものは危険でした。
　　あのたてものは＿＿＿＿＿＿＿。

e) 神戸の肉は高かったです。
　　神戸の肉は＿＿＿＿＿＿＿。

f) 彼は魚が好きではない。
　　彼は魚が＿＿＿＿＿＿＿。

g) 富士山は高い山です。
　　富士山は＿＿＿＿＿＿＿。

h) 大阪のラーメン屋は上手じゃない。
　　大阪のラーメン屋は＿＿＿＿＿＿＿。

19. Ordena los siguientes sintagmas para que formen una frase correcta.

a) 安い | ボールペン | これは | です。　　　＿＿＿これは安いボールペンです＿＿＿

b) 上手(な) | 川田さんは | でした。　　　＿＿＿＿＿＿＿＿＿＿＿＿＿＿＿＿＿

c) 川本さんは | 人 | でした | きれい(な)。　＿＿＿＿＿＿＿＿＿＿＿＿＿＿＿＿＿

d) あの | 高かった | りんごは | です。　　　＿＿＿＿＿＿＿＿＿＿＿＿＿＿＿＿＿

e) 女は | その | ではありません | きれい(な)。＿＿＿＿＿＿＿＿＿＿＿＿＿＿＿＿＿

f) 山田さんの家は | 暗くない | です | 家。　　＿＿＿＿＿＿＿＿＿＿＿＿＿＿＿＿＿

20. Corrige los errores que pueda haber en las siguientes frases.

a) あの車は安いではないでした。

b) あれは有名おかしやだ。

c) 私は暗いな教室がきらいでわありません。

d) 山田さんの家は暗い家ではない。

e) その安全じゃないなレストランは大きいじゃないかった。

21. Completa las siguientes frases con los sufijos para nombres propios que encontrarás en el recuadro de la parte inferior.

a) こんにちは、アキオ＿さん＿。(una persona a otra con poca confianza)

b) マリ＿＿＿＿、元気？ (adulto a una niña)

c) 坂本＿＿＿＿、忙しいですか？ (alumno a su profesor)

d) アキラ＿＿＿＿、これは何？ (chica joven a su amigo)

e) 新之助＿＿＿＿は有名ですか？ (samurái a otro samurái)

f) 前田＿＿＿＿、お元気ですか？ (dependiente a un cliente)

g) 大丈夫ですか、北山＿＿＿＿？ (empleado de una empresa a su director)

くん	先生	殿	社長	~~さん~~	ちゃん	様

今	分	時	半	朝	昼	夜	午	前	後	好
(57)	(53)	(59)	(90)	(46)	(47)	(48)	(58)	(55)	(56)	(146)
白	赤	青	大	小	高	安	新	古	明	方
(71)	(72)	(73)	(49)	(50)	(83)	(84)	(104)	(105)	(159)	(65)

22. Desarrolla el orden de trazos de los siguientes kanji.

高
前
赤
時
後

23. Relaciona cada kanji con su lectura más común (normalmente, el *kun'yomi*).

昼	ふるい	高い	ちいさい
古い	やすい	大きい	たかい
青い	あさ	時	じ
朝	ひる	小さい	おおきい
夜	あおい	赤い	あかい
安い	よる	半	はん

24. Indica el kanji o combinación de kanji correcta para cada lectura.

a) あかるい

   1.朋るい　2.明るい　3.朋い　4.明い

b) ことし

   1.今年　2.令年　3.分年　4.公年

c) しろい

   1.自い　2.日い　3.目い　4.白い

d) あたらしい

   1.親しい　2.新しい　3.親い　4.新い

25. Indica la lectura correcta para cada combinación de kanji.

a) 古本

   1.ふるぽん　2.ふるほん　3.こぽん　4.こほん

b) 好きな

   1.あきな　2.こきな　3.きらきな　4.すきな

c) 午前

   1.ごまえ　2.ごご　3.ごぜん　4.ごあと

26. Proporciona en hiragana las lecturas de estas palabras e indica su significado.

古い	ふるい	viejo	五分		
六分			三時半		
高い			人前		
前半			半分		
青春			文明		

27. Escribe en kanji estas palabras e indica su significado.

あおい	青い	azul	やすい		
あさ			かた		
おおきい			いま		
あかい			ごご		
せいねん			せきじゅう字		

28. Corrige los errores (de escritura o de lectura) de las siguientes palabras.

十方円	じゅうまんえん	新い	あたらしい	五寺半	ごじばん
高い	だかい	口分	よんぷん	昼	よる
牛後	ごご	羊分	はんぶん	今月	いまつき

Lección 16: Partículas

En esta nueva lección nos meteremos de lleno en una de las partes más complicadas de la gramática japonesa: las partículas. Afina tu mente y concéntrate muy bien porque esta vez veremos muchos conceptos distintos en poco espacio.

¿Qué es una partícula?

Una partícula es un pequeño elemento gramatical (normalmente consistente en un solo carácter hiragana) que no tiene significado por sí solo.

El papel de las partículas es puramente gramatical: dicho en pocas palabras, una partícula es como un «marcador» que indica qué función en la oración tiene la palabra a la que sucede. Estos pequeños elementos son el auténtico esqueleto de la oración: es imposible concebir una frase en japonés sin partículas.

En esta lección, el habitual cuadro aclaratorio tiene un papel muy relevante, y en él vamos a basar la explicación. En nuestro cuadro tenemos las partículas más importantes y fundamentales, junto a una explicación de su función y una frase de ejemplo: es muy importante que te lo estudies detenidamente.

Nota: hay algunas partículas que se pronuncian de forma diferente a como están escritas en hiragana. En el cuadro, indicamos la pronunciación correcta de las tres partículas con lectura especial entre paréntesis y en cursiva debajo de la lectura «estándar» del hiragana. Así, は se pronuncia *wa* en vez de *ha*, を es *o* en vez de *wo* y へ es *e* en lugar de *he*, (siempre que estos hiragana estén en posición de funcionar como partículas, claro está).

Las diferentes partículas

Veamos ahora las partículas una por una. Observa bien el cuadro de la página siguiente mientras lees las explicaciones:

は *wa:* La palabra a la que sucede es el tema, es decir, «sobre qué se habla», «cuál es el tema que destacamos». En el ejemplo, 私は学生です *watashi wa gakusei desu,* estamos hablando sobre *watashi,* es decir, sobre «yo». Así pues, «yo» es el tema, lo importante en la frase. Fíjate que si cambiamos un poco la frase y la convertimos en 学生は私です *gakusei wa watashi desu,* «El estudiante soy yo», el tema (marcado con la partícula は *wa*) pasa a ser «estudiante».

が **ga:** Esta partícula indica que la palabra a la que sucede es el sujeto de la frase, «quién» o «qué» realiza la acción. En el ejemplo del cuadro, la partícula が *ga* indica que es la «barriga» *(onaka)* lo que realiza la acción de «doler» *(itai)*. Ojo porque el tema de la frase (marcado en japonés con は *wa*) se solapa en español muchas veces con el sujeto (marcado con が *ga*), lo que da pie a confusiones. La distinción de uso de は *wa* o が *ga* es uno de los quebraderos de cabeza más notorios de los estudiantes de japonés, incluso de nivel avanzado.

の **no:** Partícula posesiva, es decir, «de quién» o «de qué». La palabra que va antes de の *no* «posee», hasta cierto punto, a la palabra que va después. En el ejemplo, 私の本 *watashi no hon*, 私 *watashi* («yo») posee a 本 *hon* («libro»); «el libro de mí». En otras palabras, «mi libro».

に **ni:** Esta partícula tiene varias funciones:

    a) Contacto directo («dónde», «en qué sitio»). En el ejemplo, 黒板に書く

Partículas gramaticales			
は *ha* **(wa)**	Tema (de qué se habla)	私は学生です *watashi wa gakusei desu* **Yo soy estudiante.**	私 *watashi* yo 学生 *gakusei* estudiante です *desu* ser
が *ga*	Sujeto	お腹が痛いです *onaka ga itai desu* **Me duele la barriga.**	お腹 *o-naka* barriga 痛い *itai* doloroso
の *no*	Posesivo	これは私の本です *kore wa watashi no hon desu* **Este es mi libro.**	これ *kore* esto 本 *hon* libro
に *ni*	a) Contacto directo b) Lugar (existencia) c) Complemento indirecto	a) 黒板に字を書く *kokuban ni ji o kaku* **Escribir letras en la pizarra.** b) ここに犬がいる *koko·ni inu ga iru* **Aquí hay un perro.** c) 太郎にビデオをあげる *tarō ni bideo o ageru* **Dar un vídeo a Tarō.**	黒板 *kokuban* pizarra 字 *ji* letra 書く *kaku* escribir ここ *koko* aquí 犬 *inu* perro いる *iru* estar ビデオ *bideo* vídeo あげる *ageru* dar
で *de*	a) Lugar (acción) b) Medio	a) 図書館で勉強する *toshokan de benkyō suru* **Estudiar en la biblioteca.** b) 電車で行く *densha de iku* **Ir en tren.**	図書館 *toshokan* biblioteca 勉強する *benkyō suru* estudiar 電車 *densha* tren 行く *iku* ir
へ *he* **(e)**	Dirección	日本へ行く *nihon e iku* **Ir a Japón.**	日本 *nihon* Japón
を *wo* **(o)**	Complemento directo	りんごを食べる *ringo o taberu* **Comer una manzana.**	りんご *ringo* manzana 食べる *taberu* comer
と *to*	a) «con», «y» b) cita (lo que dice alguien)	a) 花子と太郎は結婚する *hanako to Tarō wa kekkon suru* **Hanako y Tarō se casan.** b) 「愛している」という *ai shite iru to iu* **Decir «te quiero».**	結婚する *kekkon suru* casarse 愛 *ai* amor 言う *iu* decir

kokuban ni kaku, «escribo» *(kaku)* «en»/«sobre» *(ni)* la «pizarra» *(kokuban)*.

b) Lugar («dónde»). Cuando el verbo de la frase es de existencia, como los verbos ある *aru*, いる *iru* («haber», L.18) o 住む *sumu* («vivir»), se utiliza la partícula に *ni*. Cuando el verbo es otro, la partícula a elegir es で *de*.

c) La palabra a la que sucede に *ni* es un complemento indirecto, es decir, «a quién», «a qué» afecta la acción del sujeto. En el ejemplo, «Tarō» es quien recibe el vídeo, por lo que va marcado con に *ni*.

で ***de:*** Tiene dos funciones básicas:

a) Lugar («dónde»). Cuando el verbo no indica existencia (la mayoría de ellos). En el ejemplo, uno estudia (estudiar no es un verbo de existencia sino de acción) en la «biblioteca», por lo que la palabra 図書館 *toshokan* («biblioteca») deberá ir marcada con で *de*. Esta partícula es fácil de confundir con に *ni*, lo que representa otro rompecabezas para el estudiante.

b) Medio de transporte («con»). La palabra precedente es «con qué» se va a algún sitio. Por ejemplo, 電車で行く *densha de iku*, «ir en tren» *(densha=*«tren»), 自転車で行く *jitensha de iku*, «ir en bicicleta» *(jitensha=*«bicicleta»), バスで行く *basu de iku*, «ir en autobús» *(basu=*«autobús»).

へ ***e:*** La partícula へ *e* indica dirección, es decir, «hacia dónde», y solo se utiliza con los verbos 行く *iku* («ir»), 来る *kuru* («venir»), 帰る *kaeru* («volver») y unos pocos más. En el ejemplo, uno va (se dirige) hacia «Japón», por lo que la palabra 日本 *Nihon* («Japón») irá marcada con へ *e*.

を ***o:*** La palabra a la que sucede la partícula を *o* es el complemento directo, es decir, «qué» es lo que recibe la acción del verbo. En el ejemplo, uno se come una manzana, por lo que りんご *ringo*, «manzana» deberá ir marcada con を *o*. Del mismo modo, en la frase お茶を飲む *ocha o nomu*, es お茶 *ocha* («té») lo que recibe la acción del verbo 飲む *nomu* («beber»), por lo que la frase se traduciría por «beber té».

と ***to:*** Para terminar, と *to* es otra partícula polivalente con dos usos diferentes:

a) «Y», «con». と *to* se utiliza para hacer listas exhaustivas (en las que se indican todos los elementos), como por ejemplo en ペンと筆とゴム *pen to fude to gomu*, «boli, pincel y goma». Este mismo uso puede ser interpretado también como «compañía»: 私と桂子 *watashi to Keiko*, «yo y Keiko».

b) Para citar las palabras de otra persona, como en el ejemplo 「愛している」と言う *'ai shite iru' to iu*, alguien «dice» *(iu)* literalmente las palabras «'te quiero'» *(ai shite iru)*.

De momento, esto es todo lo que debes saber sobre las partículas. Somos muy conscientes de que hemos dado mucha información condensada en poco espacio, pero no te desesperes: ve estudiando y con la práctica te acostumbrarás a usarlas.

En los manga-ejemplos veremos de forma práctica unos pocos ejemplos de la utilización de las partículas. Atención al glosario de términos del principio del libro para entender las abreviaturas utilizadas.

a) La partícula de tema *wa*

Motohira: これはおそい!!
kore wa osoi!!
esto ᴘᴛᴍ lento!!
¡¡Esto es lento!!

Ryō: まさか 犯人はクリス...?
masaka hannin wa kurisu...?
oh, no! delincuente ᴘᴛᴍ Chris...?
¡Oh, no! ¿Será el asesino Chris?

He aquí dos ejemplos de la utilización de la partícula de tema は *wa*, quizás la más usada del idioma japonés y que, por su similitud de uso con が *ga*, una de las que más problemas suponen para el estudiante. La partícula は *wa* indica, como hemos dicho hace unas páginas, que la palabra que la precede es el tema, es decir, «de qué estamos hablando». Lo que hace は *wa* es destacar el tema de la conversación en un primer plano.

En el primer ejemplo, これはおそい *kore wa osoi*, el tema de la frase es lo que precede a は *wa*, es decir これ *kore* («esto», ʟ.9). Por lo tanto, Motohira nos indica que está hablando sobre «esto» y dice sobre ello que es おそい *osoi*, es decir, «lento».

En el segundo ejemplo, el tema de la subfrase 犯人はクリスです *hannin wa kurisu desu* es 犯人 *hannin* («delincuente», aunque en este caso lo traducimos por «asesino» por razones de contexto), por lo que la frase, traducida literalmente, sería «el asesino es Chris». Imagina que queramos dar importancia al nombre *Chris* y no a *hannin*. En tal caso, podríamos llevar a «Chris» a un primer plano (destacarlo como «tema» de la frase con は *wa*) y decir クリスは犯人です *kurisu wa hannin desu* («Chris es el asesino»).

b) La partícula de sujeto *ga*

> **Akira:** くみぃ！電話がなっているぞ～！
> *Kumii! denwa ga natte iru zo!*
> Kumi! teléfono PS sonar está PE!
> **¡Kumi! ¡El teléfono está sonando!**

Este segundo ejemplo nos ofrece una muestra de la partícula de sujeto が *ga*, que sirve para marcar el sujeto de la oración: «el que realiza la acción». En este caso, es el «teléfono» (電話 *denwa*) el que realiza la acción de «sonar» (なる *naru*) por lo que tras él colocaremos la partícula de sujeto が *ga*.

は *wa* y が *ga*, ya lo hemos visto, son muy fáciles de confundir. De momento, piensa que は *wa* se utiliza para marcar información ya conocida de antemano porque ha salido en la conversación anteriormente o porque se trata de un concepto único y conocido por

todos, como «cielo», «vida», «alegría», etc. En esta viñeta, el «teléfono» sale por primera vez en la conversación entre Akira y Kumi, por eso va marcado con が *ga*.

c) La partícula de posesivo *no*

Este ejemplo, muy sencillo para una lección tan complicada, nos ilustra la utilización de la partícula の *no*. Esta partícula es un modificador de sustantivo que indica «posesión», «ser de»: la palabra precedente «posee», a lo que va detrás.

> **Takeshi:** 桃の種...?
> *momo no tane...?*
> melocotón PP semilla...?
> **¿Un hueso de melocotón?**

の *no* se utiliza siempre entre dos sustantivos, y da información complementaria sobre el segundo de ellos. Esta información suele ser de tipo posesivo, como en 私の家 *watashi no ie*, «mi casa» (lit. «La

casa de yo»). A veces, el uso no es posesivo sino informativo (da más datos sobre el segundo sustantivo): aquí, la palabra 種 *tane* («semilla») es de 桃 *momo* («melocotón»), de ahí la traducción «semilla de melocotón» o, mejor todavía, «hueso de melocotón».

d) La partícula de lugar *de*

> **Zorg:** ここで戦うか！？
> *koko de tatakau ka!?*
> aquí PL luchar P?!?
> **¡¡Luchamos aquí!?**

En esta viñeta tenemos un ejemplo muy claro del uso de la partícula de lugar で *de*. Esta partícula se coloca detrás del nombre de un lugar para indicar «dónde» se realiza la acción que indica el verbo: el complemento circunstancial de lugar (CCL). El verbo, eso sí, no debe ser jamás de existencia, pero no te preocupes porque de estos hay muy pocos. En este caso, el verbo 戦う *tatakau* («luchar») es claramente un verbo de acción, no de existencia, por lo que su CCL, en este caso el pronombre ここ *koko* («aquí»), deberá ir marcado con で *de*.

Nota: か *ka* es una partícula de final de frase que sirve para hacer preguntas (L.17).

e) La partícula de lugar *ni*

> **Akiko:** なあっ　なあっ！！　ここにあたしの手裏剣があるのっ！？
> *naa naa!!　koko ni atashi no shuriken ga aru no!?*
> eh, eeeh!!　aquí PL yo PP shuriken PS haber P?!?
> **¡¡Eeeh, eeeeh!!　¿¡Están aquí mis estrellas ninja!?**

Aquí vemos a Akiko buscando desesperadamente sus *shuriken* («estrellas ninja»). Las partículas que se utilizan son la partícula de lugar (existencia) に *ni*, y una vez más, la partícula posesiva の *no* y la de sujeto が *ga*.

La partícula に *ni* indica que la palabra precedente es el lugar donde hay algo (un CCL) y se utiliza solamente con verbos de existencia, de los cuales los más comunes con diferencia son いる *iru* («estar», seres animados) y ある *aru* («estar», seres inanimados) (L.18). En este caso, «aquí» (ここ *koko*) «se encuentran» (ある *aru*) las «estrellas ninja» (手裏剣 *shuriken*) de «yo» (あたし *atashi*).

Nota: la partícula al final de la frase, の *no*, no tiene nada que ver con el posesivo, sino que es un equivalente coloquial al か *ka* que veíamos en el ejemplo anterior: indica pregunta. Hablaremos de estas partículas en la próxima lección.

f) La partícula de complemento directo *o*

Tomo: これをかしてあげよう。
kore o kashite ageyō
esto PC prestar dar
Voy a prestarte esto.

Esta vez tenemos una muestra muy clara del uso de la partícula を *o*. Esta partícula indica que la palabra precedente es el complemento directo, es decir «aquello sobre lo cual se ejerce la acción del verbo». En este caso, el verbo es 貸す *kasu* («prestar») y lo que se presta es el pronombre これ *kore* («esto»).

Así pues, la partícula que hay que colocar tras これ *kore* es を *o* porque recibe la acción del verbo. Esta es una de las partículas que menos confusiones de uso presenta.

Notas: la forma ～してあげる *shite ageru* tiene el sentido de «hacer algo por alguien» (L.28). Cuando el verbo termina en ～よう *-yō,* toma el sentido de «ir a hacer algo».

g) La partícula de dirección *e*

Pipy: さようなら、もう水の中へ帰らないかもしれない
sayōnara, mō mizu no naka e kaeranai kamo shirenai
adiós, ya agua PP dentro PD no volver quizás
Adiós. Quizás ya no podré volver nunca más al mar.

El último ejemplo de esta extensa y densa lección nos presenta el uso de dos partículas diferentes. A la primera ya la conocemos: es の *no* e indica «posesión» o da información complementaria sobre un sustantivo. La segunda, へ *e,* indica dirección: «adónde» va alguien o algo. La partícula へ *e* se utiliza principalmente con los verbos 行く *iku* («ir»), 来る *kuru* («venir»), 帰る *kaeru* («volver») y con unos pocos más mucho menos usados. En este caso la vemos junto a 帰る *kaeru.*

Nota: la forma かもしれない *kamo shirenai* que cierra la frase indica duda, algo que no es seguro, y se suele traducir por «quizás» o «tal vez».

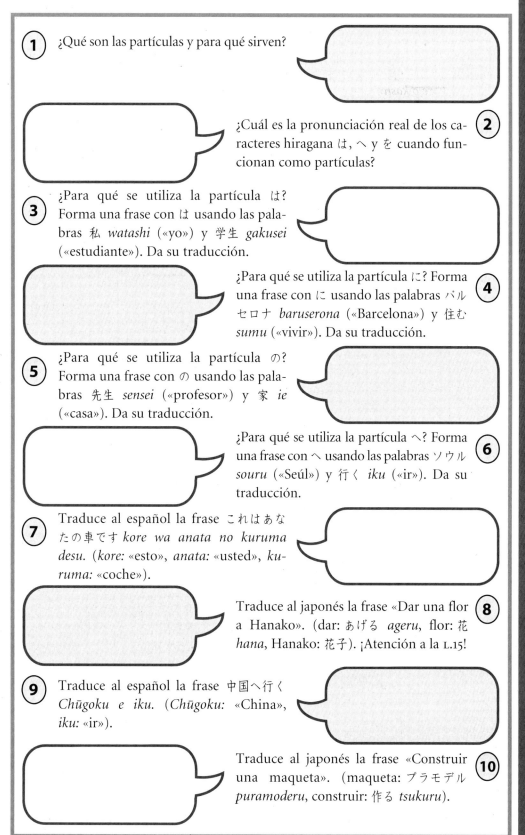

1 ¿Qué son las partículas y para qué sirven?

2 ¿Cuál es la pronunciación real de los caracteres hiragana は, へ y を cuando funcionan como partículas?

3 ¿Para qué se utiliza la partícula は? Forma una frase con は usando las palabras 私 *watashi* («yo») y 学生 *gakusei* («estudiante»). Da su traducción.

4 ¿Para qué se utiliza la partícula に? Forma una frase con に usando las palabras バルセロナ *baruserona* («Barcelona») y 住む *sumu* («vivir»). Da su traducción.

5 ¿Para qué se utiliza la partícula の? Forma una frase con の usando las palabras 先生 *sensei* («profesor») y 家 *ie* («casa»). Da su traducción.

6 ¿Para qué se utiliza la partícula へ? Forma una frase con へ usando las palabras ソウル *souru* («Seúl») y 行く *iku* («ir»). Da su traducción.

7 Traduce al español la frase これはあなたの車です *kore wa anata no kuruma desu.* (*kore*: «esto», *anata*: «usted», *kuruma*: «coche»).

8 Traduce al japonés la frase «Dar una flor a Hanako». (dar: あげる *ageru*, flor: 花 *hana*, Hanako: 花子). ¡Atención a la L.15!

9 Traduce al español la frase 中国へ行く *Chūgoku e iku.* (*Chūgoku*: «China», *iku*: «ir»).

10 Traduce al japonés la frase «Construir una maqueta». (maqueta: プラモデル *puramoderu*, construir: 作る *tsukuru*).

第16課 練習 Ejercicios

第17課：終助詞

Lección 17: Partículas de fin de frase

Siguiendo con el tema de las partículas de la pasada lección, ahora vamos a ver por encima el uso de las llamadas «partículas de fin de frase», muy utilizadas en el japonés hablado. Conocerlas te ayudará a comprender también mangas, animación y películas de imagen real.

¿Para qué sirven?

Como ya explicamos en la lección anterior, una partícula es un elemento que acostumbra a estar formado por un solo carácter hiragana (salvo excepciones), lo que equivale en español a una sílaba. Las partículas de fin de frase tienen la misma característica básica: por ejemplo, están los ね *ne*, よ *yo*, ぞ *zo*, な *na*, etc., como puedes ver en la gran tabla aclaratoria de la página siguiente.

No debes confundir las partículas «normales», que desempeñan una función gramatical en la frase y que vimos en la lección anterior, con las partículas de fin de frase. Este segundo tipo de partículas se colocan siempre al final de una oración y le añaden matices de significado (no de función). La partícula ぞ *zo*, por ejemplo, le da un énfasis especial a la frase e indica que el hablante es un hombre que tiene cierta seguridad en sí mismo. Recuerda que estas partículas se utilizan casi exclusivamente en el japonés oral y además en situaciones más bien informales. Las únicas partículas aceptables en el japonés hablado formal son か *ka*, ね *ne* y, hasta cierto punto, よ *yo* y わ *wa*.

El lenguaje japonés distingue bastante entre el modo de hablar de los hombres y de las mujeres, tendencia que se observa también en el uso de las partículas de fin de frase: hay partículas «para ellos» y «para ellas».

Modo de uso: a grandes rasgos

Intentaremos ahora definir el uso de las distintas partículas de fin de frase, basándonos siempre en la tabla aclaratoria de la página siguiente:

か *ka:* Esta partícula sería más o menos equivalente a nuestro signo de interrogación (?), que tradicionalmente no se usa en documentos «serios» del japonés (aunque en los mangas se usa bastante por su gran poder expresivo). La partícula か *ka* convierte a una frase en una pregunta. Así pues:

君はすしが好きです *kimi wa sushi ga suki desu*, «Te gusta el sushi».

君はすしが好きですか *kimi wa sushi ga suki desu ka?*, «¿Te gusta el sushi?»

Como puedes ver, ambas frases son idénticas, excepto por lo que se refiere al か *ka* final, que transforma la afirmación en pregunta. Formar preguntas en japonés es tan sencillo como añadir か *ka* al final de una frase normal y corriente y darle al conjunto una entonación interrogativa al pronunciar.

ね **ne:** Esta partícula también se usa mucho. Tiene dos funciones:

a) Da un tono de confirmación. Sería equivalente a «¿verdad?», «¿a que sí?».

b) Cuando uno hace una invitación, suele suavizarla poniendo ね *ne* al final, para no sonar muy tajante. Sería como un «¿vale?», «¿de acuerdo?».

ね *ne* es de lejos la partícula enfática más utilizada en japonés y tiene muchí-

	Partículas de fin de frase		
か *ka*	Pregunta	すしが好きですか *sushi ga suki desu ka?* **¿Te gusta el sushi?**	すし *sushi* sushi 好き *suki* que gusta です *desu* ser
ね *ne*	a) Afirmación, confirmación b) Suaviza una invitación	a) この映画が長いですね *kono eiga ga nagai desu ne* **Esta película es larga, ¿verdad?** b) あした、来てね *ashita, kite ne* **Mañana ven, ¿eh?**	この *kono* este/a 映画 *eiga* película 長い *nagai* largo あした *ashita* mañana 来て *kite* ven (tú)
よ *yo*	a) Énfasis, afirmación b) Invitación	a) 日本語はやさしいよ！ *nihongo wa yasashii yo!* **¡El japonés es fácil!** b) 歌を歌ってよ！ *uta o utatte yo!* **¡Canta una canción, venga!**	日本語 *nihongo* japonés やさしい *yasashii* fácil 歌 *uta* canción 歌って *utatte* canta (tú)
さ *sa*	Énfasis, afirmación	ラーメンを食べたいさ *raamen o tabetai sa* **Quiero comer *ramen*, tú.**	ラーメン *raamen* fideos 食べたい *tabetai* querer comer
ぞ *zo*	Énfasis, afirmación (♂, informal)	めっちゃ疲れたぞ！ *meccha tsukareta zo!* **¡Estoy hecho polvo!**	めっちゃ *meccha* mucho 疲れた *tsukareta* cansado
ぜ *ze*	a) Énfasis, afirmación (♂, informal) b) Invitación (♂, informal)	a) あれは千円だぜ！ *are wa sen en da ze!* **¡Allí hay mil yenes!** b) いっぱい遊ぼうぜ！ *ippai asobō ze!* **¡Vamos a divertirnos un montón!**	あれ *are* aquello 千円 *sen en* mil yenes だ *da* ser (informal) いっぱい *ippai* mucho 遊ぼう *asobō* divirtámonos
な *na*	Afirmación, declaración, deseo (♂) *) Imperativo negativo (♂)	中国へ行きたいな *chūgoku e ikitai na* **Cuánto me gustaría ir a China...** *) これを壊すな！ *kore o kowasu na!* **¡No rompas esto!**	中国 *chūgoku* China 行きたい *ikitai* querer ir これ *kore* esto 壊す *kowasu* romper
わ *wa*	Declaración enfática (♀)	このお寺は感激するわ！ *kono o-tera wa kangeki suru wa!* **¡Este templo es impresionante!**	お寺 *o-tera* templo 感激する *kangeki suru* emocionar
の *no*	a) Pregunta (informal) b) Declaración (♀)	a) あした来るの？ *ashita kuru no?* **¿Vendrás mañana?** b) タイへ行くの *tai e iku no* **Me voy a Tailandia, ¿sabes?**	あした *ashita* mañana 来る *kuru* venir タイ *tai* Tailandia 行く *iku* ir

simos matices imposibles de resumir en pocas palabras. De momento, habitúate a verla usada en contexto y utilízala con prudencia. Los extranjeros con un nivel modesto de japonés tienden a utilizar ね *ne* de forma abusiva, lo que se ha convertido en un tópico. ¡No caigas en la trampa!

よ *yo:* Como ね *ne*, よ *yo* es una partícula muy común con la que hay que tener cuidado. Entre otros matices, tiene dos funciones principales:
a) Para afirmar, dar seguridad a la frase y sonar más convincente.
b) Al final de una frase en la que se expresa orden o deseo, la partícula よ *yo* realiza la función de «insistencia», «empuje».

さ *sa:* さ *sa* tiene una función de énfasis similar a ね *ne,* aunque su uso se limita a la parte este de Japón, sobre todo a la zona de Tokio y alrededores, donde hay gente que la utiliza con tal profusión que, más que un recurso de uso racional y mesurado, se convierte en un tic del lenguaje muy poco elegante.

ぞ *zo:* Partícula solo utilizada por hombres en registro informal-vulgar. Su función es muy parecida a la función a) de よ *yo*, es decir, afirma y da seguridad a la frase. Úsala con mucha prudencia, solo si eres un hombre y estás entre amigos muy cercanos o entre gente que te inspire mucha confianza. Si no, sonarás rudo.

ぜ *ze:* Las dos funciones de esta partícula son prácticamente idénticas a よ *yo*, con la peculiaridad de que solo la usan hombres en situaciones muy informales.

な *na:* Esta partícula, usada básicamente por hombres, implica un deseo por querer hacer algo que en principio es difícil de realizar, entre otros matices.
Nota: no confundas esta partícula con el marcador gramatical de «imperativo negativo». な *na* se usa también a final de frase para formar órdenes directas que indican prohibición (L.30). Utilizada principalmente por hombres.

わ *wa:* Versión femenina de ぞ *zo* y ぜ *ze*. Tiene más o menos las mismas funciones que estas dos partículas, con la diferencia de que わ *wa* lo utilizan exclusivamente mujeres (aunque en el dialecto de la zona de Kansai (Osaka y cercanías) lo usan también los hombres con un sentido muy parecido al de ぞ *zo*).

の *no:* La partícula の *no* tiene dos funciones principales:
a) Versión informal de la partícula か *ka,* es decir, convierte una frase afirmativa o negativa en una pregunta.
b) Da un matiz informativo a la frase, y quizás se puede traducir el matiz por un «¿sabías?». Este uso está básicamente reservado a las mujeres.

Como has visto, las partículas de final de frase sirven para dar matices muy importantes a las sentencias, que son imposibles de traducir directamente al español. Es difícil dominar las partículas, y más cuando hay tantas y con tantos matices, pero sé paciente y de momento usa esta lección como «chuleta» hasta que te habitúes.

Las partículas de fin de frase acaparan, faltaría más, el tema central de los manga-ejemplos de esta lección. Veamos el funcionamiento de algunas de las más importantes, en contexto real.

a) Pregunta informal

Studio Kösen

Mika: じゃお大事に	Tetsu: もう帰るの？
ja o-daiji ni	*mō kaeru no?*
bueno (frase hecha)	ya volver P?
Bueno, que te mejores.	**¿Ya te marchas?**

La partícula importante aquí es の *no*, la versión informal de か *ka*: sirve para hacer preguntas, en contexto informal-coloquial. **Ojo:** en la L.16 hablamos sobre las partículas «normales», y entre ellas estaba の *no*, que indicaba posesión. No confundas ambas partículas: ¡no tienen nada que ver!

En esta viñeta puedes ver también una frase hecha (L.27): se trata de *o-daiji ni*, y es un saludo de despedida dirigido a personas que están enfermas, un «que te mejores».

b) Insistencia, empuje

Guillermo March

Johan: 僕を撃てよ...
boku o ute yo...
yo PC dispara PE...
Dispárame...

Aquí, el niño Johan le pide a su hermana que le dispare. La partícula enfática elegida es よ *yo*, que indica «insistencia», «empuje», al final de una frase en la que se expresa orden o deseo. Aquí, la orden se afianza todavía más añadiendo よ *yo* al final de la frase *boku o ute* («dispara a mí»). La traducción propuesta es mucho más escueta pero no por ello menos tajante.

c) Énfasis

Shingō: 今度はお前の家へ行こ〜ぜ！
kondo wa omae no uchi e iko- ze!
próxima vez PTM tú PP casa PD ir PE!
¡La próxima vez iremos a tu casa!

Studio Kōsen

La partícula a comentar en esta viñeta es ぜ *ze,* utilizada solamente por hombres en situaciones muy informales, básicamente entre amigos. ぜ *ze* da un matiz de insistencia y afirmación a la frase. **Notas:** la línea de la palabra 行こ〜 tiene la función de alargar el sonido más de lo normal. Por otro lado, fíjate bien y aprovecha para repasar las partículas gramaticales は *wa* (tema), の *no* (posesión) y へ *e* (dirección), estudiadas en la L.16.

d) Doble uso de partículas de fin de frase

Guillermo March

Schüle: 約束１０時にあったよな
yakusoku jū ji ni atta yo na
promesa 10h PT estar PE PE
Tenías una cita a las 10, ¿verdad?

Esta última viñeta sirve para ilustrar el uso de dos partículas de fin de frase juntas en la misma oración. A veces, parece que una sola partícula es insuficiente y se utiliza una combinación de dos (nunca más de dos) para dar mayor poder enfático a la frase, como vemos en este ejemplo.

En este caso, se utiliza la partícula de sorpresa o afirmación よ *yo* más la partícula de confirmación masculina な *na*. Otras combinaciones comunes son よね *yo ne,* わね *wa ne* o わよ *wa yo.* Las dos últimas se usan básicamente en el lenguaje femenino.

Tenemos, asimismo, la frecuente combinación かな *ka-na:* sirve para indicar incerteza o para hacerse una pregunta a sí mismo. Su sentido es similar al de nuestro «me pregunto si...». Una alternativa femenina a かな *ka-na* es かしら *kashira.*

1. ¿Qué son las partículas de fin de frase? ¿Para qué sirven?

2. ¿Se suelen utilizar las partículas de fin de frase en el japonés escrito?

3. ¿Qué indica la partícula de fin de frase よ *yo*?

4. ¿Qué indica la partícula de fin de frase わ *wa*?

5. ¿Qué indica la partícula de fin de frase ぞ *zo*?

6. Si a la frase これはおもしろい *kore wa omoshiroi* («esto es interesante») le añadimos ぞ *zo*, ¿qué connotaciones adquiere y qué información obtenemos de ella?

7. Convierte en pregunta la frase きょうは メキシコへ行く *kyō wa mekishiko e iku*, «hoy vas a México». Dos posibilidades.

8. Traduce al español la frase アイスを食べ るな *aisu o taberu na*. (*aisu:* «helado», *taberu:* «comer»). ¿El hablante es un hombre o una mujer?

9. Traduce al japonés la frase «Hace buen tiempo, ¿verdad?» («Buen tiempo»: いい 天気 *ii tenki*, «hacer»: です *desu*).

10. Como regla general, ¿podemos utilizar las partículas de final de frase en conversaciones formales?

Lección 18: Los verbos *aru* e *iru*

Vamos avanzando en el curso y las lecciones, como era de esperar, se van volviendo cada vez más duras. En esta ocasión, como preludio a la próxima lección (Verbos I), veremos dos de los verbos más básicos del japonés: *iru* y *aru*.

¿Dos verbos que significan lo mismo?

Los verbos いる *iru* y ある *aru* significan ambos «haber», «estar (en un lugar)», ¿pero cuál es la diferencia entre ellos? Básicamente, la diferencia radica en que el verbo いる *iru* se utiliza cuando el sujeto es una persona o un animal (un ser animado) y el verbo ある *aru* se usa para cosas (seres inanimados). Grábate bien esta diferencia en la mente, porque es fundamental.

Como ya comentábamos en la L.9 (Gramática básica), los verbos japoneses van siempre al final de la frase: se dice que el japonés tiene una estructura de tipo SCV (Sujeto+Complementos+Verbo), mientras que el español la tiene SVC. Observa:

Español: Yo estoy en la biblioteca

          S   V   C

Japonés: *Watashi wa toshokan ni iru* (私は図書館にいる)

          S   C   V

(私 *watashi*=«yo», 図書館 *toshokan*=«biblioteca», いる *iru*=«estar»)

Ten siempre muy en cuenta este orden de elementos al formar tus propias oraciones. ¡Y no te olvides de las partículas gramaticales! En este caso, tenemos la partícula de tema は *wa* y la de lugar (complemento circunstancial de lugar, CCL) に *ni*. Repasa la L.16 si tienes dudas acerca del uso de las partículas.

Conjugaciones

Los verbos いる *iru* y ある *aru* se conjugan de las siguientes formas: presente, pasado, negativo y negativo pasado. Puedes consultar las diferentes conjugaciones en la tabla de la página siguiente. La buena noticia de los verbos en japonés es que, al igual que ocurría con el verbo «ser» (L.9) y los sustantivos (L.11), no cambian de forma según el hablante sea «yo», «nosotros» o «ellos»: siempre es igual. Solo existen las conjugaciones presente, pasado, negativo y negativo pasado del cuadro y unas pocas más para la llamada forma -*te* (L.28), el imperativo (L.30), etc.

Flexiones de los verbos *iru* y *aru*				
	Verbo *iru* (personas, animales)		Verbo *aru* (cosas, plantas)	
	Formal	F. dicc.	Formal	F. dicc.
Presente (Hay)	いFFす *imasu*	いる *iru*	あります *arimasu*	ある *aru*
Pasado (Había)	いました *imashita*	いた *ita*	ありました *arimashita*	あった *atta*
Negativo (No hay)	いません *imasen*	いない *inai*	ありません *arimasen*	ない *nai*
Neg. pas. (No había)	いませんでした *imasendeshita*	いなかった *inakatta*	ありませんでした *arimasendeshita*	なかった *nakatta*

Lo que sí existe son dos conjugaciones diferentes según el grado de formalidad. Lo que se estudia primero en una clase de japonés convencional es la llamada forma -*masu*, llamada así porque todas las formas de presente terminan en 〜ます -*masu* (en el caso de いる *iru* y ある *aru*: います *imasu* y あります *arimasu*). A esta variedad la llamamos también «forma formal», puesto que se usa en situaciones formales.

Al ser este un curso orientado al japonés más bien oral, el que se encuentra en los mangas, tenemos que explicar también simultáneamente la llamada «forma simple», también conocida por «forma de diccionario», que se utiliza en situaciones informales y vulgares. Se llama «forma de diccionario» porque es en esta conjugación como se encuentran los verbos en los diccionarios japoneses. Es de lejos la más usada en los mangas, anime, videojuegos y películas de imagen real, y por ello nos vemos obligados a explicarla en un estadio tan temprano. El estudiante convencional suele aprender la forma de diccionario bastante después de aprender la forma -*masu*.

Frases básicas

Veamos ahora algunos esquemas básicos para formar oraciones sencillas utilizando los verbos いる *iru* y ある *aru*. Para ello es necesario dominar los pronombres de lugar ここ *koko*, そこ *soko*, あそこ *asoko* y どこ *doko* («aquí», «ahí», «allí», «dónde»), que ya comentamos con bastante exhaustividad en la L.9.

Los verbos いる *iru* y ある *aru* tienen, como hemos dicho, varios sentidos según el contexto, con la diferencia básica, recuerda, de que いる *iru* se usa para seres animados y ある *aru* para seres inanimados. Estudiemos ahora estos diferentes sentidos.

El sentido «haber»

Fíjate en estas dos frases que siguen el modelo «*Kosoado* de lugar *ni*+sujeto *ga*+*aru*/ *iru*». Son muy sencillas de formar y te resultarán muy útiles:

1. ここに亀がいる
koko ni kame ga iru
Aquí hay una tortuga.

2. そこに財布がありました
soko ni saifu ga arimashita
Ahí había una cartera.

Como puedes ver, en la primera frase de ejemplo hemos utilizado el verbo いる *iru* en presente, forma de diccionario. Fíjate en que el sujeto es 亀 *kame*, «tortuga», es decir, un ser animado: por eso, el verbo que le corresponde es いる *iru*.

En cambio, en el segundo ejemplo hemos utilizado el verbo ある *aru* en pasado, forma formal. El sujeto es 財布 *saifu*, «cartera», objeto inanimado, con lo que le corresponde el verbo ある *aru*.

El sentido «estar (en un lugar)»

Las dos frases a continuación siguen el modelo «Sujeto *wa*+CCL *ni*+*aru/iru*», y sirven para indicar que algo o alguien (marcado por la partícula de tema は *wa*) se encuentra en algún sitio concreto (marcado por la partícula de CCL に *ni*).

1. 佐藤さんは家にいませんでした
   satō-san wa ie ni imasendeshita
   El Sr. Satō no estaba en casa.

2. めがねは机にない
   megane wa tsukue ni nai
   Las gafas no están en el escritorio.

En la primera frase, al hablar sobre una persona (el Sr. Satō), hemos usado el verbo いる *iru* en su forma formal, pasado negativo. En la segunda, al ser el sujeto un objeto inanimado (unas gafas), hemos usado ある *aru*, en forma simple, negativo presente.

El sentido «tener»

A veces podemos encontrar la construcción «sujeto *wa*+objeto *ga*+*aru/iru*», con un sentido similar al de nuestro verbo «tener». Fíjate en los ejemplos:

1. 僕は車がありません
   boku wa kuruma ga arimasen
   Yo no tengo coche.

2. 里美ちゃんは犬がいるの？
   satomi-chan wa inu ga iru no?
   ¿Satomi tiene perro?

Sin embargo, en estos casos suele ser mejor utilizar los verbos 持つ *motsu*, «tener», «poseer» o, en el caso de animales, 飼う *kau*, «criar», «domesticar» en vez de *iru* y *aru*.

¡Ahora, con la tabla de vocabulario, prueba a formar tus propias frases originales!

Animales y objetos					
Japonés	Rōmaji	Significado	Japonés	Rōmaji	Significado
はえ	*hae*	mosca	財布	*saifu*	cartera
蚊	*ka*	mosquito	めがね	*megane*	gafas
亀	*kame*	tortuga	はし	*hashi*	palillos
ちょう	*chō*	mariposa	コップ	*koppu*	vaso
さめ	*same*	tiburón	皿	*sara*	plato
かえる	*kaeru*	rana	フォーク	*fōku*	tenedor
くじら	*kujira*	ballena	スプーン	*supūn*	cuchara
からす	*karasu*	cuervo	ナイフ	*naifu*	cuchillo

漫画例 Manga-ejemplos

Ampliemos miras y veamos ahora algunos ejemplos en contexto real de los usos de los verbos *iru* y *aru*, con sus diferentes sentidos de «haber», «estar en un lugar» y «tener».

a) *aru* como «haber»

J.M. Ken Niimura

> **Onimaru:** ここにスズが２つある...
> *koko ni suzu ga futatsu aru...*
> aquí PL campanilla PS dos haber...
> **Aquí hay dos campanillas...**

Este primer manga-ejemplo ilustra el sentido «haber» del verbo ある *aru*. La estructura de estas frases suele ser, recuerda, «lugar *ni*+cosa *wa/ga*+ *aru/iru*», exactamente como en el ejemplo.

Además, como la palabra スズ *suzu* designa un objeto inanimado, «campanilla», el verbo a elegir es, por supuesto, ある *aru*. Aquí, el hablante elige la forma simple por ser una situación informal.

b) *iru* como «estar en un lugar»

> **Conejo:** ぼくはここにいるよ
> *boku wa koko ni iru yo*
> yo PTM aquí PL estar PE
> **¡Estoy aquí!**

Guillermo March

Un ejemplo del sentido «estar en un lugar»: al estar hablando sobre un ser animado, ぼく *boku*, «yo», se usa いる *iru*. Fíjate en que la partícula que se coloca tras la palabra que indica el lugar es に *ni* (L.16). **Nota:** repasa el uso de la partícula de fin de frase よ *yo* (L.17).

c) *iru* como «estar en un lugar» (2) —negativo

Profe: みんなの机の中にはいないな？	**Niños:** いませーん
minna no tsukue no naka ni wa inai na?	*imaseeeen*
todos PP pupitre PP dentro PL PTM no haber PE	no estar
¿No está dentro de ninguno de vuestros pupitres?	**¡Noooo!**

Studio Kōsen

Aquí están las dos versiones de la forma negativa presente del verbo いる *iru*. El profesor utiliza la forma coloquial (いない *inai*, «no estar») y en cambio, los niños, como muestra de respeto, usan la forma formal (いません *imasen*). Por cierto, lo que buscan es el hámster de la clase, por eso usan el verbo いる *iru*, para seres vivos.

Es muy importante tener en cuenta los niveles de formalidad al hablar: en Japón, no podemos hablarle a nuestro profesor igual que le hablaríamos a nuestro amigo del alma. Por esto, y como no podemos ir por la calle hablando igual que en los mangas, en este curso enfatizamos tanto las expresiones coloquiales como las formales.

d) *aru* como «haber» (2) —negativo

Mori: もう逃げ場はありませんよ
mō nigeba wa arimasen yo
ya sitio al que huir PTM no haber PE
No tienen ustedes escapatoria.

Por último, observemos el uso de la forma *-masu* del verbo ある *aru,* es decir, su uso formal. El señor Mori conjuga en este caso la forma negativa ありせん *arimasen* («no haber»). Como la palabra 逃げ場 *nigeba* («sitio al que escapar») no es un ser vivo ni nada que se le parezca, sino un concepto, usaremos ある *aru* y no いる *iru*. La forma *-masu* se usa cuando no hay confianza con el interlocutor, es decir, en situaciones formales: sería, contextualmente, similar a utilizar «usted» en castellano.

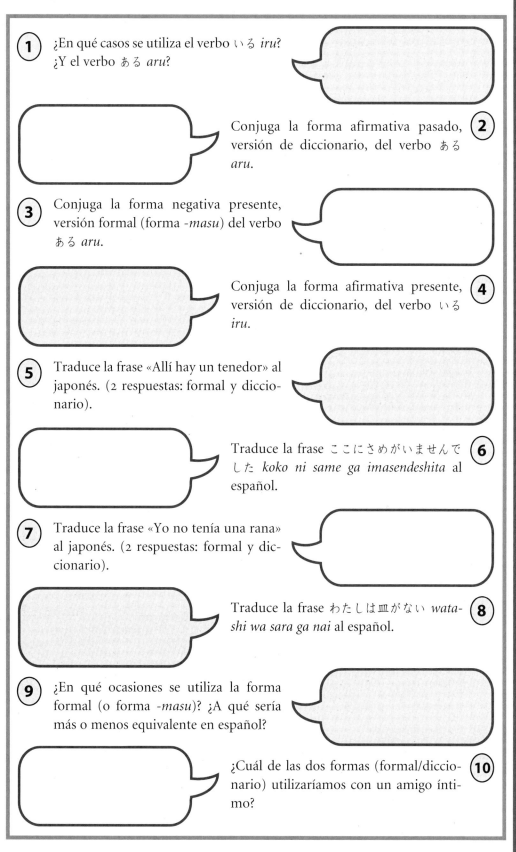

1 ¿En qué casos se utiliza el verbo いる *iru*? ¿Y el verbo ある *aru*?

2 Conjuga la forma afirmativa pasado, versión de diccionario, del verbo ある *aru*.

3 Conjuga la forma negativa presente, versión formal (forma -*masu*) del verbo ある *aru*.

4 Conjuga la forma afirmativa presente, versión de diccionario, del verbo いる *iru*.

5 Traduce la frase «Allí hay un tenedor» al japonés. (2 respuestas: formal y diccionario).

6 Traduce la frase ここにさめがいませんでした *koko ni same ga imasendeshita* al español.

7 Traduce la frase «Yo no tenía una rana» al japonés. (2 respuestas: formal y diccionario).

8 Traduce la frase わたしは皿がない *watashi wa sara ga nai* al español.

9 ¿En qué ocasiones se utiliza la forma formal (o forma -*masu*)? ¿A qué sería más o menos equivalente en español?

10 ¿Cuál de las dos formas (formal/diccionario) utilizaríamos con un amigo íntimo?

第 **18** 課　練習

Ejercicios

Lección 19: Verbos (I): forma -*masu*

Tal y como ya avanzábamos en la lección anterior, es hora de meternos de lleno en los verbos. Por suerte, las conjugaciones verbales del japonés son muy sencillas comparadas con las del español. Lo que más problemas puede darnos son los grados de formalidad.

La modalidad formal

Como ya veíamos en la L.18, existen en japonés dos conjugaciones distintas según el grado de formalidad: por un lado está la llamada «forma simple» (o «forma de diccionario») y, por el otro, la «forma -*masu*» (o «forma formal»).

En las próximas lecciones estudiaremos las distintas flexiones de los verbos japoneses, primero en su modalidad formal, la «forma -*masu*» (en esta lección), y luego en su modalidad informal, la «forma simple» (L.20). Estas dos lecciones serán especialmente duras por la cantidad de conceptos y de conjugaciones nuevas que aprenderemos, por lo que contarán con una ración extra de manga-ejemplos para que puedas ver mejor, en el aspecto práctico, el uso de lo explicado en la parte de teoría.

Estructura de la frase

Seguramente ya no hace falta que insistamos, pero por si acaso te recordamos que, como ya comentábamos en las L.9 y 18, los verbos japoneses van siempre al final de la oración: así, para formar una oración hay que poner primero el sujeto, después los complementos y, por último, el verbo. Recuerda que es imperativo utilizar el «pegamento» que representan las partículas gramaticales (L.16) para unir los distintos componentes de la frase. Veamos un par de ejemplos:

1- 私はパンを食べます
watashi wa pan o tabemasu
yo PTM pan PC comer
Yo como pan.

2- 私はホセに本を貸しました
watashi wa hose ni hon o kashimashita
yo PTM Jose PI libro PC prestar (pas.)
Yo presté un libro a Jose.

En el ejemplo 1), は *wa* y を *o* son partículas que indican que las palabras que las preceden (私 *watashi* y パン *pan*) son, respectivamente, el tema de la frase y el complemento directo.

En el ejemplo 2), por su parte, は *wa* y を *o* realizan la misma función que en 1), y に *ni* marca que ホセ *hose* es el complemento indirecto. Repasa la L.16 si no lo ves claro.

第
19
課

Conjugaciones

La forma -*masu* de los verbos, es decir, la manera formal de conjugarlos, es relativa-mente sencilla. Ante todo, tal y como ya ocurría con los verbos です *desu* («ser», L.9) e いる *iru* y ある *aru* («estar», L.18), ten en cuenta que los verbos japoneses no se conjugan según la persona: la forma verbal no varía aunque el sujeto sea «yo», «tú», «nosotros» o «ellas». Por ejemplo:

私は読みます *watashi wa yomimasu*, «Yo leo».

彼女たちは読みます *kanojotachi wa yomimasu*. «Ellas leen».

Mientras en español el verbo varía («leo»/«leen»), en japonés siempre es 読みます *yomi-masu*. Si no recuerdas los pronombres personales («yo», «tú», «él», etc.), repasa la L.7 porque te será imprescindible saberlos.

Notas de pronunciación a tener muy en cuenta:

1) En todas las formas terminadas en -*masu*, la «u» final casi no se pronuncia, con lo que nos queda algo parecido a «-más». Por ejemplo, 読みます *yomimasu* se pronuncia más bien como «yomimás».

2) La «i» de las terminaciones -*mashita* del pasado, que veremos enseguida, apenas se pronuncia, así que nos quedaría algo como «-mashta». Por ejemplo, 読みました *yomi-mashita* se pronuncia más bien como «yomimashta».

	Infinitivo	Significado	Forma -*masu*	Pasado	Negativo	Negativo pasado
Grupo 1 Invariables	教える *oshieru*	enseñar	教えます *oshiemasu*	教えました *oshiemashita*	教えません *oshiemasen*	教えませんでした *oshiemasendeshita*
	起きる *okiru*	levantarse	起きます *okimasu*	起きました *okimashita*	起きません *okimasen*	起きませんでした *okimasendeshita*
Grupo 2 Variables	貸す *kasu*	prestar	貸します *kashimasu*	貸しました *kashimashita*	貸しません *kashimasen*	貸しませんでした *kashimasendeshita*
	待つ *matsu*	esperar	待ちます *machimasu*	待ちました *machimashita*	待ちません *machimasen*	待ちませんでした *machimasendeshita*
	買う *kau*	comprar	買います *kaimasu*	買いました *kaimashita*	買いません *kaimasen*	買いませんでした *kaimasendeshita*
	帰る *kaeru*	volver	帰ります *kaerimasu*	帰りました *kaerimashita*	帰りません *kaerimasen*	帰りませんでした *kaerimasendeshita*
	書く *kaku*	escribir	書きます *kakimasu*	書きました *kakimashita*	書きません *kakimasen*	書きませんでした *kakimasendeshita*
	急ぐ *isogu*	darse prisa	急ぎます *isogimasu*	急ぎました *isogimashita*	急ぎません *isogimasen*	急ぎませんでした *isogimasendeshita*
	遊ぶ *asobu*	jugar	遊びます *asobimasu*	遊びました *asobimashita*	遊びません *asobimasen*	遊びませんでした *asobimasendeshita*
	飲む *nomu*	beber	飲みます *nomimasu*	飲みました *nomimashita*	飲みません *nomimasen*	飲みませんでした *nomimasendeshita*
	死ぬ *shinu*	morir	死にます *shinimasu*	死にました *shinimashita*	死にません *shinimasen*	死にませんでした *shinimasendeshita*
Grupo 3 Irregulares	する *suru*	hacer	します *shimasu*	しました *shimashita*	しません *shimasen*	しませんでした *shimasendeshita*
	来る *kuru*	venir	来ます *kimasu*	来ました *kimashita*	来ません *kimasen*	来ませんでした *kimasendeshita*

Verbos (I): forma -*masu* 動詞①マス形 −171−

Las diferentes conjugaciones

Ahora es necesario que te centres en la tabla de conjugaciones de la página anterior. Observa primero que hemos repartido la tabla en tres grupos: el grupo 1 (invariables), el grupo 2 (variables) y el grupo 3 (irregulares). En esta lección esta división no tendrá mucha relevancia, pero conviene saber que existen tres grupos de verbos.

Como apuntábamos en la L.18, los verbos aparecen en los diccionarios en la «forma simple» (a la que se llama también «forma de diccionario» por razones obvias). Así pues, la forma simple desempeña un papel similar a nuestro infinitivo.

Para conseguir las formas *-masu* de los distintos verbos en forma simple, deberemos saber primero a qué grupo pertenecen. El primer grupo está compuesto por verbos que terminan únicamente en *-iru* o *-eru*, pero fíjate que en el segundo grupo hay también un tipo de verbo terminado en *-ru* (y también hay verbos acabados en *-iru* y *-eru* en él). Solo sabiendo la forma simple es imposible saber si un verbo terminado en *-iru* o *-eru* es del grupo 1 o del 2, por lo que deberás aprendértelo de memoria. Cuando la forma simple de un verbo no termina en *-iru* o *-eru*, el verbo pertenece al segundo grupo. El modo de conseguir la forma *-masu* de un verbo a partir del infinitivo varía según el grupo:

Grupo 1: eliminamos la última る *-ru* del infinitivo y añadimos ます *-masu*. Ejemplo: 教える *oshieru* ⇒ 教えます *oshiemasu* («enseñar»).

Grupo 2: la estrategia cambia según la terminación del verbo: す *su* ⇒ します *shimasu*, つ *tsu* ⇒ ちます *chimasu*, う *u* ⇒ います *imasu*, る *ru* ⇒ ります *rimasu*, く *ku* ⇒ きます *kimasu*, ぐ *gu* ⇒ ぎます *gimasu*, ぶ *bu* ⇒ びます *bimasu*, む *mu* ⇒ みます *mimasu*, y ぬ *nu* ⇒ にます *nimasu*. En general, fíjate que cambiamos el último sonido *u* del infinitivo y lo sustituimos por *-imasu*. Ejemplo: 書く *kaku* ⇒ 書きます *kakimasu* («escribir»).

Grupo 3: al ser estos dos verbos irregulares, hay que estudiarlos de memoria.

Pasado, negativo, y negativo pasado

Veamos ahora, una vez obtenida la forma *-masu*, las distintas flexiones que puede adoptar: pasado, negativo y negativo pasado. No te preocupes porque es verdaderamente sencillo, y en este caso los tres grupos de verbos (incluso los irregulares) funcionan exactamente igual.

Pasado: sustituimos la última す *su* de la forma *-masu* por した *shita*. Ejemplo: 待ちます *machimasu* («esperar») ⇒ (quitamos *-su*) 待ちま *machima* ⇒ (añadimos *-shita*) 待ちました *machimashita* («esperaba»/«esperé»).

Negativo: sustituimos la última す *su* de la forma *-masu* por せん *sen*. Ejemplo: 起きます *okimasu* («levantarse») ⇒ (quitamos *-su*) 起きま *okima* ⇒ (añadimos *-sen*) 起きません *okimasen* («no me levanto»).

Negativo pasado: sustituimos la última す *su* de la forma *-masu* por せんでした *sendeshita*. Ejemplo: 貸します *kashimasu* («prestar») ⇒ (quitamos *-su*) 貸しま *kashima* ⇒ (añadimos *-sendeshita*) 貸しませんでした *kashimasendeshita* («no presté»/«no prestaba»).

Como siempre, aprovecharemos los manga-ejemplos para ver en la práctica lo estudiado en las páginas anteriores. En esta ocasión veremos las distintas conjugaciones de los verbos en la forma -*masu*.

a) Uso del presente

J.M. Ken Niimura

> **Fishbone:** 私はミスター・ササキに命をあげます
> *watashi wa misutaa sasaki ni inochi o agemasu*
> yo PTM mister Sasaki PI vida PC dar
> **Daré mi vida por *mister* Sasaki.**

Aquí vemos la forma presente del verbo あげる *ageru* («dar»), es decir, あげます *agemasu* (pertenece al Grupo 1). Los verbos japoneses no distinguen número ni género, y por ello, cuando el sujeto es *watashi* («yo»), como en esta viñeta, el verbo conjugado en presente es *agemasu*. Cuando el sujeto es *watashitachi* («nosotros/as»), el verbo en presente es también *agemasu*, así como con *kanojo* («ella»), *anata* («usted»), etc. En la traducción nos ha parecido más indicado traducir el verbo por un futuro («daré»): en japonés la forma futura no existe y la idea de futuro se expresa con la forma presente. **Nota:** en los mangas, el texto en los bocadillos suele escribirse de arriba a abajo y de derecha a izquierda. En este caso lo encontramos escrito horizontalmente y de izquierda a derecha. Esto se usa con frecuencia cuando en un manga aparece un personaje que no habla en japonés y se ofrece la «traducción» de lo que dice.

b) Uso del presente (2)

Hirao:	小林先生、私が守ります！！	はい！
	Kobayashi-sensei, watashi ga mamorimasu!!	*hai!*
	Kobayashi profesor, yo PS proteger!!	Sí!
	¡¡Profesor Kobayashi, yo le protegeré!!	**¡Sí!**

Aquí tenemos otra muestra del uso del presente. Aquí, el verbo a destacar es 守る *mamoru* («proteger»), un verbo del Grupo 2 cuya forma -*masu* es 守ります *mamorimasu*. Así, para conjugarlo habrá que cambiar el último sonido -*u* por -*imasu*: de *mamoru* pasa a *mamorimasu*. No hay dudas sobre a qué grupo pertenece *mamoru*, ya que acaba en -*oru*. Pero es imposible saber cuándo un verbo terminado en -*eru* o -*iru* es del Grupo 1 o del 2. En el Apéndice IV se indica a cuál de los dos grupos pertenece cada verbo terminado en -*eru* o -*iru* estudiado en este libro.

Guillermo March

b) Uso del negativo

Studio Kōsen

Sawada:	負けませんよ
	makemasen yo
	perder PE
	No pienso perder.

En esta viñeta vemos la forma negativa del verbo de Grupo 1 負ける *makeru* («perder») en forma -*masu*. La conjugación presente de *makeru* en forma -*masu* es 負けます *makemasu*.

El negativo, recuerda, se forma quitando la す *su* del presente y sustituyéndola por せん *sen*, no importa de qué grupo sea el verbo. Así: 負けます *makemasu* ⇒ 負けません *makemasen* («no perder»). La traducción literal de esta frase sería «no pierdo», pero hemos añadido a la traducción la palabra «pienso» para darle más naturalidad. Atención también al uso de la partícula enfática de fin de frase よ *yo* (L.17).

d) Uso del negativo (2)

何も
知りません

Studio Kōsen

> **Ryōko:** 何も知りません
> *nani mo shirimasen*
> nada saber
> **No sé nada.**

He aquí otro ejemplo de una conjugación en negativo. En este caso el verbo es 知る *shiru* («saber»/«conocer»), que es del Grupo 2, por lo que su forma presente en forma *-masu* es 知ります *shirimasu*. El negativo que vemos en este ejemplo es 知りません *shirimasen*.

Ya apuntábamos en la lección anterior que la forma *-masu* es parte del lenguaje formal/educado, y que, si le buscáramos un equivalente, podríamos compararlo, hasta cierto punto, a tratar a alguien de «usted» en español. En los mangas veremos la forma *-masu* en contadas ocasiones, ya que se usa mucho más la forma simple, que veremos en la L.20.

e) Uso del pasado

> **Makie:** わかりました...
> *wakarimashita...*
> entender
> **De acuerdo...**

わかりました…

J.M. Ken Niimura

Aquí tenemos un ejemplo de una conjugación en pasado. El verbo es 分かる *wakaru*, («entender»/«saber»), del Grupo 2, cuya forma *-masu* es 分かります *wakarimasu*. Para formar el pasado, sustituimos la última *-su* por *-shita*. Así 分かります *wakarimasu* ⇒ 分かりました *wakarimashita* («entendía»/«entendí»). La expresión *wakarimashita* se utiliza a menudo para expresar «de acuerdo», «está bien», «entendido», «OK», «vale», etc.

f) Uso del negativo pasado

Con este ejemplo de una conjugación de negativo pasado completamos nuestro viaje a través de todas las conjugaciones de la forma *-masu* usando el vehículo de los manga-ejemplos. El verbo en cuestión es 飲む *nomu* («beber»), cuyo presente en forma *-masu* es 飲みます *nomimasu*. Como vimos en la parte de teoría, el negativo pasado se forma sustituyendo la última *-su* por *-sendeshita*. Así pues: 飲みます *nomimasu* ⇒ 飲みませんでした *nomimasen-*

J.M. Ken Niimura

Johnson: 何も飲みませんでしたよ
nani mo nomimasendeshita yo
nada beber PE
No bebió nada.

deshita. Aunque 飲む *nomu* pertenece al Grupo 2 (verbos variables), observa que las conjugaciones en forma *-masu* son idénticas para todos los verbos de cualquier grupo.

g) Uso del pasado interrogativo

Guillermo March

Akakage: 私を呼びましたか！？殿！！
watashi o yobimashita ka!? Tono!!
yo PC llamar P?!? Señor!!
¿¡Me llamaba usted, señor!?

Terminaremos esta extensa lección con un último ejemplo que nos mostrará cómo hacer frases interrogativas con todos los verbos que hemos aprendido. Formar frases interrogativas es muy sencillo en japonés: basta con añadir か *ka* al final de una frase y pronunciarla de manera interrogativa (L.17).

En este caso, contamos con el verbo 呼ぶ *yobu* («llamar»), cuya forma *-masu*, ya sabes, es 呼びます *yobimasu*: para obtener la forma *-masu* de un verbo del Grupo 2 basta con sustituir su último sonido *-u* por *-imasu*. El pasado de *yobimasu* es *yobimashita* (para obtener el pasado de un verbo en forma *-masu* cambiamos su última *-su* por *-shita*). Y el interrogativo, por fin, se obtiene añadiendo か *ka*: 呼びましたか *yobimashita ka?* «¿Me llamaba (usted)?»

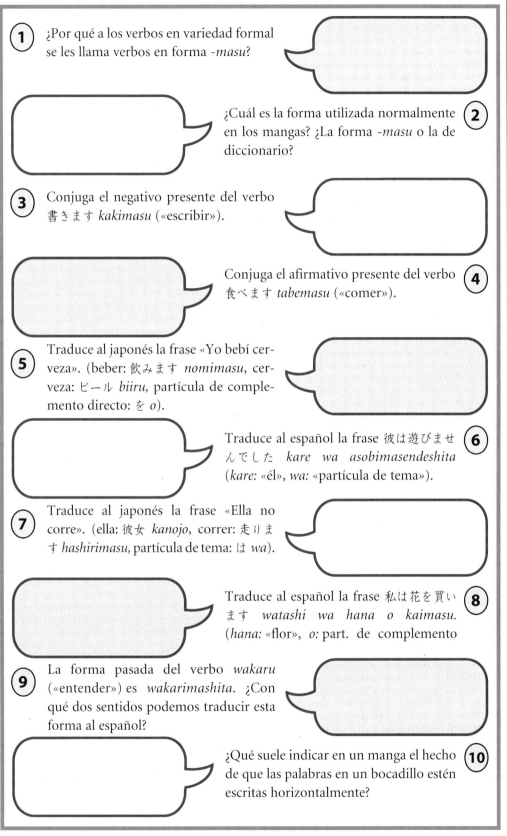

1. ¿Por qué a los verbos en variedad formal se les llama verbos en forma -*masu*?

2. ¿Cuál es la forma utilizada normalmente en los mangas? ¿La forma -*masu* o la de diccionario?

3. Conjuga el negativo presente del verbo 書きます *kakimasu* («escribir»).

4. Conjuga el afirmativo presente del verbo 食べます *tabemasu* («comer»).

5. Traduce al japonés la frase «Yo bebí cerveza». (beber: 飲みます *nomimasu*, cerveza: ビール *biiru*, partícula de complemento directo: を *o*).

6. Traduce al español la frase 彼は遊びませんでした *kare wa asobimasendeshita* (*kare:* «él», *wa:* «partícula de tema»).

7. Traduce al japonés la frase «Ella no corre». (ella: 彼女 *kanojo*, correr: 走ります *hashirimasu*, partícula de tema: は *wa*).

8. Traduce al español la frase 私は花を買います *watashi wa hana o kaimasu.* (*hana:* «flor», *o:* part. de complemento

9. La forma pasada del verbo *wakaru* («entender») es *wakarimashita*. ¿Con qué dos sentidos podemos traducir esta forma al español?

10. ¿Qué suele indicar en un manga el hecho de que las palabras en un bocadillo estén escritas horizontalmente?

第19課 練習 Ejercicios

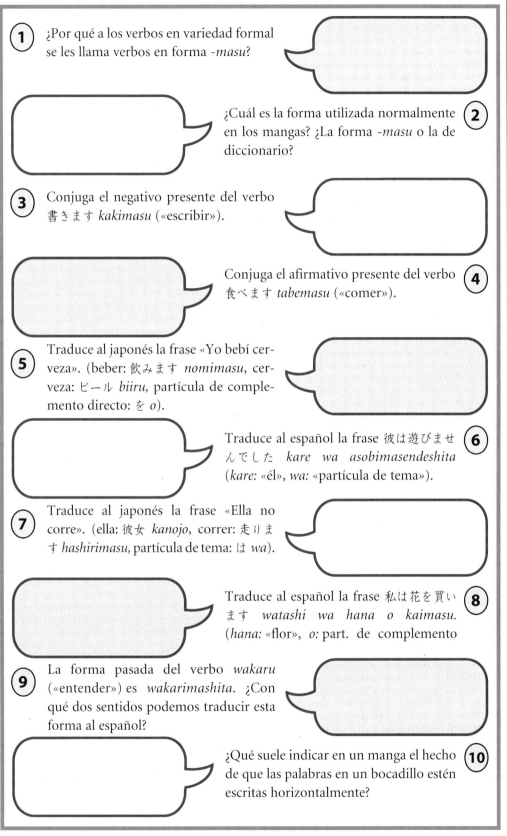

Lección 20: Verbos (II): forma simple

En esta lección complementaremos lo explicado en la anterior sobre los verbos. Si en la lección anterior veíamos la manera formal de conjugar un verbo, aquí estudiaremos la manera informal: la llamada «forma simple» o «forma de diccionario».

Forma de diccionario

La llamada «forma simple» o «forma de diccionario» se utiliza en situaciones informales, cuando hablamos con amigos o con la familia. Por ese motivo, por su carácter coloquial, es la forma que se utiliza más comunmente en los mangas. Se le llama «forma de diccionario», como ya hemos dicho otras veces, porque al buscar un verbo en los diccionarios, esta será la forma en la que aparecerá. Sería, salvando las diferencias, el equivalente del infinitivo en español.

La particularidad de esta forma es que los verbos terminan siempre en *-u* (ver tabla), y que, contrariamente a la forma *-masu* (L.19), la conjugación del pasado, negativo y negativo pasado es bastante más complicada. Sin embargo, no hace falta ni decir que conocer a fondo esta forma es imprescindible para seguir adelante en el estudio del japonés: mucho de lo que veremos en posteriores lecciones se explicará con la premisa de que el estudiante domina por completo estas conjugaciones.

En la tabla de la página siguiente tenemos las conjugaciones de los distintos grupos de verbos, así como las reglas para flexionar el pasado, el negativo y el negativo pasado. Exploremos la tabla con detenimiento.

Los tres grupos

Como apuntábamos en la lección anterior, existen tres grandes grupos de verbos. Si para conjugar el negativo, el pasado y el negativo pasado a partir de un verbo en forma *-masu* en presente todos los verbos funcionaban exactamente igual, para la forma simple sí que tomará relevancia capital esta división en grupos.

Grupo 1: verbos llamados «invariables», dentro de poco veremos por qué.

Grupo 2: verbos «variables». Distinguimos cinco subparticiones.

Grupo 3: verbos de conjugación irregular que hay que estudiar de memoria, puesto que no se ciñen a ninguna regla. Afortunadamente, solo existen dos verbos irregulares en japonés, する *suru* «hacer», y 来る *kuru* «venir», más el semiirregular 行く *iku*, «ir».

Un vistazo a la tabla

Viendo la tabla de izquierda a derecha podemos observar primero el llamado «infinitivo», es decir, el verbo en forma simple presente. Fíjate como todos los verbos, sean del grupo que sean, terminan en -*u*. En la L.19 estudiamos cómo conseguir la forma -*masu* de un verbo a partir de su infinitivo; quizás te convendría repasar bien esas normas antes de seguir adelante.

A continuación tenemos la traducción del significado del verbo, la conjugación pasada, las reglas de conjugación del pasado, la conjugación negativa, las reglas de conjugación del negativo y, finalmente, la conjugación del negativo pasado. Estudiemos ahora las distintas conjugaciones, una por una y detenidamente.

El pasado

Grupo 1: fíjate cómo los verbos del grupo 1 terminan siempre en -*iru* o -*eru*. Para conjugar el pasado de un verbo de este grupo deberemos simplemente sustituir la última る -*ru* por た -*ta*, sin más. La sencillez en lo que se refiere a conjugación, como vimos ya en la L.19, es el motivo por el que se conoce a estos verbos por el apelativo de «invariables». **Ejemplo:** 起きる *okiru* («levantarse») ⇒ 起きた *okita* («me levanté»/«me levantaba»/«me he levantado», etc.). Fíjate en que la única forma del pasado del japonés

		Infinitivo	Significado	Pasado	Regla	Negativo	Regla	Negativo pasado
Grupo 1 Invariables		教える *oshieru*	enseñar	教えた *oshieta*	～る た − *ru ta*	教えない *oshienai*	～る ない − *ru nai*	教えなかった *oshienakatta*
		起きる *okiru*	levantarse	起きた *okita*		起きない *okinai*		起きなかった *okinakatta*
Grupo 2 Variables	A	貸す *kasu*	prestar	貸した *kashita*	～すした − *su shita*	貸さない *kasanai*	～すさない − *su sanai*	貸さなかった *kasanakatta*
	B	待つ *matsu*	esperar	待った *matta*	～つった − *tsu tta*	待たない *matanai*	～つたない − *tsu tanai*	待たなかった *matanakatta*
		買う *kau*	comprar	買った *katta*	～うった − *u tta*	買わない *kawanai*	～うわない − *u wanai*	買わなかった *kawanakatta*
		帰る *kaeru*	volver	帰った *kaetta*	～るった − *ru tta*	帰らない *kaeranai*	～るらない − *ru ranai*	帰らなかった *kaeranakatta*
	C	書く *kaku*	escribir	書いた *kaita*	～くいた − *ku ita*	書かない *kakanai*	～くかない − *ku kanai*	書かなかった *kakanakatta*
	D	急ぐ *isogu*	darse prisa	急いだ *isoida*	～ぐいだ − *gu ida*	急がない *isoganai*	～ぐがない − *gu ganai*	急がなかった *isoganakatta*
	E	遊ぶ *asobu*	jugar	遊んだ *asonda*	～ぶんだ − *bu nda*	遊ばない *asobanai*	～ぶばない − *bu banai*	遊ばなかった *asobanakatta*
		飲む *nomu*	beber	飲んだ *nonda*	～むんだ − *mu nda*	飲まない *nomanai*	～むまない − *mu manai*	飲まなかった *nomanakatta*
		死ぬ *shinu*	morir	死んだ *shinda*	～ぬんだ − *nu nda*	死なない *shinanai*	～ぬなない − *nu nanai*	死ななかった *shinanakatta*
Grupo 3 Irregulares		する *suru*	hacer	した *shita*	Verbos irregulares: no hay regla	しない *shinai*	Verbos irregulares: no hay regla	しなかった *shinakatta*
		来る *kuru*	venir	来た *kita*		来ない *konai*		来なかった *konakatta*

equivale por igual a nuestro pretérito imperfecto («me levantaba»), pretérito perfecto simple («me levanté»), así como a las formas del pretérito perfecto compuesto («me he levantado»), pretérito pluscuamperfecto («me había levantado») y pretérito anterior («me hube levantado»). Lo mismo ocurre con la forma -masu en pasado.

Cuando veamos un verbo japonés conjugado en pasado, la única manera de deducir de qué forma se trata en español es mediante el contexto. La asombrosa sencillez verbal del japonés constituye una herramienta práctica pero en ocasiones muy ambigua.

Grupo 2: la conjugación de los verbos de este grupo depende de la subpartición a la que pertenezcan, determinada por su última sílaba. Consulta la tabla para ejemplos:

A) Los verbos terminados en す -su cambian este -su por した -shita.

B) Los verbos terminados en つ -tsu, う -u o る -ru cambian siempre esta última sílaba por った -tta. ¡Ojo! Como ya apuntábamos en la L.19, hay verbos terminados en -eru o -iru tanto en el grupo 1 como en el 2, lo que puede llevar a confusiones. Solo podemos saber a qué grupo pertenece un verbo terminado en -eru o -iru aprendiéndolo de memoria o consultándolo en el Apéndice IV de este libro.

C) Los verbos terminados en く -ku cambian esta última sílaba por いた -ita. ¡Ojo! El pasado del verbo 行く iku, «ir», es 行った itta y no iita. Es la única excepción.

D) Los verbos terminados en ぐ -gu cambian esta última sílaba por いだ -ida.

E) Los verbos terminados en ぶ -bu, む -mu y ぬ -nu cambian siempre esta última sílaba por んだ -nda.

El negativo

Grupo 1: para conseguir el negativo en forma simple de los verbos del grupo 1 bastará con cambiar la última る -ru del infinitivo por ない -nai. Ejemplo: 食べる taberu («comer») ⇒ 食べない tabenai («no comer»).

Grupo 2: como regla general, cambiaremos el último sonido «u» del infinitivo por «a» y añadiremos -nai. Ejemplos: 飲む nomu («beber») ⇒ 飲ま noma- ⇒ 飲まない nomanai («no beber») | 歩く aruku («andar») ⇒ 歩か aruka- ⇒ 歩かない arukanai («no andar»).

Atención a los verbos terminados en つ -tsu, que no cambian a -tsanai sino a -tanai: 待つ matsu («esperar») ⇒ 待たない matanai («no esperar»), y a los verbos acabados en う -u, que cambian a -wa: 洗う arau («lavar») ⇒ 洗わない arawanai («no lavar»).

El negativo pasado

Por último, estudiaremos la conjugación del negativo pasado, la más sencilla de todas ya que no hay distinción entre grupos. Basta con conocer la forma negativa simple de cualquier verbo, sea del grupo que sea, para obtener, sencillamente sustituyendo la última い -i del negativo por かった -katta, el negativo pasado. Ejemplo: 喜ぶ yorokobu («alegrarse») ⇒ negativo 喜ばない yorokobanai («no me alegro») ⇒ negativo pasado 喜ばなかった yorokobanakatta («no me alegraba»/«no me alegré», etc.).

漫画例 Manga-ejemplos

Es la hora de utilizar algunos ejemplos sacados originalmente de auténtico manga japonés para ver muestras de cómo conjugan los japoneses los verbos en su forma simple (también llamada forma de diccionario).

a) Uso del presente

Mariko:	まり子の今日は今からはじまるよ	さあさあ
	Mariko no kyō wa ima kara hajimaru yo	*saa saa*
	Mariko PP hoy PTM ahora a partir empezar PE	venga venga
	¡El día de Mariko empieza a partir de ahora!	**¡Vamos allá!**

Iniciamos los manga-ejemplos con una muestra del uso del presente de la forma simple del verbo 始まる *hajimaru*, «empezar». Este verbo pertenece al grupo 2 (variables), por lo que su forma -*masu* (L.19) es 始まります *hajimarimasu*.

Notas: fíjate cómo Mariko utiliza su propio nombre para referirse a sí misma: dice «El día de Mariko empieza ahora» y no «mi día empieza ahora», como sería lo esperable. El uso del propio nombre para referirse a uno mismo es característico del habla de niños pequeños y algunas chicas jóvenes (nunca hombres), y le da a la hablante una imagen «infantil» que algunos consideran «mona» o incluso «entrañable». El sonido さあさあ *saa saa* que emplea Mariko en el segundo bocadillo expresa una idea de apresuramiento o impaciencia. Nos ha parecido apropiado traducirlo por «¡Allá vamos!».

b) Uso del presente (2)

> **Skunk:** これから死ぬぞ、お前
> *kore kara shinu zo, omae*
> esto a partir morir PE, tú
> **¡Enseguida vas a morir!**

これから死ぬぞ、お前

He aquí un segundo ejemplo del uso de un verbo en forma simple presente: se trata de 死ぬ *shinu*, «morir», que pertenece al grupo 2; su forma -*masu* es 死にます *shinimasu*. Como ves, hemos traducido la frase de Skunk utilizando la forma «vas a...», que indica una cierta idea de futuro. Como ya apuntábamos en el manga-ejemplo a) de la L.19, la conjugación de futuro no existe en japonés, por lo que la mayoría de las veces se utiliza la forma presente para expresarlo.

Nota: aprovecha la ocasión que te brinda este ejemplo para repasar el uso del pronombre de segunda persona お前 *omae* («tú», L.7) y de la partícula enfática de fin de frase ぞ *zo* (L.17), ambas muy características del lenguaje vulgar masculino.

c) Uso del pasado

> **Freegh:** どうしたの？ガルエール
> *dōshita no? Garueeru*
> qué ocurre? Gharuel
> **¿Qué te ocurre, Gharuel?**
>
> **Gharuel:** 酔った
> *yotta*
> marearse
> **Me he mareado.**

どうしたの？ガルエール

酔った

Este es un verbo conjugado en pasado, forma simple: el verbo 酔う *you*, «marearse» o, según contexto (como aquí), «emborracharse». Como termina en う -*u* (grupo 2, forma -*masu* 酔います *yoimasu*), el pasado se forma sustituyendo la última -*u* del infinitivo por った -*tta*. Así pues: 酔う *you* ⇒ 酔 *yo* ⇒ 酔った *yotta* («me mareé», «me he mareado», etc.).

d) Uso del pasado (2)

トウモロコシ村に
朝がきたぞーい！

Gallo: トウモロコシ村に朝がきたぞーい！
tōmorokoshi mura ni asa ga kita zo-i!
maíz pueblo PL mañana PS venir PE!
¡Ha venido la mañana a Villa Maíz!

En este ejemplo vemos la forma pasada de uno de los dos verbos irregulares del japonés: 来る *kuru*, «venir». Como puedes ver en la tabla de la parte de teoría y en este ejemplo, el pasado de este verbo es 来た *kita*. Los verbos irregulares, como indica su nombre, no obedecen las reglas de conjugación, por lo que deberemos aprenderlos de memoria. Por suerte, solo hay dos de ellos. Recuerda también que existe un verbo semiirregular, 行く *iku*

«ir», cuyo pasado es 行った *itta* en vez de *iita* (sin embargo, sus demás conjugaciones siguen las normas, por lo que no se puede considerar un verbo irregular como tal).

e) Uso del negativo

He aquí una muestra de la conjugación negativa del verbo 行く *iku*, «ir» que, veíamos hace un instante, tiene una conjugación irregular de pasado. Pues bien, el negativo sigue las normas de conjugación de los verbos de grupo 2, al que pertenece. Así pues, basta con cambiar el último sonido «u» del infinitivo por «a» y añadir -*nai*. En este caso, 行く *iku* ⇒ 行か *ika-* ⇒ 行かない *ikanai* («no ir»).

Recuerda, ya lo hemos dicho varias veces, que las diferentes formas verbales del japonés sirven por igual para todos los géneros y

これであまり遠く行かない

Yamakage: これであまり遠くへ行かない
kore de amari tooku e ikanai
esto PI no mucho lejos PD ir
Con esto no irá muy lejos.

números. En este ejemplo, Yamakage habla de que «él» 行かない *ikanai* («no va»), aunque podría usar exactamente la misma forma para decir «no voy», «no vamos», etc.

f) Uso del negativo pasado

Guillermo March

できなかったぜ

十郎には

> **Jūbei:** 十郎にはできなかったぜ
> *Jūrō ni wa dekinakatta ze*
> Jūrō PI PTM poder PE
> **Jūrō no pudo (hacerlo).**

Vemos ahora la conjugación en negativo pasado del verbo できる *dekiru*, «poder»: できなかった *dekinakatta*. Para conjugar esta forma hay sustituir la última -*i* de la forma negativa por -*katta*. Veámoslo: できる *dekiru* ⇒ negativo できない *dekinai* («no puedo») ⇒ negativo pasado できなかった *dekinakatta* («no podía»/«no pude», etc.). Las conjugaciones de los verbos en forma simple parecen complicadas, pero es cuestión de acostumbrarse: enseguida te verás manejando los verbos como si nada.

Nota: debemos recordarte que el uso de los verbos en su forma simple, en cualquiera de sus conjugaciones, está reservado al registro coloquial o vulgar, así que utilízalo con prudencia pensando siempre en qué trato merece tu interlocutor en cada ocasión.

g) El negativo como pregunta

Terminamos los ejemplos con un uso del negativo que puede ocasionar malentendidos. A veces, el negativo se usa en Japón para hacer preguntas, del mismo modo que lo hacemos nosotros cuando decimos «¿no te apetece un café?». En este caso, tenemos el negativo del verbo 入る *hairu*, «entrar», «meterse», que es 入らない *haira-nai*. En este contexto están hablando de «entrar en una bañera», algo que en español es mejor traducir por «bañarse». La traducción literal de la frase de Ayako sería «Ryū-

Studio Kōsen

竜次くんいっしょに入らない？

> **Ayako:** 竜次くん いっしょに入らない？
> *Ryūji-kun isshoni hairanai?*
> Ryūji (suf.) juntos entrar?
> **Ryūji, ¿nos bañamos juntos?**

ji, ¿no entramos juntos?». Ten mucho cuidado con este tipo de negativos-pregunta: es muy fácil confundirlos con negaciones rotundas cuando en realidad son invitaciones.

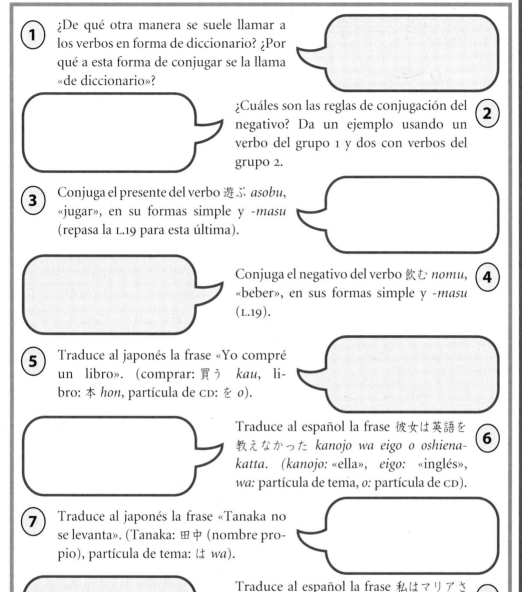

1 ¿De qué otra manera se suele llamar a los verbos en forma de diccionario? ¿Por qué a esta forma de conjugar se la llama «de diccionario»?

2 ¿Cuáles son las reglas de conjugación del negativo? Da un ejemplo usando un verbo del grupo 1 y dos con verbos del grupo 2.

3 Conjuga el presente del verbo 遊ぶ *asobu*, «jugar», en su formas simple y *-masu* (repasa la L.19 para esta última).

4 Conjuga el negativo del verbo 飲む *nomu*, «beber», en sus formas simple y *-masu* (L.19).

5 Traduce al japonés la frase «Yo compré un libro». (comprar: 買う *kau*, libro: 本 *hon*, partícula de CD: を *o*).

6 Traduce al español la frase 彼女は英語を教えなかった *kanojo wa eigo o oshienakatta*. (*kanojo:* «ella», *eigo:* «inglés», *wa:* partícula de tema, *o:* partícula de CD).

7 Traduce al japonés la frase «Tanaka no se levanta». (Tanaka: 田中 (nombre propio), partícula de tema: は *wa*).

8 Traduce al español la frase 私はマリアさんを待つ *watashi wa maria-san o matsu*. (*watashi:* «yo», *maria:* María, *wa:* partícula de tema, *o:* partícula de CD).

9 Traduce al japonés «yo escribo», «ellos escriben» y «ustedes escriben». (escribir: 書く *kaku*, partícula de tema: は *wa*). ¡Repasa la L.7!

10 ¿Cuáles son los dos verbos irregulares? Conjuga todas sus formas. Hay un verbo semiirregular, ¿cuál es y cómo se conjuga?

第 **20** 課　練習

Ejercicios

Ejercicios complementarios IV

RAKUJŌ — *Nuevo vocabulario* 新しい単語

どこ	¿dónde?	きっと	seguro que
出る	salir (grupo 1)	会える	poder encontrarse (con)
戦う	luchar	話す	hablar
そうです	así es	どうして	¿por qué?
勇気	valor, coraje	やめる	dejar, abandonar
出す	sacar	感動	impresión
弾	bala	条件	condición
ソルジャー (soldier)	soldado	伝える	comunicar (grupo 1)
休戦	tregua	聞く	escuchar
将来	futuro	撤去する	desmontar
攻める	atacar	再開する	reanudar
チャンス (chance)	oportunidad	よろしい	bien (formal)

1. Basándote en lo que has leído en el cuarto capítulo de *Rakujō*, ¿qué forma verbal (simple o formal) emplea Yodo al hablar con Yasu? ¿Y Yasu al hablar con Yodo? ¿Por qué crees que utilizan estas formas verbales?

2. Explica por qué se utiliza el verbo いる en la frase de uno de los soldados en lucha ここ にいたか！？, y, en cambio, se emplea el verbo ある en la frase de otro soldado 弾がない！

3. Cambia a la forma simple la frase de Yuki ヨド様！ヤス様はここにいます。ヤス様と話しませんか？ ¿Por qué usa la forma formal en este contexto?

4. Conjuga estos dos verbos en las diferentes formas que indicamos.

話す		伝える
_____	afirmativo presente simple	_____
_____	afirmativo pasado simple	_____
_____	negativo presente simple	_____
_____	negativo pasado simple	_____
_____	afirmativo presente formal	_____
_____	afirmativo pasado formal	_____
_____	negativo presente formal	_____
_____	negativo pasado formal	_____

5. Indica qué significa la partícula de final de frase の en la frase pronunciada por Yodo al principio del capítulo ユキはどこにいるの？

6. Indica qué significan las partículas de final de frase よ y ぞ en las palabras pronunciadas por Yuki ante sus soldados 皆、勇気を出すよ！戦うぞ！

7. Indica las funciones de las partículas の y を en la frase 休戦の条件を伝えるぞ.

8. Indica las funciones de las partículas へ y と en la frase ユキ様は「外へ出ます」と言いました.

9. Coloca cada palabra de la lista en el recuadro de la categoría que le corresponda.

animales						
verduras						
frutas						
papelería	ボールペン					
cubiertos						
tiendas						
meteorología						

~~ボールペン~~	フォーク	もも	はえ	かぼちゃ	りんご	きり
からす	本屋	八百屋	秋	はし	雪	皿
バナナ	くじら	たまねぎ	ナイフ	しか	くつ屋	肉屋
梅雨	ふで	ピーマン	パン屋	馬	紙	レタス
じゃがいも	コップ	あり	嵐	切手	すいか	みかん

10. Relaciona cada una de estas palabras con la que más le corresponda.

ベッド	飲む	日本語	教える
手紙	買う	ご飯	呼ぶ
ボール	起きる	本	食べる
お茶	書く	人	帰る
ケーキ屋	遊ぶ	家	書く

11. ¿Cuál de los dos verbos de existencia, ある o いる, es el más indicado en las siguientes frases? ¿Qué sentido (estar, haber o tener) tiene en cada caso?

a) 私は車が＿＿ある＿＿。 　　　　(sentido: 　tener 　)

b) 外にかえるが二匹＿＿＿＿＿。 　(sentido: 　　　　)

c) ジョナサンくんは教室に＿＿＿＿＿。 (sentido: 　　　　)

d) テーブルの上にめがねが＿＿＿＿＿。 (sentido: 　　　　)

e) トモコちゃん、えんぴつが＿＿＿＿＿の？ (sentido: 　　　　)

f) 庭に木が四本＿＿＿＿＿。 　　　(sentido: 　　　　)

12. Rellena las siguientes frases con las palabras del recuadro de la parte inferior.

a) 私は＿＿＿家＿＿＿へ帰る。

b) アキラくんとマヤちゃんは山へ＿＿＿＿＿＿。

c) 私はオレンジを＿＿＿＿＿＿。

d) テレビの上に＿＿＿＿＿＿がいる。

e) 彼女はコーヒーを＿＿＿＿＿＿。

f) ミツヒコさんは＿＿＿＿＿＿で＿＿＿＿＿＿を飲む。

g) 本田さんは本を＿＿＿＿＿＿。

h) テレビの上に＿＿＿＿＿＿がある。

読む 猫 行く 飲む お金 スプーン ~~家~~ スープ 食べる

13. En las siguientes frases, cambia los verbos cuyo significado no encaje por otros adecuados al contexto.

a) 彼はなしを~~飲みます~~。 **食べます**

b) 犬はあそこになかった。

c) 私はざっしを食べた。

d) 車で東京へ買った

e) あの山に川はいません。

f) さめは海にない

g) あなたはきれいな漢字を急いだ。

h) 先生は私に日本語を遊びます。

14. Indica el registro de las siguientes frases (formal, coloquial o vulgar) y también si el hablante es hombre, mujer, o si podrían ser ambos.

a) あそこにとらがいたぞ！ 　　(vulgar | hombre)

b) 青山さん、図書館へ行きますか？ 　(　　　　　)

c) そうなの？へー、おもしろいわ。 　(　　　　　)

d) すみません、あれはオレの車だよ。 (　　　　　)

e) ここでは日本語を教えますね。 　(　　　　　)

f) すしを食べなかったぜ！ 　　(　　　　　)

15. Elige la partícula gramatical correcta en cada caso.

a) これ＿＿＿私＿＿＿自転車<ruby>自転車<rt>じてんしゃ</rt></ruby>です。

    1.を   2.は   3.の   4.で

    1.の   2.に   3.を   4.へ

b) アキオさんは<ruby>明日<rt>あした</rt></ruby>アメリカ＿＿＿<ruby>行<rt>い</rt></ruby>く＿＿＿<ruby>言<rt>い</rt></ruby>いました。

    1.で   2.は   3.と   4.へ

    1.に   2.と   3.は   4.を

c) マリコちゃんは<ruby>家<rt>いえ</rt></ruby>＿＿＿<ruby>紙<rt>かみ</rt></ruby>＿＿＿<ruby>漢字<rt>かんじ</rt></ruby>＿＿＿<ruby>書<rt>か</rt></ruby>いた。

    1.へ   2.に   3.で   4.が

    1.へ   2.に   3.で   4.が

    1.を   2.と   3.に   4.の

16. Completa con las partículas correctas las siguientes frases.

a) <ruby>先生<rt>せんせい</rt></ruby>＿＿＿きれいな<ruby>教室<rt>きょうしつ</rt></ruby>＿＿＿いました。

b) 今、<ruby>僕<rt>ぼく</rt></ruby>＿＿＿<ruby>頭<rt>あたま</rt></ruby>＿＿＿いたいです。

c) <ruby>先生<rt>せんせい</rt></ruby>＿＿＿<ruby>学生<rt>がくせい</rt></ruby>＿＿＿スペイン<ruby>語<rt>ご</rt></ruby>＿＿＿<ruby>教<rt>おし</rt></ruby>えました。

d) <ruby>今日<rt>きょう</rt></ruby>は<ruby>病院<rt>びょういん</rt></ruby>＿＿＿<ruby>自転車<rt>じてんしゃ</rt></ruby>＿＿＿<ruby>行<rt>い</rt></ruby>く。

e) テーブルの上＿＿＿えんぴつ＿＿＿ボールペンがあります。

f) <ruby>三時間前<rt>さんじかんまえ</rt></ruby>、私は<ruby>彼女<rt>かのじょ</rt></ruby>＿＿＿<ruby>手紙<rt>てがみ</rt></ruby>＿＿＿<ruby>読<rt>よ</rt></ruby>んだ。

g) だれ＿＿＿本＿＿＿あげましたか？ | <ruby>高田<rt>たかだ</rt></ruby>さん＿＿＿あげたよ。

h) 「<ruby>君<rt>きみ</rt></ruby>、<ruby>家<rt>いえ</rt></ruby>＿＿＿トモくん＿＿＿<ruby>遊<rt>あそ</rt></ruby>ぶの？」＿＿＿<ruby>彼<rt>かれ</rt></ruby>は<ruby>言<rt>い</rt></ruby>った。

17. Corrige los errores de partículas gramaticales que pueda haber en estas frases.

a) 私と<ruby>名前<rt>なまえ</rt></ruby>はジョナサンです。

b) <ruby>彼女<rt>かのじょ</rt></ruby>は<ruby>家<rt>いえ</rt></ruby>でいる。しかし、<ruby>教室<rt>きょうしつ</rt></ruby>に<ruby>勉強<rt>べんきょう</rt></ruby>する。

c) フミコさんは<ruby>電車<rt>でんしゃ</rt></ruby>にここを<ruby>来<rt>き</rt></ruby>ますよ。

d) 私はレストランがケーキの<ruby>食<rt>た</rt></ruby>べる。

18. Completa el cuadro siguiente como en el ejemplo.

います	いました	いる	いた
いません	いませんでした	いない	いなかった
あります		ある	あった
	ありませんでした		
	食べました		食べた
食べません		食べない	
呼びます		呼ぶ	
	呼びませんでした		
			持った
持ちません		持たない	
		守る	

19. Ordena los siguientes sintagmas para que formen una frase correcta.

a) ここ｜います｜が｜あり｜に ⎯⎯⎯⎯ここにありがいます。⎯⎯⎯⎯

b) です｜車（くるま）｜青（あお）い｜は｜の｜私 ⎯⎯⎯⎯⎯⎯⎯⎯⎯⎯⎯

c) 庭（にわ）｜遊（あそ）んだ｜先生（せんせい）｜で｜と｜は｜私 ⎯⎯⎯⎯⎯⎯⎯⎯⎯

d) りんご｜を｜あなた｜食（た）べました｜か｜は ⎯⎯⎯⎯⎯⎯⎯⎯⎯

e) 私｜で｜へ｜電車（でんしゃ）｜帰（かえ）る｜家（いえ）｜は ⎯⎯⎯⎯⎯⎯⎯⎯⎯

f) 彼（かれ）｜家（いえ）｜か｜しずか(な)｜の｜は｜です ⎯⎯⎯⎯⎯⎯⎯⎯⎯

20. Corrige los errores de conjugación de los verbos de las siguientes frases.

a) あの鳥（とり）はケーキを食（た）べないかった。

b) 二時間前（にじかんまえ）、彼女（かのじょ）の家（いえ）へ行（い）きます。

c) ここでやさいを買（か）あない。

d) 明日（あした）、社長（しゃちょう）とコーヒーを飲（の）まなかった。

見	行	来	帰	買	売	教	食	飲	持	待
(131)	(100)	(101)	(123)	(117)	(118)	(134)	(150)	(151)	(115)	(116)
思	出	入	上	下	右	左	中	外	間	石
(132)	(69)	(70)	(60)	(61)	(62)	(63)	(64)	(145)	(91)	(45)

21. Desarrolla el orden de trazos de los siguientes kanji.

来					
買					
食					
右					
待					

22. Relaciona cada kanji con su lectura más común (normalmente, el *kun'yomi*).

見る	みぎ	外	おもう
右	みる	思う	くる
売る	はいる	買う	なか
入る	いし	来る	そと
石	うる	出る	でる
左	ひだり	中	かう

23. Indica el kanji o combinación de kanji correcta para cada lectura.

a) かえる

  1.掃える 2.帰る 3.帰える 4.掃る

b) ばいしゅん

  1.買春 2.買秋 3.売秋 4.売春

c) もつ

  1.待つ 2.特つ 3.持つ 4.時つ

d) いんしょく

  1.食飯 2.飲食 3.食飯 4.食飲

24. Elige la lectura correcta para cada combinación de kanji.

a) <u>来月</u>、わたしの<ruby>家<rt>いえ</rt></ruby>へ<u>来ます</u>か？

来月：1.らいげつ　2.らいがつ　3.くるつき　4.くつき

来ます：1.いきます　2.きます　3.くます　4.かえります

b) あの<u>金持ち</u>は大きい<ruby>教室<rt>きょうしつ</rt></ruby>に<u>入った</u>。

金持ち：1.かねまち　2.きんまち　3.かねもち　4.きんもち

入る：1.はった　2.いった　3.でった　4.はいった

c) 今、<u>時間</u>がない。後でその<u>見本</u>を<ruby>読<rt>よ</rt></ruby>みますよ。

時間：1.じかん　2.しかん　3.じがん　4.しがん

見本：1.みき　2.けんき　3.みほん　4.けんほん

25. Proporciona en hiragana las lecturas de estas palabras e indica su significado. (**Nota:** las palabras con asterisco aparecen en cuadros de kanji estudiados en anteriores bloques.)

出る	_____	_____	右	_____	_____
石	_____	_____	教える	_____	_____
行う	_____	_____	下がる	_____	_____
*人間	_____	_____	*朝食	_____	_____

26. Escribe en kanji estas palabras e indica su significado.

うえ	_____	_____	なか	_____	_____
いく	_____	_____	あいだ	_____	_____
がいじん	_____	_____	おもう	_____	_____
*ちゅうねん	_____	_____	*やかん	_____	_____

27. Corrige los errores (de escritura o de lectura) de las siguientes palabras.

待つ	もつ		下がる	あがる		飲む	なむ
左石	さゆう		時聞	じかん		貝る	みる
人る	はいる		買売	ばいばい		昼食	ちょうしょく

Kanji 漢字 −197−

第21課：家族

Lección 21: La familia

Esta vez bajaremos un poco el ritmo gramatical y teórico de estas últimas lecciones y aprenderemos básicamente vocabulario: el tema es la familia. Mucho ojo porque, para hablar de relaciones familiares, el japonés cuenta con algunas características especiales a tener muy en cuenta.

Mi familia

Como ya viene siendo habitual, convendrá que vayas fijándote en las tablas explicativas mientras lees el texto. En este caso, tenemos dos tablas, la primera titulada «Mi familia» y la segunda «La familia de Tanaka». Esto es así porque en japonés uno distingue dos denominaciones distintas para cada uno de los diferentes parientes, según se

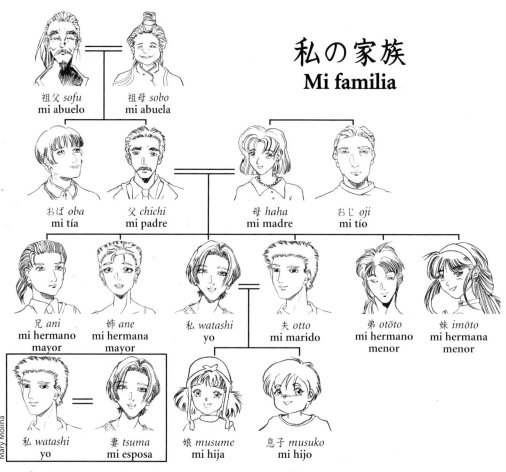

私の家族
Mi familia

祖父 *sofu*
mi abuelo

祖母 *sobo*
mi abuela

おば *oba*
mi tía

父 *chichi*
mi padre

母 *haha*
mi madre

おじ *oji*
mi tío

兄 *ani*
mi hermano mayor

姉 *ane*
mi hermana mayor

私 *watashi*
yo

夫 *otto*
mi marido

弟 *otōto*
mi hermano menor

妹 *imōto*
mi hermana menor

私 *watashi*
yo

妻 *tsuma*
mi esposa

娘 *musume*
mi hija

息子 *musuko*
mi hijo

Mary Molina

trate de la propia familia o de la familia de una segunda o tercera persona. En general, las palabras para referirse a los propios parientes suelen ser más cortas.

Empezando por la propia 家族 *kazoku*, «familia», estudia bien las palabras del árbol genealógico. La única particularidad un poco distinta del japonés es que existe una palabra para referirse a cada tipo de hermano. Contamos con 兄 *ani*, «hermano mayor», 姉 *ane*, «hermana mayor», 弟 *otōto*, «hermano menor» y 妹 *imōto*, «hermana menor».

La familia de otro

En el segundo árbol genealógico vemos las palabras utilizadas para referirse a la familia de otra persona: todas estas palabras implican una gran dosis de respeto. La razón es que el pueblo japonés respeta sobremanera a los demás y, por extensión, a las familias de los demás. Es un grave error referirse a los familiares de otra persona usando las palabras reservadas a la propia familia. Observa que, en general, estas palabras son más largas, y llevan incorporado el sufijo de respeto さん *-san*, que ya estudiamos en la L.15.

Las excepciones, que no aparecen en el cuadro, son いとこ *itoko* («primo»/«prima»), おい *oi* («sobrino») y めい *mei* («sobrina»), que curiosamente son exactamente las mismas tanto si hablamos de nuestra familia como de la familia de otro.

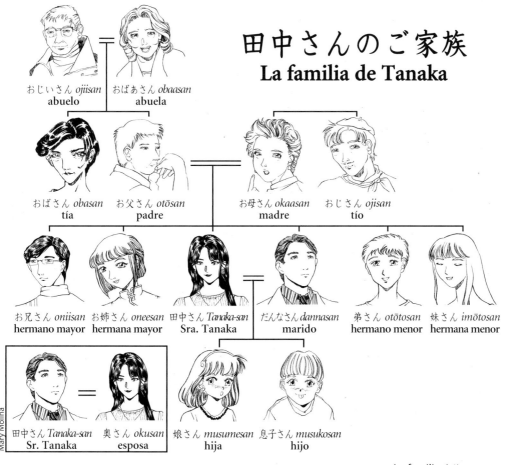

田中さんのご家族
La familia de Tanaka

おじいさん *ojiisan* abuelo — おばあさん *obaasan* abuela

おばさん *obasan* tía — お父さん *otōsan* padre — お母さん *okaasan* madre — おじさん *ojisan* tío

お兄さん *oniisan* hermano mayor — お姉さん *oneesan* hermana mayor — 田中さん *Tanaka-san* Sra. Tanaka — だんなさん *dannasan* marido — 弟さん *otōtosan* hermano menor — 妹さん *imōtosan* hermana menor

田中さん *Tanaka-san* Sr. Tanaka = 奥さん *okusan* esposa — 娘さん *musumesan* hija — 息子さん *musukosan* hijo

Mary Molina

La familia 家族 −199−

Un ejemplo

Observa estas dos frases de muestra:

（私の）弟は先生です
(watashi no) otōto wa sensei desu
Mi hermano menor es profesor.

（彼の）弟さんは先生です
(kare no) otōtosan wa sensei desu
Su hermano menor (de él) es profesor.

Como ves, en el primer ejemplo hemos usado la palabra *otōto* y en el segundo *otōto-san*. Ambas significan «hermano menor»; la diferencia estriba en que en el primer ejemplo hablamos sobre <u>mi</u> hermano y, en el segundo, sobre <u>su</u> hermano.

Al estar muy claro sobre si se habla del hermano de uno mismo o del de la otra persona, en general no hace falta especificar «de quién» es en cada caso: por eso hemos puesto entre paréntesis los posesivos 私の *watashi no*, «mi» y 彼の *kare no*, «su (de él)». En japonés «natural» no se suele especificar esta información.

Y sin embargo...

En el japonés moderno coloquial se observa una tendencia a utilizar las palabras reservadas a la familia de otro para referirse a personas de la propia familia <u>que sean mayores en edad</u>. Así, es muy normal oír お父さんは警察官だ *otōsan wa keisatsukan da*, «Mi padre es policía» en vez de 父は警察官だ *chichi wa keisatsukan da*, aunque ambas son válidas. Ojo, porque con personas menores en edad no ocurre lo mismo: uno nunca dirá 娘さんは学生だ *musumesan wa gakusei da*, sino 娘は学生だ *musume wa gakusei da* «Mi hija es estudiante». Las denominaciones 姉 *ane*, 兄 *ani*, 父 *chichi*, 母 *haha*, etc. (familiares mayores que uno mismo), están reservadas, pues, al lenguaje más bien formal.

Algunos hablantes, en especial niños, cambian el sufijo さん *-san* por ちゃん *-chan* (L.15) para hacerlo más familiar, y a veces incluso se omite el prefijo honorífico お *o-*. Así, tenemos お母ちゃん *okaachan* o 母ちゃん *kaachan* para «mamá», お父ちゃん *otōchan* o 父ちゃん *tōchan* para «papá», おじいちゃん *ojiichan* o じいちゃん *jiichan* para «abuelito» y おばあちゃん *obaachan* o ばあちゃん *baachan* para «abuelita», entre otros.

Suegras, suegros, maridos y esposas

En las tablas no aparecen las palabras «suegro», o «suegra» ni «yerno» o «nuera»: son palabras que, pese a existir, se utilizan raramente. Normalmente, un yerno o una nuera llaman a su suegra お母さん *okaasan*, «madre» y a su suegro お父さん *otōsan*, «padre» o, a veces, cuando hay confianza, incluso por el nombre de pila más *-san*. En el caso contrario, los suegros suelen llamar a sus yernos o nueras por el nombre de pila más *-san*.

Por último, hay varias palabras para referirse al propio «esposo»: son, aparte de 夫 *otto*, 旦那 *danna* y 主人 *shujin*. *Shujin* significa literalmente «la persona principal», por lo que hay muchas mujeres que prefieren utilizar *otto* o *danna*. Para la propia «esposa», están 家内 *kanai* («dentro de la casa»), 女房 *nyōbō* («mujer en la habitación») y 妻 *tsuma*. En este caso, la opción más «políticamente correcta» parece ser *tsuma*.

漫画例 Manga-ejemplos

En japonés, los términos reservados a la familia son más enrevesados de lo que parecen. Veamos algunos ejemplos «en viñetas» para confirmar lo dicho e incluso ver nuevas posibilidades.

a) Refiriéndose a la familia de otra persona

Guillermo March

Teru: お子さん...いや、お孫さんですか？
okosan... iya, omagosan desu ka?
hijo/a... no nieto/a ser P?
¿Es su hija? No... ¿su nieta?

Aquí podemos ver cómo hay que referirse a los familiares de otro: con las palabras de la segunda tabla de teoría. Utilizar las palabras para miembros de la propia familia es un error grave.

También vemos dos palabras nuevas: *okosan* y *omagosan*. La primera sirve tanto para «hijo» como para «hija» y la segunda es «nieto/a». La palabra para referirse al propio «nieto/a» es 孫 *mago*.

b) Manera cariñosa de llamar a los familiares

Rika: お兄ちゃんに狙いをつけたの
oniichan ni nerai o tsuketa no
her. mayor PI mira PC poner PE
Apunté a mi hermano...

J.M. Ken Niimura

He aquí una muestra de la tendencia del japonés coloquial a llamar cariñosamente a los parientes mayores que uno mismo con las palabras de respeto de la segunda tabla.

Es frecuente cambiar el sufijo *-san* por *-chan*, como en este ejemplo: お兄ちゃん *oniichan*, «hermano mayor», sobre todo si el hablante es un niño o una chica joven.

c) Palabras alternativas

おふくろと叔母さんのことか？

Kazuyoshi: おふくろと叔母さんのことか？
ofukuro to obasan no koto ka?
madre y tía PP acerca de P?
¿Te refieres a mi madre y a mi tía?

J.M. Ken Niimura

A veces se usan palabras alternativas para referirse a las personas más cercanas de la familia, como las varias denominaciones para «esposo» y «esposa» que hemos visto al final de teoría. Aquí vemos la palabra *ofukuro,* usada por hombres para referirse a sus madres. Así, el equivalente para referirse al padre es 親父 *oyaji.* También son comunes 父親 *chichioya,* «padre» y 母親 *hahaoya,* «madre», con connotaciones más bien formales, y usadas por ambos sexos indistintamente. Las palabras パパ *papa* y ママ *mama* se usan también. En el ejemplo figura además la palabra *obasan,* «tía». Es curioso que según los kanji con que se escriba significa «hermana menor del padre (o madre)» (叔母さん) o «hermana mayor del padre (o madre)» (伯母さん). En este ejemplo, se trata del primer caso.

d) Para referirse a un desconocido

Aiko: あ...お姉さん 大丈夫？
a... oneesan daijōbu?
ah... hermana mayor estar bien?
E... ¿Estás bien?

大丈夫？

お...お姉さん

Studio Kōsen

A menudo se usan palabras como «hermana mayor» para referirse a chicas jóvenes cuyo nombre se desconoce, como en este manga-ejemplo. La niña, Aiko, se refiere a la chica mayor que ella como *oneesan,* aunque en realidad no es su hermana. Como no existe un concepto similar en español, este matiz se acaba perdiendo. Otras palabras usadas con el mismo propósito, es decir, para referirse a personas cuyo nombre no sabemos, son *oniisan* (para un chico joven), *ojisan* u *ossan* (para un hombre de unos 40-50 años), *obasan* (mujer de unos 40-50 años), *ojiisan* (hombre mayor) y *obaasan* (mujer mayor).

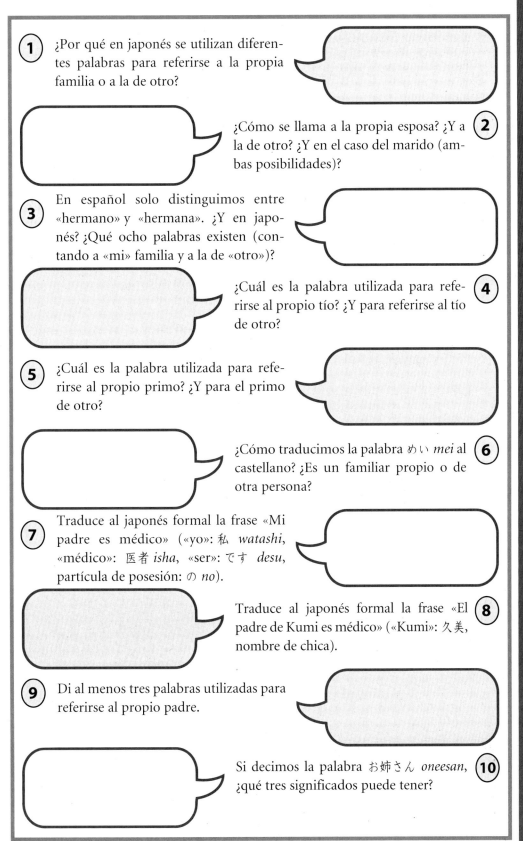

1 ¿Por qué en japonés se utilizan diferentes palabras para referirse a la propia familia o a la de otro?

2 ¿Cómo se llama a la propia esposa? ¿Y a la de otro? ¿Y en el caso del marido (ambas posibilidades)?

3 En español solo distinguimos entre «hermano» y «hermana». ¿Y en japonés? ¿Qué ocho palabras existen (contando a «mi» familia y a la de «otro»)?

4 ¿Cuál es la palabra utilizada para referirse al propio tío? ¿Y para referirse al tío de otro?

5 ¿Cuál es la palabra utilizada para referirse al propio primo? ¿Y para el primo de otro?

6 ¿Cómo traducimos la palabra めい *mei* al castellano? ¿Es un familiar propio o de otra persona?

7 Traduce al japonés formal la frase «Mi padre es médico» («yo»: 私 *watashi*, «médico»: 医者 *isha*, «ser»: です *desu*, partícula de posesión: の *no*).

8 Traduce al japonés formal la frase «El padre de Kumi es médico» («Kumi»: 久美, nombre de chica).

9 Di al menos tres palabras utilizadas para referirse al propio padre.

10 Si decimos la palabra お姉さん *oneesan*, ¿qué tres significados puede tener?

Lección 22: Adverbios

Tras haber visto los pronombres personales (L.7), los sustantivos (L.11), los adjetivos (L.13 y 14), las partículas gramaticales (L.16) y los verbos (L.18, 19 y 20), en esta ocasión estudiaremos una nueva categoría gramatical: los adverbios.

¿Cuántos adverbios hay?

Como probablemente ya sabes, los adverbios son palabras invariables que modifican el significado del verbo o adjetivo al que preceden. Palabras como «hoy», «extremadamente» o «muy» pertenecen a esta categoría gramatical.

Los adverbios del japonés, al igual que ocurre con los del español, son uno de los tipos de palabras más difíciles de utilizar correctamente. De todos modos, es de justicia avisar de que existen muchos adverbios, de varias clases, aunque en este estadio te bastará con dominar los más básicos. Eso sí, estúdiatelos a fondo porque se utilizan con profusión en todas las facetas del japonés, tanto hablado como escrito, coloquial o formal.

Como ya te habrás dado cuenta, ofrecemos en esta lección, como viene siendo habitual, un cuadro de vocabulario y otro de gramática.

Adverbios					
Japonés	Rōmaji	Significado	Japonés	Rōmaji	Significado
今	*ima*	ahora	ゆっくり	*yukkuri*	lentamente
今日	*kyō*	hoy	よく	*yoku*	mucho, bien
昨日	*kinō*	ayer	どんなに	*donna ni*	¿cómo?
明日	*ashita*	mañana	何	*nani*	¿qué?
まだ	*mada*	todavía, aún	いくら	*ikura*	¿cuánto?
もう	*mō*	ya	とても	*totemo*	muy
いつ	*itsu*	¿cuándo?	大変	*taihen*	muy
下に	*shita ni*	debajo de	たくさん	*takusan*	mucho
上に	*ue ni*	encima de	十分	*jūbun*	suficiente
そばに	*soba ni*	al lado de	だけ	*dake*	solamente
前に	*mae ni*	delante de	少し	*sukoshi*	un poco
後ろに	*ushiro ni*	detrás de	ちょっと	*chotto*	un poco
きっと	*kitto*	ciertamente	もっと	*motto*	más

Formación de adverbios a partir de adjetivos					
	Adjetivo	Significado	Regla	Adverbio	Significado
Adjetivos -i	新しい *atarashii*	nuevo	～ゝく *-i ku*	新しく *atarashiku*	nuevamente
	強い *tsuyoi*	fuerte		強く *tsuyoku*	fuertemente
	大きい *ookii*	grande		大きく *ookiku*	grandemente
Adjetivos -na	便利な *benri-na*	cómodo	～なに *-na ni*	便利に *benri ni*	cómodamente
	静かな *shizuka-na*	tranquilo		静かに *shizuka ni*	tranquilamente
	簡単な *kantan-na*	sencillo		簡単に *kantan ni*	sencillamente

En el primer cuadro tienes una lista de adverbios; son con casi total seguridad los más utilizados en japonés, por lo que vale mucho la pena aprenderlos de memoria. Para que te sea más sencillo relacionarlos, los hemos dividido, por orden, en adverbios de tiempo (desde 今日 *kyō*, «hoy», hasta いつ *itsu*, «¿cuándo?»), de lugar (desde 下に *shita ni*, «debajo de» hasta 後ろに *ushiro ni, «detrás de»), de modo (desde きっと *kitto*, «ciertamente» hasta どんなに *donna ni* «¿cómo?») y de cantidad (desde いくら *ikura*, «¿cuánto?» hasta もっと *motto*, «más»).

Cómo «fabricar» adverbios

Ya sabes que en español es muy fácil formar adverbios a partir de adjetivos. En muchos casos basta con añadir el sufijo «-mente» a un adjetivo para obtener un adverbio. Así, «fácil» ⇒ «fácilmente», «alto» ⇒ «altamente» o «ruidoso» ⇒ «ruidosamente».

En japonés también existe una manera igualmente sencilla de formar adverbios a partir de adjetivos. Como recordarás, en japonés existen dos clases de adjetivo, los -*i* (L.13) y los -*na* (L.14). Según el tipo de adjetivo las reglas de formación de adverbios cambian, como puedes observar en el cuadro gramatical de la parte superior de esta misma página.

a) **Adjetivos -*i*:** sustituimos la い *i* final por く *ku*.

Ejemplo: 新しい *atarashii*, «nuevo» ⇒ 新しく *atarashiku*, «nuevamente».

b) **Adjetivos -*na*:** sustituimos la な *na* final por に *ni*.

Ejemplo: 簡単な *kantan-na*, «sencillo» ⇒ 簡単に *kantan ni*, «sencillamente».

Ahora puedes practicar lo aprendido fabricando tus propios adverbios a partir del vocabulario de adjetivos que aprendiste en las lecciones 13 y 14.

Otros tipos de adverbio

Existen otras maneras de formar adverbios que vale la pena comentar brevemente.

a) Añadiendo el sufijo 的に *teki ni*.

Ejemplo: 具体 *gutai*, «concreto» ⇒ 具体的に *gutaiteki ni*, «concretamente».

b) La forma -*te* (que estudiaremos en la L.24) de algunos verbos se emplea en ocasiones como adverbio: 喜んで *yorokonde*, «con mucho gusto» (de 喜ぶ *yorokobu*, «alegrarse»), はじめて *hajimete*, «por primera vez» (de はじめる *hajimeru*, «empezar»).

c) Existen adverbios formados por la repetición de una palabra o sonido: しばしば *shibashiba*, «a menudo», いちいち *ichi-ichi*, «uno por uno», 時々 *tokidoki*, «a veces» (**Nota:** el carácter 々 se utiliza para indicar «repetición del mismo kanji»).

Frases de ejemplo

Es importante constatar que los adverbios japoneses suelen estar situados antes del verbo o adjetivo al que modifican, al contrario que en español. Por ejemplo, en たくさん 食べる *takusan taberu*, «comer mucho», el adverbio たくさん *takusan* («mucho») va ante el verbo 食べる *taberu* («comer»), mientras que en español es al revés: primero va el verbo, «comer», y a continuación el adverbio, «mucho». Veamos unas frases:

a) 前に *mae ni*, «delante de»
私はテレビをテーブルの前に置く
watashi wa terebi o teeburu no mae ni oku
Yo pongo el televisor delante de la mesa.

b) ゆっくり *yukkuri*, «lentamente»
私はゆっくり歩きます
watashi wa yukkuri arukimasu
Yo camino lentamente.

c) ちょっと *chotto*, «un poco»
ちょっと待ってください
chotto matte kudasai
Espera un poco, por favor.

d) 静かに *shizuka ni*, «tranquilamente»
彼は静かに勉強します
kare wa shizuka ni benkyō shimasu
Él estudia tranquilamente.

Adverbios intraducibles

A veces te toparás con algunos adverbios con matices especiales o incluso con adverbios que no cuentan con una traducción clara al español. Veamos los cuatro más representativos para ponerle la guinda a la sección de teoría:

a) やっぱり *yappari*. Es la forma coloquial de やはり *yahari*, un adverbio que se utiliza con el sentido de «tal como pensaba», «tal como era previsible» o incluso «a fin de cuentas», «después de todo». Ejemplo: 彼はやっぱりゲイですね *kare wa yappari gei desu ne*. «(Ya decía yo que/está claro que/a fin de cuentas) él es gay, ¿verdad?».

b) まさか *masaka*. Este adverbio tiene un sentido aproximadamente similar a «no me digas que», «no puede ser», «quién lo diría». Tienes un ejemplo de su uso en el manga-ejemplo a) de la L.16. Sus connotaciones son negativas.

c) さすがに *sasuga ni*. Este adverbio tiene el sentido aproximado de «tal como esperaba», «con razón», «estaba claro que». Ejemplo: さすがに彼は速く走る *sasuga ni kare wa hayaku hashiru*, «(Tal como esperaba) él corre rápido». Tiene connotaciones positivas.

d) とにかく *tonikaku*. «De todos modos», «en cualquier caso», «en fin», «después de todo». Ejemplo: とにかく家へ帰る *tonikaku ie e kaeru*, «(En fin), me vuelvo a casa».

漫画例 Manga-ejemplos

Como de costumbre, la segunda parte de la lección está dedicada a los ejemplos en viñetas de manga que ilustran lo explicado en las páginas de teoría. ¡Vamos, pues, a atacar los adverbios!

a) «Rápidamente»

Guillermo March

Sawada: 何してるんだ？早く入れ！
nani shiteru n da? hayaku haire!
qué hacer ser? rápido entrar!
¿Pero qué haces? ¡Entra ya!

Aquí vemos un buen ejemplo del uso de un adverbio derivado de un adjetivo -*i*. Se trata de 早く *hayaku* («rápidamente», «enseguida»), derivado del adjetivo 早い *hayai* («rápido», «pronto»). Para formar adverbios a partir de adjetivos -*i* sólo hay que sustituir la última い *i* del adjetivo por く *ku*.

El adjetivo *hayai* cuenta con dos significados según el kanji con que se escriba: 早い *hayai* es «rápido (de tiempo)», «pronto», mientras que 速い *hayai* es «rápido (de velocidad)».

b) «Limpiamente»

Espectadores: きれいに抜いた！？
kirei ni nuita!?
bonito (adv.) pasar!?
¿¡Pasó limpiamente!?

J.M. Ken Niimura

En el ejemplo a) hemos visto cómo se forma un adverbio a partir de un adjetivo -*i*. Aquí veremos lo que ocurre con los adjetivos -*na*. Como vemos en la tabla gramatical de teoría, los adjetivos -*na* cambian su な *na* por に *ni* para formar el adverbio. Así, el adjetivo きれいな *kirei-na* («limpio», «bello»), se convierte en el adverbio きれいに *kirei ni* («limpiamente», «bellamente»).

c) «Hipotéticamente» y «completamente»

> **Sugita:** 仮に 敵の力がまったく未知のものだったら...
> *kari ni teki no chikara ga mattaku michi no mono dattara*
> suponiendo enemigo PP fuerza PS totalmente desconocido PP cosa ser
> **Supongamos que el poder del enemigo sea totalmente desconocido...**

Studio Kōsen

Existen muchos adverbios en el idioma japonés que no son derivados de adjetivos, sino que son adverbios en sí mismos, como los de la tabla de vocabulario de la primera página de esta lección. Lo cierto es que los adverbios son unas de las palabras más complicadas de dominar en japonés, ya que expresan matices tan sutiles como imprescindibles para la plena comprensión de las frases. En esta oración vemos dos adverbios, 仮に *kari ni* («hipotéticamente», «suponiendo que») y まったく *mattaku* («completamente», «enteramente»), con matices importantísimos para entender lo que quiere decir Sugita.

d) «Por primera vez»

> **Kyōsuke:** はじめて飲んだお酒の味は...
> *hajimete nonda o-sake no aji wa...*
> por primera vez beber sake PP sabor PTM...
> **El sabor del alcohol que probé por vez primera...**

Aparte de los adverbios en sí y los derivados de adjetivos, existen adverbios formados con otras estrategias. Una manera bastante común de formar adverbios es agregar el sufijo 的に *teki ni* a ciertos sustantivos. Otra manera es usar el gerundio de ciertos verbos, como en esta viñeta, en la que se usa el adverbio はじめて *hajimete,* («por primera vez»), gerundio del verbo はじめる *hajimeru* («empezar»).

Nota: la palabra 酒 *sake* tiene dos acepciones. La primera es el conocido licor japonés deriva-

J.M. Ken Niimura

do del arroz llamado sake. La segunda acepción, usada con más frecuencia en la vida cotidiana nipona, se refiere a cualquier tipo de bebida alcohólica (cerveza, whisky, etc.).

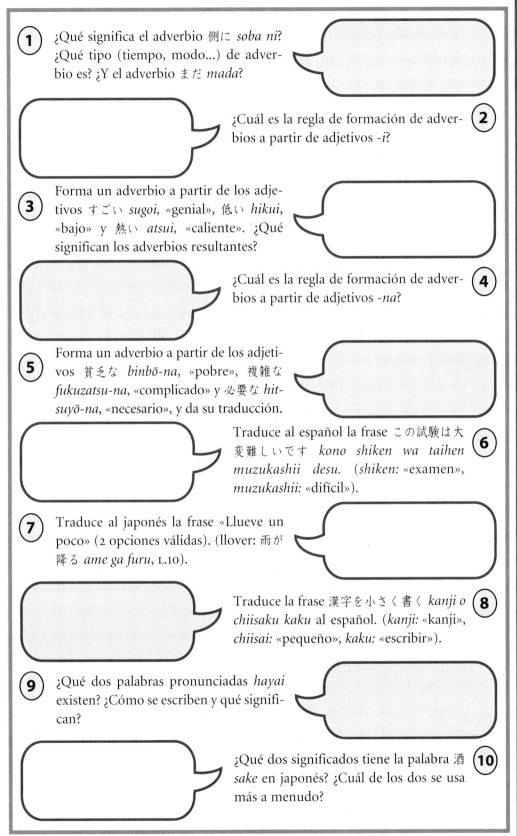

1. ¿Qué significa el adverbio 側に *soba ni*? ¿Qué tipo (tiempo, modo...) de adverbio es? ¿Y el adverbio まだ *mada*?

2. ¿Cuál es la regla de formación de adverbios a partir de adjetivos -*i*?

3. Forma un adverbio a partir de los adjetivos すごい *sugoi*, «genial», 低い *hikui*, «bajo» y 熱い *atsui*, «caliente». ¿Qué significan los adverbios resultantes?

4. ¿Cuál es la regla de formación de adverbios a partir de adjetivos -*na*?

5. Forma un adverbio a partir de los adjetivos 貧乏な *binbō-na*, «pobre», 複雑な *fukuzatsu-na*, «complicado» y 必要な *hitsuyō-na*, «necesario», y da su traducción.

6. Traduce al español la frase この試験は大変難しいです *kono shiken wa taihen muzukashii desu*. (*shiken*: «examen», *muzukashii*: «difícil»).

7. Traduce al japonés la frase «Llueve un poco» (2 opciones válidas). (llover: 雨が降る *ame ga furu*, L.10).

8. Traduce la frase 漢字を小さく書く *kanji o chiisaku kaku* al español. (*kanji*: «kanji», *chiisai*: «pequeño», *kaku*: «escribir»).

9. ¿Qué dos palabras pronunciadas *hayai* existen? ¿Cómo se escriben y qué significan?

10. ¿Qué dos significados tiene la palabra 酒 *sake* en japonés? ¿Cuál de los dos se usa más a menudo?

第22課 練習

Ejercicios

第23課：汚い言葉

Lección 23: Palabrotas e insultos

¡Eres un $#%@&! El tema de esta lección son los insultos y palabras soeces, un tema fundamental si quieres entender al 100% lo que se dice en mangas, anime y películas de imagen real... y para pasar un buen rato estudiando, ¿para qué lo vamos a negar?

Una advertencia importante

En realidad, los insultos se utilizan muy poco en la sociedad japonesa. Es raro ir a Japón y aprender insultos y palabrotas en la calle. Métete esto en la cabeza: los japoneses NO suelen usar este tipo de palabras.

Sin embargo, cuando uno abre un manga o ve un anime o una película japonesa, puede encontrarse con un montón de palabras soeces. Ya que desde el principio hemos orientado este curso hacia el aprendizaje del japonés que se puede encontrar en estos medios, creemos que puede ser positivo para la población *otaku* conocer las principales palabrotas en japonés.

Como siempre, la lección cuenta con el apoyo del ya clásico cuadro de vocabulario, que esta vez ofrece 22 términos insultantes. Muchos de ellos no se utilizan con frecuencia: con diferencia, las palabrotas más utilizadas son 馬鹿 *baka* (y derivados), 阿呆 *ahō* y 糞 *kuso*.

¿Qué dirías si te robaran la bici?

Un experimento que el autor llevó a cabo en Japón tiene relación con los insultos. El susodicho «experimento» consistía en preguntar a varias personas qué dirían si llegaran al sitio donde habían dejado su bici y se dieran cuenta de que se la habían robado. Este es el típico caso en el que un latino soltaría una interminable ristra de maldiciones y palabrotas que no irían precisamente destinadas a alabar al ladrón.

Pues bien, la respuesta casi unánime a la pregunta fue 信じられない! *shinjirarenai!* («no me lo puedo creer»). Como mucho, hubo alguno que dijo クソ! *kuso!* («mierda»).

El experimento demuestra que los japoneses no usan las palabrotas de la misma manera arbitraria en que las usamos nosotros, y que en contadas ocasiones insultan a otros. Perder los estribos en Japón es signo de mala educación y está muy mal visto: lo normal es mantener cara de póquer, impasible, muchas veces con una sonrisa forzada, aunque por dentro uno maldiga a los antepasados de la persona que tiene delante.

Principales palabrotas

Repasemos ahora los contenidos de la tabla de vocabulario. Es de justicia, sin embargo, avisar de que aunque en el cuadro casi siempre se da la versión en kanji de cada palabra gruesa, normalmente las palabrotas se escriben en el silabario katakana, por el impacto visual que así provocan.

La palabrota estrella en Japón, la más utilizada, es バカ *baka*. Esta palabra tiene múltiples traducciones posibles y muchos derivados, como バカ者 *bakamono* o バカ野郎 *baka-yarō*, entre otros. A continuación, tenemos la palabra 阿呆 *ahō*, que la mayoría de veces encontraremos en katakana y con «o» corta: アホ *aho*. Los diccionarios suelen considerar sinónimas las palabras *baka* y *aho*, aunque en la región de Osaka se utiliza *aho* con un tono poco ofensivo, incluso amigable y chistoso, mientras que *baka* es un insulto fuerte. Al contrario, en la región de Tokio, es *baka* la palabra «amigable» (dependiendo del tono con que se diga, por supuesto), mientras que *aho* denota mayor agresividad. Ve con cuidado, ya que existen varias anécdotas de malos entendidos que han acabado mal por culpa de esta diferencia regional.

Es interesante el hecho de que las palabras *baka* y *kuso* pueden funcionar como prefijo despectivo ante ciertos sustantivos, de un modo similar a nuestros «maldito», «jodido» o incluso «puto». **Ejemplos:** クソ警官 *kuso-keikan* («maldito policía»), バカ先生 *baka-sensei* («jodido profesor»), etc. Aunque, a riesgo de hacernos pesados, no recomendamos en absoluto el uso de ninguna de estas palabras.

Principales insultos y palabrotas			
馬鹿 *baka*	tonto, necio, bobo, mentecato, estúpido, torpe, imbécil, zopenco, idiota	気持ち悪い *kimochiwarui*	desagradable, repugnante, nauseabundo (algo o alguien)
馬鹿者 *bakamono*	⇒ *baka*	気色悪い *kishokuwarui*	⇒ *kimochiwarui*
馬鹿野郎 *bakayarō*	imbécil, idiota, mentecato	くず *kuzu*	deshechos, basuras, escoria
馬鹿にする *baka ni suru*	burlarse, poner en ridículo, tomar el pelo	畜生 *chikushō*	bruto, bestia, ¡diablo!, ¡diantre!, ¡maldito seas!
馬鹿を言う *baka o iu*	decir tonterías/bobadas	糞 *kuso*	mierda, ¡caramba!
馬鹿馬鹿しい *bakabakashii*	ser absurdo/un disparate	くそったれ *kusottare*	imbécil, estúpido
阿呆 *ahō*	⇒ *baka*	糞食らえ *kusokurae*	¡Vete a la mierda! ¡Al diablo! ¡Maldito seas!
ドジ *doji*	estúpido, descuidado	下手糞 *hetakuso*	torpe, inexperto, inútil
ブス *busu*	fea, feúcha	化け物 *bakemono*	fantasma, espectro, monstruo
タコ *tako*	pervertido, asqueroso, pulpo	ボケ *boke*	atontado, alelado, viejo chocho
間抜け *manuke*	estúpido, tonto, bobo, imbécil, necio	変態 *hentai*	pervertido, cerdo, salido

«Tú», ¿un insulto?

A veces sorprende ver u oír a alguien que parece estar insultando a otra persona en un manga o película con las palabras きさま *kisama*, てめえ *temee* u おのれ *onore*, sobre todo si las buscamos en el diccionario. La traducción que dan los diccionarios para las dos primeras es «tú» y, para la tercera, «yo». Y sin embargo, en el 90% de los casos, estos términos se utilizan con una intención similar a la del insulto. La traducción más apropiada en estos casos sería «desgraciado», «maldito», «te voy a hacer picadillo», «eres hombre muerto» o algo similar. Igualmente curioso es この野郎 *kono yarō*, que literalmente significa «este tipo» y que, no obstante, tiene el mismo sentido que *kisama, temee* u *onore*. Por último, la palabra こら *kora* indica «amenaza», con un sentido similar al de «mucho ojo», «cuidado con lo que haces/dices» o incluso «te vas a enterar».

Jerga yakuza

Unos de los personajes que más abundan en la filmografía japonesa son los mafiosos, los famosos ヤクザ *yakuza* (también llamados 極道 *gokudō*), con sus valores caballerescos (任侠 *ninkyō*) y su sentido del honor y del deber (仁義 *jingi*). Aparte de que sus costumbres y mentalidad son peculiares a ojos occidentales, como su afición por los 入れ墨 *irezumi*, «tatuajes», o el ritual del 指詰め *yubizume*, que consiste en cortarse el dedo meñique para expresar arrepentimiento por un fracaso, es curioso comprobar la estructura cuasi familiar de las distintas bandas (組 *kumi*). El jefe absoluto es llamado 組長 *kumichō*, los jefes de los distintos subgrupos, 親分 *oyabun* (literalmente «como un padre»), y los subordinados, 子分 *kobun* (literalmente «como un hijo»). Además, los más jóvenes llaman 兄貴 *aniki* («hermano mayor») a sus mentores. En el cuadro tienes parte de su peculiar jerga: ¡te servirá para entender mejor las películas de yakuza!

Ojo al dato: actualmente existen unos 83.600 yakuza en Japón, el 68% de los cuales pertenecen a las tres bandas más poderosas: la 山口組 Yamaguchi-gumi, la 稲川会 Inagawa-kai y la 住吉会 Sumiyoshi-kai.

Jerga yakuza					
Japonés	Rōmaji	Significado	Japonés	Rōmaji	Significado
組	*kumi*	banda yakuza	斬る	*kiru*	matar
組長	*kumichō*	jefe de una banda	任侠	*ninkyō*	código de valor
親分	*oyabun*	jefe	仁義	*jingi*	deber, justicia
子分	*kobun*	subordinado	サツ	*satsu*	policía
兄貴	*aniki*	veterano	チャカ	*chaka*	pistola
チンピラ	*chinpira*	gamberrillo	ハジキ	*hajiki*	pistola
しま	*shima*	territorio	ブツ	*butsu*	drogas
入れ墨	*irezumi*	tatuaje	シャブ	*shabu*	drogas
指詰め	*yubizume*	cortar el meñique	ダチ	*dachi*	amigo

Veamos ahora algunas palabrotas en contexto, con ejemplos «en viñetas». Recuerda que, aunque en esta lección no lo parezca, no todo en el manga es violencia y lenguaje vulgar. No, en serio...

a) *Baka*

J.M. Ken Niimura

Ryō: ば ばか 苦しいっ どけ！
ba baka kurushii doke!
es... estúpido doloroso apartar
¡Im...imbécil, me haces daño! ¡Aparta!

Empezamos con un curioso ejemplo de la palabrota estrella del japonés: バカ *baka*. Aquí, Ryō está insultando a una vaca luchadora: ¡se trata pues de una vaca *baka*! (vaca y *baka* se pronuncian exactamente igual). Dejando a un lado nuestro pésimo chiste, este ejemplo puede servirte para ver que esta palabrota tiene un sentido similar a nuestros «imbécil», «estúpido», «gilipuertas», «tontolabas», etc.

b) *Urusai / busu*

Kazuki: うるさい ブス！
urusai busu!
ruidoso fea
¡Cerrad el pico, asquerosas!

Guillermo March

¡Dos expresiones ofensivas en un solo ejemplo! La primera es うるさい *urusai*, que significa literalmente «ruidoso», aunque casi siempre se usa para hacer callar a alguien: es como nuestros «cállate», «pesado/a», o «cierra el pico». La segunda expresión es ブス *busu* y, aunque literalmente se traduce por «fea», es la expresión más ofensiva que se le puede decir a una mujer; una palabra a evitar. Ojo: ¡no confundas ブス *busu* con バス *basu* («autobús»)!

c) *Kuso*

> **Sōun:** このクソネコ またおまえか、こら！
> *kono kuso-neko mata omae ka, kora!*
> este mierda gato otra vez tú P?, hey
> **¿¡Otra vez tú, maldito gato!? ¡Te vas a enterar!**

En este ejemplo podemos ver lo que comentábamos en la parte de teoría: a veces, las palabras クソ *kuso* («mierda») o バカ *baka* («imbécil») se utilizan ante algunos sustantivos para darles un tono despectivo. Este uso es muy parecido a nuestros «jodido/a», «puto/a» o «maldito/a». Aquí tenemos クソネコ *kuso-neko*, es decir, «maldito gato».

Fíjate en la palabra こら *kora*, al final de la frase. Esta palabra no tiene un significado específico, pero indica amenaza: aquí la hemos traducido tentativamente por «te vas a enterar». En japonés vulgar, sobre todo entre delincuentes y *yakuza*, las «r» se pronuncian sonoras (como en «carro»): una amenaza como こら！この野郎 *kora, kono yarō*, se convertirá en algo como *korrrra, kono yarrrrō!*

d) *Chikushō*

> **Yamazaki:** ちくしょう！
> *chikushō!*
> **¡Maldita sea!**

ちくしょう *chikushō* es una palabra peculiar. Originalmente, *chikushō* designa a lo que nosotros conocemos por «animal salvaje» o «bestia». Curiosamente, de este significado original derivó el sentido que se utiliza con más frecuencia en la actualidad: «maldita sea», «diantre». Es decir, es una expresión utilizada cuando algo no sale bien, cuando hay algún contratiempo o nos hemos topado con un revés.

Para despedir esta lección, destacaremos una vez más que los insultos son poco utilizados en Japón y que los japoneses los utilizan sólo en contadas ocasiones. La prueba más evidente de ello es el escaso número de insultos que existen si lo comparamos con la riqueza de palabrotas del español... ¡Aunque no está de más saberlos!

1. ¿Cuál de estas dos lenguas es más rica en insultos: el japonés o el español?

2. ¿Por qué crees que los japoneses utilizan poco los insultos?

3. Indica al menos tres derivados del insulto バカ *baka*.

4. ¿Qué significa la palabra くず *kuzu*?

5. ¿Qué significativa diferencia regional existe entre las palabras アホ *aho* y バカ *baka* en Osaka y en Tokio?

6. ¿Cómo diríamos «maldita sea» en japonés?

7. Normalmente, en un manga, ¿cómo encontramos escritas las palabrotas (hiragana/katakana/kanji)? ¿Por qué?

8. Indica una manera ruda de hacer callar a alguien.

9. ¿Cuál es la expresión más insultante que existe para una mujer en japonés?

10. Traduce al japonés las construcciones «maldito director» (director: 社長 *sha-chō*) y «jodida bicicleta» (bicicleta: 自転車 *jitensha*).

Lección 24: Verbos (III): forma -te

La forma -*te* es una conjugación de los verbos japoneses imprescindible para formar muchas de las expresiones gramaticales básicas. Por ejemplo, la famosa expresión *ganbatte* («¡ánimo!»), con la que te toparás mil y una veces, es la conjugación en forma -*te* del verbo *ganbaru* («esforzarse»).

Conjugando la forma -te

En esta lección nos limitaremos a mostrar dos de las expresiones gramaticales más básicas formadas con la forma -*te*: se trata del gerundio y de una forma de petición. Sin embargo, te conviene saber que la forma -*te* se utiliza para muchas más cosas, por lo que es imprescindible dominarla: es uno de los pilares de la gramática japonesa. La conjugación -*te* de los verbos es extremadamente sencilla de aprender, ya que es idéntica a la conjugación del pasado, que ya estudiamos en la L.20. Así pues, *ganbatte!*

Si te empollaste al dedillo la L.20, entonces no tendrás ningún problema para aprender la forma -*te*: la única diferencia entre esta forma y la conjugación de pasado es que cambiaremos todas las terminaciones た -*ta* y だ -*da* de la segunda por て -*te* y で -*de*, respectivamente. Así, si el pasado de 書く *kaku* («escribir») era 書いた *kaita*, su forma -*te* será 書いて *kaite*. Y en el caso de 遊ぶ *asobu* («jugar»): pasado 遊んだ *asonda* y forma -*te* 遊んで *asonde*.

Si esta explicación no te satisface, puedes apoyarte en el cuadro de al lado, donde se especifican las diferentes formas para cada tipo de verbo y sus respectivas reglas de conjugación.

		Infinitivo	Significado	Forma -*te*	Regla
Grupo 1 Invariables		教える *oshieru*	enseñar	教えて *oshiete*	〜るて −*ru te*
		起きる *okiru*	levantarse	起きて *okite*	
Grupo 2 Variables	A	貸す *kasu*	prestar	貸して *kashite*	〜すして −*su shite*
	B	待つ *matsu*	esperar	待って *matte*	〜つって −*tsu tte*
		買う *kau*	comprar	買って *katte*	〜うって −*u tte*
		帰る *kaeru*	volver	帰って *kaette*	〜るって −*ru tte*
	C	書く *kaku*	escribir	書いて *kaite*	〜くいて −*ku ite*
	D	急ぐ *isogu*	darse prisa	急いで *isoide*	〜ぐいで −*gu ide*
	E	遊ぶ *asobu*	jugar	遊んで *asonde*	〜ぶんで −*bu nde*
		飲む *nomu*	beber	飲んで *nonde*	〜むんで −*mu nde*
		死ぬ *shinu*	morir	死んで *shinde*	〜ぬんで −*nu nde*
Grupo 3 Irregulares		する *suru*	hacer	して *shite*	Verbos irregulares: no hay regla
		来る *kuru*	venir	来て *kite*	

¿Para qué sirve la forma -te?

Habiendo visto que los verbos conjugados en la forma -te acaban siempre en て -te (excepto los verbos cuyo infinitivo termina por ぐ -gu, ぶ -bu, む -mu o ぬ -nu, que acaban en で -de), no es de extrañar que a esta forma se le llame «forma -te». Pero, ¿para qué se utiliza esta conjugación?

En realidad, un verbo conjugado en forma -te no tiene ninguna función ni significado por sí solo: la forma -te es solo una especie de «muleta» que sirve como apoyo para diversas formas gramaticales imprescindibles, como el gerundio o la forma de petición 〜てください -te kudasai.

El gerundio

Si llegas al punto de poder utilizar el gerundio en la formación de tus frases, habrás conseguido que tu japonés dé un salto cualitativo esencial, puesto que será la indicación de que has subido un peldaño por encima del nivel básico que hasta ahora tenías.

La única condición indispensable para formar el gerundio, ya lo habrás adivinado, es dominar la forma -te. Como puedes ver en el cuadro-resumen de gramática de esta misma página, el gerundio se forma añadiendo el verbo いる iru (L.18) al verbo conjugado en su forma -te. De este modo, podrás formar frases del tipo «estoy haciendo x». Recuerda la gran ventaja del japonés: los verbos no tienen conjugaciones distintas según la persona o el género, lo que significa que una sola conjugación sirve para cualquier sujeto. Así, la frase 教えている oshiete iru puede significar tanto «estoy enseñando», como «están enseñando», como «(ella/él) está enseñando».

Para conseguir las formas correspondientes al pasado, negativo y negativo pasado, así como para conseguir versiones más formales, bastará con conjugar el verbo いる iru tal como aprendiste en la L.18. Fíjate muy bien en los ejemplos:

私は歩いている
watashi wa aruite iru
Yo estoy andando.
(presente afirm. informal)

マリアは待っていない
Maria wa matte inai
María no está esperando.
(presente neg. informal)

彼らは食べていました
karera wa tabete imashita
Ellos estaban comiendo.
(pasado afirm. formal)

Estructuras gramaticales derivadas de la forma -te			
Gerundio (*estar haciendo*)	〜て＋いる -te + iru	待っている matteiru	estar esperando
		遊んでいる asondeiru	estar jugando
		教えている oshieteiru	estar enseñando
Petición (*por favor, haz...*)	〜て＋ください -te + kudasai	待ってください matte kudasai	espera, por favor
		遊んでください asonde kudasai	juega, por favor
		教えてください oshiete kudasai	enseña, por favor

La petición

Una segunda manera de rentabilizar con creces el estudio de las conjugaciones de la forma -*te* es con las frases de petición: formar una oración del tipo «por favor, haz x» es tan sencillo como añadir ください *kudasai* tras un verbo conjugado en forma -*te*.

En el cuadro anterior tienes algunas muestras del uso de esta estructura extremadamente utilizada en japonés, tanto hablado como escrito, coloquial como formal, que es imperativo dominar por su grandísima utilidad. Aquí tienes unos ejemplos extra:

食べてください	急いでください	来てください
tabete kudasai	*isoide kudasai*	*kite kudasai*
Come, por favor.	**Apresúrate, por favor.**	**Ven, por favor.**

En el japonés coloquial, y por extensión en los mangas, anime y películas, se suele omitir la parte *kudasai* para hacer peticiones, con lo que queda solo el verbo en forma -*te*. Por este motivo decíamos en la introducción de la lección がんばって *ganbatte* a secas. En realidad, la forma «auténtica» es がんばってください *ganbatte kudasai*, pero al decirlo en tono amigable e informal hemos prescindido de *kudasai*.

がんばって *ganbatte* proviene de がんばる *ganbaru*, un verbo del grupo 2-B que significa «perseverar», «esforzarse». La expresión *ganbatte kudasai* (o *ganbatte* a secas) es una de las formas que más oirás si vas a Japón, ya que los japoneses tienen una especie de adoración por la dichosa frase. Una traducción más apropiada de esta expresión, que se utiliza para desearle a alguien que tenga buena suerte o para dar ánimos, sería «ánimo» o «adelante».

Los verbos -*suru*

Cambiamos de tema y nos apartamos momentáneamente de la forma -*te* para hacer un comentario acerca de los verbos -*suru*. Los verbos llamados «de tipo -*suru*» son un tipo de palabras que originalmente son sustantivos, pero que con solo añadir el verbo する *suru* («hacer» –recuerda que es uno de los dos verbos irregulares del japonés), se convierten en verbos. Por ejemplo, del sustantivo 勉強 *benkyō*, «estudio», se obtiene el verbo 勉強する *benkyō suru*, «estudiar».

La conjugación de estos nuevos verbos es increíblemente sencilla, puesto que basta con conjugar el verbo する *suru* en cualquiera de las formas que hemos estudiado hasta ahora y que estudiaremos en adelante. No hace falta decir que es indispensable saber la conjugación del verbo する *suru* de carrerrilla, ya que podrás sacarle muchísimo jugo. Observa estos ejemplos con el verbo 勉強する *benkyō suru*:

Forma pasada simple: 勉強した *benkyō shita* («estudié»/«estudiaba», etc.) | Forma negativa formal: 勉強しません *benkyō shimasen* («no estudio») | Forma -*te* + *kudasai*: 勉強してください *benkyō shite kudasai* («estudia, por favor»), etc.

A menudo te toparás con verbos -*suru*, como 運転する *unten suru* («conducir»), 結婚する *kekkon suru* («casarse»), 質問する *shitsumon suru* («preguntar»), etc.

En esta sección veremos, a través de viñetas de manga, los tres puntos gramaticales explicados en la lección: la formación del gerundio, una forma de petición y los verbos -*suru*.

---

a) Gerundio afirmativo presente formal

Hayashida: この「証拠」がこの会場に残っています！！
kono «shōko» ga kono kaijō ni nokotte imasu!!
esta «prueba» PS esta sala PL permanecer (ger.)!!
¡La prueba permanece todavía en esta sala!

J.M. Ken Niimura

En este primer manga-ejemplo podemos ver una muestra muy clara del uso del gerundio japonés. **Nota:** aunque aquí le llamamos «gerundio» a esta forma, para que las explicaciones sean más sencillas de comprender, en muchos casos funciona de manera distinta al gerundio español. Teniendo esto en cuenta, recuerda que la formación es «verbo en forma -*te* + verbo *iru* conjugado».

En este caso, el verbo principal es 残る *nokoru* («quedar», «permanecer»). Para conjugar su forma -*te* hay que fijarse a qué grupo pertenece: *nokoru* es del grupo 2-B, por lo que, siguiendo las normas de conjugación de la tabla, sabremos que su forma -*te* será 残って *nokotte*. Al añadir el verbo いる *iru*, obtendremos el gerundio: 残っている *nokotte iru* («permaneciendo»). Además, ya sabes que con solo conjugar el verbo *iru* (L.18) puedes obtener las versiones pasado, negativo, y negativo pasado del gerundio (en sus versiones formal e informal). En esta viñeta, por ejemplo, tenemos una muestra del gerundio afirmativo presente formal: 残っています *nokotte imasu* («permaneciendo»).

b) Gerundio afirmativo presente informal

Este segundo ejemplo nos servirá para ilustrar un fenómeno muy común: en la formación del gerundio, que requiere forma -te + verbo iru conjugado, muchas veces se elimina la い i de いる iru. En realidad, el japonés hablado, al igual que ocurre en todos los idiomas, es bastante diferente del japonés escrito; y el manga, a pesar de ser un medio escrito, intenta imitar el lenguaje oral. Es normal, pues, encontrar en los mangas lenguaje coloquial, contracciones, e incluso formas dialectales. Aquí, el gerundio del verbo 動く

J.M. Ken Niimura

Veena: サトミ まだ動いてるよ！
satomi mada ugoiteru yo
Satomi todavía moverse (ger.) PE
¡Satomi! ¡Todavía se mueve!

ugoku, «moverse» (grupo 2-C), sería 動いている ugoite iru, pero en japonés hablado se tiende a elidir la い i, con lo que obtenemos 動いてる ugoiteru («estar moviéndose»).

c) Gerundio negativo pasado informal

Imamura: オレは何も言ってなかったんだ！！
ore wa nani mo itte nakatta n da!!
yo PTM nada decir (ger.) ser!!
¡¡Yo no dije nada!!

Studio Kōsen

En esta ocasión vemos el gerundio negativo pasado del verbo 言う iu, «decir» (grupo 2-B). Se obtiene con la forma -te del verbo principal (言って itte) más いる iru conjugado en negativo pasado (いなかった inakatta). Sin embargo, aquí, al igual que en el ejemplo b), la い i queda elidida (lenguaje informal), lo que nos da 言ってなかった ittenakatta, «no estuve diciendo».

La forma -te + iru del japonés da una idea de continuidad: una acción que, tras empezar, continúa durante un lapso de tiempo. El verbo 言う iu a secas indica simplemente «decir», pero su gerundio, 言っている itte iru, aclara que la acción de «decir» es continua, dinámica.

d) Forma de petición

Otro de los usos principales de la forma *-te* consiste en la formación de las peticiones (con el sentido de «por favor, x») utilizadas con más frecuencia en japonés. Su formación es muy sencilla: «forma *-te* + *kudasai*». Aquí, el verbo es 抱きしめる *dakishimeru*, «abrazar», que pertenece al grupo 1 y cuya forma *-te*, por tanto, es 抱きしめて *dakishimete*. Añadiendo ください *kudasai* obtenemos la forma de petición 抱きしめてください *dakishimete kudasai:* «por favor, abrázame». Es recomendable practicarlo con los verbos que conozcas.

Kotomi: 抱きしめてください
dakishimete kudasai
abrazar por favor
Por favor, abrázame.

e) Verbo *-suru*

En esta viñeta podemos estudiar una muestra muy sencilla de un verbo *-suru*. La palabra 結婚 *kekkon*, por sí sola, es un sustantivo que significa «boda», «enlace». Solo con añadirle el verbo する *suru* («hacer»), obtenemos un verbo que funciona igual que todos los demás: 結婚する *kekkon suru*, «casarse».

La conjugación de estos verbos se realiza flexionando solamente する *suru*, sin tocar la otra parte. En la viñeta tienes un presente en forma simple, 結婚する *kekkon suru* («me caso»), pero también puedes conjugar su forma *-masu* (formal): 結婚します *kekkon shimasu* («me caso»);

Hiroshi: 僕は彼女と結婚する！
boku wa kanojo to kekkon suru!
yo PTM ella con casar hacer!
¡Yo me casaré con ella!

el pasado simple: 結婚した *kekkon shita* («me casé»); el negativo formal: 結婚しません *kekkon shimasen* («no me caso»), etc. Practica con el resto de las conjugaciones.

f) Verbo *-suru* + forma de petición

Yamamoto: 約束してくださいよ！
yakusoku shite kudasai yo!
promesa hacer por favor PE!
¡Prométemelo, por favor!

Esta viñeta es una especie de resumen de la lección, ya que en ella podemos ver un verbo *-suru* conjugado en la forma de petición *-te* + *kudasai*. El verbo *-suru* en cuestión es 約束する *yakusoku suru*. Por sí solo, el sustantivo 約束 *yakusoku* significa «promesa» pero, al convertirse en verbo *-suru*, pasa a significar «prometer». Para conjugar su forma de petición, primero habrá que conjugar する *suru* en su forma *-te:* puesto que es un verbo irregular, deberás aprenderte de memoria que su forma *-te* es して *shite*. Una vez obtenida esta forma *-te*, solo falta rematar la faena añadiendo ください *kudasai*, tras lo cual obtenemos la forma de petición 約束してください *yakusoku shite kudasai*, «prométemelo, por favor».

g) *Ganbatte*!

La forma de petición «forma *-te* + *kudasai*» se puede simplificar en japonés coloquial quitando la palabra ください *kudasai*, como en este ejemplo.

Lo que quiere decir Michiyo aquí es がんばってください *ganbatte kudasai*, pero queda mucho más informal y simpático eliminar *kudasai* y decir solamente がんばって *ganbatte* («ánimo»). Es normal toparse con la forma de petición simplificada en el lenguaje oral y, por extensión, en los mangas, aunque solo es recomendable usarla con amigos cercanos.

Dicho esto, despedimos la lección con un fuerte がんばって *ganbatte* en el estudio de la forma *-te*. ¡Ánimo!

Michiyo: ロドニーさん がんばって！
rodonii san ganbatte!
Rodney (suf.) ánimo (ger.)
¡Ánimo, Rodney!

1 ¿Para qué se utiliza la forma *-te* y por qué es importante conocerla?

2 Conjuga la forma *-te* de los verbos 飛ぶ *tobu*, «volar», 見る *miru*, «mirar» (grupo 1) y 座る *suwaru*, «sentarse».

3 Forma el gerundio presente de los verbos 寝る *neru*, «dormir» (grupo 1), 転ぶ *korobu*, «caerse» y 笑う *warau*, «reír».

4 Forma el gerundio pasado y el gerundio negativo de los verbos de la pregunta 3, en sus versiones simple y formal.

5 Traduce al japonés la frase «Ellos están jugando» (ellos: 彼ら *karera*, jugar: 遊ぶ *asobu*).

6 ¿Cómo se forma una de las expresiones de petición más usuales y útiles?

7 Traduce al japonés la frase «Come una manzana, por favor». (comer: 食べる *taberu* (grupo 1), manzana: りんご *ringo*, partícula de CD: を *o*).

8 Conjuga el verbo *-suru* 発生する *hassei suru*, «ocurrir», en presente, pasado, negativo y negativo pasado (en sus formas simple y formal).

9 El gerundio en japonés coloquial oral suele sufrir una contracción o eliminación. ¿Cuál es? Da un ejemplo.

10 La forma *-te* + *kudasai* en japonés coloquial oral suele sufrir una contracción o eliminación. ¿Cuál es? Da un ejemplo.

第25課：助数詞

Lección 25: Contadores

En esta ocasión vamos a estudiar uno de los aspectos a priori más extraños y desconcertantes del japonés: los llamados «contadores». Aunque a simple vista pueda parecer un tema menor en el que no hace falta detenerse en exceso, lo cierto es que eso no es así, ni mucho menos.

¿Contadores? ¿Y qué es lo que hay que contar?

Como ya hemos comentado infinidad de veces en lo que llevamos de libro, el idioma japonés no distingue entre masculino, femenino, singular o plural. En la L.11 (sustantivos) comentamos con amplitud el problema masculino-femenino que se daba en los sustantivos, y también mencionamos la existencia de los llamados contadores. Aquí nos proponemos ampliar nuestros conocimientos sobre el uso de estas curiosas palabras.

Los «contadores» son palabras asociadas a uno o más sustantivos que sirven para indicar número, es decir, «cuántas» cosas hay. En español diremos, por ejemplo, «quiero cinco manzanas». Para indicar «cuántas» manzanas queremos, nos limitamos a decir el numeral correspondiente; en este caso, «cinco». En japonés, en cambio, deberemos añadir un sufijo a este número. Este sufijo se llama «contador» y, dependiendo del sustantivo o sustantivos que queramos «contar», deberemos elegir entre varios de ellos. La elección dependerá de las características físicas del objeto que se quiera «contar»: por ejemplo, si se trata de algo alargado, usaremos 本 *hon,* si se trata de personas, elegiremos 人 *nin,* si son máquinas, entonces será 台 *dai,* etc.

Pronunciando los contadores

En el cuadro gramatical adjunto encontrarás los contadores más utilizados y un desglose de la pronunciación que adoptan junto a cada uno de los números del 1 al 10, más el interrogativo. Ojo, porque hay bastantes de estas lecturas que son irregulares: en el cuadro las hemos marcado en negrita. En general, son solo las lecturas con los números 1, 3, 6, 8 y 10 las que pueden sufrir cambios, aunque lo mejor será que tú mismo repases el cuadro lo más detenidamente que puedas. Si todavía tienes dificultades para recordar los numerales, es muy recomendable que antes des un buen repaso a las lecciones 5 (numerales) y 6 (días y meses) antes de seguir adelante.

Para contar más allá del diez no suele haber cambios en las lecturas, por lo que no es necesario desglosar. Así, 47 más el contador 冊 *satsu* será 4 7 冊 *yon jū nana satsu.*

¡Quiero cinco manzanas!

La frase que hemos visto hace unas líneas, «quiero cinco manzanas», tan sencilla en español, no se puede traducir directamente al japonés por *りんごを五ください *ringo o go kudasai* (*ringo*: «manzana», *o*: PD, *go*: «cinco», *kudasai*: «por favor»). Hay que añadirle un contador al número 五 *go* («5»), para que la frase sea correcta.

Ante todo, analicemos una manzana: se trata de un objeto pequeño, de forma redondeada. El contador que más se aviene a este objeto es 個 *ko*, puesto que sirve precisamente para contar cosas pequeñas y redondeadas. La frase correcta, entonces, sería りんごを 五個ください *ringo o go ko kudasai*.

Nota: en el caso de quisiéramos pedir no cinco, sino seis manzanas, la frase sería りんごを六個ください *ringo o rokko kudasai*. Aunque el número 六 («6») se pronuncia normalmente *roku*, cuando forma el conjunto 六個 junto al contador 個 *ko*, este se pronuncia *rokko* en vez de *rokuko* por razones fonéticas (fíjate en el cuadro adjunto).

Sin embargo, no te preocupes de momento si ves esto muy complicado: existe un tipo de contador «comodín» que nos servirá para contar cualquier cosa sin temor a equivocarnos. Este contador tan práctico es つ *tsu*. La mala suerte ha hecho, no obstante, que todas las lecturas de la columna de つ *tsu*, tal como puedes ver en el cuadro, sean irregulares y que haya que estudiarlas de memoria... Sin embargo, por muy práctico que resulte el comodín つ *tsu*, siempre es mejor saber usar el contador más adecuado para cada ocasión: intenta no refugiarte en つ *tsu* sistemáticamente.

	つ *tsu*	人 *nin*	枚 *mai*	台 *dai*	本 *hon*	匹 *hiki*	冊 *satsu*	階 *kai*	個 *ko*
1	一つ *hitotsu*	一人 *hitori*	一枚 *ichi mai*	一台 *ichi dai*	一本 *ippon*	一匹 *ippiki*	一冊 *issatsu*	一階 *ikkai*	一個 *ikko*
2	二つ *futatsu*	二人 *futari*	二枚 *ni mai*	二台 *ni dai*	二本 *ni hon*	二匹 *ni hiki*	二冊 *ni satsu*	二階 *ni kai*	二個 *ni ko*
3	三つ *mittsu*	三人 *san nin*	三枚 *san mai*	三台 *san dai*	三本 *san bon*	三匹 *san biki*	三冊 *san satsu*	三階 *san gai*	三個 *san ko*
4	四つ *yottsu*	四人 *yo nin*	四枚 *yon mai*	四台 *yon dai*	四本 *yon hon*	四匹 *yon hiki*	四冊 *yon satsu*	四階 *yon kai*	四個 *yon ko*
5	五つ *itsutsu*	五人 *go nin*	五枚 *go mai*	五台 *go dai*	五本 *go hon*	五匹 *go hiki*	五冊 *go satsu*	五階 *go kai*	五個 *go ko*
6	六つ *muttsu*	六人 *roku nin*	六枚 *roku mai*	六台 *roku dai*	六本 *roppon*	六匹 *roppiki*	六冊 *roku satsu*	六階 *rokkai*	六個 *rokko*
7	七つ *nanatsu*	七人 *nana nin*	七枚 *nana mai*	七台 *nana dai*	七本 *nana hon*	七匹 *nana hiki*	七冊 *nana satsu*	七階 *nana kai*	七個 *nana ko*
8	八つ *yattsu*	八人 *hachi nin*	八枚 *hachi mai*	八台 *hachi dai*	八本 *happon*	八匹 *happiki*	八冊 *hassatsu*	八階 *hakkai*	八個 *hakko*
9	九つ *kokonotsu*	九人 *kyū nin*	九枚 *kyū mai*	九台 *kyū dai*	九本 *kyū hon*	九匹 *kyū hiki*	九冊 *kyū satsu*	九階 *kyū kai*	九個 *kyū ko*
10	十 *too*	十人 *jū nin*	十枚 *jū mai*	十台 *jū dai*	十本 *juppon*	十匹 *juppiki*	十冊 *jussatsu*	十階 *jukkai*	十個 *jukko*
?	いくつ *ikutsu?*	何人 *nan nin?*	何枚 *nan mai?*	何台 *nan dai?*	何本 *nan bon?*	何匹 *nan biki?*	何冊 *nan satsu?*	何階 *nan gai?*	何個 *nan ko?*

Contadores al completo

Los contadores más importantes

つ *tsu:*   Contador universal. Este comodín puede sacarte de cualquier apuro porque, en principio, se puede utilizar para contar cualquier cosa.

人 *nin:*   Para contar personas. Presta atención, sobre todo, a las lecturas irregulares 一人 *hitori* («una persona») y 二人 *futari* («dos personas»), que se utilizan con muchísima frecuencia.

枚 *mai:*   Papeles o cosas planas en general (como CD, mantas, tiques, etc.).

台 *dai:*   Máquinas en general (coches, grabadoras, ordenadores, televisores, etc.).

本 *hon:*   Cosas alargadas y delgadas (lápices, bolígrafos, árboles, etc.). También, curiosamente, cintas de vídeo y audio, o incluso llamadas de teléfono.

匹 *hiki:*   Animales pequeños (ratones, gatos, perros, etc.). Los animales grandes (caballos, vacas, etc.) se cuentan con 頭 *tō,* y los pájaros con 羽 *wa.* (Curiosamente, los conejos también se cuentan con 羽 *wa*).

冊 *satsu:*   Libros, revistas y, en general, material impreso y encuadernado.

階 *kai:*   Plantas de un edificio. **Nota:** 一階 *ikkai,* la «primera planta» japonesa, corresponde a nuestra planta baja, por lo que 二階 *ni kai* (literalmente, «segunda planta») será nuestra primera planta, y así sucesivamente.

個 *ko:*   Cosas pequeñas y en general de forma redondeada o compacta (manzanas, croquetas, piedras, etc.).

Frases de ejemplo

Terminemos la teoría de esta lección con unas frases de ejemplo para que veas unos pocos usos de los contadores. En general, una fórmula que te puede ir bien para utilizar estas palabras es «sustantivo + が *ga* + numeral + contador».

ここにえんぴつが三本あります *koko ni enpitsu ga san bon arimasu*
Aquí hay tres lápices. (*enpitsu:* «lápiz» | contador: 本 *hon*).

本を五冊ください *hon o go satsu kudasai*
Deme cinco libros, por favor. (*hon:* «libro» | contador: 冊 *satsu*).

Atención: no confundas 本 *hon* («libro») con el contador para cosas alargadas y delgadas 本 *hon,* aunque ambos se escriban y pronuncien igual.

家の前に子どもが二人います *ie no mae ni kodomo ga futari imasu*
Delante de la casa hay dos niños. (*kodomo:* «niño» | contador: 人 *nin* (*futari* es irregular)).

桃を三つください *momo o mittsu kudasai*
Deme tres melocotones, por favor. (*momo:* «melocotón»).

En esta última frase, el contador más apropiado es 個 *ko* (cosas pequeñas y en general redondeadas). En cambio, como muestra, hemos utilizado つ *tsu,* el contador comodín que sirve para contar cualquier cosa.

漫画例 Manga-ejemplos

¡Vamos a contar! Sin embargo, ya sabes que contar cosas en japonés es más complicado que en español, puesto que primero tenemos que saber utilizar los llamados «contadores». Veamos unos ejemplos.

a) Contador de personas y contador de cosas alargadas

Líder: 四人が一度にロボトンの手と足を一本ずつねらえ！
yonin ga ichi do ni roboton no te to ashi o ippon zutsu nerae!
4 personas PS una vez Roboton PP mano y pierna PC uno cada uno apuntar.
Literal: Los cuatro agarrad al unísono un brazo y una pierna de Roboton cada uno!
Final: ¡Entre vosotros cuatro, agarrad los brazos y las piernas de Roboton!

Empezamos con un manga-ejemplo en el que podemos observar ni más ni menos que dos contadores en acción. El primero es 四人 *yo nin* (4 + contador de personas) y el segundo es 一本 *ippon* (1 + contador de cosas largas y delgadas). Ojo, porque ambos contadores tienen lecturas irregulares: no son ni *shi nin* o *yon nin* el primero, ni *ichi hon* el segundo, como sería en principio lo esperable (L.5).

En esta ocasión hemos optado por ofrecer una traducción literal, que te servirá para entender mejor la estructura de la oración original, más otra traducción más fluida.

En cuanto a los contadores, está claro por qué se ha elegido el contador 人 *nin* en el primer caso, ya que estamos contando gente, concretamente los cuatro miembros del equipo. En el segundo caso, se pretende contar los objetos «brazo» y «pierna» (para decir «agarrad un brazo o una pierna cada uno»). Brazos y piernas son cosas alargadas y más bien delgadas, por lo que el contador será, lógicamente, 本 *hon*.

b) Contador de cucharadas

> **Sabin:** そして砂糖をいれたんだ。 一杯、二杯... 三杯、四杯...
> *soshite satō o ireta n da.* *ippai, ni hai...* *san bai, yon hai...*
> entonces azúcar PC meter ser. una, dos tres, cuatro...
> **Entonces echó el azúcar.** **Una, dos...** **Tres, cuatro cucharadas...**

Vemos aquí un ejemplo muy claro del contador 杯 *hai*, que no hemos visto en la parte de teoría. Este contador sirve para contar tazas (de té, café, etc.), copas (de vino, whisky, etc.), vasos (de leche, agua, etc.) y también cucharadas, como en la viñeta que nos ocupa.

El desglose completo de este contador del 1 al 10 es 一杯 *ippai*,

二杯 *ni hai*, 三杯 *san bai*, 四杯 *yon hai*, 五杯 *go hai*, 六杯 *roppai*, 七杯 *nana hai*, 八杯 *happai*, 九杯 *kyū hai* y 十杯 *juppai*. Atención a las lecturas irregulares de 1, 3, 6, 8 y 10.

c) El contador universal

> **Yoshi:** 歯が一つ割れちゃった **Maeda:** 何？
> *ha ga hitotsu warechatta* *nani?*
> diente PS uno romper qué?
> **Se me ha roto un diente.** **¿Cómo?**

Veamos ahora una muestra del llamado «contador comodín», つ *tsu*, que sirve para contar cualquier cosa. En este ejemplo, Yoshi está tratando de contar un 歯 *ha*, «diente», y utiliza este contador. Posiblemente lo haga porque la forma y tamaño del diente no deja muy claro qué contador sería el más indicado (una posibilidad sería quizás 個 *ko*, al ser algo de tamaño pequeño). Para evitarse dolores de cabeza, entonces, usa つ *tsu*.

d) Contador de personas (2)

Tao-jun: なんなの それは…！？ 何故二人とも動かない…！？
nan na no sore wa...!? *naze futari to mo ugokanai...!?*
qué qué esto ᴘᴛᴍ...!? por qué los dos ambos moverse...!?
¿¡Pero qué ocurre!? **¿¡Por qué no se mueve ninguno de los dos!?**

Studio Kōsen

En esta viñeta se ve con mucha claridad el uso del contador para personas 人 *nin.* Se trata de un contador extremadamente utilizado en japonés, pero tiene una característica muy peculiar: dos de sus lecturas más utilizadas son completamente irregulares. 一人 no se lee *ichi nin,* como sería lo más lógico, sino *hitori;* 二人, que aparece en esta viñeta, no se lee *ni nin* sino *futari.* Los demás usos de este contador son totalmente regulares: puedes comprobarlo en la tabla de la parte de teoría.

e) Contador de platos y contador de copas

Chef: はい、目玉を一皿ね！ **Cliente:** 一杯飲みたいな！
hai, medama o hitosara ne! *ippai nomitai na!*
sí, ojo ᴘᴄ un plato ᴘᴇ! una copa beber ᴘᴇ!
¡Tenga, un plato de ojos! **¡Me apetece una copa!**

Al igual que en el ejemplo a), aquí contamos con dos muestras de contadores: 皿 *sara,* para contar platos, y 杯 *hai,* que, como veíamos en el manga-ejemplo b), se usa para contar tazas, copas, vasos, etc. Aquí, el cliente no especifica «de qué» quiere la taza o copa, pero el uso en solitario de la palabra 一杯 *ippai,* en un contexto así, suele indicar «una copa» o «un vaso» de alguna bebida alcohólica, posiblemente de cerveza.

Guillermo March

En cuanto a 皿 *sara,* es una palabra que ya de por sí significa «plato», por lo que no sorprende que se utilice para contar platos de comida. 一皿, «un plato», tiene una lectura irregular: no es *ichi sara* sino *hito sara.*

f) Contador de animales pequeños

Yoshimura: くくくくっ　　　一匹おわり！
ku ku ku ku　　　*ippiki owari!*
(risa sarcástica)　　uno (contador animales pequeños) acabar!
¡Ju, ju, ju, ju!　　**¡Uno menos!**

Studio Kōsen

En este ejemplo vemos cómo se usa el contador 匹 *hiki* (la lectura 一匹 *ippiki* es irregular), que sirve para contar animales pequeños, como ratas, gatos, gusanos, etc.

Sin embargo, aquí este contador sirve para añadir un matiz despectivo intraducible. En realidad, Yoshimura acaba de derrotar a una persona, pero utiliza el contador 匹 *hiki* para despreciar y humillar al contrincante derrotado, en un uso que recuerda al hecho de llamar «gallina», «gusano» o «rata» a un enemigo en español. En los mangas, son frecuentes estos juegos de palabras basados en la utilización de contadores.

g) Contador de *tatami*

Nana: 大好きだったな あのアパート...　　小さい6畳の部屋に...
daisuki datta na ano apaato...　　*chiisai roku jō no heya ni...*
gustar mucho ser PE ese apartamento　　pequeño 6 tatami PP habitación PL
Me encantaba ese apartamento...　　**En esa pequeña habitación de 10 m²...**

No quisiéramos terminar esta lección sin avisar de que existen muchos más contadores aparte de los que acabamos de estudiar. Algunos sirven para contar cosas de lo más invero-

Guillermo March

símiles. Por ejemplo, en esta viñeta tenemos el contador 畳 *jō*, que sirve para contar *tatami* (especie de estera hecha de paja de arroz que se usa para cubrir los suelos de las casas). Las medidas de las casas japonesas se cuentan en *tatami (jō)*, al igual que nosotros contamos en m². Un *tatami* es igual a aproximadamente 1,6 m² (largo 1,8 m x ancho 0,9 m).

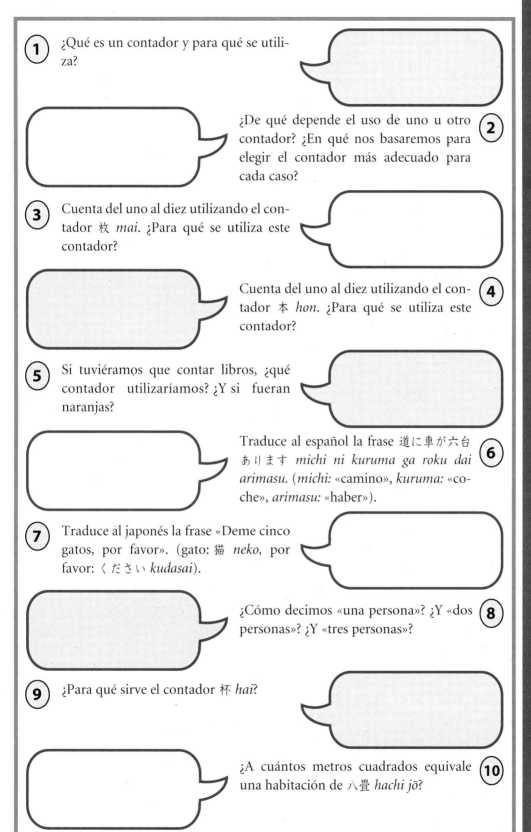

1. ¿Qué es un contador y para qué se utiliza?

2. ¿De qué depende el uso de uno u otro contador? ¿En qué nos basaremos para elegir el contador más adecuado para cada caso?

3. Cuenta del uno al diez utilizando el contador 枚 *mai*. ¿Para qué se utiliza este contador?

4. Cuenta del uno al diez utilizando el contador 本 *hon*. ¿Para qué se utiliza este contador?

5. Si tuviéramos que contar libros, ¿qué contador utilizaríamos? ¿Y si fueran naranjas?

6. Traduce al español la frase 道に車が六台あります *michi ni kuruma ga roku dai arimasu*. (*michi*: «camino», *kuruma*: «coche», *arimasu*: «haber»).

7. Traduce al japonés la frase «Deme cinco gatos, por favor». (gato: 猫 *neko*, por favor: ください *kudasai*).

8. ¿Cómo decimos «una persona»? ¿Y «dos personas»? ¿Y «tres personas»?

9. ¿Para qué sirve el contador 杯 *hai*?

10. ¿A cuántos metros cuadrados equivale una habitación de 八畳 *hachi jō*?

第25課 練習

Ejercicios

Ejercicios complementarios V

RAKUJŌ — *Nuevo vocabulario* 新しい単語

ひどい	terrible, cruel	もちろん	por supuesto
頑固な (がんこ)	testarudo	深い (ふか)	profundo
なる	convertirse	考える (かんが)	pensar (grupo 1)
命令 (めいれい)	orden	あやまる	disculparse (grupo 2)
従う (したが)	seguir, obedecer	物 (もの)	cosa (tangible)

1. Basándote en lo que has leído en los capítulos 4 y 5 de *Rakujō*, ¿por qué se enfada tanto Yodo con Yasu, hasta el punto de ir a hablar con él e insultarle? Haz una lista de los insultos y palabras soeces que dice Yodo en este capítulo.

2. ¿Qué significa literalmente la palabra おじいさん? Y en el contexto en el que aparece en *Rakujō*, pronunciada por Yodo ante Yasu, ¿qué sentido crees que adquiere?

3. ¿Cuántos cañones (cuántos dentro y cuántos fuera) había en la base de Saka antes de que los desmontaran? ¿Qué contador se utiliza para «contar» estos cañones? Y si en vez de cañones fueran árboles, ¿qué contador se usaría? ¿Y si fueran palomas?

4. En este capítulo aparecen tres adverbios derivados de adjetivos. Especifica cuáles son e indica de qué adjetivo provienen originalmente.

5. Transforma en adverbios los adjetivos ひどい, 頑固(がんこ)な y 遅(おそ)い.

6. ¿Qué significan los adverbios もう, だけ、少(すこ)し y とても?

7. En el capítulo aparecen cuatro verbos conjugados en la forma *-te*. Especifica cuáles son e indica además su infinitivo (forma simple), su forma *-masu* y su significado.

8. Conjuga estos verbos en la forma indicada en cada caso.

あやまる (gerundio simple):

従(しがた)う (petición):

負(ま)ける (gerundio negativo formal):

壊(こわ)す (gerundio pasado simple):

9. En el texto del capítulo aparecen dos verbos *-suru*. Especifica cuáles son e indica su infinitivo (forma simple), su forma *-masu*, su forma *-te* y su significado.

10. ¿Con qué palabra se dirige Hide a su madre? ¿Por qué utiliza esta y no 母(はは)?

11. Coloca cada palabra de la lista en el recuadro del contador que le corresponda.

人 (にん)	兄							
枚 (まい)								
台 (だい)								
本 (ほん)								
匹 (ひき)								
頭 (とう)								
冊 (さつ)								
個 (こ)								

兄(あに)	電車(でんしゃ)	先生(せんせい)	かえる	車(くるま)	へび	マンガ
いちご	紙(かみ)	羊(ひつじ)	カメラ	くま	男	手紙(てがみ)
足(あし)	えんぴつ	本	ディスク	妻(つま)	オレンジ	ぶた
バナナ	パソコン	あり	ふで	コンピュータ	自転車(じてんしゃ)	ライオン
猫(ねこ)	雑誌(ざっし)	たこ	警察官(けいさつかん)	新聞(しんぶん)	さる	馬(うま)
ボール	ゴム	おじいさん	木	もも	切手(きって)	みかん
とら	母親(ははおや)	象(ぞう)	すし	バス	写真(しゃしん)	ボールペン

12. Completa las siguientes frases con el contador más apropiado y añade la lectura de la combinación «contador+número». Indica también el equivalente de ～つ.

a) あの人の家には車が(3)三台 あります。 (三つ)

b) なしを(9)＿＿＿ください。 ( )

c) この建物は(8)＿＿＿あります。(何)＿＿＿に行きますか？ ( ) ( )

d) あなたは子供が(2)＿＿＿いますか？ ( )

e) 道には大きい牛が(4)＿＿＿いるぜ！ ( )

f) この(6)＿＿＿の本を読んだか？ ( )

g) 今日はビデオを(3)＿＿＿見ましたよ。 ( )

h) あそこに犬が(1)＿＿＿いたと思います。 ( )

13. Relaciona cada una de estas palabras con la que más le corresponda.

おかあさん	おねえさん	パパ	とうちゃん
おっと	だんなさん	おふくろ	つま
かない	はは	おばさん	おばあさん
むすめさん	おじいちゃん	あに	おば
あね	むすめ	にょうぼう	おにいさん
そふ	おくさん	そぼ	ははおや

14. Corrige el uso del vocabulario en las siguientes oraciones cuando haga falta por razones culturales.

a) アキラの ~~<ruby>父<rt>ちち</rt></ruby>~~ **<ruby>お父さん<rt>とう</rt></ruby>** は<ruby>屋<rt>や</rt></ruby>さんだ。

b) あたしの妹<rt>いもうと</rt>さんはとてもバカだよ。

c) 私の<ruby>お母<rt>かあ</rt></ruby>さんは<ruby>昨日<rt>きのう</rt></ruby>、ケーキを<ruby>三<rt>みっ</rt></ruby>つ食べたよ。

d) あなたの<ruby>妻<rt>つま</rt></ruby>はたいへん<ruby>美<rt>うつく</rt></ruby>しいですね。

e) <ruby>石川<rt>いしかわ</rt></ruby>さんのいとこは本を買いました。

15. Elige en cada caso la respuesta más apropiada.

a) _____、私は<ruby>映画館<rt>えいがかん</rt></ruby>へ行きました。

    1.まだ　2.あさって　3.<ruby>明日<rt>あした</rt></ruby>　4.<ruby>昨日<rt>きのう</rt></ruby>

b) サオリちゃんの<ruby>雑誌<rt>ざっし</rt></ruby>はつくえの_____あると思うよ。

    1.とても　2.<ruby>上<rt></rt></ruby>に　3.ゆっくり　4.やっぱり

c) このなすとかぼちゃを_____売ってくださいよ、<ruby>八百屋<rt>やおや</rt></ruby>さん！

    1.<ruby>安<rt>やす</rt></ruby>く　2.<ruby>低<rt>ひく</rt></ruby>く　3.<ruby>小<rt>ちい</rt></ruby>さく　4.むずかしく

d) <ruby>中田先生<rt>なかたせんせい</rt></ruby>は_____<ruby>教室<rt>きょうしつ</rt></ruby>にいますよ。

    1.そばに　2.もっと　3.きっと　4.いくら

e) あの人は_____<ruby>漢字<rt>かんじ</rt></ruby>を書いている。

    1.<ruby>危険<rt>きけん</rt></ruby>に　2.きらいに　3.ひまに　4.<ruby>上手<rt>じょうず</rt></ruby>に

16. Completa el siguiente cuadro como en el ejemplo. (**Nota:** si tienes dudas sobre a qué grupo pertenece un verbo, consulta el Apéndice ɪᴠ).

洗（あら）う	洗（あら）って	lavar	座（すわ）る		
見（み）る					comprar
		dormir		抱（だ）きしめて	
	急（いそ）いで		行（い）く		
	貸（か）して		作（つく）る		
		jugar	ある		
呼（よ）ぶ					leer
疲（つか）れる				来て	
	して		走（はし）る		
飲む					morir
		enseñar	歩（ある）く		
歌（うた）う			知（し）る		

17. Completa las siguientes frases conjugando el verbo en la forma indicada en cada caso.

a) 今、彼（かれ）の写真（しゃしん）を＿＿見ていました＿＿。（見る | gerundio pasado formal）

b) いいえ、映画（えいが）はまだ＿＿＿＿＿＿＿。（終わる | gerundio negativo informal）

c) おもしろくないですか？＿＿＿＿＿＿＿よ！（笑（わら）う | petición）

d) 青木（あおき）くん！先生（せんせい）が＿＿＿＿＿＿＿よ。（呼（よ）ぶ | gerundio presente informal）

e) 明日（あした）、広島（ひろしま）へ＿＿＿＿＿＿＿。（行く | petición）

f) いいえ、私はあのかえるを＿＿＿＿＿＿＿。（殺（ころ）す | gerundio negativo formal）

g) 西田（にしだ）先輩（せんぱい）は今たばこを＿＿＿＿＿＿＿か？（吸（す）う | gerundio presente formal）

h) あなたが大嫌（だいき）いだ！家（いえ）へ＿＿＿＿＿＿＿。（帰（かえ）る | petición）

i) 私？＿＿＿＿＿＿＿よ、酒（さけ）。（飲む | gerundio negativo pasado formal）

18. Coloca cada uno de los adverbios del cuadro inferior en el hueco correspondiente. (**Nota:** cuando se trate de adjetivos, deberás convertirlos antes en adverbios).

a) あなた！うるさいですよ！＿＿＿静かに＿＿＿食べてくださいね。

b) A: 妹はどこにいるの？ | B: テレビの＿＿＿＿＿＿＿座っているよ！

c) 明日、もっと＿＿＿＿＿＿＿来てください！わかったか？

d) ＿＿＿＿＿＿＿、彼は来なかった。しかし、＿＿＿＿＿＿＿は来ると思うよ。

e) 彼女は＿＿＿＿＿＿＿来ますよ。＿＿＿＿＿＿＿待ってくださいね。

f) トモコちゃん！この字は大きいよ！＿＿＿＿＿＿＿書いてね。

g) あの人は＿＿＿＿＿＿＿歌いました。

昨日　前に　小さい　きっと　~~静かな~~　早い　上手な　ちょっと　明日

19. Los sustantivos entre paréntesis pueden convertirse en verbos -*suru*. Transfórmalos en verbos y luego conjúgalos en la forma indicada en cada caso.

a) アサミさんにこれをすると＿＿＿約束した＿＿＿。（約束 | pasado informal）

b) あの女は山本さんと＿＿＿＿＿＿＿よ。（結婚 | gerundio pasado formal）

c) ユズヒコ！テレビを見るな！＿＿＿＿＿＿＿よ！（勉強 | petición）

d) オサムくんは車を＿＿＿＿＿＿＿。（運転 | gerundio formal）

e) バスはまだ＿＿＿＿＿＿＿。（出発 | pasado negativo informal）

20. Completa con las partículas correctas las siguientes frases.

a) モモコさん＿＿＿自転車は大学の前＿＿＿ある＿＿＿思います。

b) A: 学校＿＿＿バス＿＿＿来ますか？B: いいえ、電車＿＿＿来ますよ。

c) 彼女＿＿＿教室＿＿＿お母さん＿＿＿ケーキ＿＿＿食べているか？

d) 姉＿＿＿弟は私に映画＿＿＿好きだ＿＿＿言っている。

e) ここ＿＿＿は私＿＿＿本＿＿＿2冊あります。本田さん＿＿＿あげてください。

父	母	弟	兄	姉	妹	多	少	休	体	力
(36)	(37)	(38)	(39)	(40)	(41)	(51)	(52)	(124)	(125)	(108)
名	元	気	家	会	社	近	遠	広	強	弱
(102)	(66)	(67)	(160)	(80)	(81)	(96)	(97)	(111)	(106)	(107)

21. Desarrolla el orden de trazos de los siguientes kanji.

弟	
姉	
気	
弱	
家	

22. Relaciona cada kanji con su lectura más común (normalmente, el *kun'yomi*).

父	いもうと	体	からだ
妹	おとうと	弱い	つよい
近い	おおい	強い	よわい
遠い	ちかい	家	いえ
弟	とおい	兄	あね
多い	ちち	姉	あに

23. Indica el kanji o combinación de kanji correcta para cada lectura.

a) ひろい

  1.広い 2.遠い 3.多い 4.弱い

b) あね

  1.兄 2.弟 3.姉 4.妹

c) かいしゃ

  1.今社 2.社今 3.社会 4.会社

d) ふぼ

  1.父母 2.祖父 3.母父 4.祖母

24. Indica la lectura correcta para cada combinación de kanji.

a) あの<u>少年</u>の<u>名前</u>はなんですか？

　少年：1.しょうとし　2.しょうねん　3.しゅうねん　4.しゅうとし

　名前：1.めいぜん　2.まなえ　3.めいまえ　4.なまえ

b) お<u>父</u>さんはバルセロナと神戸（こうべ）が<u>姉妹</u>都（とし）市（し）だと言（い）いました。

　父：　1.ちち　2.かあ　3.はは　4.とう

　姉妹：1.あねいもうと　2.いもうとあね　3.しまい　4.まいし

c) オレのバカ<u>弟</u>は<u>元気</u>にマンガ<u>家</u>になりたいと言（い）っているぞ！

　弟：　1.おとうと　2.いもうと　3.あね　4.あに

　元気：1.きげん　2.もとき　3.げんき　4.きもと

　家：　1.か　2.け　3.いえ　4.うち

25. Indica la lectura en *furigana* de los kanji subrayados.

a) 　<u>会社</u>へ<u>行</u>く<u>前</u>に、彼女（かのじょ）に<u>会</u>いました。

b) 　昨日（きのう）は<u>天気</u>がよかったですね。ちょっと<u>家</u>を<u>出</u>て、<u>遠</u>くへ<u>行</u>った。

c) 　おい！「<u>社会</u>の<u>窓</u>（まど）」が<u>開</u>（あ）いてるよ、お<u>兄</u>さん！(**Nota.** 社会の窓（まど）=«bragueta»)

d) 　<u>体力</u>がないね…私の<u>体</u>は<u>少</u>し<u>弱</u>いと思う…<u>休</u>むな！

26. Escribe en kanji estas palabras e indica su significado. (**Nota:** las palabras marcadas con asterisco aparecen en cuadros estudiados en anteriores bloques).

はは	_____ _____	ちから	_____ _____
ひろい	_____ _____	つよい	_____ _____
きゅうじつ	_____ _____	たぶん	_____ _____
*にんき	_____ _____	*きもち	_____ _____

27. Corrige los errores (de escritura o de lectura) de las siguientes palabras.

柿	あね	気待ち	きもち	休力	たいりょく
広大	ひろおお	人気	じんき	会社	しゃかい
小年	しょうねん	刀強い	ちからづよい	第	おとんと

第(26)課：体の呼び方

Lección 26: Partes del cuerpo

Después de unas cuantas lecciones gramaticales, siempre viene bien estudiar un poco de vocabulario. Por eso, en esta lección 26 veremos vocabulario de las partes del cuerpo, para lo cual nos apoyaremos en tres gráficos repletos de términos nuevos.

El cuerpo

La palabra «cuerpo» en japonés se dice 体 *karada*. En la ilustración de la chica que encontramos en esta página podemos ver cómo se llaman en japonés las partes más importantes del cuerpo. Como puedes comprobar, primero tienes la palabra en kanji o kana, a continuación la transcripción al *rōmaji*, y finalmente la traducción al español.

Aunque en el dibujo se indica una lista bastante exhaustiva de términos, en principio no hace falta que te los sepas absolutamente todos. Basta con que, de primeras, aprendas los más importantes, como 顔 *kao*, 首 *kubi*, 髪の毛 *kaminoke*, 頭 *atama*, 胸 *mune*, 背中 *senaka*, 腕 *ude*, 手 *te*, お腹 *o-naka* y 脚 / 足 *ashi*. Luego, cuando ya domines perfectamente estos términos, puedes estudiar el resto.

La cara y la mano

En la ilustración de la página siguiente, en la parte superior, puedes ver claramente las diferentes palabras referidas a partes de la cara y la cabeza. «Cara», ya lo sabes gracias a la primera ilustración, es 顔 *kao* en japonés. El vocabulario básico en esta oca-

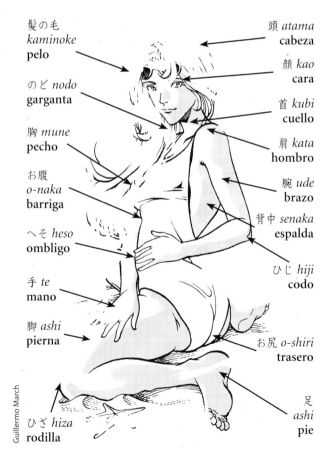

髪の毛 *kaminoke* pelo

のど *nodo* garganta

胸 *mune* pecho

お腹 *o-naka* barriga

へそ *heso* ombligo

手 *te* mano

脚 *ashi* pierna

ひざ *hiza* rodilla

頭 *atama* cabeza

顔 *kao* cara

首 *kubi* cuello

肩 *kata* hombro

腕 *ude* brazo

背中 *senaka* espalda

ひじ *hiji* codo

お尻 *o-shiri* trasero

足 *ashi* pie

Guillermo March

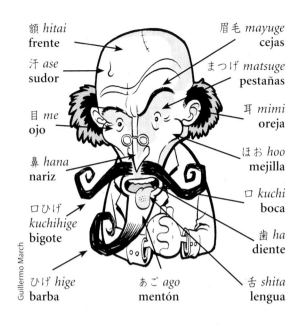

額 *hitai*
frente

汗 *ase*
sudor

目 *me*
ojo

鼻 *hana*
nariz

口ひげ *kuchihige*
bigote

ひげ *hige*
barba

あご *ago*
mentón

眉毛 *mayuge*
cejas

まつげ *matsuge*
pestañas

耳 *mimi*
oreja

ほお *hoo*
mejilla

口 *kuchi*
boca

歯 *ha*
diente

舌 *shita*
lengua

Guillermo March

sión es 目 *me*, 口 *kuchi*, 鼻 *hana*, 耳 *mimi*, 舌 *shita*, 歯 *ha* y ひげ *hige*.

Por último, en la ilustración final puedes ver la mano de alguien que ha pasado a mejor vida. «Mano» es 手 *te*, y las palabras esenciales que debes saberte al dedillo son 指 *yubi*, 爪 *tsume* y 手の平 *tenohira*.

El cuerpo por dentro

En estas ilustraciones hemos visto mucho vocabulario, pero fíjate en que todas las palabras han sido de partes externas del cuerpo. Ya que estamos metidos en materia, haremos una pequeña lista de órganos internos para que te hagas una idea de lo mucho que puede dar de sí este tema: 頭脳 *zunō*, «cerebro», 心臓 *shinzō*, «corazón», 血管 *kekkan*, «vena»/«arteria», 肺臓 *haizō*, «pulmón», 肝臓 *kanzō*, «hígado», 腎臓 *jinzō*, «riñón», 胃 *i*, «estómago», 腸 *chō*, «intestino», 生殖器官 *seishoku kikan*, «órganos reproductores».

Me duele...

Algo muy útil y que puede sacar de muchos apuros en cualquier idioma es saber decir «me duele x». Conociendo el vocabulario de las distintas partes del cuerpo, formar esa frase en japonés es muy sencillo. Basta con seguir la estructura X が痛いです *X ga itai desu* («x ᴘꜱ doloroso ser»). Fíjate en estos ejemplos prácticos:

頭が痛いです	お腹が痛いです	心臓が痛いです
atama ga itai desu	*o-naka ga itai desu*	*shinzō ga itai desu*
Me duele la cabeza.	Me duele la tripa.	Me duele el corazón.

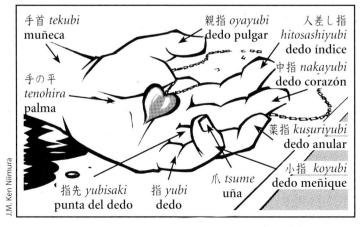

手首 *tekubi*
muñeca

手の平 *tenohira*
palma

指先 *yubisaki*
punta del dedo

指 *yubi*
dedo

爪 *tsume*
uña

親指 *oyayubi*
dedo pulgar

人差し指 *hitosashiyubi*
dedo índice

中指 *nakayubi*
dedo corazón

薬指 *kusuriyubi*
dedo anular

小指 *koyubi*
dedo meñique

J.M. Ken Niimura

Expresiones con partes del cuerpo

Al igual que en español contamos con expresiones como «echar una mano», «estar hasta las narices» o «la primera en la frente», por decir algunas, en japonés hay muchas expresiones relacionadas con partes del cuerpo. En realidad, se usan más y con mayor frecuencia que en español. Veamos las esenciales:

● 頭がいい／悪い *atama ga ii/warui* (Lit. «buena/mala cabeza»). Ser inteligente/tonto.

● 頭を下げる *atama o sageru* (Lit. «bajar la cabeza»). Disculparse de manera más o menos humillante (bajando la cabeza en reverencia, en señal de arrepentimiento).

● 頭にくる *atama ni kuru* (Lit. «venir a la cabeza»). Enfadarse, ponerse furioso.

● 顔が広い *kao ga hiroi* (Lit. «cara amplia»). Ser muy conocido, tener muchos contactos.

● 顔を売る *kao o uru* (Lit. «vender la cara»). Darse a conocer, hacer autopromoción.

● 目が高い *me ga takai* (Lit. «ojos altos»). Ser un experto, conocer algo muy bien.

● 耳が痛い *mimi ga itai* (Lit. «doler la oreja»). Encajar una crítica.

● 耳が遠い *mimi ga tooi* (Lit. «oreja lejana»). Ser duro de oído, estar un poco sordo.

● 口が軽い *kuchi ga karui* (Lit. «boca ligera»). No saber guardar un secreto.

● 口が堅い *kuchi ga katai* (Lit. «boca dura»). Saber guardar un secreto.

● 口が悪い *kuchi ga warui* (Lit. «boca mala»). Tener lengua viperina, ser malhablado.

● 鼻が高い *hana ga takai* (Lit. «nariz alta»). Estar orgulloso de algo. Ser fanfarrón.

● 首になる *kubi ni naru* (Lit. «volverse cuello»). Ser despedido de un trabajo.

● 胸を張る *mune o haru* (Lit. «estirar el pecho»). Hacer de tripas corazón.

● 腕がいい *ude ga ii* (Lit. «buen brazo»). Ser muy bueno en algo.

● 手を上げる *te o ageru* (Lit. «levantar la mano»). Rendirse, resignarse a algo.

● 手を貸す *te o kasu* (Lit. «prestar la mano»). Echar una mano, ayudar.

● 手を出す *te o dasu* (Lit. «sacar la mano»). Meterse en algún asunto o negocio.

● 手も足も出ない *te mo ashi mo denai* (Lit. «no salir ni la mano ni el pie»). No saber qué hacer, no ver ninguna solución a un asunto, encontrarse impotente ante algo.

● 腹が立つ *hara ga tatsu* (Lit. «levantarse la barriga»). Ponerse furioso, enfadarse.

● 尻が重い *shiri ga omoi* (Lit. «trasero pesado»). Ser lento, costarle a alguien hacer cosas.

● 尻をぬぐう *shiri o nuguu* (Lit. «limpiar el trasero»). Solventar una papeleta ajena.

● 足を洗う *ashi o arau* (Lit. «lavar los pies»). Retirarse de un trabajo o asunto turbio.

Aparte, aunque no sea una parte del cuerpo humano, es interesante la expresión 羽を伸ばす *hane o nobasu* (Lit. «extender las alas»), con exactamente el mismo sentido que tiene la expresión «extender las alas» en español: «liberarse», «sentirse aliviado».

Por último, veamos un par de dichos más que tienen que ver, por supuesto, con partes del cuerpo. El primero es 口はわざわいのもと *kuchi wa wazawai no moto*, cuyo significado literal es «la boca es el origen de las desgracias», con lo que su sentido queda bastante claro. El segundo, más una curiosidad que otra cosa, es la versión japonesa del conocido dicho bíblico «ojo por ojo, diente por diente»: 目には目、歯には歯 *me ni wa me, ha ni wa ha*.

Aunque el vocabulario del cuerpo no tiene mucho secreto más allá del estudio puro y duro, vale la pena examinar algunos manga-ejemplos para ver algunas palabras nuevas y usos curiosos.

a) Cuerpo y alma

Studio Kōsen

Título: PART 6 心も体も
paato roku kokoro mo karada mo
parte 6 corazón también cuerpo también
Sexta parte: «En cuerpo y alma»

En esta ilustración, aparte de la ya conocida 体 *karada*, «cuerpo», vemos la palabra 心 *kokoro*. *Kokoro* significa «corazón», pero en un sentido más bien espiritual: es la mente, el alma, lo que no es físico pero nos hace humanos. Por eso hemos traducido la frase por «en cuerpo y alma». Recuerda que el «corazón», en el sentido del órgano que bombea la sangre del cuerpo, se llama 心臓 *shinzō*. No confundas ambas palabras.

b) Algo más vulgar...

Robot: オッパイ ミサイル
oppai misairu
tetas misil
¡Misil pectoral!

Studio Kōsen

Como en todos los idiomas, existen palabras vulgares para referirse a algunas partes del cuerpo. Aquí, por ejemplo vemos la palabra オッパイ *oppai*, que tiene el mismo sentido y connotaciones que la española «tetas», en vez de 胸 *mune* («pecho»). Al igual, ケツ *ketsu* es la palabra vulgar para «trasero».

c) Vocabulario médico

> **Doctor:** 銃弾が左中大脳動脈をかすめている
> *jūdan ga sachū dainō dōmyaku o kasumete iru*
> bala PS izquierda-centro cerebro arteria PC rozar
> **La bala está rozando la arteria cerebral media.**

銃弾が左中大脳動脈をかすめている。

Guillermo March

En cualquier idioma hay, literalmente, miles de palabras referidas al cuerpo humano, la mayoría de ellas utilizadas solamente en ámbitos médicos; el japonés no es una excepción. En esta lección hemos visto los términos más generales, pero es interesante observar ejemplos como este para cerciorarse de que este mundo es muuuuy amplio. Por ejemplo, el cerebro, 脳 *nō*, se divide en 大脳 *dainō* («cerebro»), 小脳 *shōnō* («cerebelo») y 間脳 *kannō* («mesencéfalo»). Aquí nos hablan, en concreto, de una arteria (la arteria cerebral media), cuya traducción literal es «arteria de la parte central izquierda del cerebro».

d) Me duele...

俺はいま頭が痛いんだ…

J.M. Ken Niimura

> **Toshio:** 俺はいま頭が痛いんだ...
> *ore wa ima atama ga itai n da...*
> yo PTM ahora cabeza PS doloroso ser...
> **Ahora tengo dolor de cabeza...**

Al final de la teoría hemos visto cómo formar frases del tipo «me duele x»; aquí tienes un ejemplo real de la utilización de esta expresión. Aunque en español utilicemos un verbo («doler»), observa que en japonés estamos tratando con un adjetivo -*i*, 痛い *itai*, literalmente «doloroso». Por lo tanto, su pasado será 痛かった *itakatta* («dolía», «dolió», etc.), su negativo 痛くない *itakunai* («no duele») y su negativo pasado 痛くなかった *itakunakatta* («no dolía», «no dolió», etc.).

1 ¿Cómo se dice «cara» en japonés? ¿Y «mano»? Escribe el vocabulario básico de la cara y de la mano, dando también su lectura en *rōmaji*.

2 ¿Cómo se dicen en japonés las siguientes palabras: «cerebro», «pulmones», «estómago»?

3 Traduce al japonés la frase «Tus ojos son bonitos». (tus: 君の *kimi no,* bonito: きれいな *kirei-na*). Atención: repasa la L.14.

4 Traduce al español la frase 彼の腕は強いです *kare no ude wa tsuyoi desu.* (*kare:* «él», *no:* PP, *tsuyoi:* «fuerte», *desu:* «ser» (L.9)).

5 Traduce al japonés la frase «Me duele el pulgar».

6 Traduce al español la frase 肩が痛いです *kata ga itai desu.*

7 Traduce al español la frase この人は鼻が高いです *kono hito wa hana ga takai desu.* (*kono:* «este», *hito:* «persona»).

8 ¿Qué expresión utilizaría un mafioso japonés que desea abandonar su 組 *kumi* (banda mafiosa)?

9 ¿Qué dos palabras hay en japonés que se traduzcan por «corazón» y cuáles son sus diferentes sentidos?

10 ¿Cuál es el equivalente vulgar de la palabra お尻 *o-shiri*? ¿Y el de 胸 *mune*?

Lección 27: Expresiones hechas

En esta L.27 vamos a profundizar sobre un tema que ya vimos hace casi eones, allá en la L.4: se trata de las expresiones hechas, esas frases de la vida cotidiana que tan pocas veces pueden ser traducidas directamente. Aquí estudiaremos las principales bastante a fondo.

¡Buenos días!

Como ya es habitual en el curso, el centro de la lección va a ser el cuadro de vocabulario de la página siguiente. En él hemos incluido las expresiones cotidianas más importantes del idioma japonés. Sin embargo, observa que hemos omitido los saludos más usuales, que ya comentamos detenidamente en la L.4.

Ya que estamos, sin embargo, nunca está de más hacer un repasillo rápido:

Saludos del día: おはようございます *ohayō gozaimasu* («buenos días»), こんにちは *konnichi wa* («buenas tardes»), こんばんは *konban wa* («buenas noches»), お休みなさい *o-yasumi nasai* («buenas noches»/«que descanses» – cuando uno se va a dormir).

Saludo: お元気ですか *o-genki desu ka?* («¿cómo estás?»), a lo que suele responderse はい、元気です *hai, genki desu* («estoy bien (gracias)»).

Despedida: さようなら *sayōnara* («adiós»), またね *mata ne* («hasta luego») y sus diversos derivados.

Agradecimiento: ありがとう *arigatō* («gracias») y derivados. La respuesta más usual es どういたしまして *dō itashimashite* («de nada»).

Más allá del *konnichi wa*

No obstante, para dar un paso más allá del *konnichi wa*, debes saber que existen varias expresiones muy usuales que es necesario conocer. Estas expresiones hechas, que en general tienen poco sentido si se las traduce directamente, pueden suponer un escollo. Para solventar de raíz este posible problema, lo que hay que hacer es aprenderlas en contexto o, como mínimo, junto a una explicación sobre su significado y su ámbito de uso más común. Esta información la hemos agregado en la tabla adjunta.

Quizás uno de los conjuntos de expresiones cotidianas que se utiliza con más profusión y que es, hasta cierto punto, complicado de aprender a utilizar con soltura para un no nativo, es el de las expresiones que se usan al entrar o salir de un lugar o una casa. Hay siete en este gran grupo, que se dividen en dos subgrupos:

Grupo 1. Expresiones que se usan al entrar o salir de la propia casa. Estas son ただいま *tadaima* (dicho por la persona que entra en su casa), お帰りなさい *o-kaeri nasai* (dicho por la persona que está dentro de su casa en respuesta al *tadaima* del primero, y muchas veces contraída a お帰り *o-kaeri*), 行ってきます *itte kimasu* (dicho por la persona que sale de su casa) y 行ってらっしゃい *itte rasshai* (dicho por la persona que permanece en la casa en respuesta al *itte kimasu* del primero).

Grupo 2. Expresiones que se usan al entrar o salir de una casa o lugar de trabajo ajeno. En este caso tenemos お邪魔します *o-jama shimasu* (dicho por la persona que entra a casa ajena), いらっしゃい *irasshai* (dicho por la persona que está en su casa como expresión de bienvenida al visitante) y 失礼します *shitsurei shimasu* (dicho por la persona que sale de casa ajena). Intenta aprenderte este puzle porque te será muy útil.

Las principales expresiones hechas		
Expresión	Explicación	Traducción
失礼します *shitsurei shimasu*	expresión utilizada al entrar o salir de un lugar	Con permiso. | Me retiro. | ¿Interrumpo algo?
ただいま *tadaima*	expresión que se dice al entrar en la propia casa	Ya estoy en casa.
お帰りなさい *o-kaeri nasai*	respuesta a *tadaima*	Bienvenido.
行ってきます *itte kimasu*	expresión al salir de la propia casa	• Me marcho. • Vuelvo enseguida.
行ってらっしゃい *itte rasshai*	respuesta a *itte kimasu*	• No tardes. • Hasta pronto.
お邪魔します *o-jama shimasu*	expresión al entrar en casa ajena	Con permiso. Lit. «Estoy molestando».
いらっしゃい *irasshai*	respuesta a *o-jama shimasu*	• Adelante, pase. • Bienvenido.
ごめんください *gomen kudasai*	al entrar en casa ajena pero no hay nadie en la puerta para recibir	¿Hay alguien en casa? | ¡Disculpe!
いらっしゃいませ *irasshaimase*	saludo del tendero al cliente (a lo que no hay que responder nada)	¡Bienvenido! | ¿Qué desea? | ¿En qué puedo ayudarle?
ごめんなさい *gomen nasai*	disculpa, expresión de perdón	Perdón.
すみません *sumimasen*	a) disculpa b) para llamar la atención	a) Perdón/Lo siento. b) Disculpe.
いただきます *itadakimasu*	al empezar a comer	Buen provecho. Lit. «Acepto», «recibo».
ごちそう様 *gochisō-sama*	al terminar de comer, expresión de agradecimiento	• Estaba muy bueno. • Gracias por la comida.
お疲れ様 *o-tsukare-sama*	al terminar un trabajo o cualquier actividad	Buen trabajo. Lit. «Gracias por cansarse».
ご苦労様 *gokurō-sama*	parecido a *o-tsukare-sama*	Buen trabajo. Lit. «Gracias por cansarse».
おめでとうございます *omedetō gozaimasu*	expresión de felicitación	Felicidades.
よろしくお願いします *yoroshiku o-negai shimasu*	tras pedir un favor o que alguien haga algo por el hablante	Se lo ruego. |Encantado. | Lo dejo en tus manos. Lit. (ver cuerpo de texto)

Las expresiones y la cultura

La cultura japonesa, como ya sabrás a estas alturas, es muy diferente de la cultura occidental y posee ciertos rasgos que la caracterizan. Los idiomas reflejan el modo de ser y de pensar de las gentes que los hablan, y el japonés no es ninguna excepción. ¿Por qué explicamos esto ahora? Pues bien, las peculiaridades del japonés se ven reflejadas en mucho mayor grado en las expresiones de la vida cotidiana, tema que tratamos en esta lección.

Un caso muy claro es la hiperutilizada expresión よろしくお願いします *yoroshiku o-negai shimasu* (ver cuadro), que vas a oír hasta la saciedad si visitas Japón. Esta expresión hecha se utiliza cuando acabamos de pedir un favor a alguien, cuando acabamos de conocer a alguien, o cuando dejamos algún asunto en manos de otra persona.

Su traducción más acertada sería algo tan enrevesado como «ruego humildemente su favorable consideración», algo que dice mucho sobre la mentalidad japonesa: pedir un favor supone cargar un peso sobre los hombros de otra persona, lo que no se percibe como «digno». Así pues, hay que pedir excusas al pedir algo y, además, hay que hacerlo con la humildad por delante.

Otro ejemplo curioso es el uso de すみません *sumimasen* (L.4), una expresión que en principio significa «disculpe» o «perdone», aunque en muchas ocasiones veremos utilizada más con el sentido de «gracias» que con el de «perdone». Por ejemplo, a A se le cae una moneda al suelo, y B la recoge y se la devuelve. En tal caso, en vez de ありがとう *arigatō*, es muy posible que A le agradezca el gesto a B con un すみません *sumimasen*. Lo que implica esta manera de «agradecer» el favor es algo como «siento (haberle obligado a molestarse a hacerme este favor y se lo agradezco)».

Se trata de algo insignificante, pero...

Cuando un japonés hace un regalo, tiende a rebajar la categoría de lo que ofrece como muestra de humildad. La expresión tradicional que se utiliza al dar un regalo (solo en ocasiones muy formales) dice así: つまらない物ですけれど、どうぞ *tsumaranai mono desu keredo, dōzo...* Esto, traducido literalmente, significa «se trata de algo insignificante, pero por favor (tómelo)». El caso es que ese «insignificante» regalo puede ser algo muy valioso o incluso realmente caro.

Asimismo, hay otra curiosa expresión tradicional que se usa en situaciones formales cuando alguien invita a un visitante a pasar a su casa: 汚いところですけれど、どうぞ上がってください *kitanai tokoro desu keredo, dōzo agatte kudasai* (literalmente «se trata de un sitio sucio pero, por favor, pase»). Lo más gracioso es que la mayoría de las veces ese «sitio sucio» es una casa preciosa que está como los chorros del oro...

Dominar el japonés no significa solamente dominar el idioma escrito y hablado; significa también entender la cultura y tratar de amoldarse a ella (ya que la cultura no se amoldará a nosotros). Eso es, quizás, lo más difícil de todo.

漫画例 Manga-ejemplos

Aunque busques las expresiones de la vida cotidiana en un diccionario, la definición siempre deja algo que desear. Como dicen que una imagen vale más que mil palabras, ¡vamos a por los manga-ejemplos!

a) Entrar y salir

J.M. Ken Niimura

> **Marc:** ただいま！
> *tadaima!*
> **¡Ya estoy en casa!**
>
> **Ken:** 行ってきます！
> *itte kimasu!*
> **¡Me marcho!**

En la parte de teoría hemos estudiado con detenimiento el conjunto de expresiones usadas al entrar y salir de una casa. Aquí tenemos una muestra práctica: en la viñeta, Marc acaba de llegar a <u>su propia</u> casa u oficina y Ken está saliendo de <u>su propia</u> casa u oficina. La expresión del primero, que sirve para saludar a los que están dentro del edificio, es *tadaima*, y la respuesta de estos sería *o-kaeri nasai*. En el caso de Ken, que se marcha diciendo *itte kimasu*, la gente que se queda en el edificio se despediría de él con un *itte rasshai*.

b) Tengo hambre

> **Slime:** 腹が減ったぜ...
> *hara ga hetta ze...*
> barriga PS disminuir PE
> **Tengo hambre...**

Guillermo March

Una nueva expresión útil es la correspondiente a «tengo hambre» o «tengo sed». Hay varias versiones según el hablante. **Tengo hambre:** *hara ga hetta* es una expresión masculina y bastante vulgar, *onaka ga suita* es la forma estándar y *onaka ga peko peko* es más bien infantil. **Tengo sed:** *nodo ga kawaita* es la forma estándar y *nodo ga kara kara*, la coloquial.

c) Feliz año nuevo

Maria: 明けましておめでとうございます。
akemashite omedetō gozaimasu
Feliz año nuevo.

En esta viñeta vemos una nueva expresión que no habíamos estudiado: el saludo de año nuevo. 明けましておめでとうございます *akemashite omedetō gozaimasu* significa literalmente «felicidades por la apertura (del año nuevo)», aunque se traduce por «feliz año nuevo». La frase que suele seguir a esta expresión es 今年もよろしくお願いします *kotoshi mo yoroshiku o-negai shimasu. Kotoshi mo* significa «este año también» (para *yoroshiku o-negai shimasu*, repasa la parte de teoría).

Omedetō gozaimasu a secas significa «felicidades» y se utiliza con ocasión de cumpleaños, éxitos, celebraciones, etc. (ver cuadro de teoría).

Studio Kōsen

d) Cuánto tiempo (sin vernos)

Sanada: お久しぶりです、バッハ先生
o-hisashiburi desu, bahha sensei
cuánto tiempo ser, Bach maestro
Cuánto tiempo, Dr. Bach...

El mundo de las expresiones cotidianas es bastante amplio. Por ejemplo, hay varias frases de saludo al encontrar a una persona, como las conocidas *konnichi wa, konban wa*, etc. La expresión *o-hisashiburi desu* (o simplemente *hisashiburi*) entraría en esta categoría, y viene a significar algo como «hacía mucho tiempo (que no nos veíamos)».

Aparte de estas, hay varias expresiones hechas con sentidos similares o variaciones, como los varios

Guillermo March

modos de decir «gracias» (*arigatō, dōmo, arigatō gozaimasu*, etc. (L.4)) o de despedirse (*sayōnara, mata ne, bai bai*, etc. (L.4)). Asimismo, para pedir perdón, aparte de las conocidas *sumimasen* y *gomen nasai* tenemos la informal *gomen ne* o las más formales 申し訳ない *mōshiwake nai* o 申し訳ありません *mōshiwake arimasen*.

1 Son las 9 de la noche y nos encontramos a un conocido en un bar. ¿Cómo le saludamos en japonés?

2 Son las 9 de la noche, nos caemos de sueño porque la noche anterior hemos ido de bares y queremos irnos a dormir. ¿Cómo nos despedimos?

3 Sales de tu casa. ¿Cómo te despides de tu madre, que ha decidido quedarse? ¿Qué te responde ella?

4 Estás trabajando en un McDonald's en Japón y entra un cliente. ¿Qué le dices?

5 Tu amigo acaba de aprobar un examen importantísimo. ¿Cómo lo felicitas?

6 Tienes que hacerle un regalo a tu jefe japonés (es una situación formal). ¿Con qué palabras acompañas al regalo?

7 ¿Qué diferentes sentidos puede tener la palabra すみません sumimasen?

8 ¿Cómo dice un chico de 22 años «tengo hambre» ante sus amigos? ¿Y ante su jefe? ¿Y si el hablante es un niño de 5 años?

9 Felicita a alguien por el año nuevo (la expresión completa).

10 ¿Qué te tendría que decir yo (el profe) a ti (mi alumno) cuando hayas terminado estos ejercicios (dos posibilidades)?

Lección 28: Verbos (IV): *naru*

En esta lección te tocará hincar bien los codos porque, aunque la hayamos titulado «el verbo *naru*», en realidad veremos bastante más que eso. Aquí daremos por sabido y estudiado lo que vimos en las lecciones 13, 14, 16, 19, 20, 22 y 24 (¡casi nada!).

El verbo *naru*

Uno de los verbos más utilizados del japonés es なる *naru*. Este verbo no tiene un equivalente exacto en español, aunque se puede parafrasear como «haber sufrido un cambio», «llegar a ser», «convertirse en», etc. Si sabes inglés, podrías identificar なる *naru* con el verbo inglés «to become».

Uso del verbo naru		
Sustantivo	+になる + *ni naru*	先生になる *sensei ni naru* Llegar a ser profesor.
Adj. -*i*	い+くなる *i* + *ku naru*	強くなる *tsuyoku naru* Fortalecerse.
Adj. -*na*	な+になる *na* + *ni naru*	静かになる *shizuka ni naru* Calmarse, tranquilizarse.
Verbo	する+になる *suru* + *ni naru*	勉強になる *benkyō ni naru* Resultar instructivo.

En la tabla adjunta tienes las distintas flexiones que なる *naru* exige a la palabra que le precede. Por ejemplo, si se trata de un adjetivo -*i* (L.13), habrá que sustituir la última い *i* del adjetivo por く *ku*. Así, 難しい *muzukashii* («difícil») ⇒ 難しくなる *muzukashiku naru* («volverse difícil»/«complicarse»). Con los adjetivos -*na* (L.14), habrá que sustituir な *na* por に *ni*. Así, 乱暴な *ranbō-na* («violento») ⇒ 乱暴になる *ranbō ni naru* («volverse violento»). Con sustantivos, habrá que añadir に *ni*. Así, 社長 *shachō* («director») ⇒ 社長になる *shachō ni naru* («convertirse en director»).

El verbo なる *naru* es extremadamente utilizado en cualquier registro y situación del japonés, y sus conjugaciones son como sigue: presente なる *naru*, pasado, なった *natta*, negativo, ならない *naranai*, negativo pasado, ならなかった *naranakatta*, forma -*masu*, なります *narimasu* (ver L.19 para las conjugaciones de la forma -*masu*). Ejemplos:

彼女はとてもやさしくなった *kanojo wa totemo yasashiku natta*, «Ella se volvió muy amable».
山田は先生になりません *Yamada wa sensei ni narimasen*, «Yamada no se hace maestro».

Ir a...

La segunda estructura gramatical que estudiaremos en esta lección es muy sencilla de formar y a la vez muy útil. Se trata de cómo decir frases del tipo «voy a...» o «vengo a...» con una simple combinación de verbos.

Las estructuras «ir a...»/«venir a...»		
Vます+に行く V *masu* + *ni iku*	買いに行く *kai ni iku* **Ir a comprar.**	見に行く *mi ni iku* **Ir a mirar.**
Vます+に来る V *masu* + *ni kuru*	遊びに来る *asobi ni kuru* **Venir a jugar.**	書きに来る *kaki ni kuru* **Venir a escribir.**
買う *kau*: «comprar» | 見る *miru*: «mirar» 遊ぶ *asobu*: «jugar» | 書く *kaku*: «escribir»		

En la L.19 explicamos la forma -*masu* de los verbos que, recordarás, se llamaba así porque los verbos siempre terminan en ます -*masu*. Pues bien, si conjugas un verbo en su modalidad -*masu*, eliminas el último ます *masu* y en su lugar colocas la partícula に *ni* y el verbo 行く *iku* («ir»), podrás formar frases del tipo «ir a...».

Veamos un ejemplo con el verbo 買う *kau* («comprar»). La forma -*masu* de este verbo es 買います *kaimasu* (L.19). Si eliminamos ます *masu*, obtenemos 買い *kai*. Al añadir に行く *ni iku*, conseguimos la forma 買いに行く *kai ni iku*, que tiene el sentido de «ir a comprar». Conjugando el verbo 行く *iku*, podemos obtener el pasado, el negativo y el negativo pasado en sus formas simple (L.20) y formal -*masu* (L.19). Observa los ejemplos:

次郎さんは肉を買いに行く
jirō-san wa niku o kai ni iku
Jirō (suf.) PTM carne PD comprar ir a
Jirō va a comprar carne.

彼と食べに行きません
kare to tabe ni ikimasen
él con comer ir a
No voy a comer con él.

Del mismo modo, si en vez de usar el verbo 行く *iku* usamos 来る *kuru* («venir»), obtendremos frases del tipo «venir a»:

広美さんはテレビを見に来る
hiromi-san wa terebi o mi ni kuru
Hiromi (suf.) PTM televisión PD mirar venir a
Hiromi viene a ver la televisión.

彼は遊びに来なかった
kare wa asobi ni konakatta
él PTM jugar venir a
Él no vino a jugar.

Dar y recibir

En la última tabla de la lección, situada en la página siguiente, puedes ver los usos de los verbos あげる *ageru* («dar»), もらう *morau* («recibir») y くれる *kureru* («dar(me)»). Entender bien el funcionamiento de estos tres verbos puede convertirse en un buen rompecabezas, ya que para un hispanohablante la estructura gramatical de las frases formadas con ellos puede ser complicada de captar y distinguir. Conjugaciones:

あげる **ageru** | Pas: *ageta*, Neg: *agenai*, Neg. pas: *agenakatta*, F. -*masu*: *agemasu*.

もらう **morau** | Pas: *moratta*, Neg: *morawanai*, Neg. pas: *morawanakatta*, F. -*masu*: *moraimasu*.

くれる **kureru** | Pas: *kureta*, Neg: *kurenai*, Neg. pas: *kurenakatta*, F. -*masu*: *kuremasu*.

Para usar correctamente estos verbos es muy importante comprobar quién es el sujeto (quién realiza la acción), quién es el receptor de la acción, y qué partícula gramatical corresponde a cada uno en cada caso. Con *ageru* y *morau* no hay problema aparente ya que tienen una correspondencia de sentido casi al 100% con los verbos del español «dar» y «recibir», respectivamente. ¡Pero atento al uso de las partículas!

<table>
<tr><td>私は鳥にパンをあげる</td><td>彼女はヒデに雑誌をもらわない</td></tr>
<tr><td>*watashi wa tori ni pan o ageru*</td><td>*kanojo wa hide ni zasshi o morawanai*</td></tr>
<tr><td>yo PTM pájaro PI pan PD dar</td><td>ella PTM Hide PI revista PD recibir</td></tr>
<tr><td>**Yo doy pan al pájaro.**</td><td>**Ella no recibe una revista (de manos) de Hide.**</td></tr>
</table>

Sin embargo, el verbo くれる *kureru* es algo más complicado, puesto que, aunque tiene el sentido de «dar», también lleva implicado un componente de «recibir». Este verbo se utiliza cuando alguien «da» una cosa a «mí» o a «alguien cercano (psicológicamente) a mí». Este «alguien cercano a mí» puede ser alguien de la familia, o alguien de mi misma clase, oficina, grupo, etc. que yo mismo considere cercano.

<table>
<tr><td>彼は私に雑誌をくれる</td><td>ヨシオ君は母にえんぴつをくれました</td></tr>
<tr><td>*kare wa watashi ni zasshi o kureru*</td><td>*Yoshio-kun wa haha ni enpitsu o kuremashita*</td></tr>
<tr><td>él PTM yo PI revista PD dar</td><td>Yoshio (suf.) PTM madre PI lápiz PD dar</td></tr>
<tr><td>**Él me da una revista.**</td><td>**Yoshio le dio un lápiz a mi madre.**</td></tr>
</table>

Así, pues, nunca usaremos あげる *ageru* para indicar que «alguien me da algo a mí o a alguien cercano a mí»: en su lugar, hay que usar obligatoriamente くれる *kureru*.

Existe también una construcción gramatical formada con la forma *-te* (L.24) más estos tres verbos, que adopta un sentido similar al de «hacer una acción haciendo o recibiendo un favor». Observa esta oración:

私は彼女に花を買ってあげた *watashi wa kanojo ni hana o katte ageta*

yo PTM ella PI flor PD comprar (dar)

Yo le compré una flor a ella (con lo cual le hice un favor).

Uso básico de *ageru, morau* y *kureru*		
あげる *ageru* «dar»	XはYにZをあげる *x wa y ni z o ageru* El Sr. x da z al Sr. y (x: da | y: recibe)	太郎さんはマリアさんに本をあげる *Tarō-san wa Maria-san ni hon o ageru* Tarō (suf.) PTM Maria (suf.) PI libro PD dar **Tarō le da un libro a María.**
もらう *morau* «recibir»	XはYにZをもらう *x wa y ni z o morau* El Sr. x recibe z del Sr. y (x: recibe | y: da)	山田さんは伊藤さんにたばこをもらう *Yamada-san wa Itō-san ni tabako o morau* Yamada (suf.) PTM Itō (suf.) PI tabaco PD recibir **El Sr. Yamada recibe tabaco del Sr. Itō.**
くれる *kureru* «dar»	Xは私にZをくれる *x wa watashi ni z o kureru* El Sr. x da z a mí (x: da | yo: recibo)	鈴木君は私にワインをくれる *Suzuki-kun wa watashi ni wain o kureru* Suzuki (suf.) PTM yo PI vino PD dar **Suzuki me da vino.**

漫画例 Manga-ejemplos

Esta vez hay mucha información que digerir, ya que hemos explicado ni más ni menos que tres estructuras gramaticales en una sola lección. Intentemos verlo todo un poco más claro con los ejemplos gráficos.

a) Adjetivo -i + naru | forma -te + morau

Maya: 私のペチャパイもお兄さんにさわってもらうと大きくなるかも
watashi no pechapai mo oniisan ni sawatte morau to ookiku naru kamo
yo PP pecho plano también hermano PI tocar recibiera grande convertir quizá
Quizá si me lo tocaras, mi insignificante pecho crecería.

¡Dos pájaros de un solo tiro! En esta viñeta podemos ver dos de las tres estructuras gramaticales que hemos estudiado en la lección: el uso del verbo なる *naru* y el uso de la forma -te más もらう *morau* («recibir»).

Primeramente, tenemos la combinación del adjetivo -i 大きい *ookii* («grande») con *naru*. Recuerda que para combinar ambos, había que sustituir la い *i* del adjetivo por く *ku*. Efectivamente, en el ejemplo tenemos 大きくなる *ookiku naru* («volverse grande»).

En segundo lugar, observa la parte さわってもらう *sawatte morau*, una combinación del verbo さわる *sawaru* («tocar») con もらう *morau* («recibir»). *Sawatte morau* tiene el matiz de «recibir el hecho de que me toquen». Así, Maya percibe el hecho de que «la toquen» como un favor que le hace el chico.

Nota: observa el uso de la palabra お兄さん *oniisan*. Como sabes, esta palabra significa «hermano», pero a veces se usa para indicar la idea de «chico joven cuyo nombre no se conoce», como aquí. Repasa el manga-ejemplo d) de la L.21 para más información.

b) Sustantivo + *naru*

Si en el anterior ejemplo veíamos un ejemplo de la combinación de un adjetivo -*i* con なる *naru*, esta vez tenemos un sustantivo con este verbo. Con los sustantivos, hay que añadir la partícula に *ni* antes de なる *naru*. Aquí tenemos チンピラになる *chinpira ni naru*. *Chinpira* significa «gamberro» (más bien es como una especie de aprendiz de *yakuza*, L.23), por lo que *chinpira ni naru* será «convertirse en gamberro», «volverse un gamberro», «hacerse un gamberro», etc. En general, なる *naru* tiene el sentido de que «algo o alguien ha cambiado respecto a su estado o posición anterior».

J.M. Ken Niimura

Nobu: チンピラになったな...
chinpira ni natta na...
gamberro convertirse PE...
Me he vuelto un gamberro...

c) Venir a...

Miike: マサオを殺しに来たんだろう？
Masao o koroshi ni kita n darō?
Masao PC asesinar venir a verdad?
Vinisteis a matar a Masao, ¿verdad?

Studio Kōsen

He aquí un buen ejemplo de una frase hecha utilizando la estructura de verbo compuesto «verbo -*masu* + *ni kuru*», que tiene el significado de «venir a...».
Recordemos cómo se forma esta estructura usando el mismo verbo que Miike: 殺す *korosu* («asesinar»). La forma -*masu* de este verbo es 殺します *koroshimasu*. Quitamos la parte ます *masu,* con lo que nos queda la raíz 殺し *koroshi*. Por último, añadimos la partícula に *ni* y el verbo 来る *kuru* («venir») y por fin obtenemos 殺しに来る *koroshi ni kuru* («venir a matar»).
Si cambiáramos el verbo 来る *kuru* por 行く *iku* («ir»), la frase 殺しに行く *koroshi ni iku* tendría el sentido de «ir a matar». Esta construcción, «verbo -*masu* + *ni* + *iku/kuru*» es muy útil y práctica.

d) *Ageru* («dar»)

J.M. Ken Niimura

Nami:	全部あげるわっ！！
	zenbu ageru wa!!
	todo dar PE!!
	¡¡Te lo doy todo!!

Cambiamos de tercio para entrar en el terreno de los verbos de dar y recibir. Este manga-ejemplo nos da una muestra de cómo usar あげる *ageru* («dar»). El uso de este verbo es quizás el más sencillo del triplete *ageru, morau* y *kureru*, porque significa puramente «dar»: el hablante suele ser quien realiza la acción de dar, y otra persona, la que recibe. Con *morau* y *kureru* no ocurre lo mismo porque hay bastantes variables que complican el tema. Lo mejor será que te aprendas el cuadro-resumen simplificado de la teoría para memorizar la estructura de las frases de estos verbos; a usarlos, te acostumbrarás con el tiempo.

e) *Kureru* («dar(me)»)

Muneo:	お前は娘に指輪をくれたな…
	omae wa musume ni yubiwa o kureta na...
	tú PTM hija PI anillo PC dar PE...
	Tú le has dado un anillo a mi hija, ¿no...?

Studio Kōsen

Ahora el protagonista es el verbo くれる *kureru*, que tiene el significado de «dar» pero con la particularidad de que el que recibe la acción del verbo es «yo» o alguien cercano psicológicamente a «yo». Es posiblemente el verbo más complicado de dominar del triplete *ageru, morau* y *kureru*. En esta frase, por ejemplo, el sujeto es お前 *omae*, «tú» (L.7), que da un objeto (指輪 *yubiwa*, «un anillo») a 娘 *musume*, «mi hija». 娘 *musume* es una persona psicológicamente cercana al hablante, por lo que el uso de *kureru* está justificado. El sujeto irá marcado con la partícula de tema は *wa* y el que recibe la acción (recuerda: «yo» o «alguien cercano a yo») irá marcado con la partícula に *ni*.

f) *-te ageru*

> **Karin:** わからないの！？ それじゃ、教えてあげるわ！
> *wakaranai no!? sore ja, oshiete ageru wa!*
> entender P?!? entonces, enseñar dar PE!
> **¿¡No lo entiendes!? ¡Entonces te lo diré!**

J.M. Ken Niimura

Este es un buen ejemplo del uso de un verbo conjugado en forma *-te* más *ageru*, muy parecido al ejemplo que hemos visto al final de la parte de teoría. 教える *oshieru* significa «enseñar» (o simplemente «decir», «contar», «explicar»), pero si lo conjugamos en forma *-te* (教えて *oshiete*) y añadimos あげる *ageru*

(con lo que obtenemos 教えてあげる *oshiete ageru*), conseguimos una construcción con el matiz (que lamentablemente se pierde al traducir al español) de «enseñar/explicar haciendo un favor». Del mismo modo, si en vez de *ageru* utilizáramos los otros dos verbos, tendríamos lo siguiente: 教えてもらう *oshiete morau*, «recibir una enseñanza» y 教えてくれる *oshiete kureru*, «alguien da una enseñanza a mí o alguien cercano a mí».

g) Orden

Un derivado de la forma *-te* más *ageru/morau/kureru* muy utilizado en los mangas es la construcción «forma *-te* + *kure*» (*kure* es el imperativo de *kureru*).

Esta construcción se utiliza para dar

Guillermo March

> **Joey:** 死んでくれ！
> *shinde kure!*
> morir (recibir)
> **¡Muérete!**

órdenes de una manera bastante directa. En esta viñeta, por ejemplo tenemos 死んでくれ *shinde kure*. *Shinde* es la forma *-te* del verbo 死ぬ *shinu* («morir»), y añadiendo くれ *kure* lo convertimos en una orden (死んでくれ *shinde kure*, «muérete»). Veremos un poco más de esta forma y el imperativo en general en la L.30.

1 ¿Qué significa el verbo なる *naru*? Conjuga el presente, pasado, negativo y negativo pasado de なる *naru* en forma simple.

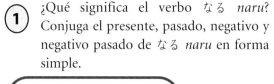

2 ¿Cómo conjugamos los adjetivos *-i* con el verbo *naru*? ¿Y los adjetivos *-na*? ¿Y los sustantivos?

3 Añade el verbo なる *naru* a las palabras やさしい *yasashii* («fácil»), 便利な *benrina* («práctico») y 学生 *gakusei* («estudiante») e indica el significado del compuesto.

4 Traduce al español la frase 彼は映画を見に行く *kare wa eiga o mi ni iku*. (*kare*: «él», *eiga*: «película», *miru*: «ver»).

5 Traduce al japonés la frase «Él viene a escribir una novela». (él: 彼 *kare*, escribir: 書く *kaku*, novela: 小説 *shōsetsu*).

6 ¿Qué significan los verbos あげる *ageru* y もらう *morau*? ¿En qué se diferencian los verbos あげる *ageru* y くれる *kureru*?

7 Traduce al español la frase ヘススは道子に本をあげた *hesusu wa michiko ni hon o ageta*. (*hesusu*: «Jesús», *michiko*: «Michiko» (nombre de chica), *hon*: «libro»).

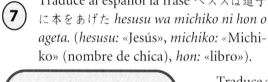

8 Traduce al japonés «El Sr. García recibe un documento del Sr. Morales». (García: ガルシア *garushia*, documento: 書類 *shorui*, Morales: モラレス *moraresu*).

9 Traduce la frase 私は生徒に日本語を教えてあげる *watashi wa seito ni nihongo o oshiete ageru*. (*watashi*: «yo», *seito*: «alumno/s», *nihongo*: «japonés», *oshieru*: «enseñar»).

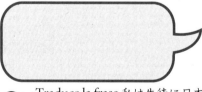

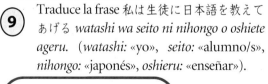

10 Ordena a alguien que se beba la leche usando la forma *-te* + *kure* (leche: 牛乳 *gyūnyū*, beber: 飲む *nomu*).

Lección 29: Onomatopeyas

En esta lección vamos a ver otra de las curiosidades idiomáticas del japonés. Se trata de las onomatopeyas, que podemos clasificar en dos grandes grupos. Aunque no lo parezca, este tema es muy importante en el estudio del japonés, así que préstale mucha atención.

Onomatopeyas

Si lees habitualmente manga, sabrás que las onomatopeyas abundan a lo largo y ancho de cada una de las páginas. Muchas de ellas describen sonidos (como los típicos «buuumm», «crash», «niinoo niinoo» del español), pero algunas no tienen un equivalente en español porque no representan sonidos sino «estados». Esta lección, junto a la extensa lista de onomatopeyas que conforma el Apéndice III, está pensada para ayudarte a comprender este «lenguaje».

La mayoría de las palabras que llamamos onomatopeyas funcionan en muchos casos como adverbios (L.22). Las dividimos en palabras que imitan algún sonido (*giongo*), y palabras que «describen» un estado de ánimo o estado físico no sonoro (*gitaigo*). Esta distinción puede resultar difícil de entender al principio, pero la entenderás enseguida si sigues leyendo.

Los *giongo*

La palabra 擬音 *gion* significa «imitar el sonido» y 語 *go* es «palabra». Siendo así, los 擬音語 *giongo* son «palabras que imitan el sonido (de algo)». El concepto es casi idéntico a nuestras onomatopeyas. Así, el sonido del corazón al latir en japonés es どきどき *dokidoki*, y su significado es «estar nervioso», «estar excitado» (porque el corazón late a toda velocidad en estos momentos).

Otros ejemplos de *giongo* son ドカン *dokan* (explosión, «bouuum»), げらげら *geragera*

Algunos *giongo*	
ぺらぺら *perapera*	(hablar) con fluidez
しくしく *shikushiku*	(llorar) silenciosamente
どきどき *dokidoki*	estar nervioso (*doki*: latido de corazón)
げらげら *geragera*	(reír) a carcajadas
ぺこぺこ *pekopeko*	tener hambre (*peko*: sonido de la barriga)
ぱくぱく *pakupaku*	(comer) ruidosamente
がらがら *garagara*	(abrir) puerta corrediza

(reírse a carcajadas, «jua, jua, jua») o ぺこぺこ *pekopeko*, (sonido que hace el estómago cuando tenemos hambre, y en español sería algo como «grrrrl»).

Los *gitaigo*

La palabra 擬態 *gitai* significa «imitar un estado», y 語 *go*, ya sabes, es «palabra». Así, 擬態語 *gitaigo* son «palabras que imitan un estado». Al contrario que los *giongo*, que imitan sonidos perceptibles por la audición, los *gitaigo* no imitan sonido, sino que son palabras completamente conceptuales. Dentro de los *gitaigo*, distinguimos dos grupos: los que describen un estado físico y los que describen un estado de ánimo.

En el primer grupo, los *gitaigo* que simbolizan un estado físico, encontramos palabras como からから *karakara*, que significa que algo está seco o, por extensión, que se tiene mucha sed (ya que la garganta está seca), o ぴかぴか *pikapika*, que significa que algo es muy brillante, que deslumbra.

En el segundo grupo, los *gitaigo* que aluden a un estado de ánimo, encontramos por ejemplo くたくた *kutakuta*, que indica «cansancio», «agotamiento», o いらいら *iraira*, que indica «irritación», «mal humor».

Algunos *gitaigo*			
いらいら *iraira*	estar nervioso, irritado	ぐっと *gutto*	(salir) de golpe, por sorpresa
くたくた *kutakuta*	estar cansado, agotado	ぐるぐる *guruguru*	(girar) dando vueltas
からから *karakara*	estar seco tener mucha sed	びっしょり *bisshori*	estar empapado
しっかり *shikkari*	ser decidido/fuerte, tener aguante	ぴかぴか *pikapika*	brillar, relucir, destellar
じっと *jitto*	(mirar) fijamente	きらきら *kirakira*	relucir, resplandecer
めちゃくちゃ *mechakucha*	estar hecho un desastre	ほっと *hotto*	sentirse aliviado
すっきり *sukkiri*	sentirse refrescado/ aliviado	わくわく *wakuwaku*	estar nervioso, excitado

Utilización real

La primera reacción del estudiante al ver estas palabras tan aparentemente «poco serias» es pensar que casi no se utilizan, que se trata del lenguaje de los niños pequeños o, como mucho, del lenguaje del manga. Craso error. Todos los japoneses, niños y adultos, utilizan los *giongo* y *gitaigo* en el día a día, en el idioma tanto hablado como escrito. Cualquier estudiante de japonés que vaya un poco en serio debe, por fuerza, dominar como mínimo los más básicos (que presentamos aquí en sendas tablas).

Estas palabras suelen utilizarse ante un verbo, ya que muchas veces funcionan como adverbios, como hemos puntualizado antes (y los adverbios modifican al verbo).

Los *giongo* y *gitaigo* pueden escribirse indistintamente en hiragana o en katakana (nunca en kanji): la elección del silabario dependerá de los gustos personales del autor y del énfasis que quiera darle. Aquí hemos optado por presentarlos todos en hiragana.

Las onomatopeyas y su uso

Hay algunos *giongo* y *gitaigo* que rigen a un verbo o verbos determinados. Por ejemplo, la palabra ぐるぐる *guruguru* casi siempre va junto al verbo 回る *mawaru*, «girar» (ぐるぐる回る *guruguru mawaru*: «girar dando vueltas»). La palabra ぱくぱく *pakupaku* acompaña en la gran mayoría de los casos al verbo 食べる *taberu*, «comer» (ぱくぱく食べる *pakupaku taberu*: «comer ruidosamente, con hambre»). En algunos casos, puedes encontrar a la partícula と *to* entre la onomatopeya y el verbo, como en げらげらと笑う *geragera to warau*, «reírse a carcajadas».

Hay *giongo* y *gitaigo* que llevan el verbo する *suru* («hacer») detrás, como por ejemplo いらいらする *iraira suru* («estar irritado») o どきどきする *dokidoki suru* («estar nervioso», «estar excitado»). Otros llevan el verbo だ *da* («ser», L.9), como くたくただ *kutakuta da* («estar agotado») o からからだ *karakara da* («estar seco» o «tener mucha sed»).

No hay ninguna norma por la que una palabra preceda a un verbo u otro: no hay más remedio que recordarlas. Ten en cuenta que estudiarlas es bastante duro porque todas ellas se parecen mucho y es fácil confundirlas. Observa estos ejemplos de uso real:

水をがぶがぶ飲むな！
mizu o gabugabu nomu na!
agua PD (glupsglups) beber no!
¡No bebas agua tan de golpe!

あなたは日本語がぺらぺらですね
anata wa nihongo ga perapera desu ne
usted PTM japonés PS (blabla) ser PE
Usted habla de maravilla el japonés, ¿eh?

きょうはぐっすり寝た
kyō wa gussuri neta
hoy PTM (muy bien) dormir
Hoy he dormido como un tronco.

あのカップル、いちゃいちゃしているね
ano kappuru, ichaicha shite iru ne
esa pareja (manosear) hacer PE
Esa pareja se está dando el lote, ¿eh?

Las onomatopeyas «tto»

Hay algunas onomatopeyas, tanto del tipo *gitaigo* como *giongo*, que terminan con un corte de sonido brusco, y que en los mangas encontraremos como ぴたっ *pita* («detenerse de repente») o ぼけっ *boke* («estar en Babia»). Cuando usamos estas onomatopeyas en el día a día, solemos añadir un と *to* para que sean fáciles de pronunciar, como en la frase 彼はぴたっと止まった *kare wa pitatto tomatta*, «Él se paró de repente».

En el Apéndice III indicaremos todas estas onomatopeyas con el と *to* incluido, pero es muy posible que en los mangas te las encuentres sin él. Tenlo en cuenta.

Sonidos de animales

Terminaremos viendo la increíble diferencia que hay entre el español y el japonés en lo que respecta a interpretar los sonidos de los animales. Por ejemplo, un perro español ladra «guau guau», pero en japonés ladra わんわん *wanwan*. Un gato maulla にゃんにゃん *nyan-nyan*, una rana croa けろけろ *kerokero* y un cerdo gruñe ぶうぶ

漫画例 Manga-ejemplos

Ilustraremos el curiosísimo mundo de las onomatopeyas a través de ejemplos «en viñetas». El uso de estas palabras que imitan sonidos y describen estados de ánimo y estados físicos es muy amplio.

a) *Bikkuri*

Studio Kōsen

> **Hiromi:** びっくりさせてやろっと
> *bikkuri sasete yaro tto*
> sorprender hacer que haga dar
> **Voy a darle una sorpresa.**

Nuestro primer ejemplo nos servirá para introducir un nuevo *gitaigo*, no estudiado en las páginas anteriores, pero que aun así es de los más utilizados en el japonés. Se trata de びっくり *bikkuri*, que junto al verbo する *suru* («hacer») tiene el sentido de «sorprenderse». Más de una vez oirás y, en alguna ocasión, utilizarás, el verbo resultante, びっくりする *bikkuri suru*, ya que es verdaderamente útil.

b) *Sukkiri*

> **Slime:** あースッキリしちゃった!!
> *aa sukkiri shichatta!!*
> aah aliviar hacer (finalizar)!!
> **¡Aaah! ¡Qué alivio!**

Guillermo March

Un ejemplo muy «ilustrativo» del *gitaigo* すっきり *sukkiri*, que se utiliza también con *suru*. *Sukkiri suru* significa «refrescar», «aliviar». Se utiliza por ejemplo cuando uno tiene mucha sed y por fin puede saciarla, o en situaciones mucho más «aliviantes», como la del ejemplo.

c) *Dokidoki*

Título:	第百十三話	ドキドキ・デート＜前編＞
	dai hyaku jū san wa	*dokidoki deeto <zenpen>*
	número 113 capítulo	nerviosismo cita <primera parte>
	Capítulo 113:	**Nervios por una cita <primera parte>**

J.M. Ken Niimura

En este manga-ejemplo podemos ver un *giongo,* どき
どき *dokidoki* (que representa el sonido que hace el
corazón al latir). *Dokidoki,* que tiene un significado
implícito de «nerviosismo» y «excitación», se utiliza en esta viñeta como un adjetivo para el sustantivo デート *deeto* («cita»). Así, la traducción literal de
este título sería algo como «cita nerviosa», «cita excitante» o «cita cuya espera resulta excitante».

Aparte vemos どきどき *dokidoki* escrito en katakana
(ドキドキ): no hay ninguna norma que especifique
cómo deben escribirse las onomatopeyas, por lo que
el autor puede elegir el silabario que prefiera.

d) Ladrido

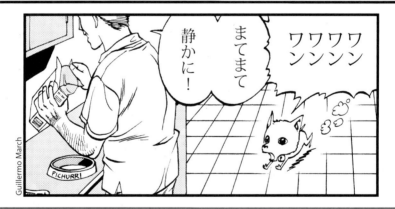

Guillermo March

Perro:	ワンワンワンワン	Amo:	まてまて 静かに！
	wan wan wan wan		*mate mate shizuka ni!*
	(ladrido de perro)		esperar esperar tranquilo (adv.)!
	¡Guau guau guau guau!		**¡Ya va, ya va! Tranquilo...**

Terminamos la lección viendo cómo ladra un perro japonés. A diferencia de los perros
«hispanohablantes», que ladran haciendo «guau, guau», los perros japoneses ladran わん
わん *wanwan.* Algunos japoneses (sobre todo niños y mujeres) llaman a los perros ワン
ちゃん *wan-chan* (ちゃん *-chan,* ya sabes, es un sufijo cariñoso, L.15) en vez de 犬 *inu.*

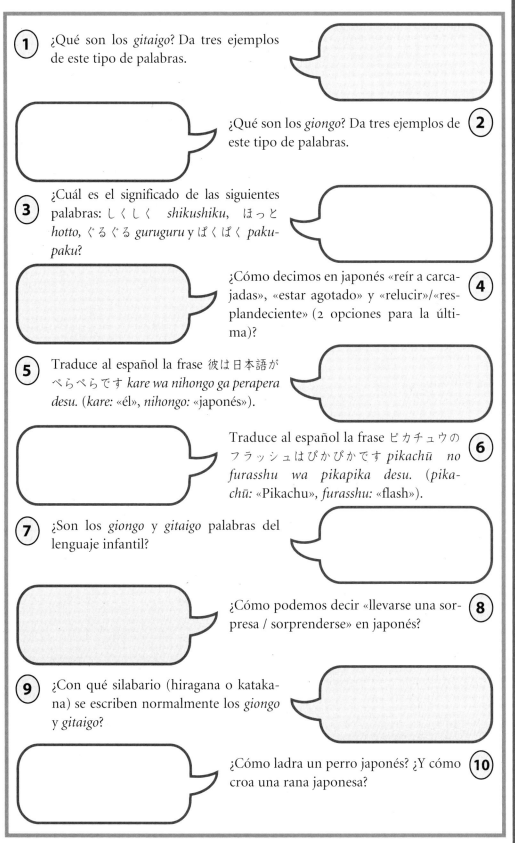

1. ¿Qué son los *gitaigo*? Da tres ejemplos de este tipo de palabras.

2. ¿Qué son los *giongo*? Da tres ejemplos de este tipo de palabras.

3. ¿Cuál es el significado de las siguientes palabras: しくしく *shikushiku*, ほっと *hotto*, ぐるぐる *guruguru* y ぱくぱく *paku-paku*?

4. ¿Cómo decimos en japonés «reír a carcajadas», «estar agotado» y «relucir»/«resplandeciente» (2 opciones para la última)?

5. Traduce al español la frase 彼は日本語がぺらぺらです *kare wa nihongo ga perapera desu.* (*kare*: «él», *nihongo*: «japonés»).

6. Traduce al español la frase ピカチュウのフラッシュはぴかぴかです *pikachū no furasshu wa pikapika desu.* (*pikachū*: «Pikachu», *furasshu*: «flash»).

7. ¿Son los *giongo* y *gitaigo* palabras del lenguaje infantil?

8. ¿Cómo podemos decir «llevarse una sorpresa / sorprenderse» en japonés?

9. ¿Con qué silabario (hiragana o katakana) se escriben normalmente los *giongo* y *gitaigo*?

10. ¿Cómo ladra un perro japonés? ¿Y cómo croa una rana japonesa?

第30課：命令形

Lección 30: Órdenes

¡Hemos llegado a la última lección, el fin de nuestra primera incursión en el mundo del japonés! En esta ocasión hablaremos sobre las órdenes en japonés, un tema un tanto espinoso, como comprobaremos durante la lección, pero sin duda interesante.

Las órdenes

Seguramente a los que sepan japonés a nivel intermedio-alto les sorprenderá que expliquemos el tema de las órdenes en un estadio tan relativamente temprano del estudio del idioma. Y no se equivocan, puesto que en un curso «convencional» de japonés no aprenderíamos la forma imperativa hasta haber pasado un cierto tiempo (bastante largo) estudiando.

Sin embargo, ahora no estás en un curso «convencional», sino en un curso que pretende enseñar japonés desde una perspectiva eminentemente coloquial y hablada (sin dejar en ningún momento de lado el japonés más ortodoxo «de libro de texto»). Entre nuestros objetivos se cuentan que puedas llegar a entender lo que se dice en un manga, anime, videojuego o película de cine, en versión original japonesa.

En la vida real de Japón las órdenes se utilizan con cuentagotas: se considera rudo y de bastante mala educación dar órdenes en una conversación normal. En su defecto, se utiliza con profusión la forma de petición (forma *-te* + *kudasai*), que ya vimos en la L.24. Es español pasa algo parecido: es menos directo, pero también más educado, decir «¿puedes traerme un lápiz, por favor?» (usando una forma de petición) que espetar un «tráeme un lápiz» (usando la forma imperativa).

Esto no quita que en los mangas, anime, videojuegos y cine, donde predomina el lenguaje coloquial y, a menudo, vulgar, se utilicen las órdenes con profusión. Por este motivo, consideramos necesario explicar las órdenes antes de lo que se suele hacer.

Conjugación

En el cuadro gramatical de la página contigua tienes la ya clásica ordenación de los verbos en tres grupos, que ya explicamos en lecciones anteriores (concretamente, en las L.19, 20 y 24). Las primera y la tercera columnas corresponden a la forma simple o «infinitivo» (L.20) y a la forma *-masu* (L.19) respectivamente; la segunda columna nos muestra el significado de cada uno de los verbos.

En la cuarta columna, por fin, se encuentran los distintos verbos conjugados en el imperativo directo, el más rudo y seco. La manera de conjugar esta forma es muy sencilla (tienes las reglas de conjugación en la quinta columna):

Grupo 1. Sustituimos la última 〜る -ru de la forma simple del verbo por 〜ろ -ro.

Grupo 2. Como norma general, quitamos la última -u del infinitivo y la sustituimos por una -e. Ejemplos: 帰る kaeru («volver») ⇒ 帰れ kaere («vuelve») | 買う kau («comprar») ⇒ 買え kae («compra») | 飲む nomu («beber») ⇒ 飲め nome («bebe»).

Atención, sin embargo, a los verbos terminados en 〜つ -tsu, que cambian esta última sílaba por 〜て -te y no por -tse (sílaba inexistente en japonés). Ejemplos: 待つ matsu («esperar») ⇒ 待て mate («espera») | 勝つ katsu («ganar») ⇒ 勝て kate («gana»).

Grupo 3. Como ya sabes, estos dos verbos son irregulares, por lo que no tienen normas de conjugación y hay que estudiarlos de memoria.

Nota: las mujeres NO utilizan prácticamente jamás esta forma de imperativo.

Imperativo negativo

La forma imperativa negativa es tan sencilla que no vale la pena profundizar en demasía: como ya vimos en la L.17, basta con añadir な na después de un verbo en infinitivo para lanzar una orden negativa. Por ejemplo:

パンを食べるな pan o taberu na, «No comas pan».

	Infinitivo	Significado	Forma -masu	Imperativo	Regla	Imp. «suave»	Regla
Grupo 1 Invariables	教える oshieru	**enseñar**	教えます oshiemasu	教えろ oshiero	〜るろ -ru ro	教えなさい oshienasai	
	起きる okiru	**levantarse**	起きます okimasu	起きろ okiro		起きなさい okinasai	
Grupo 2 Variables	貸す kasu	**prestar**	貸します kashimasu	貸せ kase	〜すせ -su se	貸しなさい kashinasai	~なさい -masu nasai
	待つ matsu	**esperar**	待ちます machimasu	待て mate	〜つて -tsu te	待ちなさい machinasai	
	買う kau	**comprar**	買います kaimasu	買え kae	〜うえ -u e	買いなさい kainasai	
	帰る kaeru	**volver**	帰ります kaerimasu	帰れ kaere	〜るれ -ru re	帰りなさい kaerinasai	
	書く kaku	**escribir**	書きます kakimasu	書け kake	〜くけ -ku ke	書きなさい kakinasai	
	急ぐ isogu	**darse prisa**	急ぎます isogimasu	急げ isoge	〜ぐげ -gu ge	急ぎなさい isoginasai	
	遊ぶ asobu	**jugar**	遊びます asobimasu	遊べ asobe	〜ぶべ -bu be	遊びなさい asobinasai	
	飲む nomu	**beber**	飲みます nomimasu	飲め nome	〜むめ -mu me	飲みなさい nominasai	
	死ぬ shinu	**morir**	死にます shinimasu	死ね shine	〜ぬね -nu ne	死になさい shininasai	
Grupo 3 Irregulares	する suru	**hacer**	します shimasu	しろ shiro	Verbos irregulares: no hay regla	しなさい shinasai	
	来る kuru	**venir**	来ます kimasu	来い koi		来なさい kinasai	

El imperativo «suave»

Existe una forma de imperativo que no es ni tan cortante ni tan directa como el imperativo que acabamos de estudiar. Se trata de la forma ～なさい -*nasai*.

La forma -*nasai* la utilizan sobre todo los adultos para dar órdenes a los niños, es como una especie de «¿quieres hacer el favor de...?».

Hace unas líneas hemos indicado que las mujeres no utilizan prácticamente nunca el imperativo directo. Cuando una mujer quiere ordenar algo con cierta autoridad tenderá a utilizar la forma -*nasai*, siempre y cuando tenga mucha confianza y familiaridad con quien recibe la orden, por ejemplo, un hijo o su marido.

Esta forma la puede usar también un profesor con un alumno y, en general, en situaciones en las que el hablante sea o se sienta en una posición superior a la del oyente.

La formación es muy sencilla y no tiene excepciones, ni siquiera con los indomables verbos irregulares. Basta con quitar la desinencia ～ます -*masu* a cualquier verbo conjugado en forma -*masu* y añadir ～なさい -*nasai*.

Ejemplo: 書く *kaku* («escribir») ⇒ forma -*masu* 書きます *kakimasu* ⇒ quitamos -*masu* 書き *kaki* ⇒ añadimos -*nasai* 書きなさい *kakinasai* («haz el favor de escribir»).

手紙を書きなさい *tegami o kakinasai*, «Haz el favor de escribir la carta».

La forma -*tamae*

Existe una tercera forma de imperativo no muy utilizada, aunque a veces la encontraremos en los mangas: la forma -*tamae*. Antiguamente era una forma de imperativo que se utilizaba con profundo respeto, pero actualmente suele ser utilizada por un hablante que es o se siente superior a su oyente (relación superior-subordinado, maestro-alumno y similar). Esta forma se percibe como autoritaria y altiva.

La formación es idéntica a la de la forma -*nasai*: quitamos ～ます -*masu* de un verbo conjugado en forma -*masu* y añadimos たまえ -*tamae*.

Ejemplo: 遊ぶ *asobu* («jugar») ⇒ forma -*masu* 遊びます *asobimasu* ⇒ quitamos -*masu* 遊び *asobi* ⇒ añadimos -*tamae* 遊びたまえ *asobitamae* («juega, anda»).

子どもと遊びたまえ *kodomo to asobitamae*, «Juega con el niño, (anda)».

La forma -*te kure*

Como vimos de refilón en la L.28, existe una estructura basada en el verbo de donación くれる *kureru* (que, como recordarás, significa «dar», pero con el sentido de que «alguien me da algo a mí o a alguien cercano a mí»): la combinación «forma -*te* + *kureru*» (alguien me hace un favor a mí o a alguien cercano a mí). Pues bien, existe una variación de esta estructura, ～てくれ -*te kure* que, como vimos en el manga-ejemplo g) de la L.28, tiene un sentido de orden directa (くれ *kure* es el imperativo (irregular) del verbo くれる *kureru*, por lo que ～てくれ -*te kure* tiene el sentido literal de «hazme el favor de»).

この本を読んでくれ *kono hon o yonde kure*, «Lee este libro, (venga)».

Las órdenes apenas se utilizan en el japonés «real», es decir, el idioma que se utiliza en el día a día en Japón. Sin embargo, en los mangas se utiliza con profusión. Veamos algunos ejemplos.

a) ¡¡Muere!!

J.M. Ken Niimura

> **Klangor:** 死ねーっ！！！
> *shineeee!!!*
> morir!!!
> **¡¡Muereeeeeee!!**

En esta viñeta podemos ver al violento Klangor en uno de sus ataques. Klangor es un hombre y, además, esta es una escena de lucha, por lo que no se anda con diplomacia ni buenas maneras y se permite el uso de la forma imperativa más grosera. El verbo usado es 死ぬ *shinu* («morir»), que pertenece al grupo 2, cuya regla consiste en sustituir el último sonido *-u* por un sonido *-e*. Así, 死ぬ *shinu* («morir») ⇒ 死ね *shine* («muere»).

b) Imperativo suave *-nasai*

He aquí una muestra de la forma imperativa «suave» *-nasai*. La hablante es una chica, por lo que es casi impensable que use el imperativo directo. Para conjugar esta forma sustituiremos la desinencia 〜ます *masu* de un verbo en forma *-masu* por *-nasai*: 降りる *oriru* («bajar») ⇒ 降ります *orimasu* (forma *-masu*) ⇒ 降りなさい *orinasai* («haz el favor de bajar»).

Studio Kōsen

> **Chica:** おりなさい！さあさあ
> *orinasai! saa saa*
> bajar venga, vamos
> **Baja de aquí, venga.**

c) Imperativo -te kure

J.M. Ken Niimura

En esta viñeta tenemos una muestra del imperativo formado con un verbo en forma -te (L.24) más くれ *kure* —la irregular forma imperativa del verbo くれる *kureru* (L.28)—. Si bien se usa mucho en los mangas, es bastante ruda y no aconsejamos usarla. De hecho, no es aconsejable utilizar ninguno de los imperativos que hemos visto en esta lección: quedarás mucho mejor si usas siempre la forma de petición -te kudasai (L.24).

> **Frolaine:** 待ってくれ！
> *matte kure!*
> esperar (dar)!
> **¡Espera!**

d) Imperativo -tamae

Guillermo March

> **Yoshi:** おまたせ　乗りたまえ
> *o-matase noritamae*
> hice esperar subir
> **Disculpa el retraso. Anda, sube...**

Aquí observamos el imperativo -tamae. Esta forma se usa poco, pero de vez en cuando puedes toparte con ella en los mangas. Su conjugación es idéntica a la de -nasai, y el hablante que la usa suele ser o sentirse superior al oyente. Aquí, Yoshi quiere impresionar a la chica y la invita a subir al coche con -tamae. El verbo usado es 乗る *noru* («subir», «montar») ⇒ 乗ります *norimasu* (forma -masu) ⇒ 乗りたまえ *noritamae* («sube, anda»).

Destaquemos también la nueva expresión hecha お待たせ *o-matase*, simplificación de お待たせしました *o-matase shimashita* («perdón por haberle hecho esperar»).

1. En japonés, ¿normalmente se utiliza el imperativo?

2. ¿Qué cuatro tipos de imperativo conoces y en qué se diferencian? ¿Cómo funciona el imperativo negativo?

3. Conjuga el imperativo directo de los verbos 見る *miru* («ver», grupo 1), 聞く *kiku* («escuchar»), 乗る *noru* («subir») y 洗う *arau* («lavar»).

4. Conjuga los mismos verbos de la pregunta 3 en la forma imperativa «suave» *-nasai*.

5. Conjuga los mismos verbos de la pregunta 3 en la forma imperativa *-te kure*.

6. ¿Por qué una chica no utilizaría prácticamente nunca el imperativo directo? En cambio, ¿qué forma de imperativo utilizaría?

7. Traduce al español la frase: 日本語講座を読め *nihongo kōza o yome*. (*nihongo:* «lengua japonesa», *kōza:* «curso»).

8. Traduce al japonés la frase «Compra el periódico» en forma imperativa directa (periódico: 新聞 *shinbun*).

9. Traduce al japonés la frase «Siéntate en la silla» en la forma imperativa *-nasai*. (sentarse: 座る *suwaru*, silla: いす *isu*).

10. ¿Cuándo se utiliza la forma *-tamae*? ¿Es una forma muy utilizada?

銀河350年9月6日に、サカ基地が落城した。
ユキ、ヨドとヒデのアーミーが全滅した。ヤスは銀河の独裁者になった。
しかし、サカ基地のソルジャーの勇気は今も皆覚えている。

Ejercicios complementarios VI

RAKUJŌ — *Nuevo vocabulario* 新しい単語

だまる	callar	やろう	tipo, tipejo
気持ち	sentimiento	負け犬	(perro) perdedor
悲しい	triste	落城する	caer un castillo
すぐ	enseguida	全滅する	aniquilar
許す	perdonar, permitir	独裁者	dictador
合戦する	batallar	覚える	recordar (grupo 1)

1. Basándote en lo que has leído en el sexto capítulo de *Rakujō*, ¿por qué utiliza Hide la expresión ただいま en la primera viñeta? ¿Qué le responde el soldado que está dentro?

2. ¿Qué expresión emplearía Hide si entrara en la casa de Yasu, por ejemplo? ¿Qué le respondería Yasu (que estaría dentro de su casa) en ese momento?

3. Según comenta Yodo, ¿qué parte del cuerpo le duele? Además de contestar a la pregunta, escribe también las frases «me duele la espalda», «me duele la oreja» y «me duele la rodilla» en japonés.

4. En este capítulo aparecen tres expresiones onomatopéyicas. Localízalas y especifica en cada caso si se trata de *giongo* o de *gitaigo*.

5. ¿Qué significa la expresión 悲しくなる? Utiliza el verbo なる con las palabras 便利な, 深い y リーダー e indica el significado de la expresión resultante.

6. En la frase de Hide 「ユキ、母と話しにいってあげてください。とても悲しくなったよ。行ってくれる？」, ¿qué matiz añaden los verbos あげる y くれる?

7. Conjuga estos verbos en las formas imperativas indicadas.

	Imperativo «duro»	Imperativo -*nasai*
呼ぶ	_____	_____
だまる	_____	_____
許す	_____	_____
待つ	_____	_____
覚える	_____	_____

8. En el texto aparece la frase 呼びにいきます. ¿Qué sentido tiene? Transforma los verbos del ejercicio anterior a esta forma ～にいきます.

9. ¿Cuál es el sentido de las frases hechas 頭がいい y 腕がいい?

10. Coloca cada palabra de la lista en el recuadro que le corresponda.

Cabeza	ひたい					
Tronco						
Extremi-dades						
Mano						

~~ひたい~~	ひじ	目_め	中指_{なかゆび}	人差し指_{ひとさ ゆび}	爪_{つめ}	舌_{した}
手首_{てくび}	足_{あし}	ひげ	手の平_{て ひら}	脚_{あし}	かみの毛_け	小指_{こゆび}
頭_{あたま}	指_{ゆび}	おなか	のど	口_{くち}	まつげ	あご
ほお	手_て	ひざ	胸_{むね}	顔_{かお}	背中_{せなか}	肩_{かた}
へそ	首_{くび}	歯_は	耳_{みみ}	鼻_{はな}	うで	親指_{おやゆび}

11. Relaciona cada una de las situaciones planteadas a continuación con la frase hecha de la vida cotidiana que te parezca más apropiada.

1. 誕生日_{たんじょうび}
2. 私は私の家に入る
3. 本屋_やさんに入る。店_{みせ}の人はこう言_いう
4. 私の家を出る。母はこう言_いう
5. ご飯_{はん}を食べる前
6. 私は先生_{せんせい}の家に入る
7. 1月1日
8. ごめんなさい
9. ご飯_{はん}を食べた後
10. 試験_{しけん}に合格_{ごうかく}した！
11. 仕事_{しごと}を終_おわった。課長_{かちょう}はこう言_いう

a. 明_あけましておめでとうございます！
b. いらっしゃいませ！
c. ごちそう様_{さま}でした
d. 申_{もう}し訳_{わけ}ありません
e. 誕生日_{たんじょうび}おめでとうございます！
f. お疲_{つか}れ様_{さま}です
g. いってらっしゃい
h. おめでとうございます！
i. ただいま
j. お邪魔_{じゃま}します
k. いただきます！

Vocabulario extra: 誕生日_{たんじょうび}: cumpleaños | 店_{みせ}: tienda | こう_{こう}: así | 合格_{ごうかく}する: aprobar

12. Indica en cada caso la respuesta más apropiada.

a) ヒデキさんは＿＿＿＿＿＿と笑_{わら}いましたよ。

   1.くたくた　2.げらげら　3.ぴかぴか　4.わくわく

b) 今日_{きょう}は彼女_{かのじょ}のお母さんとお父さんに会う。＿＿＿＿＿＿するね！

   1.げらげら　2.しくしく　3.ぱくぱく　4.どきどき

c) ああ！トイレにいった！＿＿＿＿＿＿したぞ！

   1.すっきり　2.しっかり　3.ぐるぐる　4.いらいら

d) お腹_{なか}が＿＿＿＿＿＿だ。レストランへ行って、＿＿＿＿＿＿食べるぞ！

   1.ぺこぺこ　2.ぺらぺら　3.からから　4.いらいら

   1.くたくた　2.しくしく　3.ぱくぱく　4.わくわく

13. Coloca cada una de las palabras del cuadro inferior en el hueco correspondiente.

a)　私の名前はフォスターです。＿＿＿＿＿＿＿＿＿。

b)　彼女_{かのじょ}の黒_{くろ}い＿＿＿＿＿＿＿＿＿はとても長_{なが}いです。

c)　マキコちゃんは＿＿＿＿＿＿＿＿＿泣_ないている。

d)　私のお父さんの兄は私の＿＿＿＿＿＿＿＿＿です。

e)　家の前に＿＿＿＿＿＿＿＿＿が一頭_{いっとう}いますよ！

f)　あたしの＿＿＿＿＿＿＿＿＿はとてもかっこいいですわ！ほほほ！

g)　トムさんは＿＿＿＿＿＿＿＿＿が青いですね。

h)　ツネオのお父さんの母はツネオの＿＿＿＿＿＿＿＿＿です。

i)　ノボル:ただいま！ | お母さん:あ、ノボル、＿＿＿＿＿＿＿＿＿！

j)　家の前に＿＿＿＿＿＿＿＿＿が一匹_{いっぴき}いますよ！

k)　＿＿＿＿＿＿＿＿＿がすいたよ！

l)　私の母の母は私の＿＿＿＿＿＿＿＿＿です。

m)　指輪_{ゆびわ}をもらったので、＿＿＿＿＿＿＿＿＿にはめた。

n)　あの人は、日本語_ごが＿＿＿＿＿＿＿＿＿ですね！すごいわ！

おじ　祖母_{そぼ}　よろしくお願_{ねが}いします　ぺらぺら　さる　おばあさん
薬指_{くすりゆび}　かみの毛_け　だんな　馬_{うま}　おかえりなさい　お腹_{まか}　しくしく　目_め

14. Completa el siguiente cuadro como en el ejemplo. (**Nota:** si tienes dudas sobre a qué grupo pertenece un verbo, consulta el Apéndice IV).

食べろ	食べなさい	食べてくれ	食べるな	comer
行け				
	回りなさい			
読め				
		貸してくれ		
			触るな	
洗え				
	教えなさい			
		呼んでくれ		
			狙うな	
	死になさい			
			走るな	
急げ				

15. Especifica en el cuadro adjunto quién da y quién recibe los objetos o acciones que se intercambian en las siguientes frases.

a) 私はエリカさんにボールペンをあげた。

b) アケミさんは私にパソコンをくれました。

c) 弟はお母さんに手紙を書いてあげた。

d) クミちゃんはテツさんに自転車をもらいます。

e) 山本くん、これをモモコさんにあげてください。

f) 私は学生に本屋さんに行ってもらった。

g) 兄は山田さんにおもしろい雑誌をもらいました。

	Da	Recibe
	私	エリカ

16. Coloca cada una de las palabras entre paréntesis en las siguientes frases, acordándo-
te de conjugarlas o hacer los cambios gramaticales pertinentes.

a) 川田さんは二年前＿＿先生に＿＿なった。 （先生）

b) 昨日、課長の家へ＿＿＿＿＿＿＿＿に行きました。 （遊ぶ）

c) 私はすしがとても＿＿＿＿＿＿＿なった。 （好きな）

d) あの人はとても腕が＿＿＿＿＿＿なりましたね。 （いい）

e) 本田くん、これを＿＿＿＿＿＿来てくれますか？ （読む）

17. Indica en cada caso la respuesta más apropiada.

a) キヨコ！皿を＿＿＿＿＿よ！
　　1.洗い　2.洗いさい　3.洗え　4.洗お

b) ヒロシ！魚屋さんへ魚を＿＿＿＿＿に行ってくれますか？
　　1.買い　2.買え　3.買う　4.買って

c) あの人は「あそこへ電車＿＿＿＿行ってくれ」と言ったよ。
　　1.に　2.と　3.は　4.で

d) 金田さんは私にＣＤを＿＿＿＿＿。
　　1.もらえ　2.あげなさい　3.くれました　4.あげた

e) ヨーコ！ここへ＿＿＿＿＿よ！
　　1.来なさい　2.来なさい　3.来なさい　4.来なさい

f) ＿＿＿＿＿お風呂に入りなさいよ！
　　1.早い　2.速い　3.早く　4.速く

g) アキラ！ここへ＿＿＿＿＿！
　　1.来い　2.来い　3.来い　4.来い

h) 今日は耳＿＿＿＿＿とても痛いぞ！
　　1.と　2.が　3.は　4.を

i) おい、君！オレの彼女をじっと＿＿＿＿＿！殺すぞ！
　　1.見なさい　2.見ろ　3.見てください　4.見るな

口	目	手	足	心	耳	店	学	校	先	生
(23)	(24)	(25)	(26)	(27)	(28)	(75)	(76)	(77)	(78)	(79)

楽	変	国	語	言	立	道	車	自	友	文
(157)	(147)	(152)	(153)	(126)	(109)	(92)	(93)	(94)	(103)	(68)

18. Desarrolla el orden de trazos de los siguientes kanji.

足					
学					
先					
国					
車					

19. Relaciona cada kanji con su lectura más común (normalmente, el *kun'yomi*).

国	くち	目	なま
口	みみ	変	め
心	こころ	生	みせ
足	くに	道	て
車	くるま	手	みち
耳	あし	店	へん

20. Indica el kanji o combinación de kanji correcta para cada lectura.

a) たのしい
  1.楽しい　2.薬しい　3.楽い　4.薬い

b) がくせい
  1.先生　2.学生　3.生先　4.生学

c) がっこう
  1.学年　2.学国　3.学校　4.学生

d) がいこく
  1.入国　2.国入　3.外国　4.国外

21. Indica la lectura correcta para cada combinación de kanji.

a) 今日、<u>大学</u>へ行った。<u>友だち</u>と<u>先生</u>に会った。

大学：1.だいかく　2.たいかく　3.だいがく　4.たいがく

友だち：1.どもだち　2.ゆだち　3.ゆうだち　4.ともだち

先生：1.せいせん　2.せえせん　3.せんせい　4.せんせえ

b) あなたは<u>中国語</u>ができますか？よかった、<u>安心</u>しましたよ。

中国語：1.ちゅこくご　2.ちゅうごくこ　3.ちゅごくご　4.ちゅうごくご

安心：1.やすごころ　2.あんしん　3.やすこころ　4.あんじん

c) A: あの<u>高校生</u>を殺したか？│B: いいえ、まだ<u>生きている</u>ぞ！

高校生：1.こうこうせい　2.ここせい　3.こうこせい　4.ここうせい

生きている：1.なまきている　2.いきている　3.うきている　4.せいきている

22. Indica la lectura en *furigana* de los kanji subrayados.

a) 　<u>先月</u>の<u>遠足</u>は<u>楽</u>しかったね！

b) 　<u>出口</u>の<u>売店</u>へ<u>先</u>に行ってください。その前の<u>道</u>に<u>車</u>があります。

c) 　お前はあの<u>私立学校</u>の<u>中学生</u>を殺したの？早く<u>自白</u>してくれ！

d) 　<u>赤道</u>へ行く<u>楽</u>な<u>近道</u>を<u>言</u>ってください。

23. Escribe en kanji estas palabras e indica su significado. (**Nota:** las palabras marcadas con asterisco aparecen en cuadros estudiados en anteriores bloques).

くち　　＿＿＿＿＿　＿＿＿＿＿　　みみ　　　＿＿＿＿＿　＿＿＿＿＿

あし　　＿＿＿＿＿　＿＿＿＿＿　　じんせい　＿＿＿＿＿　＿＿＿＿＿

たのしい　＿＿＿＿＿　＿＿＿＿＿　にほんご　＿＿＿＿＿　＿＿＿＿＿

*ぼこく　＿＿＿＿＿　＿＿＿＿＿　*ぶんめい　＿＿＿＿＿　＿＿＿＿＿

24. Corrige los errores (de escritura o de lectura) de las siguientes palabras.

赤わる	かわる	生月	せんげつ	毛足	てあじ
学なぶ	まなぶ	立つ	てつ	犬変	たいへん
仲心	ちゅうしん	目分	じぶん	人口	いりぐち

第 ① 付録：回答

Apéndice I: Respuestas a los ejercicios

En este primer apéndice encontrarás las respuestas a los ejercicios de cada una de las 30 lecciones y los 6 bloques de ejercicios complementarios que componen este libro, ordenadas por lección o bloque y número de pregunta.

Utilización de este apéndice

Al término de cada lección se han ido planteando pequeños ejercicios que tienen por objetivo mejorar la comprensión global de los temas explicados en ellas, así como para ofrecerte herramientas para adquirir práctica en formar oraciones en japonés y estimularte a estudiar todavía más a fondo los contenidos.

Asimismo, hemos incluido también ejercicios complementarios mucho más elaborados cada cinco lecciones, para que puedas poner en práctica de forma global y acumulativa lo aprendido en ese bloque (y también repasar lo aprendido en los anteriores).

Este libro está pensado para el estudio autodidacta, lo que significa que en principio debes aprender sin ayuda alguna de profesor (aunque es mucho mejor si lo tienes, por supuesto). Para ponerte las cosas lo más sencillas posible, adjuntamos este apéndice con respuestas a los ejercicios.

En este apéndice tienes sugerencias acerca de posibles respuestas a los ejercicios planteados. Es importante comentar que algunos ejercicios dan pie a más de una respuesta correcta. Siempre que hemos podido, hemos tratado de proporcionar todas las versiones posibles, aunque es probable que a veces se te ocurra una opción que, a pesar de ser perfectamente válida, no se encuentre en estas páginas. Por eso recomendamos utilizar estas «Respuestas a los ejercicios» como una guía aproximada más que como una colección de «normas de hierro» inquebrantables.

Ni que decir tiene que la idea es que primero hagas los ejercicios (consultando las explicaciones teóricas siempre que te sea necesario) y luego vengas a esta sección para comprobar si tus respuestas son correctas o si, por el contrario, has cometido algún error. Ni se te ocurra hacer trampas y mirar esta sección antes de hacer tú mismo los ejercicios, ¡sería perder el tiempo!

Lección 1

1- No utiliza alfabeto tal y como nosotros lo conocemos. En su defecto, se utilizan dos silabarios (combinaciones de vocal más consonante) llamados hiragana y katakana.

2- Un carácter hiragana suele equivaler a dos caracteres occidentales al transcribir. Se utilizan dos silabarios (hiragana y katakana) y un sistema muy complejo de ideogramas llamados kanji.

3- Suele estar escrito al estilo tradicional.

4- Se utiliza para escribir palabras propiamente japonesas. Una palabra se escribe en hiragana cuando no puede escribirse con kanji, el kanji está fuera de la lista de «kanji de uso común», o bien la persona que escribe no recuerda el kanji correspondiente a dicha palabra. También se usa el hiragana para escribir las partículas gramaticales y las desinencias verbales.

5- Te: て | mu: む | i: い | sa: さ

6- に: *ni* | る: *ru* | き: *ki* | え: *e*

7- de: で | pi: ぴ | da: だ | za: ざ

8- ぶ: *bu* | ず: *zu* | ぱ: *pa* | じ: *ji*

9- Combinando los caracteres de la columna *i* con los de la fila *y* (escritos estos últimos a menor tamaño). *Cha:* ちゃ | *hyo:* ひょ | *jo:* じょ.

10- Se pronuncia como la *r* de «cara». Las *r* japonesas siempre se pronuncian suaves, como en la palabra «cara».

Lección 2

1- Para escribir palabras extranjeras adaptadas previamente a la fonética japonesa, así como nombres de persona o lugar no japoneses o chinos, y para las onomatopeyas. También se utiliza para dar un efecto llamativo en ciertos contextos, un poco como nuestra cursiva.

2- Se dice que aproximadamente un 11% de las palabras japonesas son extranjerismos. Se escriben casi todas ellas en katakana.

3- Por supuesto, utilizaremos el silabario katakana, ya que se trata de un nombre de persona no japonés.

4- La respuesta depende del nombre. Si hay dudas acerca de algunas combinaciones, vale la pena ir a la L.8, en la que se amplía este tema.

5- Para sustituir a la letra *l*, sonido inexistente en japonés, utilizaremos los signos de la fila *r* del silabario katakana. La: ラ *ra* | le: レ *re* y así.

6- Son vocales que se pronuncian durante un poco más de tiempo de lo normal. En hiragana se representan escribiendo una *u* hiragana (う) detrás de *u* y de *o*.

7- Son consonantes que suenan con más brusquedad que las normales. Este efecto se indica con un pequeño carácter *tsu* (っ en hiragana, ッ en katakana) ante la consonante que queramos doblar.

8- Ho: ホ | ku: ク | wa: ワ | no: ノ

9- ド: *do* | エ: *e* | ヨ: *yo* | ペ: *pe*

10- Sí: はい *hai* | no: いいえ *iie*

Lección 3

1- Los kanji son caracteres que representan a la vez sonido y significado, importados de China a Japón alrededor del siglo IV después de Cristo.

2- Árbol: 木 *ki* | río: 川 *kawa* | dinero: 金 *kane* | mujer: 女 *onna*.

3- 水 *mizu:* «agua» | 男 *otoko:* «hombre» | 山 *yama:* «montaña» | 火 *hi:* «fuego».

4- El *on'yomi* es la «lectura china» de los kanji, la lectura que tenían antes de ser importados al japonés, aunque muy cambiada por la fonética japonesa. El *kun'yomi* es la «lectura japonesa», es decir, a los kanji importados de China se les añadió una nueva manera de pronunciarlos, autóctona de Japón.

5- Se suele leer en la mayoría de los casos con lectura *on'yomi* o «china».

6- Normalmente se utiliza la lectura *kun'yomi* o «japonesa».

7- No, es un error garrafal. En realidad, el carácter 山 de la palabra 富士山 se tiene que leer en *on'yomi* porque está acompañado de otros kanji. El *on'yomi* del carácter 山 es *san* y el *kun'yomi* es *yama*.

8- Se calcula que hay alrededor de 45.000 o 50.000 kanji, pero en la vida real se utilizan unos 3.000.

9- Un solo trazo. El kanji de «rey» es 王 y el de «pelota» es 玉.

10- El *furigana* son caracteres hiragana escritos en pequeño al lado o encima de los kanji más difíciles de leer. En los mangas para niños y jóvenes, los kanji suelen tener escrita siempre al lado la lectura en *furigana*.

Lección 4

1- A las 8 de la tarde se utiliza ya la expresión こんばんは *konban wa*, «buenas noches».

2- A las 4 de la tarde se utiliza siempre こんにちは *konnichi wa*, «buenas tardes».

3- 私の名前はマルクです *watashi no namae wa maruku desu* よろしくお願いします *yoroshiku o-negai shimasu*. Sustituye la palabra *maruku* (transcripción de «Marc») por tu propio nombre.

4- Boca: 口 *kuchi* | yen: 円 *en* | universidad: 大学 *daigaku*.

5- Vale cualquiera de las siguientes: ありがとう *arigatō* | どうもありがとうございます *dōmo arigatō gozaimasu* | ありがとうございます *arigatō gozaimasu* | どうも *dōmo* | どうもありがとう *dōmo arigatō*.

6- どういたしまして *dō itashimashite* o bien いいえ *iie*.

7- Con la frase これはいくらですか? *kore wa ikura desu ka?*

8- Dos opciones: すみません *sumimasen* o bien ごめんなさい *gomen nasai*.

9- おめでとうございます *omedetō gozaimasu*.

10- Sirve cualquiera de las siguientes: さようなら *sayōnara* | それじゃ、また明日会いましょう *sore ja, mata ashita aimashō* | じゃ、また明日 *ja, mata ashita* | じゃ、また *ja, mata* | またね *mata ne* | バイバイ *bai bai* | 気をつけて *ki o tsukete.*

Lección 5

1- Los números suelen escribirse en números arábigos en la sociedad japonesa contemporánea. Encontraremos, claro está, algunas excepciones, pero en general el uso de los números arábigos está mucho más extendido que el de los números en kanji.

2- 十: *jū*, «diez» | 八: *hachi*, «ocho» | 三: *san*, «tres» | 七: *nana* o bien *shichi*, «siete»

3- 50: *go jū* | 800: *happyaku* | 2.000: *ni sen.*

4- El concepto *man* designa al número 10.000, que en japonés no se interpreta como «diez miles» sino como «un *man*». 20.000: *ni man* | 400.000: *yon jū man.*

5- 34.622: *san man yon sen roppyaku ni jū ni.*

6- 45.853: 四万五千八百五十三 *yon man go sen happyaku go jū san.*

7- 13.681, *ichi man san zen roppyaku hachi jū ichi.*

8- 二百万 *ni hyaku man.*

9- Corresponde al número 40.000.000 (cuarenta millones).

10- Los ordinales se forman añadiendo el prefijo 第 *dai* delante de cualquier número. 4º: 第四 *dai yon* | 25º: 第二十五 *dai ni jū go.*

Ejercicios complementarios I

1- カッカッカッカッ: pasos | わはははは: risa estruendosa | ゴゴゴゴゴ: sonido de un avión o nave al volar | ドカ ―― ン: explosión | ガキィィィン: choque de espadas | ひゅ ――: un objeto volador hiende el aire a toda velocidad.

2- ユキ.

3- 1ᵉʳ ejército: 89.354 hombres | 3ᵉʳ ejército: 150.321 hombres.

4- 1º: はちまんきゅうせんさんびゃくごじゅうよん | 2º: じゅうにまんさんぜんろっぴゃくにじゅうはち | 3º: じゅうごまんさんびゃくにじゅういち.

5- b) 1．おやすみなさい | c) 3．おめでとうございます | d) 1．またね！ e) 2．はい、元気です.

6- A un amigo se le contestaría posiblemente いいえ. Ante un desconocido, lo más indicado sería どういたしまして.

7- El sentido literal es «cuida de tu espíritu», aunque se utiliza muchas veces como despedida, con el sentido de «ve con cuidado», «ten cuidado».

8- Tú: おはようございます. | Tendero: いらっしゃいませ. | Tú: これはいくらですか？ | Tendero: これは343円です | Tú: 383円ですか？ | Tendero: いいえ、343円です | Tú: これをお願いします (o これをください). | Tendero: ありがとうございます. | Tú: どういたしまして (o いいえ). | Tendero: さようなら. | Tú: さようなら.

9- (Compruébalo en las páginas 24 y 25).

10- の: no | き: ki | く: ku | さ: sa | じ: ji | し: shi | み: mi | ぱ: pa || ちゃ: cha | ぺ: pe | じ
ょ: jo | づ: zu | わ: wa | が: ga | ず: zu | ね: ne.

11- い: i | う: u | じゅ: ju | to: と | be: べ | chu: ちゅ || ぞ: zo | な: na | ちゃ: cha | o: お |
go: ご | rya: りゃ || ぽ: po | ぬ: nu | りょ: ryo | pe: ぺ | wa: わ | gyu: ぎゅ || か: ka |
を: (w)o | きゃ: kya | ru: る | zu: ず o づ | ja: じゃ || り: ri | ん: n | みゅ: myu | mo: も
| shi: し | byo: びょ.

12- おんがく: ongaku | いちご: ichigo | つなみ: tsunami || さかな: sakana | ちゃのゆ: cha-
noyu | でんしゃ: densha || りょかん: ryokan | いしばし: ishibashi | くいだおれ: kui-
daore || いいわけ: iiwake | けいさつかん: keisatsukan | ふつかよい: futsukayoi ||
したぎ: shitagi | いきじごく: ikijigoku | かみのけ: kaminoke || どろぼう: dorobō |
とうきょう: tōkyō | きっぱり: kippari || くうしゅう: kūshū | ぎょうざ: gyōza | まっ
ちゃ: maccha || がんりゅう: ganryū | さっぽろ: sapporo | きょうみ: kyōmi || した
っぱ: shitappa | ぎゅうにゅう: gyūnyū | いろっぱい: iroppoi.

13- nihongo: にほんご | meitantei: めいたんてい | jitabata: じたばた || shamisen: しゃ
みせん | nemawashi: ねまわし | kannushi: かんぬし || nagoyaka: なごやか | tsuyu:
つゆ | tabako: たばこ || tanpopo: たんぽぽ | pakuri: ぱくり | ebisu: えびす ||
momiage: もみあげ | tebukuro: てぶくろ | donzoko: どんぞこ || kyūri: きゅうり |
jakkan: じゃっかん | assari: あっさり || jūdō: じゅうどう | kenkyū: けんきゅう |
buchō: ぶちょう || gunyagunya: ぐにゃぐにゃ | kyūshū: きゅうしゅう | yappari: やっ
ぱり || kyakka: きゃっか | nyōi: にょうい | kyūdō: きゅうどう.

14- かがや: kagaya | おのはら: onohara | あっぱれ: appare || こっぱ: koppa | さぼてん:
saboten | はだか: hadaka || ぶらり: burari | こわっぱ: kowappa | うねりごえ: une-
rigoe || りょうつう: ryōtsū | のうぎょう: nōgyō | まみれ: mamire.

15- (Compruébalo en las páginas 32 y 33).

16- デ: de | オ: o | ソ: so | マ: ma | ン: n | ム: mu | ゾ: zo | ア: a || チャ: cha | ジ: ji | プ:
pu | ミョ: myo | ス: su | ロ: ro | シュ: shu | レ: re.

17- カ: ka | エ: e | ギュ: gyu | ze: ゼ | no: ノ | pyu: ピュ || ド: do | ワ: wa | リャ: rya | u: ウ
| n: ン | ja: ジャ || ツ: tsu | フ: fu | チャ: cha | ke: ケ | wa: ワ | myo: ミョ || メ: me | ク:
ku | ピョ: pyo | ji: ジ o ヂ | yu: ユ | byu: ビュ || ル: ru | ポ: po | ジョ: jo | bi: ビ | mi:
ミ | sho: ショ.

18- パンダ: panda | ミルク: miruku | ワシントン: washinton || ロリコン: rorikon | ピアノ:
piano | ゼネラル: zeneraru || ギャル: gyaru | ジャンボ: janbo | タンゴ: tango ||
マラソン: marason | ギリシア: girishia | ソンシツ: sonshitsu || オランダ: oranda
| シャワー: shawaa | ギブアップ: gibuappu || キャラバン: kyaraban | クリーナー:
kuriinaa | ハーモニー: haamonii || バグダッド: bagudaddo | ルノアール: runoa-
aru | フットボール: futtobōru || キューピッド: kyūpiddo | マトリックス: mato-
rikkusu | チャーミング: chaamingu || マスコット: masukotto | アットマーク:
attomaaku | ホットポット: hottopotto.

19- furansu: フランス ^{France} | shatsu: シャツ ^{shirt} | gurume: グルメ ^{gourmet} || pasokon: パソコン ^{perso(nal) com(puter)} | araba-ma: アラバマ ^{Alabama} | igirisu: イギリス ^{English} || maiwaifu: マイワイフ ^{my wife} | neruson: ネルソン ^{Nelson} | myunhen: ミュンヘン ^{München} || remon: レモン ^{lemon} | kyaria: キャリア ^{career} | napori: ナポリ ^{Napoli} || nūdo: ヌード ^{nude} | apaato: アパート ^{apart(ment)} | gyappu: ギャップ ^{gap} || kōhii: コーヒー ^{koffie} | kūdetaa: クーデター ^{coup d'état} | raamen: ラーメン ^{lamian} || pureeyaa: プレーヤー ^{player} | kukkii: クッキー ^{cookie} | piramiddo: ピラミッド ^{piramid} || chachacha: チャチャチャ ^{cha cha cha} | biitoruzu: ビートルズ ^{Beatles} | kyasshu: キャッシュ ^{cash} || supittsu: スピッツ ^{Spitz} | jaanarisuto: ジャーナリスト ^{journalist} | doraiyaa: ドライヤー ^{dryer}.

20- シューマイ: shūmai ^{shao mai} | ソナタ: **sonata** ^{sonata} | レバー: rebaa ^{liver} || ミスター: misutaa ^{mister} | アンドラ: andora ^{Andorra} | メキシコ: meki**shi**ko ^{Mexico} || ノウハウ: **nouhau** ^{know how} | ケース: kee**su** ^{case} | キャンセル: kyanseru ^{cancel} || ビッグマン: **bigguman** ^{big man} | サッカー: sakkaa ^{soccer} | ナニワ: naniwa ^{難波}.

21- (Compruébalo utilizando el glosario de kanji (Apéndice II)).

22- 東: Este | 六: seis | 万: diez mil | 円: yen | 南: Sur | 一: uno || 百: cien | 九: nueve | 西: Oeste | 北: Norte | 二: dos | 十: diez.

23- 北: きた | 七: なな | 千: せん | 東: ひがし | 五: ご | 一: いち | 円: えん || 十: じゅう | 三: さん | 西: にし | 万: まん | 南: みなみ | 四: よん | 八: はち.

24- 8: 八 ^{はち} | 3: 三 ^{さん} | 9: 九 o 九 ^{きゅう く} || 16: 十六 ^{じゅうろく} | 12: 十二 ^{じゅうに} | 24: 二十四 ^{にじゅうよん} || 35: 三十五 ^{さんじゅうご} | 47: 四十七 ^{よんじゅうなな} | 50: 五十 ^{ごじゅう} || 88: 八十八 ^{はちじゅうはち} | 111: 百十一 ^{ひゃくじゅういち} | 897: 八百九十七 ^{はっぴゃくきゅうじゅうなな} || 7200: 七千二百 ^{ななせんにひゃく} | 3874: 三千八百七十四 ^{さんぜんはっぴゃくななじゅうよん} | 1011: 千十一 ^{せんじゅういち}.

25- 三: さん (3) | 五: ご (5) | 十九: じゅうきゅう o じゅうく (19) | 八十: はちじゅう (80) | 五十八: ごじゅうはち (58) | 九十五: きゅうじゅうご (95) | 百二: ひゃくに (102) | 三百五十七: さんびゃくごじゅうなな (357) | 八千五十一: はっせんごじゅういち (8.051) | 千二百三十三: せんにひゃくさんじゅうさん (1.233).

26- 3.783: 三千七百八十三 ^{さんぜんななひゃくはちじゅうさん} | 10.940: 一万九百四十 ^{いちまんきゅうひゃくよんじゅう} | 24.851: 二万四千八百五十一 ^{にまんよんせんはっぴゃくごじゅういち} | 300.340: 三十万三百四十 ^{さんじゅうまんさんびゃくよんじゅう} | 834.901: 八十三万四千九百一 ^{はちじゅうさんまんよんせんきゅうひゃくいち} | 108.234: 十万八千二百三十四 ^{じゅうまんはっせんにひゃくさんじゅうよん} | 560.205: 五十六万二百五 ^{ごじゅうろくまんにひゃくご} | 1.280.785: 百二十八万七百八十五 ^{ひゃくにじゅうはちまんななひゃくはちじゅうご} | 75.034.026: 七千五百三万四千二十六 ^{ななせんごひゃくさんまんよんせんにじゅうろく} | 834.201.016: 八億三千四百二十万千十六 ^{はちおくさんぜんよんひゃくにじゅうまんせんじゅうろく}.

27- 五万七百二十九: ごまんななひゃくにじゅうきゅう (50.729) | 十八万五千五百三十二: じゅうはちまんごせんごひゃくさんじゅうに (185.532) | 三百八十七万五千二百十四: さんびゃくはちじゅうななまんごせんにひゃくじゅうよん (3.875.214) | 二億三千二百万五千百十二: におくさんぜんにひゃくまんごせんひゃくじゅうに (232.005.112).

Lección 6

1- 金曜日: *kin'yōbi*, «viernes» | 月曜日: *getsuyōbi*, «lunes» | 木曜日: *mokuyōbi*, «jueves».

2- 月曜日 *getsuyōbi*, «lunes» | 火曜日 *kayōbi*, «martes» | 水曜日 *suiyōbi*, «miércoles» | 木曜日 *mokuyōbi*, «jueves» | 金曜日 *kin'yōbi*, «viernes» | 土曜日 *doyōbi*, «sábado» | 日曜日 *nichiyōbi*, «domingo».

3- 土: «tierra» | 火: «fuego» | 木: «árbol».

4- Porque el kanji 日 tiene dos significados: «sol» y «día». Cada uno de los significados cuenta con una lectura distinta. En la palabra 日曜日, el primer 日 se refiere al «sol» y el segundo al «día», con lo que el significado de esta palabra es «día del sol».

5- 五月十五日 *go gatsu jū go nichi*.

6- «3 de marzo». Estos kanji se leen *san gatsu mikka*.

7- Enero: 一月 *ichi gatsu* | febrero: 二月 *ni gatsu* | marzo: 三月 *san gatsu* | abril: 四月 *shi gatsu* | mayo: 五月 *go gatsu* | junio: 六月 *roku gatsu* | julio: 七月 *shichi gatsu* | agosto: 八月 *hachi gatsu* | septiembre: 九月 *ku gatsu* | octubre: 十月 *jū gatsu* | noviembre: 十一月 *jū ichi gatsu* | diciembre: 十二月 *jū ni gatsu*.

8- Día seis: 六日 *muika* | día once: 十一日 *jū ichi nichi*.

9- La era Heisei empezó en el año 1989.

10- A 1945. En el año 1926 empezó el reinado del emperador Hirohito, por lo tanto 1926 se convirtió en el año 1 de la era Shōwa.

Lección 7

1- Existen muchísimos. En castellano y en las demás lenguas indoeuropeas existe un único pronombre de primera persona («yo»). En cambio, en japonés existen muchos pronombres que se usan según el sexo, edad, posición social del hablante, o según la situación y el contexto.

2- Probablemente utilizaría los pronombres *watashi* o *watakushi*.

3- Probablemente utilizaría *atashi*.

4- Probablemente utilizaría *boku*.

5- Probablemente utilizaría *ore*.

6- Probablemente utilizaría *kimi*.

7- Probablemente utilizaría *anta*.

8- Si hablamos con el señor Takeda cara a cara: «Usted es alto».
Si hablamos con alguien que no es el señor Takeda: «El señor Takeda es alto».

9- Él: 彼 *kare* | ella: 彼女 *kanojo*.

10- Porque son pronombres reservados al uso masculino. El japonés hablado por los hombres y las mujeres suele tener diferencias (de hecho, a veces se habla en términos de «lenguaje femenino» y de «lenguaje masculino» en japonés). En general, las mujeres suelen hablar de modo más educado y formal que los hombres, en cualquier situación.

Lección 8

1- Se utiliza para varias cosas, como para transcribir palabras extranjeras al japonés, por ejemplo nombres propios o de lugares, o palabras aisladas que entran en tanto que extranjerismos al japonés. También se usa para representar onomatopeyas, o incluso para resaltar alguna palabra o buscar un efecto sorprendente.

2- La única consonante independiente es *n* (ん en hiragana, ン en katakana).

3- Normalmente iremos a la fila que nos interese (en este caso, la de la *s*) y elegiremos siempre el katakana «consonante+u», ya que la *u* se pronuncia de forma muy débil en japonés. Así, en el caso de la *s*, elegiremos el katakana «s+u», es decir, ス *su*.

4- No existen las sílabas *tu* ni *du* (en su lugar encontramos *tsu* y *zu*). En este caso, añadiremos una *o* a «t» y a «d»: es decir, para transcribir «t» usaremos ト *to*, y para transcribir «d», usaremos ド *do*.

5- Son consonantes que se pronuncian bruscamente. Se representan escribiendo un carácter katakana *tsu* ッ, escrito en tamaño más pequeño, ante la consonante que haya que doblar. Ejemplo: クラック *kurakku*, «crack».

6- Usamos *fu* + una *i* pequeña al lado (フィ).

7- Usamos *te* + una *i* pequeña al lado (ティ).

8- En realidad sería アミーゴ, ya que pronunciamos la *i* un poco larga, pero si has escrito アミゴ lo daremos por válido.

9- ファミリア *famiria*. Tiene dos problemas: la transcripción de *fa* (ver el ejercicio 6, en este caso hemos usado *fu* + una *a* pequeña) y «l», que hemos sustituido por «r».

10- Depende, por supuesto, del nombre de cada cual.

Lección 9

1- El verbo se coloca siempre al final de la frase.

2- でした *deshita*.

3- ではない *de wa nai* | じゃない *ja nai*.

4- Televisor: テレビ *terebi* | canción: うた *uta* | gato: ねこ *neko* | pájaro: とり *tori*.

5- Añadiendo el hiragana か *ka* al final de la frase y dándole a esta una entonación interrogativa al pronunciarla.

6- «Esto no es una foto».

7- «Aquello no era un pájaro».

8- Formal: それはマンガでした *sore wa manga deshita* | Informal: それはマンガだった *sore wa manga datta*.

9- *Kore*: «esto» | *sore*: «eso» | *are*: «aquello» | *dore*: «¿cuál?»

10- Conjugaremos los verbos en la forma simple (だ *da*), ya que se trata de una situación muy informal.

Lección 10

1- El archipiélago japonés está situado en el hemisferio norte.

2- Primavera: 春 *haru* | verano: 夏 *natsu* | otoño: 秋 *aki* | invierno: 冬 *fuyu*.

3- La segunda mitad del mes de junio y la primera mitad del mes de julio coinciden con el 梅雨 *tsuyu* o *baiu*, la «temporada de lluvias». Durante todo este mes llueve prácticamente todos los días.

4- Viento: 風 *kaze* | frío: 寒い *samui* | luna: 月 *tsuki* | estrella: 星 *hoshi*.

5- 雪: *yuki*, «nieve» | 嵐: *arashi*, «tormenta» | 暑い: *atsui*, «cálido», «caluroso» | 桜: *sakura*, «(flor del) cerezo».

6- De casi 7.000 islas. Las cuatro más importantes son 本州 Honshū, 四国 Shikoku, 九州, Kyūshū y 北海道 Hokkaidō.

7- Hoy está lloviendo: 今日は雨が降っています *kyō wa ame ga futte imasu* | Hoy está nevando: 今日は雪が降っています *kyō wa yuki ga futte imasu*.

8- Sirve cualquiera de estas: 東京 Tōkyō, 横浜 Yokohama, 大阪 Ōsaka, 名古屋 Nagoya, 札幌 Sapporo, 神戸 Kōbe, 福岡 Fukuoka, 京都 Kyōto, 川崎 Kawasaki, 広島 Hiroshima さいたま Saitama y 仙台 Sendai.

9- Hokkaidō tiene un clima casi siberiano: mucho frío y frecuentes nevadas en invierno, con veranos frescos. En Okinawa el clima es casi tropical: buen tiempo en general durante todo el año, con temperaturas cálidas.

10- Empezar diciendo 暑いですね *atsui desu ne*, «hace calor, ¿verdad?». Casi seguro que te responden amablemente y se inicia una conversación. En invierno, por cierto, se puede conseguir lo mismo con 寒いですね *samui desu ne*, «hace frío, ¿verdad?».

Ejercicios complementarios II

1- Si, según la nota a pie de página, 銀河（ぎんが）１年 es equivalente al año 2153, entonces el año 銀河（ぎんが）３５０年 es 2153 + 349 = 2502.

2- 雨です.

3- «Hoy» es ９月６日, por lo que dentro de cuatro días, el ９月１０日 （十日）, vendrá un 台風 «tifón», según dice Yuki.

4- Hide utiliza きみ para dirigirse a Yuki. Yodo, en cambio, emplea おまえ. Ambos son superiores a Yuki jerárquicamente, por eso utilizan estos pronombres. En el caso de Yodo, al ser una mujer de alta posición y de carácter dominante, es normal que en este caso utilice el pronombre おまえ, que indica que considera a Yuki un subordinado muy inferior. Hide, en cambio, usa きみ, que tiene una connotación menos fuerte en un contexto así, sin dejar de ser un «pronombre que usa un superior para dirigirse a un inferior».

5- Conjuga です en forma simple, porque considera a Yuki un inferior.

6- La frase de Hide está en negativo pasado. // Pres. simple: ライフルだ | pas. simple: ライフルだった | pas. formal: ライフルでした | neg. simple: ライフルではない | neg. simple (2): ライフルじゃない | neg. formal: ライフルではありません | neg. pas. simple: ライフルではなかった | neg. pas. simple (2): ライフルじゃなかった | neg. pas. formal: ライフルではありませんでした | neg. pas. formal (2): ライフルじゃありませんでした.

7- Respuesta de Yuki: いいえ、ライフルではありませんでした. En interrogativo simple: ライフルではなかったか？ (o bien ライフルじゃなかったか？). En interrogativo formal: ライフルではありませんでしたか？

8- cybot: サイボット | shake: シェイク | cybernet: サイバーネット | fake: フェイク | scandal: スキャンダル | venus: ビーナス o ヴィーナス | jamón: ハモーン | guerrilla: ゲリラ, ゲリーヤ, ゲリリャ o ゲリジャ | cheque: チェケ | tiramisú: ティラミス.

9- 4 de abril: ４月４日 | 12 de junio: ６月１２日 | 10 de agosto: ８月１０日 | 6 de mayo: ５月６日 | 26 de enero: １月２６日 | 17 de julio: ７月１７日 | 1 de diciembre: １２月１日 | 20 de septiembre: ９月２０日 | 24 de febrero: ２月２４日.

10- 昭和３０年: 1955 | 明治５年: 1872 | 平成２年: 1990 | 大正１０年: 1921 | 昭和５１年: 1976.

11- 夏: 暑い | ６月: 梅雨 | 春: 桜 | 北海道: 雪 || 涼しい: ３月 | 秋: 紅葉 | 暖かい: 沖縄 | 冬: 寒い.

12- 1.ª persona singular: 私, 僕, わし | 1.ª persona plural: 俺たち, われわれ | 2.ª persona singular: あなた, 君, お前 | 2.ª persona plural: お前ら, あんたたち.

13- 東京は嵐です (también 横浜, さいたま y 川崎) | 沖縄は晴れではありません (también くもり) | 九州は晴れです | 名古屋はくもりです | 仙台はくもりです | 北海道は雨です | 広島はくもりではありません (o también 雨).

14- Silvia: シルビア | Valencia: バレンシア | Jorge: ホルヘ | Chema: チェマ | Dionisio: ディオニシオ | Pamplona: パンプローナ | Estefanía: エステファニーア | Iñaki: イニャーキ | Jordi: ジョルディ (si has puesto ヨルディ lo damos también por válido).

15- a) 2. それ | b) 1. あそこ | c) 4. どこ | d) 1. あれ.

16- b) あれ | c) ここ | d) そこ | e) どの | f) この.

17- b) ではありません／じゃありません | c) ですか？ | d) ではない／じゃない | e) ではありませんか？／じゃありませんか？ | f) だった | g) ではなかった／じゃなかった | h) でしたか？

18- c) ７日 o 木曜日 | d) ９日 | e) 東京 | f) (五日) ローマ | g) (四日) ではありません | h) (九日) 上海 | i) (八日) cualquier día de la semana menos 金曜日 o cualquier ciudad menos アムステルダム sirven.

19- b) われわれ | c) 拙者 | d) 君 | e) 彼女 | f) 俺ら | g) 彼ら.

20- (Compruébalo utilizando el glosario de kanji (Apéndice II)).

21- 冬: ふゆ | 本: ほん | 男: おとこ | 田: た | 木: き | 日: ひ || 人: ひと | 秋: あき | 夏: なつ | 火: ひ | 子: こ | 川: かわ.

22- a) 1.春 | b) 3.月 | c) 2.男女 | d) 4.私.

23- a) 4.もくようび | b) 2.にっぽんじん | c) 3.あまみず.

24- 秋: あき otoño | 山: やま montaña | (平成)３年: さんねん año 3 de Heisei=1991 | 女子: じょし niña | 水曜日: すいようび miércoles | 春休み: はるやすみ vacaciones de primavera | 六日: むいか día 6 | 冬眠: とうみん hibernación | 油田: ゆでん yacimiento petrolífero.

25- おんな: 女 mujer | つき: 月 luna | かわ: 川 río | あめ: 雨 lluvia | か曜び: 火曜日 martes | しがつ: 四月 abril | わたし: 私 yo | はつか: 二十日 día 20 | ごねん: 五年 cinco años.

26- 日本 にほん | 年金 **ねんきん** | 土曜日 どようび | 冬休み **ふゆ**やすみ | 金曜日 きん ようび | 月曜日 **げつ**ようび | 火山 かざん | 女子 じょし.

Lección 11

1- Los sustantivos japoneses se distinguen de los españoles en que los primeros no cuentan con género ni con número, es decir, que no cambian nunca. No pueden indicar singular/plural ni femenino/masculino.

2- たばこ: *tabako*, «tabaco» | あり: *ari*, «hormiga» | たてもの: *tatemono*, «edificio» | きのこ: *kinoko*, «seta» | スープ: *sūpu*, «sopa».

3- Pescado: さかな *sakana* | elefante: ぞう *zō* | arroz (cocido): ごはん *gohan* | mediodía: ひる *hiru*.

4- くるま: *kuruma*, «automóvil» | 血: *chi*, «sangre» | トマト: *tomato*, «tomate» | えんぴつ: *enpitsu*, «lápiz» | 酒: *sake*, «bebida alcohólica» (sentido genérico) o «sake» (sentido reducido).

5- Clase: きょうしつ *kyōshitsu* | jardín: にわ *niwa* | naranja: オレンジ *orenji* | serpiente: へび *hebi* | noche: よる *yoru* | lágrima: 涙 *namida*.

6- «Eso es una revista».

7- これはすいかです *kore wa suika desu*.

8- «Eso era una banana».

9- Siempre tendremos que deducir de qué se habla por el contexto. Por ejemplo, si nos señalan a un gato y nos dicen あれはねこです *are wa neko desu*, deduciremos que lo que se quiere decir es «eso es un gato» y no «eso son varios gatos».

10- Los contadores son una especie de sufijos que se añaden a un número para indicar «cuántas» cosas hay. Hay varios tipos de contadores, que se eligen según las características de lo que se quiera contar, que veremos con más detalle en la L.25.

Lección 12

1- 七分: *nana fun*, «siete minutos» | 三時: *san ji*, «las tres» | 四分: *yon pun*, «cuatro minutos» | 九時: *ku ji*, «las nueve».

2- Diez minutos: 十分 *juppun/jippun* | las ocho: 八時 *hachi ji* | dos minutos: 二分 *ni fun* | las cinco: 五時 *go ji*.

3- 今、七時です *ima, shichi ji desu*.

4- «Son las seis». *Ima, roku ji desu.*

5- 今、三時十五分すぎです *ima, san ji jū go fun sugi desu*.

6- «Son las ocho menos cuarto (7.45h)». *Ima, hachi ji jū go fun mae desu.*

7- 1) 今、九時半です *ima, ku ji han desu*.

   2) 今、九時三十分です *ima, ku ji san juppun desu*.

8- 今、四時二十三分です *ima, yo ji ni jū san pun desu*.

9- Dependerá, por supuesto, de la hora que sea.

10- 1) 今、二十一時です *ima, ni jū ichi ji desu.* («Ahora son las 21 h»).

2) 今、夜の九時です *ima, yoru no ku ji desu.* («Ahora son las 9 de la noche»).

La segunda frase es mucho más natural que la primera.

Lección 13

1- Son uno de los dos tipos de adjetivo que existen en el idioma japonés. Se llaman así porque todos ellos, sin excepción, terminan en el sonido い *i*.

2- Los adjetivos japoneses se colocan siempre ante el sustantivo a modificar.

3- 赤い: *akai*, «rojo» | 古い: *furui*, «viejo» | 大きい: *ookii*, «grande» | 高い: *takai*, «alto» o «caro».

4- Pequeño: 小さい *chiisai* | azul: 青い *aoi* | oscuro: 暗い *kurai* | barato: 安い *yasui*.

5- Se flexiona quitando la última い *i* y añadiendo かった *katta*. (Ej: 黒い *kuroi* ⇒ 黒かった *kurokatta* | やさしい *yasashii* ⇒ やさしかった *yasashikatta*).

6- Se flexiona quitando la última い *i* y añadiendo くない *kunai*. (Ej: 黒い *kuroi* ⇒ 黒くない *kurokunai* | やさしい *yasashii* ⇒ やさしくない *yasashikunai*).

7- 白くなかった *shirokunakatta*, «no era blanco».

8- Presente: 黒い *kuroi*, «negro» | Pasado: 黒かった *kurokatta*, «era negro» | Negativo: 黒くない *kurokunai*, «no es negro» | Negativo pasado: 黒くなかった *kurokunakatta*, «no era negro».

9- この山は低いです *kono yama wa hikui desu* (formal) o bien この山は低い *kono yama wa hikui* (informal).

10- No es correcta porque se ha conjugado el negativo del verbo «ser» en vez de flexionar el adjetivo *-i*. La frase correcta sería この猫はおとなしくないです *kono neko wa otonashikunai desu*.

Lección 14

1- Son uno de los dos tipos de adjetivo que existen en el idioma japonés. Se llaman así porque todos ellos, sin excepción, terminan en la sílaba な *na*.

2- Aparte de que los adjetivos *-i* terminan en el sonido い *i* y los *-na*, por la sílaba な *na*, la diferencia fundamental entre ambos tipos es que los adjetivos *-na* no se flexionan, mientras que los adjetivos *-i* sí lo hacen.

3- Desaparece la última sílaba, な *na*.

4- 丈夫な: *jōbu-na*, «sano», «vigoroso» | 親切な: *shinsetsu-na*, «amable» | 好きな: *suki-na*, «que gusta» | ひまな: *hima-na*: «desocupado».

5- Peligroso: 危険な *kiken-na* | bonito: きれいな *kirei-na* | famoso: 有名な *yūmei-na* | hábil: 上手な *jōzu-na*.

6- Se elimina la última な *na* del adjetivo y se le añade el verbo «ser» conjugado en pasado. Ejemplo con «torpe» (下手な *heta-na*): el verbo «ser» conjugado en pasado es でした *deshita* en forma *desu* y だった *datta* en forma simple. Quitamos な *na* a la palabra 下手な *heta-na* y le sumamos el verbo. Así, forma *desu*: 下手でした *heta deshita*, «era torpe» | forma simple: 下手だった *heta datta*, «era torpe».

7- 大変ではありませんでした *taihen de wa arimasen deshita*.

8- **Forma *desu*.** Presente: 元気です *genki desu* | pasado: 元気でした *genki deshita* | negativo: 元気ではありません *genki de wa arimasen* o bien 元気じゃありません *genki ja arimasen* | negativo pasado: 元気ではありませんでした *genki de wa arimasendeshita* o bien 元気じゃありませんでした *genki ja arimasendeshita*.

Forma simple. Presente: 元気だ *genki da* | pasado: 元気だった *genki datta* | negativo: 元気ではない *genki de wa nai* o 元気じゃない *genki ja nai* | negativo pasado: 元気ではなかった *genki de wa nakatta* o bien 元気じゃなかった *genki ja nakatta*.

9- この道は安全でした *kono michi wa anzen deshita*.

10- 静かな公園 *shizuka-na kōen*.

Lección 15

1- Son sufijos que se añaden a un nombre propio. Se utilizan en casi todas las situaciones, siempre que nos refiramos a una segunda o tercera persona por su nombre.

2- 〜ちゃん *-chan*.

3- 〜君 *-kun*.

4- 〜様 *-sama*.

5- 〜殿 *-dono*.

6- Entre los miembros de una familia (entre hermanos y de los padres a los hijos) no se suele utilizar sufijo para nombres personales. Asimismo, con amigos jóvenes, abiertos de miras y de mucha confianza también se puede prescindir del sufijo.

7- Siempre utilizaremos 〜さん *-san* en caso de duda o «por defecto».

8- Librería: 本屋 *hon'ya* | pastelería: ケーキ屋 *keekiya* | restaurante de ramen: ラーメン屋 *raamen'ya* | carnicería: 肉屋 *nikuya*.

9- Sería imperativo llamarle por su título. En este caso, como es director de nuestra empresa, lo mejor sería 樋口社長 *Higuchi-shachō*, «Director de empresa Higuchi».

10- NO. Cuando hablamos de nosotros mismos, no podemos usar en ningún caso ninguno de estos sufijos para nombres personales.

Ejercicios complementarios III

1- Yasu utiliza el sufijo さん para dirigirse a Yodo. Lo utiliza como marca de respeto moderado. Utilizar otro sufijo supondría elevar o rebajar demasiado la posición de Yodo.

2- Yodo utiliza 様 para dirigirse a Yasu. Es un sufijo muy formal que indica que Yodo respeta sobremanera a Yasu, ya sea por edad o por posición social. Esto denota que Yodo está, hasta cierto punto, «subyugada» por Yasu. Este, para referirse a Hide, emplea くん, un sufijo que usa un superior al hablar con un inferior, sobre todo si es un chico. Yasu, pues, considera que Hide no tiene mucha influencia, aunque sí le guarda cierto respeto (ya que si no fuera así le llamaría por su nombre sin más).

3- Transcurre a las tres y media de la tarde. 午後三時半 o bien 十五時三十分. / Yasu dice que vendrá mañana a las 2:45 (二時四十五分). Una manera alternativa de decir la misma hora sería: 三時十五分前.

4- Adjetivos -i: 忙しい, 美しい, みにくい, いい, 強い | Adjetivos -na: 元気な, きれいな, 大切な, 無理な, 大丈夫な.

5- みにくいです | みにくい | みにくかったです | みにくかった | みにくくないです | みにくくない | みにくくなかったです | みにくくなかった || きれいです | きれいだ | きれいでした | きれいだった | きれいではありません | きれいでは(じゃ)ない | きれいではありませんでした | きれいでは(じゃ)なかった.

6- Cuando el adjetivo -na va ante el sustantivo al que describe, mantiene な, pero cuando va colocado ante el verbo です, se elimina.

7- Los sustantivos del japonés no tienen género ni número. Yodo ha ofrecido 宝石 («joya») a Yasu, pero no ha especificado que fuera solo una. Yasu en cambio, al oír 宝石, ha pensado que le daría muchas, pero al ver que solo era una se ha enfurecido.

8- Los contadores son pequeñas palabras auxiliares que sirven para indicar «cuántas» cosas hay y, así, suplir la carencia de un indicador de número en los sustantivos. 個 es un contador que sirve para «contar» cosas pequeñas y redondas. Más detalles en la L.25.

9- くま, ライオン, 馬, さる, 犬, ぞう, 牛, うさぎ.

10- 八百屋: やさい | 本屋: ざっし | 肉屋: にく | 文房具屋: かみ | 果物屋: もも || 魚屋: 魚 | 果物屋: みかん | 電気屋: カメラ | 八百屋: レタス | レストラン: ごはん.

11- a) 黄色い | b) いちご | c) 白い | d) レモン | e) 青い | f) 赤い.

12- b) なしはやさいではありません | c) りんごは赤い(黄色い)です | d) ぞうは小さくないです | e) 日本の夏はさむくないです | f) レモンは黄色いです.

13- 今、四時です Ahora son las cuatro. | 今、十時半です / 今、十時三十分です Ahora son las diez y media. | 今、七時十五分すぎです / 今、七時十五分です Ahora son las siete y cuarto. | 今、九時十五分まえです / 今、八時四十五分です Ahora son las nueve menos cuarto (las ocho y cuarenta y cinco).

14- b) 今、朝(午前)の七時半です | c) 今、深夜の二時十五分です | d) 今、夕方の七時四十五分(夕方の八時十五分まえ)です | e) 今、朝(午前)の五時五十八分です | f) 今、夜の十時二十四分です.

15- 1) Esto es un cerdo. | 2) Esto es una cerda. | 3) Esto son cerdos. | 4) Esto son cerdas. || En japonés los sustantivos no tienen género ni número, por lo que sin un contexto no se puede afirmar si hay uno o varios, o si es femenino o masculino.

16- a) 3. 小さ | b) 1. じゃ | c) 3. 親切 | d) 4. 暖かい

17- b) 高くなかった | c) きれいです | d) 低くないです | e) 大きい | f) 静かな / 好きだ | g) きらいではありませんでした.

18- b) この試験はやさしくないです | c) その馬は小さかった | d) あのたてものは安全ではありませんでした | e) 神戸の肉は安くなかったです | f) 彼は魚がきらいだ | g) 富士山は低くない山です | h) 大阪のラーメン屋は下手だ.

19- b) 川田さんは上手でした | c) 川本さんはきれいな人でした | d) あのりんごは高かったです | e) その女はきれいではありません | f) 山田さんの家は暗くない家です.

20- a) あの車は安くなかったです | b) あれは有名なおかしやだ | c) 私は暗いな教室がきらいではありません | d) 山田さんの家は暗い家ではない (no hay errores) | e) その安全じゃないなレストランは大きくなかった.

1- b) ちゃん | c) 先生 | d) くん | e) 殿 | f) 様 | g) 社長.

2- (Compruébalo utilizando el glosario de kanji (Apéndice II)).

3- 昼: ひる | 古い: ふるい | 青い: あおい | 朝: あさ | 夜: よる | 安い: やすい || 高い: たかい | 大きい: おおきい | 時: じ | 小さい: ちいさい | 赤い: あかい | 半: はん.

4- a) 2. 明るい | b) 1. 今年 | c) 4. 白い | d) 2. 新しい.

5- a) 2. ふるほん | b) 4. すきな | c) 3. ごぜん.

6- 五分: ごふん cinco minutos | 六分: ろっぷん seis minutos | 三時半: さんじはん las tres y media | 高い: たかい alto/caro | 人前: ひとまえ en público | 前半: ぜんはん primera parte | 半分: はんぶん mitad | 青春: せいしゅん juventud | 文明: ぶんめい civilización.

7- やすい: 安い barato | あさ: 朝 mañana (AM) | かた: 方 persona (formal) | おおきい: 大きい grande | いま: 今 ahora | あかい: 赤い rojo | ごご: 午後 tarde (PM) | せいねん: 青年 joven | せきじゅう字: 赤十字 Cruz Roja.

8- 十**万**円 じゅうまんえん | 新**し**い あたらしい | **五時半** ごじ**はん** | 高い **たかい** | **四**分 よんぶん | 昼 **ひる** | 午後 ごご | **半**分 はんぶん | 今月 **こんげつ**.

Lección 16

1- Las partículas son pequeños elementos gramaticales sin significado por sí mismos, que se escriben normalmente con un solo carácter hiragana. Su papel es puramente gramatical. Las partículas indican la función que desempeñan dentro de la frase las palabras a las que suceden.

2- は se pronuncia normalmente *ha*, pero cuando funciona como partícula se pronuncia *wa*. へ es normalmente *he*, pero como partícula es *e*. を se pronuncia siempre *o*, ya que este carácter hiragana solo se utiliza como partícula.

3- Para indicar el tema de la oración, es decir «de qué» se habla. Ej: 私は学生です *watashi wa gakusei desu,* «Yo (el tema del que hablamos es «yo») soy estudiante».

4- Tiene tres usos: a) para indicar contacto directo («dónde», «en qué sitio») | b) para indicar lugar, siempre que el verbo sea un verbo de existencia, como por ejemplo los verbos «estar» y «vivir» | c) para indicar complemento indirecto, es decir, «a quién» o «a qué» afecta la acción del verbo. Ej: (uso b) バルセロナに住む *baruserona ni sumu,* «Vivir en Barcelona».

5- Para indicar posesión o relación: Ej: 先生の家 *sensei no ie*, «La casa del profesor».

6- Para indicar dirección, «adónde» vamos. Ej: ソウルへ行く *souru e iku*, «Ir a Seúl».

7- «Esto es tu coche». La partícula は *wa* indica el tema («esto») y la partícula の *no* indica posesión (*anata no kuruma*: «tu coche»).

8- 花子さんに花をあげる *Hanako-san ni hana o ageru*. «Hanako» recibe una flor, por lo tanto es el complemento indirecto («a quién» se le da la flor) y necesita de la partícula に *ni*. «Flor» es el complemento directo («qué» es lo que se da a Hanako), por lo que necesita la partícula を *o*. No olvides usar el sufijo 〜さん *-san* en nombres propios (L.15).

9- «Ir a China». La partícula へ *e* indica dirección, «adónde» vamos.

10- プラモデルを作る *puramoderu o tsukuru*. ¿«Qué» construimos? La respuesta es «una maqueta», así que «maqueta» (プラモデル *puramoderu*) es el complemento directo y necesita la partícula を *o*.

Lección 17

1- Una partícula de fin de frase es un elemento (que normalmente consta de un solo carácter hiragana) que, situado al final de una frase, indica cierto énfasis o connotaciones.

2- No. Normalmente las partículas de fin de frase se utilizan exclusivamente en el japonés oral. Únicamente la partícula か *ka*, que indica pregunta, se utiliza en el japonés escrito formal.

3- Tiene dos funciones principales: 1) Para afirmar, dar seguridad a la frase y sonar convincentes | 2) Para expresar «insistencia» o «empuje» al final de una frase que expresa orden o deseo.

4- Es una partícula utilizada exclusivamente por mujeres, que sirve para afirmar la frase y darle seguridad. También se usa para expresar admiración.

5- ぞ *zo* es, hasta cierto punto, la versión masculina de わ *wa*. Se utiliza para afirmar y dar seguridad a la frase, en contextos muy informales y vulgares.

6- La frase adquiere firmeza y seguridad en lo que se dice. Podemos deducir con toda seguridad que el hablante es un hombre y que está hablando con un amigo o con alguien de mucha confianza, en una situación informal o vulgar.

7- Posibilidad 1) Añadir か *ka*. きょうはメキシコへ行くか *kyō wa mekishiko e iku ka?*, «¿Vas hoy a México?» | Posibilidad 2) (en una situación bastante informal) Añadir の *no*. きょうはメキシコへ行くの *kyō wa mekishiko e iku no?*

8- «No comas helado». Hay muchas posibilidades de que el hablante sea un hombre. Esta estructura solo la usan las mujeres en situaciones muy informales.

9- いい天気ですね *ii tenki desu ne*. La partícula ね *ne* sirve para dar un tono de confirmación a la frase, para buscar una respuesta del interlocutor del tipo «pues sí, tienes razón». A veces se puede traducir al castellano por «¿verdad?».

10- En general no es recomendable usar las partículas de fin de frase en japonés oral formal, excepto か *ka*, para formar preguntas, ね *ne* y, usadas con prudencia, よ *yo* y わ *wa*.

Lección 18

1- Verbo いる *iru*: cuando nos referimos a seres animados (personas, animales, etc.) | Verbo ある *aru*: cuando nos referimos a cosas y seres inanimados.

2- あった *atta*.

3- ありません *arimasen*.

4- いる *iru*.

5- A) (formal): あそこにフォークがあります *asoko ni fōku ga arimasu* | b) (diccionario): あそこにフォークがある *asoko ni fōku ga aru*.

6- «Aquí no había un tiburón».

7- A) (formal): 私はかえるがいませんでした *watashi wa kaeru ga imasendeshita*. | b) (diccionario): 私はかえるがいなかった *watashi wa kaeru ga inakatta*.

8- «Yo no tengo un plato» o bien «Yo no tengo platos».

9- En ocasiones formales o cuando no conocemos al interlocutor. Sería más o menos equivalente a tratar de «usted» a alguien.

10- Por supuesto, utilizaríamos la forma de diccionario (informal).

Lección 19

1- Porque la forma presente de todos los verbos en esta variedad termina siempre en *-masu*.

2- La forma de diccionario.

3- 書きません *kakimasen*.

4- 食べます *tabemasu*.

5- 私はビールを飲みました *watashi wa biiru o nomimashita*.

6- «Él no jugaba»/«Él no jugó».

7- 彼女は走りません *kanojo wa hashirimasen*.

8- «Yo compro una flor».

9- Sentido literal: «entendí»/«entendía». Sentido locutivo: «vale» / «de acuerdo» / «OK» / «entendido».

10- Que el personaje que habla no está hablando en japonés, sino que se nos ofrece la traducción de lo que dice.

Lección 20

1- Se la llama también «forma simple».

   El nombre «forma de diccionario» responde a que cuando buscamos un verbo en un diccionario siempre lo encontraremos en esta forma.

2- **Grupo 1:** cambiamos -*ru* del infinitivo por -*nai*. Ejemplo: 教える *oshieru* ⇒ 教えない *oshienai*. | **Grupo 2:** en general, cambiamos el último sonido «u» del infinitivo por «a» y añadimos -*nai*. Ejemplo: 遊ぶ *asobu* ⇒ 遊ば *asoba* ⇒ 遊ばない *asobanai*.

3- Forma simple: 遊ぶ *asobu*. | Forma -*masu*: 遊びます *asobimasu*.

4- Forma simple: 飲まない *nomanai*. | Forma -*masu*: 飲みません *nomimasen*.

5- Forma simple: 私は本を買った *watashi wa hon o katta*. | Forma -*masu*: 私は本を買いました *watashi wa hon o kaimashita*.

6- «Ella no enseñaba inglés».

7- Forma simple: 田中さんは起きない *Tanaka-san wa okinai*. | Forma -*masu*: 田中さんは起きません *Tanaka-san wa okimasen*.

8- «Yo espero a María».

9- Yo escribo: 私は書く *watashi wa kaku*. | Ellos escriben: 彼らは書く *karera wa kaku*. | Ustedes escriben: あなた達は書く *anatatachi wa kaku*. (Esta última, sin embargo, sería más correcta formularla en forma -*masu*, あなた達は書きます *anatatachi wa kakimasu*, porque el pronombre *anatatachi* es de tipo formal, al igual que nuestro «ustedes»).

10- Los verbos irregulares son する *suru*, «hacer», y 来る *kuru*, «venir». El semiirregular es 行く *iku*, «ir».
する **suru**. Pasado: した *shita* | negativo: しない *shinai* | negativo pasado: しなかった *shinakatta*. // 来る **kuru**. Pasado: 来た *kita* | negativo: 来ない *konai* | negativo pasado: 来なかった *konakatta*. // 行く **iku**. Pasado: 行った *itta* | negativo: 行かない *ikanai* | negativo pasado: 行かなかった *ikanakatta*.

Ejercicios complementarios IV

1- Yodo utiliza la forma formal al hablar con Yasu, y Yasu, la forma simple al hablar con Yodo. Esto denota que Yodo respeta a Yasu, en parte porque es mayor en edad y también, seguramente, porque lo considera un enemigo muy poderoso y temible. En cambio, el uso de la forma simple de Yasu al hablar con Yodo denota que la respeta poco, más bien se siente «superior» a ella, tal vez para amedrentarla y darle miedo.

2- El primer soldado se refiere a otro soldado, una persona, y por eso usa el verbo いる (usado con seres animados). El segundo soldado se refiere al objeto 弾, es decir, «balas», por eso emplea el verbo ある (usado con objetos y seres inanimados).

3- ヨド様！ヤス様はここにいる。ヤス様と話さないか？ Se usa la forma formal porque el soldado es de menor rango que Yodo y debe mostrar respeto a su superiora.

4- 話す, 話した, 話さない, 話さなかった, 話します, 話しました, 話しません, 話しませんでした 伝える, 伝えた, 伝えない, 伝えなかった, 伝えます, 伝えました, 伝えません, 伝えませんでした.

5- A final de frase, la partícula の sirve para hacer preguntas informales. Es una versión informal de か.

6- よ sirve aquí como marca de énfasis, para dar más fuerza expresiva a la frase. ぞ tiene una función idéntica a ese よ, pero es mucho más vulgar y solo la utilizan hombres en situaciones muy informales.

7- Aquí, la función gramatical de la partícula の es marcar «posesión» o «relación». En este caso, 休戦の条件, la «condición» (条件) pertenece a «tregua» (休戦); en otras palabras, «la(s) condición(es) de la tregua». を se utiliza para marcar el complemento directo, «¿qué?» es lo que recibe la acción del verbo. Así, 休戦の条件を伝える, lo que se «comunica» (伝える) es las «condiciones de la tregua» (休戦の条件).

8- へ es la partícula de dirección, e indica «hacia dónde» va algo. Yuki, pues, «sale» 出ます hacia «fuera» (外). と aquí se usa para citar las palabras de otra persona de modo literal. En este caso, el soldado cita literalmente lo dicho por Yuki: 外へ 出ます («salgo afuera»).

9- Animales: からす | くじら | あり | はえ | しか | 馬 || Verduras: じゃがいも | たまね ぎ | ピーマン | かぼちゃ | レタス || Frutas: バナナ | もも | りんご | すいか | みかん || Papelería: ボールペン | ふで | 切手 | 紙 || Cubiertos: フォーク | コップ | ナイフ | はし | 皿 || Tiendas: 本屋 | 八百屋 | パン屋 | くつ屋 | 肉屋 || Meteorología: 梅雨 | 秋 | 嵐 | 雪 | きり.

10- ベッド: 起きる | 手紙: 書く | ボール: 遊ぶ | お茶: 飲む | ケーキ屋: 買う || 日本語: 教 える | ご飯: 食べる | 本: 書く | 人: 呼ぶ | 家: 帰る.

11- b) いる haber/estar | c) いる estar | d) ある haber | e) ある tener | f) ある haber.

12- b) 行く | c) 食べる | d) 猫 | e) 飲む | f) スプーン / スープ | g) 読む | h) お金.

13- b) 犬はあそこにいなかった。| c) 私はざっしを読んだ。| d) 車で東京へ行った | e) あの山に川はありません。| f) さめは海にいない。| g) あなたはきれいな漢字を 書いた。| h) 先生は私に日本語を教えます。

14- b) formal / ambos | c) coloquial / mujer | d) coloquial / hombre | e) formal / ambos | f) vulgar / hombre.

15- a) 2. は / 1. の | b) 4. へ / 2. と | c) 3. で / 2. に / 1. を.

16- a) は / に | b) は / が | c) は / に / を | d) へ / で | e) に / と | f) の o bien に / を | g) に / を / に | h) で / と / と.

17- a) 私の名前はジョナサンです | b) 彼女は家にいる。しかし、教室で勉強する | c) フミコさんは電車でここへ来ますよ | d) 私はレストランでケーキを食べる.

18- ありました, ありません, ない, なかった | 食べます, 食べる, 食べませんでした, 食べ なかった | 呼びました, 呼んだ, 呼びません, 呼ばない, 呼ばなかった | 持ちます, 持ち ました, 持つ, 持ちませんでした, 持たなかった | 守ります, 守りました, 守った, 守り ません, 守りませんでした, 守らない, 守らなかった.

19- b) 私の車は青いです | c) 先生は私と庭で遊んだ, o bien 私は先生と庭で遊んだ, o bien 私と先生は庭で遊んだ, o bien 先生と私は庭で遊んだ | d) あなたはりんごを 食べましたか | e) 私は電車で家へ帰る | f) 彼の家はしずかですか.

20- a) あの鳥はケーキを食べなかった。| b) 二時間前、彼女の家へ行きました。| c) ここ

でやさいを買<ruby>買<rt>か</rt></ruby>わない。| d) 明日<ruby><rt>あした</rt></ruby>、社長<ruby><rt>しゃちょう</rt></ruby>とコーヒーを飲<ruby><rt>の</rt></ruby>まない。

22- (Compruébalo utilizando el glosario de kanji (Apéndice II)).

22- 見る: みる | 右: みぎ | 売る: うる | 入る: はいる | 石: いし | 左: ひだり ‖ 外: そと | 思う: おもう | 買う: かう | 来る: くる | 出る: でる | 中: なか.

23- a) 2．帰る | b) 4．売春 | c) 3．持つ | d) 2．飲食.

24- a) 1．らいげつ / 2．きます | b) 3．かねもち / 4．はいった | c) 1．じかん / 3．みほん.

25- 出る: でる salir | 右: みぎ derecha | 石: いし piedra, roca | 教える: おしえる enseñar | 行う: おこなう llevar a cabo | 下がる: さがる bajar, descender | 人間: にんげん persona, ser humano | 朝食: ちょうしょく desayuno.

26- うえ: 上 arriba | なか: 中 centro, dentro | いく: 行く ir | あいだ: 間 entre, intervalo | がいじん: 外人 extranjero | おもう: 思う pensar | ちゅうねん: 中年 de mediana edad | やかん: 夜間 durante la noche.

27- 持つ もつ o bien 待つ まつ | 下がる さがる o bien 上がる あがる | 飲む のむ | 左右 さゆう | 時間 じかん | 見る みる | 入る はいる | 売買 ばいばい | 昼食 ちゅうしょく.

Lección 21

1- Porque las palabras para referirse a la familia de otro se usan en parte para expresar respeto hacia el interlocutor o persona de la cual se habla.

2- Propia esposa: 妻 *tsuma*, 家内 *kanai* o 女房 *nyōbō*. | Esposa de otro: 奥さん *okusan*. Propio marido: 夫 *otto*, 主人 *shujin*, 旦那 *danna* | Marido de otro: 旦那さん *danna-san* (y también ご主人 *goshujin*, aunque no haya salido durante la lección).

3- En japonés, los hermanos no solo se distinguen por su sexo, como en castellano (hermana/hermano), sino también por si son mayores o menores. Hay cuatro palabras para referirse a los propios hermanos: 兄 *ani*, «mi hermano mayor», 姉 *ane*, «mi hermana mayor», 弟 *otōto*, «mi hermano menor» e 妹 *imōto*, «mi hermana menor». Asimismo, hay cuatro más para los hermanos de otro: お兄さん *onii-san*, «hermano mayor», お姉さん *oneesan*, «hermana mayor», 弟さん *otōtosan*, «hermano menor» e 妹さん *imōtosan*, «hermana menor».

4- Propio tío: おじ *oji* | Tío de otro: おじさん *ojisan*.

5- Propio primo: いとこ *itoko* | Primo de otro: いとこ *itoko*. Es una de las pocas palabras que permanecen idénticas tanto si se utilizan para referirse a un familiar propio como al de otra persona.

6- Significa «sobrina» y no podemos saber si se trata de un familiar propio o de otro, puesto que la palabra puede valer para ambos.

7- (私の)父は医者です *(watashi no) chichi wa isha desu*. Es más natural obviar la parte *watashi no*.

8- 久美さんのお父さんは医者です *Kumi-san no otōsan wa isha desu.*

9- Hay al menos cinco posibilidades: 父 *chichi* (formal), お父さん *otōsan* (neutro), 父親 *chichioya* (formal), 親父 *oyaji* (coloquial, masculino) y パパ *papa* (infantil), más las posibles variaciones cariñosas e infantiles お父ちゃん *otōchan* y 父ちゃん *tōchan*.

10- Significado 1: hermana mayor de otra persona | Significado 2: hermana mayor (propia) | Significado 3: manera de llamar a una chica joven cuyo nombre nos es desconocido.

Lección 22

1- El adverbio 側に *soba ni* significa «al lado de». Es un adverbio de lugar.
まだ *mada* significa «todavía» y es un adverbio de tiempo.

2- Se sustituye la última い *-i* por く *-ku*.

3- すごい *sugoi* ⇒ すごく *sugoku*, «fantásticamente».
低い *hikui* ⇒ 低く *hikuku*, «bajamente».
熱い *atsui* ⇒ 熱く *atsuku*, «calurosamente».

4- Se sustituye な *-na* por に *ni*.

5- 貧乏な *binbō-na* ⇒ 貧乏に *binbō ni*, «pobremente».
複雑な *fukuzatsu-na* ⇒ 複雑に *fukuzatsu ni*, «complicadamente».
必要な *hitsuyō-na* ⇒ 必要に *hitsuyō ni*, «necesariamente».

6- «Este examen es muy difícil».

7- a) ちょっと雨が降る *chotto ame ga furu*. | b) 少し雨が降る *sukoshi ame ga furu*.

8- «Escribir kanji 'pequeñamente' (en pequeño)»

9- a) 早い: «rápido (de tiempo)», «pronto». | b) 速い: «rápido (de velocidad)», «veloz».

10- a) Licor típico japonés destilado del arroz (sake).
b) Bebidas alcohólicas en general.
Se utiliza más el sentido b).

Lección 23

1- Por supuesto, el español. :-)

2- Es una característica de la mentalidad y cultura japonesa: ante un revés, ante un enemigo, hay que poner siempre cara de póquer y no mostrar nunca las emociones al contrincante. Por otra parte, los japoneses respetan sobremanera a los demás y nunca insultarían a nadie en público.

3- 馬鹿者 *bakamono* | 馬鹿野郎 *bakayarō* | 馬鹿にする *baka ni suru* | 馬鹿を言う *baka o iu* | 馬鹿馬鹿しい *bakabakashii*.

4- «Basura», «desperdicio», «escoria».

5- En Osaka, アホ *aho* es una palabra poco ofensiva, incluso amigable. En cambio, バカ *baka* es sumamente ofensiva. En Tokio ocurre exactamente lo contrario: バカ *baka* es amigable y アホ *aho* es ofensivo.

6- ちくしょう *chikushō*.

7- Normalmente se escriben en katakana, porque este silabario provoca un efecto visual en el lector mucho más impactante que el kanji o el hiragana, y una palabrota debe impactar a ojos del lector.

8- うるさい！ *urusai!*

9- Se trata de la palabra ブス *busu,* que literalmente significa «fea», pero que es extremadamente ofensiva para una mujer.

10- Maldito director: クソ社長 *kuso-shachō* o バカ社長 *baka-shachō.*

Jodida bicileta: クソ自転車 *kuso-jitensha* o バカ自転車 *baka-jitensha.*

Lección 24

1- Con la forma *-te* tendremos la base para formar multitud de expresiones gramaticales, entre ellas el gerundio y la forma de petición *-te + kudasai.* La forma *-te* es básica en el japonés y es necesario dominarla al 100%.

2- 飛ぶ *tobu* ⇒ 飛んで *tonde* | 見る *miru* ⇒ 見て *mite* | 座る *suwaru* ⇒ 座って *suwatte.*

3- 寝る *neru* ⇒ 寝ている *nete iru* | 転ぶ *korobu* ⇒ 転んでいる *koronde iru* | 笑う *warau* ⇒ 笑っている *waratte iru.*

4- **Gerundio pasado simple:** 寝ていた *nete ita* («estaba durmiendo») | 転んでいた *koronde ita* («estaba cayéndome») | 笑っていた *waratte ita* («estaba riendo»).

Gerundio pasado formal: 寝ていました *nete imashita* («estaba durmiendo») | 転んでいました *koronde imashita* («estaba cayéndome») | 笑っていました *waratte imashita* («estaba riendo»).

Gerundio negativo simple: 寝ていない *nete inai* («no estoy durmiendo») | 転んでいない *koronde inai* («no estoy cayéndome») | 笑っていない *waratte inai* («no estoy riendo»).

Gerundio negativo formal: 寝ていません *nete imasen* («no estoy durmiendo») | 転んでいません *koronde imasen* («no estoy cayéndome») | 笑っていません *waratte imasen* («no estoy riendo»).

5- 彼らは遊んでいる *karera wa asonde iru.*

6- Con la forma *-te + kudasai.*

7- りんごを食べてください *ringo o tabete kudasai.*

8- Presente simple: 発生する *hassei suru* («ocurre») | Presente formal: 発生します *hassei shimasu* («ocurre»). // Pasado simple: 発生した *hassei shita* («ocurrió»/«ocurría», etc.) | Pasado formal: 発生しました *hassei shimashita* («ocurrió»/«ocurría», etc.). // Negativo simple: 発生しない *hassei shinai* («no ocurre») | Negativo formal: 発生しません *hassei shimasen* («no ocurre»). | Negativo pasado simple: 発生しなかった *hassei shinakatta* («no ocurrió»/«no ocurría», etc.) | Negativo pasado formal: 発生しませんでした *hassei shimasen deshita*(«no ocurrió»/«no ocurría», etc.).

9- Se elimina la い *i* del verbo いる *iru.* Ej.: 動いている *ugoite iru* («estar moviéndose») ⇒ 動いてる *ugoiteru* | 書いていた *kaite ita* («estaba escribiendo») ⇒ 書いてた *kaiteta.*

10- Muchas veces se elimina la palabra くださいい *kudasai* para dar un tono más familiar e informal. Ejemplo: 書いてください *kaite kudasai* («escribe, por favor») ⇒ 書いて *kaite* («escribe»).

Lección 25

1- Un contador es un sufijo que se coloca tras un numeral. Sirve para indicar número, decir «cuántas» cosas hay.

2- Depende de las características físicas del objeto que queramos contar. Dependiendo de la forma, el material de que esté hecho, o del tipo de objeto que sea, elegiremos un contador u otro.

3- 1: 一枚 *ichi mai* | 2: 二枚 *ni mai* | 3: 三枚 *san mai* | 4: 四枚 *yon mai* | 5: 五枚 *go mai* | 6: 六枚 *roku mai* | 7: 七枚 *nana mai* | 8: 八枚 *hachi mai* | 9: 九枚 *kyū mai* | 10: 十枚 *jū mai*. Este contador se utiliza para contar cosas planas, como por ejemplo papeles, mantas, CD etc.

4- 1: 一本 *ippon* | 2: 二本 *ni hon* | 3: 三本 *san bon* | 4: 四本 *yon hon* | 5: 五本 *go hon* | 6: 六本 *roppon* | 7: 七本 *nana hon* | 8: 八本 *happon* | 9: 九本 *kyū hon* | 10: 十本 *juppon*. Este contador se utiliza para contar cosas delgadas y alargadas, como por ejemplo árboles, bolígrafos, dedos, etc. También para cintas de vídeo o audio e incluso para llamadas de teléfono.

5- Libros: 冊 *satsu* | naranjas: 個 *ko*.

6- «En el camino hay seis coches».

7- 猫を五匹ください *neko o go hiki kudasai*.

8- Una persona: 一人 *hitori* | dos personas: 二人 *futari* | tres personas: 三人 *san nin*. Las dos primeras son irregulares, a partir de *san nin*, todos son regulares.

9- Para contar tazas (de café, de té, etc.), vasos (de leche, de agua, etc.), copas (de *whisky*, de vino, etc.), o cucharadas.

10- 八畳 *hachijō* son «ocho *tatami*». Si un *tatami* es aproximadamente 1,6 m², entonces 8 de ellos serán aproximadamente 12,8 m².

Ejercicios complementarios V

1- Porque Yasu había prometido que desmontaría solo los cañones exteriores de la base de Saka, y en realidad hizo desmontar también los interiores, con lo que la base queda indefensa. Insultos: バカもの, ちくしょう, バカを言う, クソ親父 y くそ.

2- おじいさん significa literalmente «abuelo», pero también se usa para referirse a hombres ancianos desconocidos. O bien, como ocurre en este capítulo, simplemente para referirse a hombres mayores.

3- 10 fuera y 6 dentro. Se utiliza el contador 台, porque son máquinas. Los árboles se cuentan con 本 (son largos y delgados) y las palomas con 羽 (son pájaros).

4- 弱く («débilmente»), procedente de 弱い («débil»), 静かに («silenciosamente»), procedente de 静かな («silencioso»), y 深く («profundamente»), procedente de 深い («profundo»).

5- ひどい: ひどく | 頑固な: 頑固に | 遅い: 遅く

6- もう: «ya» | だけ: «solamente» | 少し: «un poco» | とても: «muy».

7- やめて: forma simple やめる, forma -*masu* やめます, significado «parar», «dejar» (de hacer algo) | して: する, します, «hacer» | 考えて: 考える, 考えます, «pensar» | 出して: 出す, 出します, «sacar».

8- あやまっている | 従ってください | 負けていません | 壊していなかった.

9- 撤去する: forma -*masu* 撤去します, forma -*te* 撤去して, significado «desmontar» | 約束する: 約束します, 約束して, «prometer».

10- Con la palabra お母さん. Es más natural que un hijo utilice お母さん para dirigirse a su madre. Es común usar las palabras reservadas a la familia de otro para referirse a personas de la propia familia que sean de mayor edad que uno.

11- 人: 兄, 先生, 男, 妻, 警察官, おじいさん, 母親 | 枚: 写真, 紙, 切手, ディスク, 手紙, 新聞 | 台: 車, パソコン, バス, カメラ, 自転車, 電車, コンピュータ | 本: えんぴつ, ボールペン, ふで, 足, バナナ, 木 | 匹: 猫, あり, たこ, かえる, へび, さる | 頭: くま, ライオン, 馬, とら, ぞう, ぶた, 羊 | 冊: 本, マンガ, 雑誌 | 個: すし, もも, ボール, オレンジ, いちご, ゴム, みかん.

12- b) 九個 (九つ) | c) 八階 (八つ), 何階 (いくつ) | d) 二人 (二つ) | e) 四頭 (四つ) | f) 六冊 (六つ) | g) 三本 (三つ) | h) 一匹 (一つ).

13- おかあさん: はは | おっと: だんなさん | かない: おくさん | むすめさん: むすめ | あね: おねえさん | そふ: おじいちゃん || パパ: とうちゃん | おふくろ: ははおや | おばさん: おば | あに: おにいさん | にょうぼう: つま | そぼ: おばあさん.

14- b) 妹きん | c) (correcta) | d) 妻 奥さん | e) (correcta).

15- a) 4. 昨日 | b) 2. 上に | c) 1. 安く | d) 3. きっと | e) 4. 上手に.

16- 見る, 見て, mirar | 寝る, 寝て, dormir | 急ぐ, 急いで, darse prisa | 貸す, 貸して, prestar | 遊ぶ, 遊んで, jugar | 呼ぶ, 呼んで, llamar | 疲れる, 疲れて, cansarse | する, して, hacer | 飲む, 飲んで, beber | 教える, 教えて, enseñar | 歌う, 歌って, cantar || 座る, 座って, sentarse | 買う, 買って, comprar | 抱きしめる, 抱きしめて, abrazar | 行く, 行って, ir | 作る, 作って, construir | ある, あって, estar | 読む, 読んで, leer | 来る, 来て, venir | 走る, 走って, correr | 知る, 知って, saber | 死ぬ, 死んで, morir | 歩く, 歩いて, andar.

17- b) 終わっていない | c) 笑ってください | d) 呼んでいる | e) 行ってください | f) 殺していません | g) 吸っています | h) 帰ってください | i) 飲んでいませんでした.

18- b) 前に | c) 早く | d) 昨日; 明日 | e) きっと; ちょっと | f) 小さく | g) 上手に.

19- b) 結婚していました | c) 勉強して(ください) | d) 運転しています | e) 出発していなかった.

20- a) の / に / と | b) へ (puede ser también に) / で / で | c) は / で / と o bien の / を | d) と / が / と | e) に / の / が / に.

21- (Compruébalo utilizando el glosario de kanji (Apéndice II)).

22- 父: ちち | 妹: いもうと | 近い: ちかい | 遠い: とおい | 弟: おとうと | 多い: おおい ||
体: からだ | 強い: つよい | 弱い: よわい | 家: いえ | 兄: あに | 姉: あね.

23- a) 1. 広い | b) 3. 姉 | c) 4. 会社 | d) 1. 父母.

24- a) 2. しょうねん / 4. なまえ | b) 4. とう / 3. しまい | c) 1. おとうと / 3.
げんき / 1. か.

25- a) 会社: かいしゃ / 会いました: あいました | b) 天気: てんき / 家: いえ / 遠く: とおく
| c) 社会: しゃかい / お兄さん: おにいさん | d) 体力: たいりょく / 体: か
らだ / 少し: すこし / 弱い: よわい / 休む: やすむ.

26- はは: 母 madre | ちから: 力 fuerza | ひろい: 広い ancho | つよい: 強い fuerte | きゅう
じつ: 休日 día festivo | たぶん: 多分 quizá | にんき: 人気 popular | きもち: 気持ち
sentimiento.

27- **姉** あね | **気持ち** きもち | **体力** たいりょく | 広大 こうだい | 人気 にんき | 会社
かいしゃ, o bien **社会** しゃかい | 少年 しょうねん | **力強い** ちからづよい | **弟** おと
うと.

Lección 26

1- Cara: 顔 *kao* | mano: 手 *te*.

Cara: 口 *kuchi*, «boca», 耳 *mimi*, «oreja», 目 *me*, «ojo», 鼻 *hana*, «nariz», 舌 *shita*,
«lengua», ひげ *hige*, «barba», 歯 *ha*, «diente».

Mano: 指 *yubi*, «dedo», 手の平 *tenohira*, «palma de la mano», 爪 *tsume*, «uña».

2- Cerebro: 頭脳 *zunō* | pulmones: 肺臓 *haizō* | estómago: 胃 *i*.

3- 君の目はきれい(だ／です) *kimi no me wa kirei (da/desu)*.

4- «Su brazo (de él) es fuerte».

5- 親指が痛いです *oyayubi ga itai desu*.

6- «Me duelen los hombros»/«Me duele el hombro».

7- «Esta persona es fanfarrona/altiva».

8- 足を洗う *ashi o arau* (literalmente «lavarse los pies»). Es una expresión que solo
usan individuos metidos en asuntos turbios para indicar que quieren abandonarlos.

9- Se trata de las palabras 心 *kokoro* y 心臓 *shinzō*. Mientras que *shinzō* tiene un sentido
puramente físico (ya que se trata de la palabra que se refiere al órgano que bombea
la sangre en nuestro cuerpo, es decir, el corazón), *kokoro* tiene un significado más
bien místico e inmaterial: se refiere al alma, a la mente, a lo que nos hace humanos...

10- *o-shiri*: ケツ *ketsu* | *mune*: オッパイ *oppai*.

Lección 27

1- こんばんは *konban wa* («buenas noches»).

2- お休みなさい *o-yasumi nasai* («buenas noches»). ¡No lo confundas con *konban wa*!

3- Despedida: 行ってきます *itte kimasu* | Respuesta madre: 行ってらっしゃい *itte rasshai*.

4- いらっしゃいませ *irasshaimase* («bienvenido», «¿qué desea?»). ¡Muchas veces lo dicen a voz en grito!

5- おめでとうございます *omedetō gozaimasu* («felicidades»).

6- つまらない物ですけれど、どうぞ... *tsumaranai mono desu keredo, dōzo...*, «Se trata de algo insignificante, pero tómelo».

7- すみません *sumimasen* es una expresión que significa «lo siento» o «disculpe», pero algunas veces se usa con un sentido más cercano al de «gracias» que al de «perdón».

8- Chico de 22 años con sus amigos: 腹が減った *hara ga hetta* | a su jefe: お腹がすいた *o-naka ga suita* | niños de 5 años: お腹がぺこぺこ *o-naka ga peko peko*.

9- 明けましておめでとうございます。今年もよろしくお願いします *akemashite omedetō gozaimasu. Kotoshi mo yoroshiku o-negai shimasu.*

10- a) お疲れ様 *o-tsukare-sama* | b) ご苦労様 *gokurō-sama*. Ambas significan «gracias por el esfuerzo», «lo has hecho muy bien», «buen trabajo».

Lección 28

1- なる *naru* no se puede traducir directamente al español con una sola palabra, aunque tiene el sentido de «llegar a ser», «convertirse en» o «haber sufrido un cambio». Es parecido al verbo inglés «to become». Presente: なる *naru*, pasado: なった *natta*, negativo: ならない *naranai*, negativo pasado: ならなかった *naranakatta*.

2- Adjetivos -i: sustituimos la última い *i* por く *ku* y añadimos なる *naru*. | Adjetivos -na: sustituimos la última な *na* por に *ni* y añadimos なる *naru*. | Sustantivos: añadimos になる *ni naru*.

3- やさしくなる *yasashiku naru* («volverse fácil»), 便利になる *benri ni naru* («volverse práctico»), 学生になる *gakusei ni naru* («convertirse en estudiante»).

4- «Él va a ver una película».

5- 彼は小説を書きに来る *kare wa shōsetsu o kaki ni kuru.*

6- あげる *ageru:* «dar», もらう *morau:* «recibir». *Ageru* y *kureru* significan ambos «dar», pero *kureru* se utiliza cuando el que da es otra persona y el que recibe es «yo» o «alguien cercano a yo». No podemos utilizar *ageru* si el que recibe es «yo»; en tal caso hay que usar *kureru*.

7- «Jesús le dio un libro a Michiko».

8- ガルシアさんはモラレスさんに書類をもらう *garushia-san wa moraresu-san ni shorui o morau.*

9- «Yo enseño japonés a los alumnos (haciéndoles así un favor)».

10- 牛乳を飲んでくれ *gyūnyū o nonde kure.*

Lección 29

1- Los *gitaigo* son onomatopeyas de tipo casi siempre adverbial que expresan un estado físico o de ánimo. Sirve cualquiera de los del cuadro de teoría como ejemplo.

2- Los *giongo* son onomatopeyas de tipo casi siempre adverbial que imitan un sonido (en un sentido casi idéntico a nuestras «onomatopeyas»). Sirve cualquiera de los del cuadro de teoría como ejemplo.

3- しくしく *shikushiku*: «(llorar) silenciosamente» | ほっと *hotto*: «sentirse aliviado» | ぐるぐる *guruguru*: «(girar) dando vueltas» | ぱくぱく *pakupaku*: «(comer) con ganas, ruidosamente».

4- Reír a carcajadas: げらげら *geragera* | Estar agotado: くたくた *kutakuta* | Relucir/resplandeciente: ぴかぴか *pikapika* o きらきら *kirakira*.

5- «Él habla japonés con fluidez».

6- «El flash de Pikachu es resplandeciente».

7- No, son palabras que todo adulto y todo niño conoce y usa con frecuencia, tanto en el japonés oral como en el escrito. Es imprescindible conocer al menos las más básicas.

8- びっくりする *bikkuri suru*.

9- Los *gitaigo* y *giongo* son unos de las pocos tipos de palabras del japonés que no se escriben con un silabario «por defecto». Dependiendo del autor, se escriben en hiragana o en katakana (casi ningún *gitaigo* y *giongo* se escribe en kanji). En el caso de los mangas, es frecuente encontrarlos escritos en katakana, pero pueden darse excepciones.

10- Perro: わんわん *wanwan* | Rana: けろけろ *kerokero*.

Lección 30

1- No. En la vida real se considera de mala educación y muy rudo utilizar el imperativo. Se utiliza con mucha más frecuencia la forma *-te kudasai* (L.24).

2- Está el imperativo «directo», el imperativo «suave» (*-nasai*), el imperativo «altivo» *-tamae* y la forma *-te kure*. El imperativo directo es rudo, y solamente es utilizado por hombres. El imperativo *-nasai* lo utilizan sobre todo las mujeres cuando quieren dar una orden, o también de un adulto a un niño o de un superior a un inferior (aunque esta última situación es menos frecuente). El imperativo *-tamae* es muy poco utilizado: lo usa un superior al hablar con un inferior. Por último, la forma *-te kure* es bastante vulgar y es una orden bastante directa.

El imperativo negativo consiste en algo tan sencillo como colocar な *na* tras un verbo en infinitivo.

3- 見る *miru* ⇒ 見ろ *miro* | 聞く *kiku* ⇒ 聞け *kike* | 乗る *noru* ⇒ 乗れ *nore* | 洗う *arau* ⇒ 洗え *arae*.

4- 見る *miru* ⇒ 見なさい *minasai* | 聞く *kiku* ⇒ 聞きなさい *kikinasai* | 乗る *noru* ⇒ 乗りなさい *norinasai* | 洗う *arau* ⇒ 洗いなさい *arainasai*.

5- 見る *miru* ⇒ 見てくれ *mite kure* | 聞く *kiku* ⇒ 聞いてくれ *kiite kure* | 乗る *noru* ⇒ 乗ってくれ *notte kure* | 洗う *arau* ⇒ 洗ってくれ *aratte kure*.

6- Porque es demasiado rudo y vulgar. Una chica utiliza la forma *-nasai* para dar órdenes, en situaciones de mucha confianza con el interlocutor.

7- «Lee el curso de japonés».

8- 新聞を買え *shinbun o kae*.

9- いすに座りなさい *isu ni suwarinasai*.

10- *-tamae* se utiliza cuando el hablante es o se siente superior al oyente. Es una forma muy poco utilizada.

Ejercicios complementarios VI

1- ただいま es la frase hecha que utiliza alguien cuando entra en su propia casa. Hide entra en sus aposentos en la base de Saka, por eso es normal que la use. El soldado responde お帰りなさい, saludo del que está ya dentro a quien viene de fuera.

2- Si Hide entrara en casa de Yasu diría お邪魔します (de hecho, es exactamente lo que hace Yuki unas viñetas después). Yasu debería responder いらっしゃい.

3- Le duele la cabeza (頭が痛いです). | «Me duele la espalda»: 背中が痛いです | «Me duele la oreja»: 耳が痛いです | «Me duele la rodilla»: ひざが痛いです.

4- くたくた: estar agotado (*gitaigo*) | いらいら: estar nervioso, irritado (*gitaigo*) | しっかり: tener aguante, aguantar (*gitaigo*).

5- 悲しくなる significa «entristecerse», «ponerse triste». | 便利になる: volverse práctico | 深くなる: profundizar, volverse profundo | リーダーになる: convertirse en líder.

6- Añaden los matices de «realizar x acción haciendo o recibiendo un favor». | 話しに行ってあげてください: Por favor, ve a hablarle (y, así, hazle un favor). | 行ってくれる？: ¿Te importaría ir (y, así, hacerme un favor a mí y/o a alguien cercano a mí)? 呼ぶ: 呼べ, 呼びなさい | だまる: だまれ, だまりなさい | 許す: 許せ, 許しなさい | 待つ: 待て, 待ちなさい | 覚える: 覚えろ, 覚えなさい.

7- 呼びにいきます significa «ir a llamar (a quien sea)». | だまりにいく | 許しにいく | 待ちにいく | 覚えにいく.

8- 頭がいい: «ser inteligente» . | 腕がいい: «ser muy bueno en algo».
Cabeza: ひたい, 歯, 耳, 鼻, 目, ほお, 頭, 口, まつげ, かみの毛, 舌, ひげ, あご, 顔 |

9- Tronco: 肩, 背中, 胸, おなか, へそ | Extremidades: うで, ひじ, 足, ひざ, 脚 | Mano:

10- 親指, 指, 爪, 人差し指, 中指, 手の平, 小指. | **Atención:** 手首 y 手 pueden ir tanto en «mano» como en «extremidades». Cualquiera de las dos opciones es correcta. Lo mismo con のど y 首, que pueden ir en «cabeza» y en «tronco».

11- 1: e | 2: i | 3: b | 4: g | 5: k | 6: j | 7: a | 8: d | 9: c | 10: h | 11: f

12- a) 2．げらげら | b) 4．どきどき | c) 1．すっきり | d) 1．ぺこぺこ | 3．ぱくぱく.

13- a: よろしくお願いします | b: かみの毛 | c: しくしく | d: おじ | e: 馬 | f: だんな | g: 目 | h: おばあさん | i: おかえりなさい | j: さる | k: お腹 | l: 祖母 | m: 薬指 | n: ぺらぺら.

14- 行け, 行きなさい, 行ってくれ, 行くな, «ir» | 回れ, 回りなさい, 回ってくれ, 回るな,

«girar» | 読め, 読みなさい, 読んでくれ, 読むな, «leer» | 貸せ, 貸しなさい, 貸してくれ, 貸すな, «prestar» | 触れ, 触りなさい, 触ってくれ, 触るな, «tocar» | 洗え, 洗いなさい, 洗ってくれ, 洗うな, «lavar» | 教えろ, 教えなさい, 教えてくれ, 教えるな, «enseñar» | 呼べ, 呼びなさい, 呼んでくれ, 呼ぶな, «llamar» | 狙え, 狙いなさい, 狙ってくれ, 狙うな, «apuntar (hacia algo)» | 死ね, 死になさい, 死んでくれ, 死ぬな, «morir» | 走れ, 走りなさい, 走ってくれ, 走るな, «correr» | 急げ, 急ぎなさい, 急いでくれ, 急ぐな, «darse prisa».

15- b) da: アケミ, recibe: 私 | c) da: 弟, recibe: お母さん | d) da: テツ, recibe: クミ | e) da: 山本, recibe: モモコ | f) da: 学生, recibe: 私 | g) da: 山田, recibe: 兄.

16- b) 遊び | c) 好きに | d) よく | e) 読んで

17- a) 3. 洗え | b) 1. 買い | c) 4. で | d) 3. くれました | e) 3. 来なさい | f) 3. 早く | g) 1. 来い | h) 2. が | i) 4. 見るな.

18- (Compruébalo utilizando el glosario de kanji (Apéndice II)).

19- 国: くに | 口: くち | 心: こころ | 足: あし | 車: くるま | 耳: みみ ‖ 目: め | 変: へん | 生: なま | 道: みち | 手: て | 店: みせ.

20- a) 1. 楽しい | b) 2. 学生 | c) 3. 学校 | d) 3. 外国.

21- a) 3. だいがく / 4. ともだち / 3. せんせい | b) 4. ちゅうごくご / 2. あんしん | c) 1. こうこうせい / 2. いきている.

22- a) 先月: せんげつ / 遠足: えんそく / 楽しかった: たのしかった | b) 出口: でぐち / 売店: ばいてん / 先: さき / 道: みち / 車: くるま | c) 私立学校: しりつがっこう / 中学生: ちゅうがくせい / 自白: じはく | d) 赤道: せきどう / 楽: らく / 近道: ちかみち / 言って: いって.

23- くち: 口 boca | みみ: 耳 oreja | あし: 足 pie, pierna | じんせい: 人生 vida | たのしい: 楽しい divertido | にほんご: 日本語 idioma japonés | ぼこく: 母国 país natal | ぶんめい: 文明 civilización.

24- 変わる かわる | 先月 せんげつ | 手足 てあし | 学ぶ まなぶ | 立つ たつ | 大変 たいへん | 中心 ちゅうしん | 自分 じぶん | 入口 いりぐち.

Apéndice II: Recopilatorio de kanji

Breve nota sobre los kanji, por James W. Heisig

Los kanji son el único sistema de escritura que se remonta al mundo antiguo. Los jeroglíficos egipcios, la escritura cuneiforme de Mesopotamia y los caracteres del Indo, todo ello formas primigenias de escritura de la civilización humana, ya no están en uso. Los orígenes de los kanji se han perdido entre la bruma del tiempo, pero las formas primitivas de kanji encontradas en fragmentos de huesos y caparazones de tortuga en China pertenecen a una época datada entre el 4800 y el 4200 AC. Existen inscripciones posteriores en bronce, presuntamente del período Shang (1523-1028 AC), que son a menudo más complejas que las encontradas en fragmentos de huesos y caparazones, por lo que algunos expertos creen que podrían ser incluso más antiguas.

En cualquier caso, ambas formas de escritura son más pictográficas que los kanji de hoy en día, ya que a medida que se consolidaban como herramienta para escribir el lenguaje hablado, su forma se fue volviendo más abstracta y simplificada. A medida que iba habiendo más de estas formas abreviadas, varias revisiones periódicas simplificaron su forma todavía más, lo que situó al sistema entero bajo el control de una serie de principios-marco.

SIGNIFICADO	HUESOS DE ORÁCULO	BRONCES	HOY
ojo			目
oreja			耳
ciervo			鹿

Comúnmente nos referimos a los kanji como ideogramas. Al contrario que ocurre con los alfabetos fonéticos, los símbolos por sí solos no indican pronunciación, sino que representan un significado específico, concreto o abstracto, que se puede combinar con otros caracteres para formar ideas o significados más complejos. Como los kanji tienen su origen en China, los sonidos asignados a estos ideogramas reflejaban los idiomas hablados de China. A medida que los kanji se extendieron a otros países y grupos idiomáticos—Corea, Malasia, Vietnam y finalmente Japón—su pronunciación y uso se alteró en consecuencia.

Cuando los kanji se introdujeron finalmente en Japón a finales del siglo V DC, no existía ningún sistema previo de escritura del idioma japonés, solo un idioma con estructura y fonética distintas. En el proceso de ajustar los kanji al japonés ocurrieron dos cosas. Primero, hubo que escoger kanji para representar los sonidos de la lengua. Esto se hizo aproximando esos sonidos a las pronunciaciones ya existentes de los kanji. Segundo, se usaron sonidos japoneses para formar nuevas palabras que no existían previamente en japonés.

En otras palabras, no se estaba introduciendo un mero sistema fonético, sino un modo de expresar ideas complejas para las que el japonés oral no tenía equivalentes, ideas que en muchos casos requerían un idioma escrito para su estandarización. Con el tiempo, los kanji puramente fonéticos se simplificaron en forma de silabarios que funcionaban más o menos como los alfabetos occidentales para reproducir todos los sonidos del idioma hablado. Hoy se utilizan dos de estos silabarios, el hiragana y el katakana, que contienen 46 caracteres cada uno. Los kanji asignados para representar palabras japonesas autóctonas conservaron una «lectura japonesa» *(kun'yomi)*, mientras que los kanji pertenecientes a términos chinos no existentes anteriormente en japonés sobrevivieron con «lecturas chinas» (siendo las más comunes de ellas las *on'yomi)*.

La lista de kanji más completa que existe presenta unos 80.000 caracteres distintos, pero nunca se han usado todos ellos en ningún período concreto. En el caso de Japón, existe una lista de 2.136 caracteres denominada «kanji de uso común»: estos son los que se enseñan a todos los niños en las escuelas y han contribuido a una tasa prácticamente total de alfabetización en el seno del que es con seguridad el sistema más complejo de escritura del mundo hoy en día.

Sonido y significado en los kanji

La manera más sencilla de comprender cómo los kanji transportan sonido y significado en el japonés contemporáneo es con un ejemplo. El nombre de la ciudad china de Shanghái se escribe con dos kanji, 上海, que significan literalmente «sobre el mar».

El primer carácter, 上, que significa «sobre» o «arriba», se escribe con una línea de base horizontal y un ⺊ por encima. En las inscripciones en hueso más antiguas se escribía la parte superior con una línea horizontal más corta: 二. Sobre el siglo VIII AC el trazo superior se colocó en vertical, lo que daba ⊥. Revisiones posteriores de los kanji lo cambiaron a la forma actual. (Como es de esperar, algo similar ocurrió con el carácter que significa «debajo». Evolucionó de ⊥ y ⊤ para obtener su forma actual 下). El chino pronuncia el carácter 上 como *shang*.

El segundo carácter, 海, significa «mar» y se compone de tres partes. A la izquierda vemos 氵, las tres gotas de agua, lo que indica que tiene algo que ver con agua. La combinación de dos trazos en la parte superior derecha 𠂉 es una versión abreviada de 屮, una de las muchas formas que indican hierba y cualquier cosa que crece con abundancia como la hierba. Debajo encontramos una forma ligeramente simplificada de 母, pictograma de dos senos que significa «madre». En conjunto, la parte derecha es la imagen de una mujer con el pelo recogido. Ha tenido un amplio abanico de significados: siempre, a menudo, crecimiento abundante, insignificante, oscuro... Hoy en día significa simplemente «cada». Colocando juntos los dos lados, se estimó conveniente juntar el «agua» con una imagen de «oscuro, amplio y profundo» para crear una imagen del mar que, en chino, se pronuncia *hai*.

Así, 上海 se pronuncia *shanghai* en chino y significa «sobre el mar». Tanto la escritura como el significado fueron adoptados por el japonés. Obviamente, como los japoneses recibieron los kanji mucho después de que la mayor parte de las alteraciones de forma hubieran sido hechas, no habría tenido sentido para ellos hacer caso omiso de la etimología y empezar a mover los elementos aquí y allá o introducir otros nuevos. La pronunciación japonesa es otra cuestión. En el caso de la ciudad de Shanghái, de hecho se quedaron con algo cercano a la lectura china, pero es una excepción muy poco frecuente. Por sí mismos, estos caracteres se dispersan en direcciones que nada tienen que ver. Examinemos el primero de los dos caracteres de Shanghái.

Mientras 上 tiene una sola lectura en chino, *shang*, en japonés tiene al menos diez pronunciaciones reconocidas, seis de las cuales de aprendizaje obligatorio en la escuela.

¿Y qué lectura se usa en qué situación? Todo depende del contexto. Tienes que observar lo que viene antes o después (a veces tanto antes como después) el simple carácter de 上 para saber cómo pronunciarlo. Así, si ves 上位 deberías saber que se pronuncia *jōi*; y que 上人 se lee *shōnin*. El segundo carácter desvela el significado del término y, desde ahí, la pronunciación memorizada para tal significado se materializa en la mente. Y si ves 上がる sabrás que los hiragana que le siguen lo flexionan para que se lea *a*, es decir, *agaru*; o, de forma similar, que 上る se lee *noboru*. Si aparece por sí solo, hay que ver el contexto de la frase y decidir si la lectura adecuada de 上 será *kami* o *ue*.

Puede parecer que todo esto es demasiado para que una sola mente lo pueda asimilar sin problemas, pero de hecho tenemos algo similar en español, aunque a una escala mucho más modesta. Por ejemplo, la forma siguiente: «2». Viéndola, sabes inmediatamente qué significa y cómo se pronuncia. Pero en realidad no hay ninguna conexión entre la pronunciación y la forma escrita. Si vieras el carácter en medio de una novela vietnamita, seguirías conociendo su significado, pero dejarías de saber cómo se pronuncia.

Pero espera, porque no siempre se lee «dos» ni siquiera en español. Ajustando el contexto de los símbolos adyacentes terminamos con cuatro lecturas adicionales y bastante distintas: 12, 20, 2º y 1/2. Lo que hace tu mente cuando ajusta la lectura al contexto es, a grandes rasgos, lo que la mente lectora en japonés hace cuando coloca un kanji en su contexto y decide cómo leerlo.

Estudiar kanji

La gran pregunta es, por supuesto, cómo entrenar tu mente para leer y escribir en japonés. Algunos simplifican la cuestión alegando que no hay ninguna necesidad, para aquellos educados fuera del sistema escolar japonés, de molestarse en aprender cómo *escribir* el idioma. Si sabes leer, recordarás cómo escribir unos pocos cientos de kanji por el camino y puedes dejar que la informática se encargue del resto por ti; o eso esgrimen al menos. Este argumento goza de total aceptación entre la mayoría de los japoneses que nunca han conocido a una persona educada en Occidente capaz de escribir kanji con la misma fluidez que ellos, y de alguna manera han decidido que, sin la ayuda de una educación en escritura que empieza a nivel preescolar y se desarrolla hasta el último año de bachillerato, jamás podrían conseguirlo. No estamos hablando solo de lectores en japonés de a pie, sino también de la gran masa de expertos en japonología de Occidente. Se espera que el estudiante logre fluidez en hiragana y katakana, y tal vez un nivel de kanji equivalente al de tercero de primaria, pero, dicen, más que eso es pedirle peras al olmo.

Si aceptaras este argumento, te encontrarías sin duda en el bando de la mayoría. Y también estarías tan equivocado como ellos. Para empezar, no hay ninguna razón por la que no puedas aprender a escribir kanji con tanta fluidez como lo lees, y encima en una fracción del tiempo que se necesita para hacerlo a través del sistema escolar nipón. Y, casi más importante, sin la capacidad de escribir estarás siempre limitado. O por lo menos obligado a andar siempre con una muleta en forma de diccionario electrónico o PC. Finalmente, aprendiendo a escribir habrás ayudado a internacionalizar la totalidad del idioma japonés más allá de los límites actuales. Todo esto es de sentido común para los coreanos y chinos que llegan a Japón para aprender el idioma. El motivo por el que los occidentales tienden a apartarlo es su miedo a no ser capaces de aprender a escribir, al menos no sin tener que invertir muchos años en la tarea. Como digo, este temor está infundado.

La clave para aprender a escribir es olvidar el modo en el que aprenden los japoneses y prestar atención, en su defecto, a la forma en la que los chinos aprenden el idioma, para adaptarla luego a Occidente. Observa este diagrama.

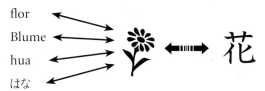

Para el hablante de español, la palabra *flor* está vinculada con el recuerdo o la percepción visual de una flor, 🌼. Este vínculo va en ambas direcciones, así que si evocamos o vemos una 🌼, la palabra *flor* aflora inmediatamente en la mente, del mismo modo que pronunciar o leer la palabra *flor* invoca una imagen, concreta o no, de una 🌼. Lo mismo se aplica al hablante de alemán, chino o japonés, cada uno de los cuales asocia la 🌼 con el término equivalente en su propio idioma: *Blume, hua,* はな. Los símbolos fonéticos para esa palabra —que en nuestros ejemplos son el alfabeto y los kana japoneses— no tienen necesariamente conexión con la 🌼 en sí.

El kanji de la derecha, en contraste, no tiene valor fonético como sí lo tienen las palabras de la izquierda; ni tampoco posee ningún vínculo pictográfico con la 🌼. Es ideográfico, es decir, representa el significado o idea puros de la flor sin especificar sonido o imagen. Para alguien que conoce el significado del kanji, existe un vínculo a la 🌼, igual que la 🌼 (o incluso una nimia idea de ella) está vinculada al recuerdo del kanji escrito 花.

Cuando los japoneses estudian kanji, solo tienen que dar un paso: はな → 花. Cuando los chinos estudian japonés, ellos también tienen solo un único paso que hacer, y va en la dirección opuesta: 花 → はな. Pero cuando alguien que proviene de un idioma occidental aprende kanji, tiene que dar ambos pasos: *flor* → はな ➡ 花. El problema es que estos dos pasos son completamente diferentes y no tienen nada en común; aprender uno no ayuda a aprender el otro. No obstante, la manera tradicional de estudiar kanji consiste en intentar dar los dos pasos a la vez. Uno termina andando hacia una dirección con una pierna y hacia otra con la otra. No es sorprendente, pues, que el progreso resulte tan traumático y lento. La conclusión debería ser obvia: *si quieres aprender a leer y a escribir todos los kanji de uso general, deberías estudiarlos por separado.*

¿Y con qué empiezas, con la lectura o con la escritura? Puede que te sorprendas, pero la respuesta es... por la escritura. Existen dos motivos. Primero, haciéndolo así terminas básicamente en la misma posición que los chinos en el momento de estudiar los kanji japoneses: sabes qué significan y cómo se escriben, pero aún tienes que aprender cómo se pronuncian. Segundo, la escritura es un sistema racional que se puede aprender con un sistema de normas, mientras que la lectura requiere mucha memorización bruta.

¿Los kanji? ¿Racionales? De hecho, sí. Como hemos mencionado al principio, la evolución de los kanji a lo largo de casi siete milenios no ha sido porque sí. Escribir es, después de todo, una actividad muy racional, y el refinamiento de un sistema de escritura tiende de forma natural hacia la simplificación y la consistencia. Sin conocer un buen número de kanji es complicado explicarlo con concreción, pero será suficiente decir que, solo con unas pocas excepciones, la lista actual de kanji de uso general *se pliega completamente a principios racionales.* Esto significa que están basados en un número limitado de piezas que se combinan mediante un número limitado de reglas.

Esto nos lleva a una segunda conclusión: *la forma más eficiente para un adulto de aprender un sistema de escritura racional es aprendiendo los principios básicos, que luego se pueden aplicar a bloques de información.* O, dicho de otro modo: *la forma más ineficiente para un adulto de aprenderlos es mediante la repetición, tal como hacen, al empezar a aprenderlos, los escolares japoneses que carecen todavía de la capacidad de abstracción.*

Una vez aprendidos el significado y la escritura de los kanji, es posible introducir un número limitado de principios para leer, lo que a su vez ayudará a aprender bloques de información de golpe, más que tener que estudiar los kanji uno por uno. Y, como puedes esperar, el mejor orden para aprender a escribir los kanji es muy diferente del mejor orden para aprender a leerlos. Todo esto se desarrolla con más detalle en una serie de libros que escribí hace unos años bajo el título general de *Kanji para recordar* [1].

Las 160 muestras de kanji que aparecen en el «Recopilatorio de kanji» que viene a continuación se incluyen como un índice de referencia de las lecciones que conforman este libro. Se proporcionan también muestras de lecturas y ejemplos posibles, así como el orden de trazos para escribirlos.

James W. Heisig
Asociado permanente del Instituto Nanzan de Religión y Cultura, Nagoya, Japón

El recopilatorio de kanji

Aprender kanji es una de las partes más complicadas del japonés por su complejidad tanto a la hora de escribir como de leer, pero a la vez es imprescindible para el aprendizaje correcto del idioma, ya que en todo texto japonés se utilizan. Por eso, hemos considerado necesario incluir en este libro un pequeño apéndice de escritura de los 160 kanji más básicos. Se trata de una lista extremadamente reducida comparada con la lista oficial de kanji de uso común (*Jōyō kanji*), en la que se contemplan 2.136 caracteres. Los kanji que presentamos aquí han sido escogidos por su frecuencia de aparición y por su utilidad real en el estudio de la lengua japonesa. La ordenación está pensada para que haya una mayor asociación entre caracteres de significados complementarios y también entre caracteres de formas parecidas.

Hemos hecho una selección de cinco palabras compuestas para cada kanji (unos pocos tienen menos), como ejemplos de la utilización de cada carácter presentado, de manera que su estudio sea útil para el aprendizaje del japonés.

Orden de trazos

Los kanji se escriben siempre de una manera concreta establecida, y siempre se sigue un orden determinado de trazos. Para mayor facilidad de aprendizaje, hemos incluido el orden de trazos de cada kanji que aparece en este apéndice, pero vamos a comentar brevemente las normas básicas de escritura por orden de relevancia:

a) Los kanji se escriben de arriba a abajo (ver kanji 3 y 155 para referencias claras).

b) Los kanji se escriben de izquierda a derecha (ver 8, 95 y 133).

c) Primero los trazos horizontales (ver 49, 66 y 138).

d) Primero se escribe el centro (ver 19, 50 y 157).

---

[1] *Kanji para recordar I: curso mnemotécnico para el aprendizaje de la lectura y el significado de los caracteres japoneses* (Barcelona: Editorial Herder, 3ª edición, 2014); *Kanji para recordar II: guía sistemática para la lectura de los caracteres japoneses* (Barcelona: Editorial Herder, 2004).

e) Primero se escribe la parte de fuera (ver 16, 17 y 152).

f) Los trazos que se inclinan a la izquierda se escriben antes que los que se inclinan a la derecha (ver 15, 21 y 36).

g) Se escribe el último el trazo que parte al kanji de arriba a abajo (ver 25, 64 y 93).

h) Se escribe el último el trazo que parte al kanji de izquierda a derecha (ver 34, 35 y 84).

Estructura de las entradas e índice

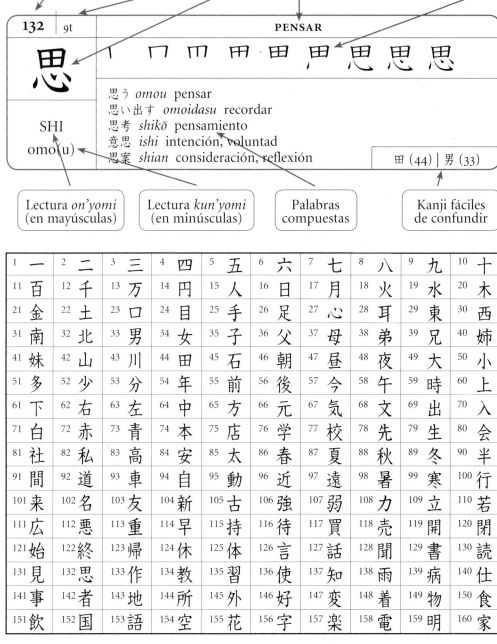

1 一	2 二	3 三	4 四	5 五	6 六	7 七	8 八	9 九	10 十
11 百	12 千	13 万	14 円	15 人	16 日	17 月	18 火	19 水	20 木
21 金	22 土	23 口	24 目	25 手	26 足	27 心	28 耳	29 東	30 西
31 南	32 北	33 男	34 女	35 子	36 父	37 母	38 弟	39 兄	40 姉
41 妹	42 山	43 川	44 田	45 石	46 朝	47 昼	48 夜	49 大	50 小
51 多	52 少	53 分	54 年	55 前	56 後	57 今	58 午	59 時	60 上
61 下	62 右	63 左	64 中	65 方	66 元	67 気	68 文	69 出	70 入
71 白	72 赤	73 青	74 本	75 店	76 学	77 校	78 先	79 生	80 会
81 社	82 私	83 高	84 安	85 太	86 春	87 夏	88 秋	89 冬	90 半
91 間	92 道	93 車	94 自	95 動	96 近	97 遠	98 暑	99 寒	100 行
101 来	102 名	103 友	104 新	105 古	106 強	107 弱	108 力	109 立	110 若
111 広	112 悪	113 重	114 早	115 持	116 待	117 買	118 売	119 開	120 閉
121 始	122 終	123 帰	124 休	125 体	126 言	127 話	128 聞	129 書	130 読
131 見	132 思	133 作	134 教	135 習	136 使	137 知	138 雨	139 病	140 仕
141 事	142 者	143 地	144 所	145 外	146 好	147 変	148 着	149 物	150 食
151 飲	152 国	153 語	154 空	155 花	156 字	157 楽	158 電	159 明	160 家

1	1t	UNO

一

一

ICHI
hito

一 *ichi* uno
一月 *ichi gatsu* enero
一つ *hitotsu* uno
一人 *hitori* una persona
一日 *tsuitachi* día 1

2	2t	DOS

二

一 二

NI
futa

二 *ni* dos
二月 *ni gatsu* febrero
二つ *futatsu* dos
二人 *futari* dos personas
二日 *futsuka* día 2

三 (3)

3	3t	TRES

三

一 二 三

SAN
mi

三 *san* tres
三月 *san gatsu* marzo
三脚 *sankyaku* trípode
三つ *mittsu* tres
三日 *mikka* día tres

二 (2)

4	5t	CUATRO

四

丨 冂 冃 四 四

SHI
yon
yo

四 *yon/shi* cuatro
四月 *shi gatsu* abril
四季 *shiki* las cuatro estaciones
四人 *yonin* cuatro personas
四日 *yokka* día 4

西 (30)

5	4t	CINCO

五

一 丁 五 五

GO
itsu

五 *go* cinco
五感 *gokan* los cinco sentidos
五月 *go gatsu* mayo
五百 *go hyaku* 500
五日 *itsuka* día 5

6	4t	SEIS

六

` 一 ナ 六 六

ROKU
mu

六 *roku* seis
六月 *roku gatsu* junio
第六感 *dairokkan* sexto sentido
六つ *muttsu* seis
六日 *muika* día 6

7	2t	SIETE

七

一 七

SHICHI
nana

七 *shichi/nana* siete
七人 *shichinin/nananin* siete personas
七月 *shichi gatsu* julio
七つ *nanatsu* siete
七日 *nanoka* día 7

8	2t	OCHO

八

ノ 八

HACHI
ya

八 *hachi* ocho
八月 *hachi gatsu* agosto
八つ *yattsu* ocho
八日 *yōka* día 8
八百屋 *yaoya* verdulería

9	2t	NUEVE

九

ノ 九

KYŪ
KU
kokono

九 *kyū/ku* nueve
九月 *kugatsu* septiembre
九州 *Kyūshū* isla de Kyūshū
九つ *kokonotsu* nueve
九日 *kokonoka* día 9

10	2t	DIEZ

十

一 十

JŪ
too

十 *jū* diez
十月 *jū gatsu* octubre
十分 *jūbun* suficiente
十字架 *jūjika* cruz, crucifijo
十日 *tooka* día 10

11	6t	CIEN

百

一 ｙ ｒ 百 百 百

HYAKU

百 *hyaku* cien
百円 *hyaku en* cien yenes
百姓 *hyakushō* campesino
百科事典 *hyakka jiten* enciclopedia
八百屋 *yaoya* verdulería

白 (71)

12	3t	MIL

千

ｒ 二 千

SEN
chi

千 *sen* mil
五千 *go sen* 5.000
千円 *sen en* 1.000 yenes
千葉 *Chiba* (ciudad de) Chiba

手 (25)

13	3t	DIEZ MIL

万

一 万 万

MAN
BAN

一万 *ichi man* diez mil
万年 *man nen* 10.000 años
万一 *man'ichi* por si acaso
万引き *manbiki* robo en una tienda
万歳 *banzai* ¡hurra!

方 (65)

14	4t	YEN, CÍRCULO

円

｜ 冂 冂 円

EN
maru(i)

円 *en* yen, círculo
円高 *endaka* subida del yen
円周 *enshū* circunferencia
円満 *enman* perfecto, armónico
円い *marui* redondo

15	2t	PERSONA

人

ノ 人

JIN
NIN
hito

人 *hito* persona
人間 *ningen* persona
人気 *ninki* popular
人工 *jinkō* artificial
日本人 *nihonjin* japonés (de nacionalidad)

入 (70)

16	4t	SOL, DÍA

丨 冂 日 日

日 *hi* sol
日本 *Nihon/Nippon* Japón
日曜日 *nichiyōbi* domingo
休日 *kyūjitsu* día festivo
二日 *futsuka* día 2

NICHI JITSU hi ka

目 (24) | 耳 (28)

17	4t	LUNA, MES

丿 刀 月 月

月 *tsuki* luna
満月 *mangetsu* luna llena
月曜日 *getsuyōbi* lunes
月給 *gekkyū* paga mensual
十二月 *jūnigatsu* diciembre

GETSU GATSU tsuki

日 (16)

18	4t	FUEGO

丶 丷 丷 火

火 *hi* fuego
花火 *hanabi* fuegos artificiales
火星 *kasei* Marte
火事 *kaji* incendio
火曜日 *kayōbi* martes

KA hi

19	4t	AGUA

丨 刁 水 水

水 *mizu* agua
水着 *mizugi* bañador
水道 *suidō* conducto de agua
水曜日 *suiyōbi* miércoles
海水 *kaisui* agua marina

SUI mizu

小 (50)

20	4t	ÁRBOL, MADERA

一 十 才 木

木 *ki* árbol
植木 *ueki* planta en maceta, arbustos de un parque
木材 *mokuzai* madera
木造 *mokuzō* de madera
木曜日 *mokuyōbi* jueves

MOKU ki

本 (74) | 休 (124)

21	8t	METAL, ORO, DINERO

金

ノ 入 仝 仝 仐 仝 余 金

KIN
kane

お金 *okane* dinero
金持ち *kanemochi* rico
金属 *kinzoku* metal
純金 *junkin* oro puro
金曜日 *kinyōbi* viernes

22	3t	TIERRA

土

一 十 土

DO
tsuchi

土 *tsuchi* tierra
国土 *kokudo* territorio nacional
土砂 *dosha* tierra y arena
土器 *doki* cerámica
土曜日 *doyōbi* sábado

上 (60)

23	3t	BOCA, ENTRADA

口

丨 冂 口

KŌ
kuchi

口 *kuchi* boca
入口 *iriguchi* entrada
火口 *kakō* cráter
人口 *jinkō* población
口座 *kōza* cuenta bancaria

24	5t	OJO

目

丨 冂 月 月 目

MOKU
me

目 *me* ojo
目指す *mezasu* aspirar a
一番目 *ichibanme* el primero
注目 *chūmoku* atención
目的 *mokuteki* objetivo

日 (16) | 自 (94)

25	4t	MANO

手

丿 二 三 手

SHU
te

手 *te* mano
手首 *tekubi* muñeca (del brazo)
相手 *aite* oponente
拍手 *hakushu* aplauso
歌手 *kashu* cantante

千 (12)

26	7t	PIE, PIERNA, SER SUFICIENTE

足 ` 丨 冂 口 口 足 足 足

SOKU
ashi
ta(riru)

足 *ashi* pie, pierna
手足 *teashi* manos y pies
足跡 *ashiato* huella
足りる *tariru* ser suficiente
遠足 *ensoku* excursión

27	4t	CORAZÓN, ALMA

心 ` 心 心 心

SHIN
kokoro

心 *kokoro* corazón, espíritu, alma
心理 *shinri* psicología
関心 *kanshin* interés
中心 *chūshin* centro
心電図 *shindenzu* electrocardiograma

28	6t	OREJA, OÍDO

耳 一 丁 下 下 王 耳

JI
mimi

耳 *mimi* oreja, oído
左耳 *hidarimimi* oído izquierdo
早耳 *hayamimi* oído rápido
内耳 *naiji* oído interno
耳目 *jimoku* orejas y ojos

目 (24) | 日 (16)

29	8t	ESTE

東 一 丆 厂 冂 両 百 申 車 東

TŌ
higashi

東 *higashi* este
東口 *higashiguchi* salida este
東洋 *tōyō* el Oriente
東南 *tōnan* sudeste
東京 *Tōkyō* Tokio

30	6t	OESTE

西 一 丆 冂 两 西 西

SEI
SAI
nishi

西 *nishi* oeste
西口 *nishiguchi* salida oeste
西欧 *seiō* Europa Occidental
北西 *hokusei* noroeste
関西 *Kansai* (región de) Kansai

四 (4)

31	9t	SUR

南

一 十 十 市 市 両 両 南 南

NAN
minami

南 *minami* sur
南口 *minamiguchi* salida sur
南風 *minamikaze* viento del sur
南米 *nanbei* Sudamérica
東南 *tōnan* sudeste

32	5t	NORTE

北

一 十 ゴ 北 北

HOKU
kita

北 *kita* norte
北口 *kitaguchi* salida norte
北東 *hokutō* noreste
北極 *hokkyoku* Polo Norte
北海道 *Hokkaidō* isla de Hokkaidō

33	7t	HOMBRE

男

丨 冂 冂 田 田 男 男

DAN
NAN
otoko

男 *otoko* hombre
男前 *otokomae* hombre guapo
男性 *dansei* hombre, masculino
男女 *danjo* hombre y mujer
長男 *chōnan* hijo mayor

34	3t	MUJER

女

く タ 女

JO
onna

女 *onna* mujer
女らしい *onnarashii* afeminado
女性 *josei* mujer, femenino
少女 *shōjo* chica
女優 *joyū* actriz

35	3t	NIÑO/A

子

フ 了 子

SHI
ko

子 *ko* niño/a
子ども *kodomo* niño/a
息子 *musuko* hijo
弟子 *deshi* discípulo
女子 *joshi* niña

字 (156) | 学 (76)

36	4t	**PADRE**
父 FU chichi tō	ノ ハ グ 父	
	父 *chichi* padre 父親 *chichioya* padre お父さん *otōsan* padre 父母 *fubo* padre y madre 祖父 *sofu* abuelo	文 (68)

37	5t	**MADRE**
母 BO haha kaa	㇛ ㇇ 口 母 母	
	母 *haha* madre 母親 *hahaoya* madre お母さん *okaasan* madre 祖母 *sobo* abuela 母国 *bokoku* país nativo	

38	7t	**HERMANO MENOR**
弟 TEI DAI otōto	ヽ ゙ 丷 半 兰 弟 弟	
	弟 *otōto* hermano menor 兄弟 *kyōdai* hermanos 子弟 *shitei* hijo 義弟 *gitei* hermanastro menor 師弟 *shitei* maestro y discípulo	

39	5t	**HERMANO MAYOR**
兄 KEI KYŌ ani nii	丶 冂 口 尸 兄	
	兄 *ani* hermano mayor, chico joven 兄貴 *aniki* hermano mayor お兄さん *oniisan* hermano mayor 兄弟 *kyōdai* hermanos 長兄 *chōkei* hermano de más edad	見 (131)

40	8t	**HERMANA MAYOR**
姉 SHI ane nee	く 夂 女 女' 女广 女厃 姉 姉	
	姉 *ane* hermana mayor, chica joven お姉さん *oneesan* hermana mayor 姉妹 *shimai* hermanas 姉妹都市 *shimai toshi* ciudades hermanas 義姉 *gishi* hermanastra mayor	妹 (41) | 始 (121)

41	8t	HERMANA MENOR

妹

く　夕　女　女'　女⁻　妊　妊　妹

妹 *imōto* hermana menor
妹娘 *imōtomusume* hija menor
姉妹 *shimai* hermanas
義妹 *gimai* hermanastra menor
弟妹 *teimai* hermanos y hermanas menores

MAI
imōto

姉 (40) | 始 (121)

42	3t	MONTAÑA

山

丨　山　山

山 *yama* montaña
山脈 *sanmyaku* cordillera
富士山 *Fujisan* Monte Fuji
火山 *kazan* volcán
登山 *tozan* alpinismo

SAN
yama

出 (69)

43	3t	RÍO

川

丿　丿丨　川

川 *kawa* río
川上 *kawakami* río arriba
小川 *ogawa* riachuelo
河川 *kasen* ríos
山川 *sansen* ríos y montañas

SEN
kawa

44	5t	ARROZAL

田

丨　冂　冂　用　田

田 *ta* arrozal
田んぼ *tanbo* arrozal
乾田 *kanden* arrozal seco
油田 *yuden* yacimiento petrolífero
炭田 *tanden* yacimiento de carbón

DEN
ta

男 (33) | 思 (132)

45	5t	PIEDRA, ROCA

石

一　ア　不　石　石

石 *ishi* piedra, roca
石油 *sekiyu* petróleo
宝石 *hōseki* piedra preciosa
石炭 *sekitan* carbón mineral
石像 *sekizō* estatua de piedra

SEKI
ishi

右 (62) | 若 (110)

46	12t	MAÑANA

朝

一 十 十 古 吉 吉 直 卓 朝 月 v.17

CHŌ
asa

朝 *asa* mañana
朝日 *asahi* sol naciente
朝食 *chōshoku* desayuno
朝刊 *chōkan* edición de la mañana (de un periódico)
早朝 *sōchō* temprano

47	9t	MEDIODÍA

昼

一 ﾌ 尸 尺 尺 尽 昼 昼 昼

CHŪ
hiru

昼 *hiru* mediodía
昼寝 *hirune* siesta
昼間 *hiruma* durante el día
昼食 *chūshoku* almuerzo
昼夜 *chūya* día y noche

48	8t	NOCHE

夜

亠 广 广 疒 夜 夜 夜

YA
yoru
yo

夜 *yoru* noche
夜中 *yonaka* medianoche
夜空 *yozora* cielo nocturno
夜間 *yakan* durante la noche
徹夜 *tetsuya* (pasar) una noche sin dormir

49	3t	GRANDE, UNIVERSIDAD

大

一 ナ 大

DAI
TAI
oo(kii)

大きい *ookii* grande
大型 *oogata* de gran tamaño
大事 *daiji* importante
大会 *taikai* reunión
大学 *daigaku* universidad

太 (85)

50	3t	PEQUEÑO

小

亅 小 小

SHŌ
chii(sai)
ko

小さい *chiisai* pequeño
小鳥 *kotori* pajarito
小学校 *shōgakkō* escuela primaria
最小 *saishō* mínimo
小説 *shōsetsu* novela

少 (52) | 水 (19)

51	6t				MUCHO		

多

ノ　ク　タ　タ　多　多

TA
oo(i)

多い　*ooi*　mucho
多目　*oome*　en gran cantidad
多数　*tasū*　gran número
多量　*taryō*　gran cantidad
多分　*tabun*　quizás

名 (102)

52	4t		POCO

少

ノ　小　小　少

SHŌ
suku(nai)
suko(shi)

少ない　*sukunai*　poco
少し　*sukoshi*　un poco
少年　*shōnen*　chico, niño
少量　*shōryō*　poca cantidad
減少　*genshō*　reducción

小 (50)

53	4t		DIVIDIR, ENTENDER, MINUTO

分

ノ　八　分　分

BUN
FUN
wa(karu)
wa(keru)

分かる　*wakaru*　entender
分ける　*wakeru*　dividir
二分　*ni fun*　dos minutos
半分　*hanbun*　mitad
気分　*kibun*　humor, estado de ánimo

今 (57)

54	6t		AÑO

年

ノ　ヒ　ヒ　午　午　年

NEN
toshi

年　*toshi*　año
年金　*nenkin*　pensión anual
中年　*chūnen*　de mediana edad
定年　*teinen*　jubilación
今年　*kotoshi*　este año

午 (58)

55	9t		DELANTE, ANTES

前

丶　丷　丷　丷　前　前　前　前

ZEN
mae

前　*mae*　delante, antes
名前　*namae*　nombre
人前　*hitomae*　ante otros, en público
前線　*zensen*　frente meteorológico
前進　*zenshin*　avance

56	9t	DESPUÉS, DETRÁS

後

ノ ク イ 彳 彳 彳 彳 彳 後

GO
KŌ
ushi(ro)
ato

後ろ *ushiro* detrás
後 *ato* después
背後 *haigo* espalda
最後 *saigo* último
後期 *kōki* segunda parte

57	4t	AHORA

今

ノ 入 今 今

KON
ima

今 *ima* ahora
今頃 *imagoro* en estos momentos
今週 *konshū* esta semana
今月 *kongetsu* este mes
今回 *konkai* esta vez

会 (80) | 分 (53)

58	4t	MEDIODÍA

午

ノ ー 二 午

GO

正午 *shōgo* mediodía
午前 *gozen* mañana
午後 *gogo* tarde

年 (54)

59	10t	TIEMPO

時

｜ 冂 月 日 日 旷 旷 旷 時 時

JI
toki

時 *toki* hora, tiempo
時々 *tokidoki* a veces
時間 *jikan* tiempo
五時 *go ji* las cinco
時代 *jidai* era, período

持 (115) | 待 (116)

60	3t	ARRIBA, SUBIR

上

｜ 卜 上

JŌ
ue
a(garu)
nobo(ru)

上 *ue* arriba
上がる *agaru* subir, elevar
上る *noboru* subir (escaleras)
屋上 *okujō* tejado
以上 *ijō* más de

土 (22)

61	3t	DEBAJO, BAJAR

下

一 丁 下

KA | GE
shita
sa(garu)
kuda(ru)

下 *shita* debajo
下がる *sagaru* bajar, descender
下る *kudaru* bajar (escaleras)
地下鉄 *chikatetsu* tren metropolitano (metro)
下品 *gehin* vulgar

62	5t	DERECHA

右

ノ ナ 大 右 右

U
YŪ
migi

右 *migi* derecha
右手 *migite* mano derecha
右折 *usetsu* giro a la derecha
右翼 *uyoku* derecha (política)
左右 *sayū* izquierda y derecha, controlar

石 (45) | 若 (110)

63	5t	IZQUIERDA

左

一 ナ 大 大 左

SA
hidari

左 *hidari* izquierda
左手 *hidarite* mano izquierda
左折 *sasetsu* giro a la izquierda
左翼 *sayoku* izquierda (política)
左方 *sahō* parte izquierda

右 (62)

64	4t	CENTRO, DENTRO

中

丶 口 口 中

CHŪ
naka

中 *naka* centro, dentro
中身 *nakami* contenido
中東 *chūtō* Oriente Medio
中世 *chūsei* Edad Media
中国 *Chūgoku* China

65	4t	DIRECCIÓN, PERSONA, MANERA DE

方

丶 亠 方 方

HŌ
kata

方 *hō* dirección
方法 *hōhō* manera
方面 *hōmen* dirección
話し方 *hanashikata* modo de hablar
方 *kata* persona (formal)

万 (13)

66	4t	ORIGEN
元		一 二 テ 元

元 GEN moto

元は *moto wa* originalmente
地元 *jimoto* lugar de nacimiento
元気 *genki* saludable, vigoroso
元価 *genka* precio de coste
紀元 *kigen* después de Cristo

67	6t	ESPÍRITU, GAS
気		ノ ノ ケ 气 气 気

気 KI

元気 *genki* saludable, vigoroso
勇気 *yūki* valor
天気 *tenki* tiempo meteorológico
気温 *kion* temperatura atmosférica
気体 *kitai* gas, vapor

68	4t	LETRA, ESCRITURA
文		ノ 一 ナ 文

文 BUN MO

文学 *bungaku* literatura
文章 *bunshō* frase
作文 *sakubun* redacción
文法 *bunpō* gramática
文字 *moji* letra, carácter

父 (36)

69	5t	SALIR, SACAR
出		丨 屮 中 出 出

出 SHUTSU de(ru) da(su)

出る *deru* salir
出口 *deguchi* salida
出す *dasu* sacar, entregar
輸出 *yushutsu* exportación
出発 *shuppatsu* partida, salida

山 (42)

70	2t	ENTRAR, METER
入		ノ 入

入 NYŪ hai(ru) i(reru)

入る *hairu* entrar
入れる *ireru* meter
入口 *iriguchi* entrada
輸入 *yunyū* importación
入学 *nyūgaku* ingreso en una escuela

人 (15)

71	5t	BLANCO

白

ノ イ 白 白 白

白い *shiroi* blanco
白黒 *shirokuro* blanco y negro
白紙 *hakushi* hoja en blanco
自白 *jihaku* confesión
空白 *kūhaku* vacío

HAKU
shiro(i)

百 (11) | 日 (16)

72	7t	ROJO

赤

一 十 土 キ 亦 赤 赤

赤い *akai* rojo
赤字 *akaji* números rojos
赤ん坊 *akanbō* bebé
赤道 *sekidō* ecuador
赤十字 *sekijūji* Cruz Roja

SEKI
aka(i)

変 (147)

73	8t	AZUL, VERDE

青

一 十 キ 主 丰 青 青 青

青い *aoi* azul
青空 *aozora* cielo azul
青信号 *aoshingō* semáforo en verde
青年 *seinen* joven
青春 *seishun* juventud

SEI
ao(i)

74	5t	BASE, LIBRO

本

一 十 才 木 本

本 *hon* libro
絵本 *ehon* libro infantil de ilustraciones
基本 *kihon* base
本当 *hontō* verdadero
日本 *Nihon/Nippon* Japón

HON

木 (20) | 体 (125)

75	8t	TIENDA

店

ヽ 亠 广 广 庐 庐 店 店

店 *mise* tienda
店員 *ten'in* dependiente
書店 *shoten* librería
支店 *shiten* sucursal
喫茶店 *kissaten* cafetería

TEN
mise

76	8t	APRENDER, ESCUELA

学

` ` `` `` ` ` 学 学 学

GAKU
mana(bu)

学ぶ *manabu* aprender
学校 *gakkō* escuela
大学 *daigaku* universidad
学生 *gakusei* estudiante
医学 *igaku* medicina

字 (156) | 子 (35)

77	10t	ESCUELA

校

一 十 才 才 术 术 疒 疒 杤 校

KŌ

学校 *gakkō* escuela
中学校 *chūgakkō* escuela secundaria
校長 *kōchō* director de escuela
登校 *tōkō* asistencia a la escuela
校舎 *kōsha* edificio escolar

78	6t	DELANTE, ANTES

先

丿 ᅳ 冊 生 生 牛 先

SEN
saki

先 *saki* adelante, punta
指先 *yubisaki* punta de los dedos
先生 *sensei* profesor
先月 *sengetsu* el mes pasado
先行 *senkō* avance

生 (79)

79	5t	VIDA, NACER, ESTUDIANTE

生

丿 ᅳ 冊 牛 生

SEI
i(kiru)
u(mareru)
nama

生 *nama* crudo
生まれる *umareru* nacer
生きる *ikiru* vivir
学生 *gakusei* estudiante
人生 *jinsei* vida

先 (78)

80	6t	ENCONTRARSE, SOCIEDAD

会

丿 入 人 人 会 会 会

KAI
a(u)

会う *au* encontrarse
出会い *deai* encuentro
会社 *kaisha* empresa
会話 *kaiwa* conversación
会員 *kaiin* miembro

今 (57)

81	7t	**EMPRESA, SOCIEDAD**

社

、 ｀ ラ ネ ネ ネ- 社 社

SHA
JA

会社 *kaisha* empresa
社会 *shakai* sociedad
社長 *shachō* presidente de una empresa
出版社 *shuppansha* editorial
神社 *jinja* santuario sintoísta

82	7t	**YO, PRIVADO**

私

´ 二 千 千 禾 私 私

SHI
watashi

私 *watashi* yo
私学 *shigaku* escuela privada
私立 *shiritsu* privado
私語 *shigo* chismorreos
公私 *kōshi* público y privado

秋 (88)

83	10t	**ALTO, CARO**

高

` 亠 广 亠 古 戸 高 高 高 高

KŌ
taka(i)

高い *takai* alto/caro
高校 *kōkō* escuela superior (bachillerato)
高速 *kōsoku* alta velocidad
最高 *saikō* máximo/el más alto
高価 *kōka* caro

84	6t	**BARATO, SEGURO**

安

丶 ´ 宀 它 安 安

AN
yasu(i)

安い *yasui* barato
安全 *anzen* seguridad
安定 *antei* estabilidad
安心 *anshin* tranquilidad
安易 *an'i* fácil, sencillo

女 (34)

85	4t	**GORDO, GRUESO**

太

一 ナ 大 太

TAI
futo(i)
futo(ru)

太い *futoi* gordo, grueso
太る *futoru* engordar
太字 *futoji* negrita (tipografía)
太陽 *taiyō* sol (astro)
太平洋 *taiheiyō* Océano Pacífico

86	9t	**PRIMAVERA**

春

一 二 三 䒑 夫 夫 春 春 春

SHUN
haru

春 *haru* primavera
春風 *harukaze* viento de primavera
青春 *seishun* juventud
春分 *shunbun* equinoccio de primavera
売春 *baishun* prostitución

87	10t	**VERANO**

夏

一 一 ア ア 页 百 百 頁 夏 夏

KA
natsu

夏 *natsu* verano
夏休み *natsuyasumi* vacaciones de verano
真夏 *manatsu* pleno verano
夏季 *kaki* verano
初夏 *shoka* principios de verano

88	9t	**OTOÑO**

秋

丿 二 千 千 禾 禾 和 秒 秋

SHŪ
aki

秋 *aki* otoño
秋風 *akikaze* viento de otoño
今秋 *konshū* este otoño
秋分 *shūbun* equinoccio de otoño
晩秋 *banshū* finales de otoño

私 (82)

89	5t	**INVIERNO**

冬

丿 ク 冬 冬 冬

TŌ
fuyu

冬 *fuyu* invierno
冬休み *fuyuyasumi* vacaciones de invierno
真冬 *mafuyu* pleno invierno
初冬 *shotō* principios de invierno
冬眠 *tōmin* hibernación

終 (122)

90	5t	**MITAD**

半

丶 丷 丷 䒑 半

HAN
naka(ba)

半ば *nakaba* medio, mitad
半分 *hanbun* mitad
半径 *hankei* radio (de circunferencia)
前半 *zenhan* primera parte
半島 *hantō* península

91 | 12t — INTERVALO, ENTRE

間

KAN
aida
ma

丨 冂 冂 冃 冃 冃 門 門 門 間　日 v.16

間 *aida* entre, intervalo
間に合う *maniau* llegar a tiempo
仲間 *nakama* compañero
時間 *jikan* tiempo
空間 *kūkan* espacio

開 (119) | 聞 (128)

92 | 12t — CAMINO

道

DŌ
michi

丶 丷 丷 丷 首 首 道 道　目 v.24

道 *michi* camino
道路 *dōro* carretera
鉄道 *tetsudō* ferrocarril
武道 *budō* artes marciales
書道 *shodō* caligrafía

93 | 7t — COCHE, AUTO, CARRO, VEHÍCULO

車

SHA
kuruma

一 厂 厂 戸 百 亘 車

車 *kuruma* coche, carro
車椅子 *kurumaisu* silla de ruedas
自動車 *jidōsha* automóvil
電車 *densha* tren
風車 *fūsha* molino de viento

94 | 6t — UNO MISMO

自

JI
SHI
mizuka(ra)

丶 丨 冂 白 自 自

自ら *mizukara* uno mismo
自分 *jibun* uno mismo
自転車 *jitensha* bicicleta
自由 *jiyū* libertad
自然 *shizen* naturaleza

目 (24) | 白 (71)

95 | 11t — MOVERSE

動

DŌ
ugo(ku)

一 二 千 台 台 台 重 重 重 動

動く *ugoku* moverse
動物 *dōbutsu* animal
運動 *undō* ejercicio
活動 *katsudō* actividad
感動 *kandō* emoción

重 (113)

96	7t	CERCA, RECIENTE

一 ノ 厂 斤 斤 沂 近 近

近
KIN
chika(i)

近い *chikai* cerca
近頃 *chikagoro* últimamente
近道 *chikamichi* atajo
近所 *kinjo* vecindario
近眼 *kingan* miopía

97	13t	LEJOS

一 十 土 吉 吉 吉 声 声 表 袁 遠

遠
EN
too(i)

遠い *tooi* lejos
遠足 *ensoku* excursión
永遠 *eien* eternidad
遠景 *enkei* perspectiva
遠視 *enshi* vista aguda

98	12t	CALUROSO

丶 口 日 日 旦 早 星 昇 暑 　v.16

暑
SHO
atsu(i)

暑い *atsui* caluroso
蒸し暑い *mushiatsui* bochorno
暑気 *shoki* tiempo caluroso
残暑 *zansho* calor intenso
暑中 *shochū* pleno verano

者 (142)

99	12t	FRÍO

宀 宀 宀 审 审 実 実 寒 寒 　v.84

寒
KAN
samu(i)

寒い *samui* frío
寒空 *samuzora* tiempo frío
寒帯 *kantai* frente frío
寒気 *kanki* tiempo frío
寒波 *kanpa* ola de frío

家 (160)

100	6t	IR, CELEBRAR

ノ ク 彳 彳 行 行

行
KŌ
GYŌ
i(ku)
okona(u)

行く *iku* ir
行う *okonau* celebrar, llevar a cabo
旅行 *ryokō* viaje
歩行 *hokō* avance a pie
行列 *gyōretsu* desfile

101	7t	VENIR

来

一　　ㄱ　　ㄲ　　ㄖ　　平　　来　　来

来る *kuru* venir
来年 *rainen* el año próximo
到来 *tōrai* venir, llegar
由来 *yurai* origen
将来 *shōrai* futuro

RAI
ku(ru)

102	6t	NOMBRE

名

ノ　　ク　　タ　　タ　　名　　名

名前 *namae* nombre
仮名 *kana* kana (silabarios japoneses)
有名 *yūmei* famoso
指名 *shimei* nombramiento
名刺 *meishi* tarjeta de visita

MEI
na

多 (51)

103	4t	AMIGO

友

一　　ナ　　方　　友

友達 *tomodachi* amigo
友人 *yūjin* amigo
親友 *shin'yū* amigo íntimo
友情 *yūjō* amistad
友軍 *yūgun* ejército aliado

YŪ
tomo

104	13t	NUEVO, FRESCO

新

亠　　亠　　亠　　立　　立　　辛　　辛　　亲　　新　斤 v.96

新しい *atarashii* nuevo
新聞 *shinbun* periódico
最新 *saishin* lo más nuevo
新鮮 *shinsen* fresco
革新 *kakushin* reforma

SHIN
atara(shii)

105	5t	VIEJO, ANTIGUO

古

一　　十　　十　　古　　古

古い *furui* viejo
古本 *furuhon* libro viejo
古風 *kofū* estilo antiguo
古代 *kodai* antigüedad
中古 *chūko* segunda mano

KO
furu(i)

106	11t	**FUERTE**
強		コ コ 弓 弓 弓 弘 弘 弘 強 強
KYŌ tsuyo(i)		強い *tsuyoi* fuerte 力強い *chikarazuyoi* fuerte, poderoso 勉強 *benkyō* estudio 強国 *kyōkoku* país fuerte 最強 *saikyō* el más fuerte

107	10t	**DÉBIL**
弱		コ コ 弓 弓 弓 弓 弘 弱 弱 弱
JAKU yowa(i)		弱い *yowai* débil 弱火 *yowabi* fuego lento 弱点 *jakuten* punto débil 病弱 *byōjaku* enfermizo 衰弱 *suijaku* debilitarse

108	2t	**FUERZA**
力		フ 力
RYOKU RIKI chikara		力 *chikara* fuerza 体力 *tairyoku* fuerza física, resistencia 能力 *nōryoku* capacidad 暴力 *bōryoku* violencia 力士 *rikishi* luchador de sumo

109	5t	**ESTAR DE PIE, ESTABLECER**
立		` 一 亠 𣎴 立
RITSU ta(tsu)		立つ *tatsu* estar de pie 目立つ *medatsu* sobresalir, resaltar 独立 *dokuritsu* independencia 市立 *shiritsu* municipal 立派 *rippa* excelente, extraordinario

110	8t	**JOVEN**
若		一 十 艹 艹 芊 芊 若 若
JAKU waka(i)		若い *wakai* joven 若者 *wakamono* joven, juventud 若夫婦 *wakafūfu* matrimonio joven 若年 *jakunen* juventud 若輩 *jakuhai* los jóvenes

石 (45) | 右 (62)

111	5t	ANCHO

ヽ 宀 广 広 広

広い *hiroi* ancho
背広 *sebiro* americana
広大 *kōdai* ancho, enorme
広域 *kōiki* ancho territorio
広告 *kōkoku* anuncio

KŌ
hiro(i)

112	11t	MALO

一 厂 厂 亓 亜 亜 亜 悪 悪

悪い *warui* malo
悪口 *waruguchi* hablar mal de alguien
最悪 *saiaku* el peor
悪質 *akushitsu* malo, malvado, de mala calidad
悪魔 *akuma* demonio

AKU
waru(i)

113	9t	PESADO, DUPLICAR

一 亡 亡 亡 台 旨 甫 重 重

重い *omoi* pesado
重量 *jūryō* peso
重傷 *jūshō* herida grave
重要 *jūyō* importante
貴重 *kichō* valioso, precioso

JŪ
CHŌ
omo(i)

動 (95)

114	6t	TEMPRANO, RÁPIDO

ヽ 冂 冃 日 旦 早

早い *hayai* temprano
早起き *hayaoki* levantarse temprano
早口 *hayakuchi* trabalenguas
早朝 *sōchō* temprano por la mañana
早産 *sōzan* nacimiento prematuro

SŌ
haya(i)

115	9t	AGARRAR, POSEER, TENER

一 十 才 扌 扩 护 拌 持 持

持つ *motsu* agarrar
金持ち *kanemochi* rico
気持ち *kimochi* sentimiento
支持 *shiji* apoyo
所持 *shoji* posesión (de algo)

JI
mo(tsu)

待 (116) | 時 (59)

116	9t	ESPERAR

待

TAI
ma(tsu)

丶 ノ 彳 彳 彳 彳 待 待 待

待つ *matsu* esperar
信号待ち *shingō machi* esperar en el semáforo
期待 *kitai* esperanza, invitación
招待 *shōtai* invitación
接待 *settai* dar la bienvenida, agasajar

持 (115) | 時 (59)

117	12t	COMPRAR

買

BAI
ka(u)

丶 冂 冂 罒 罒 買 買 買　目 v.24

買う *kau* comprar
買物 *kaimono* compras
買い手 *kaite* cliente
売買 *baibai* negocio
購買 *kōbai* adquisición

見 (131)

118	7t	VENDER

売

BAI
u(ru)

一 十 士 声 声 声 売

売る *uru* vender
売店 *baiten* quiosco
商売 *shōbai* negocio
販売 *hanbai* venta
売春 *baishun* prostitución

読 (130)

119	12t	ABRIR

開

KAI
hira(ku)
a(keru)

門 門 門 門 開　門 v.91

開ける *akeru* abrir
開く *hiraku* abrir, desarrollar
開発 *kaihatsu* desarrollo
開会 *kaikai* comienzo de una reunión
展開 *tenkai* desarrollo, evolución

間 (91) | 閉 (120)

120	11t	CERRAR

閉

HEI
shi(meru)
to(jiru)

門 門 閉 閉　門 v.91

閉める *shimeru* cerrar
閉じる *tojiru* cerrar, terminar
閉店 *heiten* cierre de una tienda
閉鎖 *heisa* cierre
閉会 *heikai* término de una reunión

間 (91) | 開 (119)

121 | 8t | EMPEZAR

始

く　夂　女　女′　女″　始′　始　始

SHI
haji(meru)

始める *hajimeru* empezar
開始 *kaishi* inicio
始動 *shidō* puesta en marcha
始業式 *shigyōshiki* ceremonia de apertura
始末 *shimatsu* ocuparse de, arreglar algo

姉 (40) | 妹 (41)

122 | 11t | TERMINAR

終

く　ź　幺　糸　糸′　糸″　糸‴　紀　終　終

SHŪ
owa(ru)

終わる *owaru* terminar
終始 *shūshi* de principio a fin
終了 *shūryō* finalización
終点 *shūten* terminal (de bus, tren, etc.)
終結 *shūketsu* conclusión

冬 (89)

123 | 10t | VOLVER

帰

丨　刂　刂′　刂″　刂‴　戸′　戸″　帰′　帰　帰

KI
kae(ru)

帰る *kaeru* volver
帰り道 *kaerimichi* camino de vuelta
帰国 *kikoku* vuelta a la patria
帰宅 *kitaku* vuelta a casa
帰路 *kiro* camino de vuelta

124 | 6t | DESCANSAR

休

ノ　イ　仁　什　休′　休

KYŪ
yasu(mu)

休む *yasumu* descansar (o también faltar al trabajo, no ir a clase)
夏休み *natsuyasumi* vacaciones de verano
休憩 *kyūkei* pausa
休講 *kyūkō* clase anulada
休日 *kyūjitsu* día festivo

体 (125) | 木 (20)

125 | 7t | CUERPO

体

ノ　イ　仁　什　休′　休　体

TAI
karada

体 *karada* cuerpo
肉体 *nikutai* cuerpo, carne
体操 *taisō* gimnasia
固体 *kotai* sólido
体験 *taiken* experimentar

休 (124) | 本 (74)

126 — 7t — DECIR

言

、 一 二 言 言 言 言

GEN
GON
i(u)
koto

言う *iu* decir
言葉 *kotoba* palabra
発言 *hatsugen* declaración, manifestación
方言 *hōgen* dialecto
無言 *mugon* silencio

話 (127) | 読 (130)

127 — 13t — HABLAR

話

言 言 言 訂 訴 話 話　　言 v.126

WA
hana(su)
hanashi

話す *hanasu* hablar
話 *hanashi* conversación, tema
会話 *kaiwa* conversación
電話 *denwa* teléfono
話題 *wadai* tema de conversación

言 (126) | 読 (130)

128 — 14t — ESCUCHAR

聞

門 門 門 門 門 門 聞　　門 v.91

BUN
ki(ku)

聞く *kiku* escuchar
聞き取り *kikitori* dictado
新聞 *shinbun* periódico
伝聞 *denbun* rumor
見聞 *kenbun* experiencia, observación

間 (91) | 開 (119)

129 — 10t — ESCRIBIR

書

フ ヲ ヲ ヨ 聿 聿 書 書 書 書

SHO
ka(ku)

書く *kaku* escribir
葉書 *hagaki* tarjeta postal
書道 *shodō* caligrafía
書類 *shorui* documento
辞書 *jisho* diccionario

130 — 14t — LEER

読

言 言 計 訪 訪 読 読 読　　言 v.126

DOKU
yo(mu)

読む *yomu* leer
音読み *on'yomi* lectura *on'yomi*
訓読み *kun'yomi* lectura *kun'yomi*
読者 *dokusha* lector
読書 *dokusho* leer un libro

売 (118) | 話 (127)

131 · 7t · VER

見

KEN
mi(ru)

丨 冂 冂 月 目 目 貝 見

見る *miru* ver, mirar
見本 *mihon* muestra
花見 *hanami* fiesta del cerezo (*sakura*)
意見 *iken* opinión
発見 *hakken* descubrimiento

目 (24) | 貝 (117)

132 · 9t · PENSAR

思

SHI
omo(u)

丨 冂 冂 用 田 甲 思 思 思

思う *omou* pensar
思い出す *omoidasu* recordar
思考 *shikō* pensamiento
意思 *ishi* intención, voluntad
思案 *shian* consideración, reflexión

田 (44) | 男 (33)

133 · 7t · REALIZAR, HACER

作

SAKU
SA
tsuku(ru)

丿 亻 亻 仁 竹 作 作

作る *tsukuru* realizar, hacer, crear
製作 *seisaku* fabricación, producción
作品 *sakuhin* obra (literaria, pictórica, etc.)
作戦 *sakusen* estrategia militar
作業 *sagyō* trabajo, operación

使 (136)

134 · 11t · ENSEÑAR, RELIGIÓN

教

KYŌ
oshi(eru)

十 土 尹 考 考 孝 孝 孝 教 教

教える *oshieru* enseñar
教育 *kyōiku* educación
教室 *kyōshitsu* aula
宗教 *shūkyō* religión
仏教 *bukkyō* budismo

135 · 11t · APRENDER, COSTUMBRE

習

SHŪ
nara(u)

ヿ ヲ 习 羽 羽 羽 羽 習 習 習

習う *narau* aprender
学習 *gakushū* estudio
自習 *jishū* autoestudio
習慣 *shūkan* costumbre
悪習 *akushū* vicio, mal hábito

136 · 8t · UTILIZAR, ENVIAR

使

SHI
tsuka(u)

ノ イ 仁 仃 仨 伊 使

使う *tsukau* utilizar
使用 *shiyō* utilización
行使 *kōshi* uso, empleo
天使 *tenshi* ángel
使者 *shisha* emisario

作 (133) | 仕 (140)

137 · 8t · SABER

知

CHI
shi(ru)

ノ ㇆ ㇵ 矢 矢 知 知 知

知る *shiru* saber, conocer
知識 *chishiki* conocimiento
知恵 *chie* sabiduría
知能 *chinō* inteligencia
知人 *chijin* conocido, amigo

138 · 8t · LLUVIA

雨

U
ame
ama

一 厂 厅 币 雨 雨 雨 雨

雨 *ame* lluvia
大雨 *ooame* lluvia torrencial
雨水 *amamizu* agua de lluvia
雨雲 *amagumo* nube de lluvia
雨量 *uryō* precipitación

電 (158)

139 · 10t · ENFERMEDAD

病

BYŌ
yamai

丶 亠 广 广 疒 疒 疒 病 病 病

病 *yamai* enfermedad
病気 *byōki* enfermedad
病人 *byōnin* paciente
病院 *byōin* hospital
難病 *nanbyō* enfermedad incurable

140 · 5t · SERVIR, HACER

仕

SHI

ノ イ 仁 什 仕

仕事 *shigoto* trabajo
仕方 *shikata* modo de hacer
仕上げ *shiage* finalización

使 (136)

141	8t	ASUNTO, COSA ABSTRACTA

一　丆　戸　日　写　写　写　事

事

JI
koto

事 *koto* cosa (abstracta)
仕事 *shigoto* trabajo
記事 *kiji* artículo
事件 *jiken* suceso
用事 *yōji* cosas que hacer

142	8t	PERSONA

一　十　土　耂　者　者　者　者

者

SHA
mono

若者 *wakamono* joven
怠け者 *namakemono* vago
学者 *gakusha* erudito
医者 *isha* médico, doctor
芸者 *geisha* geisha

暑 (98)

143	6t	TIERRA, SITIO

一　十　土　切　坩　地

地

CHI
JI

地図 *chizu* mapa
地理 *chiri* geografía
地球 *chikyū* la Tierra
地面 *jimen* superficie
地震 *jishin* terremoto

144	8t	SITIO, LUGAR

一　ラ　ヨ　戸　戸　所　所　所

所

SHO
JO
tokoro

所 *tokoro* sitio, lugar
台所 *daidokoro* cocina
場所 *basho* lugar
住所 *jūsho* dirección (postal)
便所 *benjo* servicios, lavabo

145	5t	FUERA, EXTERIOR

ノ　ク　タ　列　外

外

GAI
GE
soto

外 *soto* fuera
外人 *gaijin* extranjero
案外 *angai* inesperado
外出 *gaishutsu* salir
外科 *geka* cirugía

名 (102) | 多 (51)

146	6t	**GUSTAR**

好

く　女　女　女ー　女ッ　好

KŌ
su(ki)

好き *suki* gustar
好況 *kōkyō* buen período económico
好都合 *kōtsugō* favorable
好意 *kōi* amabilidad
好物 *kōbutsu* plato preferido

姉 (40) | 始 (121)

147	9t	**RARO, CAMBIAR**

変

丶　一　ナ　方　亦　亦　亦　麥　変

HEN
ka(waru)

変わる *kawaru* cambiar
変 *hen* raro, extraño
変化 *henka* cambio, transformación
大変 *taihen* duro, difícil
変態 *hentai* raro, anormal, pervertido

赤 (72)

148	12t	**VESTIR, LLEGAR**

着

丶　丷　丷　丷　羊　羊　羊　着

目 v.24

CHAKU
ki(ru)
tsu(ku)

着る *kiru* vestir
着く *tsuku* llegar
着物 *kimono* kimono
到着 *tōchaku* llegada
着席 *chakuseki* toma de asiento

149	8t	**COSA TANGIBLE. OBJETO**

物

ノ　ト　牛　牛　牛　牛　物　物

BUTSU
MOTSU
mono

物 *mono* cosa (tangible), objeto
物語 *monogatari* historia, relato
建物 *tatemono* edificio
植物 *shokubutsu* planta
荷物 *nimotsu* equipaje

150	9t	**COMER**

食

ノ　人　今　今　今　今　食　食　食

SHOKU
ta(beru)

食べる *taberu* comer
食べ物 *tabemono* alimento
食事 *shokuji* comida
食堂 *shokudō* comedor, restaurante
和食 *washoku* cocina japonesa

飲 (151)

151	12t	BEBER

飲

IN
no(mu)

ノ 入　丶 へ　今 今　含 全　全 含　食 食　食 食　食 飲　飲 飲　飲

飲む *nomu* beber
飲み物 *nomimono* bebida
飲酒 *inshu* ingestión de bebidas alcohólicas
飲料 *inryō* bebida
飲食 *inshoku* comida y bebida

食 (150)

152	8t	PAÍS

国

KOKU
kuni

丨 冂 冂 冂 用 国 国 国

国 *kuni* país
雪国 *yukiguni* país de nieve, Hokkaidō
国民 *kokumin* ciudadanos
国際 *kokusai* internacional
外国 *gaikoku* país extranjero

153	14t	IDIOMA, PALABRA, RELATAR

語

GO
kata(ru)

言 言 訂 語 語 語 語 語　言 v.126

語る *kataru* relatar
物語 *monogatari* historia, relato
単語 *tango* palabra
日本語 *nihongo* idioma japonés
スペイン語 *supeingo* idioma español

話 (127) | 読 (130)

154	8t	CIELO, VACÍO, AIRE

空

KŪ
sora
kara
a(ku)

丶 ハ 宀 宀 穴 空 空 空

空 *sora* cielo
空手 *karate* karate
空き缶 *akikan* lata vacía
空気 *kūki* aire
空港 *kūkō* aeropuerto

155	7t	FLOR

花

KA
hana

一 十 艹 艹 芢 花 花

花 *hana* flor
花火 *hanabi* fuegos artificiales
生け花 *ikebana* arreglo floral *ikebana*
開花 *kaika* florecimiento
花弁 *kaben* pétalo

156	6t	CARÁCTER, LETRA

字

` `` 宀 宀 宁 字

JI

字 *ji* carácter, letra
文字 *moji* carácter, letra
漢字 *kanji* kanji
数字 *sūji* número
太字 *futoji* negrita (tipografía)

学 (76) | 子 (35)

157	13t	DIVERTIDO, CÓMODO, MÚSICA

楽

` ´ ⺊ 白 白 白 泊 泊 泊 楽

GAKU
RAKU
tano(shii)

楽しい *tanoshii* divertido
音楽 *ongaku* música
楽器 *gakki* instrumento musical
楽 *raku* fácil, sencillo
極楽 *gokuraku* paraíso

158	13t	ELECTRICIDAD

電

雨 雨 雨 雪 雪 電

v.138

DEN

電気 *denki* electricidad
電話 *denwa* teléfono
電車 *densha* tren
電子 *denshi* electrón
電球 *denkyū* bombilla

雨 (138)

159	8t	CLARO, BRILLANTE

明

丨 冂 日 日 明 明 明 明

MEI
aka(rui)

明るい *akarui* claro
説明 *setsumei* explicación
不明 *fumei* desconocido
文明 *bunmei* civilización
透明 *tōmei* transparente, invisible

日 (16) | 月 (17)

160	10t	CASA, PROFESIÓN

家

` `` 宀 宀 宁 宇 家 家 家 家

KA
ie

家 *ie* casa
家族 *kazoku* familia
家事 *kaji* tareas domésticas
画家 *gaka* artista
漫画家 *mangaka* dibujante de manga

字 (156)

Apéndice III: Glosario de onomatopeyas

**Este glosario, una lista de las palabras onomatopéyicas más comunes
del japonés, es un extenso complemento a la L.25. Si no lo has hecho ya,
recomendamos estudiar bien dicha lección antes de seguir leyendo.**

Onomatopeyas en el manga

Desde varios años, la edición de manga japonés en España, Argentina y México
está perfectamente consolidada, y hay editoriales que apuestan por no retocar las
onomatopeyas para no tener que alterar el dibujo original. Esta práctica, sin embargo, deja al lector occidental sin el rico «ambiente sonoro» que estas contribuyen a
formar en las páginas del cómic. Aunque uno se esfuerce por aprender los silabarios
hiragana (L.1) y katakana (L.2) y trate de leer estas onomatopeyas para disfrutar más
plenamente del manga, se encuentra que muy pocas de ellas tienen sentido a ojos no
experimentados. Aunque algunas son muy evidentes, también hay un buen montón
de ellas sin sentido aparente. Este glosario, un «diccionario de onomatopeyas» bastante exhaustivo, está pensado para ayudar al lector de manga que quiera disfrutar
plenamente de sus tebeos japoneses sin onomatopeyas retocadas.

Cosas a tener en cuenta al usar este glosario

En los mangas, las onomatopeyas pueden encontrarse indistintamente en hiragana o en katakana, aunque aquí las hemos listado todas en hiragana.

Las onomatopeyas que, en contexto oral, añaden un っと *tto* (como ちらっと *chi-
ratto*), a veces aparecen en los manga sin este último fragmento (ちらっ *chira*). Aquí
hemos puesto el と *to* entre paréntesis para indicar esta particularidad.

Algunas onomatopeyas que repiten un mismo sonido, como どきどき *dokidoki* o
にこにこ *nikoniko*, aparecen en los manga con sonido simple y normalmente con el
signo de terminación brusca っ. Así, podemos encontrar どきっ *doki* o にこっ *niko*.
El sentido en estos casos suele ser el mismo que la onomatopeya de sonido doble,
así que ten esto en cuenta cuando busques palabras del tipo にこっ *niko*.

Debes tener en cuenta también que el mundo de las onomatopeyas es muy
amplio, y más en el manga, donde los autores tienden a ir «inventando» onomatopeyas nuevas, por lo que a menudo encontrarás algunas que no están listadas aquí.

● El signo «|» separa los distintos significados de una misma onomatopeya.

B

ba(tto)	ばっ(と)	movimiento rápido
bacchiri	ばっちり	ser algo perfecto, ideal
bachan	ばちゃん	caer algo grande al agua («splash»)
bakibaki	ばきばき	golpes fuertes en los que algo se quiebra
ban	ばん	algo explota o revienta
barabara	ばらばら	disperso, entrecortado | cortar en pedazos, desmantelar algo
baribari	ばりばり	hacer algo con muchas ganas y energía | destrozar algo
basha(tto)	ばしゃっ(と)	pisar un charco con fuerza
bashi(tto)	ばしっ(と)	romperse algo con un «crec»
batabata	ばたばた	muy ocupado, arriba y abajo con actividad frenética | pataleo
batan	ばたん	se cierra una puerta con un golpe
battari	ばったり	de repente | toparse de súbito con alguien
bechabecha	べちゃべちゃ	ser algo pegajoso | hablar por hablar
berabera	べらべら	hablar sin pensar (negativo) | fluidez en un idioma (positivo)
berobero	べろべろ	lamer algo (también *pero*) | estar totalmente borracho
beron	べろん	sacar la lengua
betobeto	べとべと	ser algo pegajoso
bikkuri	びっくり	sorprenderse
bisshori	びっしょり	estar empapado
bō(tto)	ぼうっ(と)	estar despistado, en la luna | viejo casi senil
bochibochi	ぼちぼち	gradualmente | pronto | sin novedad
boke(tto)	ぼけっ(と)	estar en Babia, estar atontado
boroboro	ぼろぼろ	destrozado, hecho cisco
bosabosa	ぼさぼさ	estar algo muy gastado | estar despeinado
bosoboso	ぼそぼそ	murmullo | ser una comida sosa
bukubuku	ぶくぶく	estar obeso | hacer «glub glub» el agua
buruburu	ぶるぶる	temblar
busu(tto)	ぶすっ(と)	algo atraviesa algo poco duro
būbū	ぶうぶう	gruñido de cerdo («oink oink»)
buyobuyo	ぶよぶよ	estar fofo, fláccido

C

charachara	ちゃらちゃら	sonido de campanillas | coquetear con alguien
chibichibi	ちびちび	poco a poco, gota a gota
chichi	ちっちっ	piar de los pájaros
chimachima	ちまちま	pequeño pero bien hecho | timidez
chira(tto)	ちらっ(と)	mirada de reojo | algo se muestra sólo por un instante
chirinchirin	ちりんちりん	sonido de campanilla
chiyahoya	ちやほや	mimar demasiado a alguien
chokonto	ちょこんと	solitario, callado
chokotto	ちょこっと	un poco
choppiri	ちょっぴり	un poquito
chu	ちゅっ	beso

D

daan	だあん	explosión o disparo («bang»)
daradara	だらだら	hecho polvo, sudando a mares | cae poco a poco algo viscoso
deredere	でれでれ	quedarse atontado (un hombre ante una mujer guapa)
dododo	どどど	pasos rápidos sobre suelo de madera o *tatami* | ventisca fuerte
dokan	どかん	explosión
dokidoki	どきどき	sonido del corazón, nervios, emoción
dokun	どくん	sonido de los latidos del corazón: nervios, miedo, tensión
don	どん	golpe fuerte | disparo («bang»)
dondon	どんどん	sonido fuerte y repetitivo | con rapidez, sin dilación
doo	どお	un objeto grande se mueve
doron	どろん	aparecer de repente, quizás con una pequeña explosión
dorotto	どろっ(と)	un líquido viscoso o lleno de barro fluye o gotea
dosa(tto)	どさっ(と)	algo pesado cae al suelo | alguien voluminoso se sienta de golpe
dosha(tto)	どしゃっ(と)	caída fuerte sobre algo que se rompe

dotabata	どたばた	hacer algo apresuradamente, con nervios
dotadota	どたどた	correr apresuradamente (sobre suelo de madera o *tatami*)
dote	どて	dejarse caer al suelo reposadamente

F

fufu	ふふ	risa socarrona («ju, ju»)
fun	ふん	sonido de reprobación para mostrar disconformidad
funwari	ふんわり	algo suave y esponjoso
furafura	ふらふら	ir con pasos dubitativos, a punto de desplomarse, mareado
fuwa(tto)	ふわっ（と）	algo muy ligero flota | ser algo muy suave | sentirse aliviado

G

gaagaa	があがあ	sonido grave | sonido de los patos («cuac, cuac»)
gabagaba	がばがば	ser algo (como una prenda de ropa) muy holgado
gacha	がちゃっ	se abre una puerta
gakkuri	がっくり	sufrir una desilusión
gaku(tto)	がくっ（と）	sorpresa súbita
gakun(to)	がくん（と）	sorpresa súbita | perder súbitamente las ganas de hacer algo
gan	がん	golpe fuerte
gangan	がんがん	dolor de cabeza | beber a grandes tragos
garagara	がらがら	se abre puerta una corrediza | caen escombros
gasshiri	がっしり	estar fuerte y musculoso
gatagata	がたがた	temblar (de frío, de miedo...)
gatsun	がつん	un objeto duro (normalmente punzante) choca contra otro
gennari	げんなり	estar muy cansado
geragera	げらげら	reírse a carcajadas
giku(tto)	ぎくっ（と）	sorpresa súbita
girigiri	ぎりぎり	justo, en el límite
gishi(tto)	ぎしっ（と）	algo chirría
gochagocha	ごちゃごちゃ	desordenado, confundido, caótico
gohon	ごほん	toser
gokun	ごくん	tragarse algo de golpe («glups»)
goo	ごー	sonido del viento | motor de avión | algo que vuela con ruido
gorogoro	ごろごろ	estar haciendo el vago | sonido de trueno
goshi	ごし	frotar un paño sobre algo para limpiarlo
gotsun	ごつん	golpe sordo de algo que cae
gūgū	ぐうぐう	sonido de una paloma | ronquido | dormir a pierna suelta
gui	ぐい	agarrar algo flexible (por ejemplo, agarrar a alguien de la ropa)
gui(tto)	ぐいっと	agarrar algo estrujándolo
guruguru	ぐるぐる	girar
gussuri	ぐっすり	dormir como un tronco, a pierna suelta
gusugusu	ぐすぐす	llorar silenciosamente, se escapa una lágrima
guttari	ぐったり	estar muy cansado
guzuguzu	ぐずぐず	perder el tiempo, ir lentamente | nariz mocosa
gyaagyaa	ぎゃあぎゃあ	grito de queja | lloros de niño
gyūgyū	ぎゅうぎゅう	estar apretado en algún sitio

H

ha(tto)	はっ（と）	sorprenderse, entrar súbitamente en tensión
haa haa	はぁはぁ	respiración entrecortada, alguien cansado («arf, arf»)
haha	はは	risa («ja, ja»)
hakkiri	はっきり	decir las cosas claras
hakusho(n)	はくしょ（ん）	estornudo («¡atchís!»)
harahara	はらはら	estar nervioso, ser algo un misterio
hatahata	はたはた	un trozo de tela ondea (como una bandera)
hehe	へへ	risa («je, je»)
henahena	へなへな	estar débil
herahera	へらへら	reírse a lo tonto
hetoheto	へとへと	estar muy cansado, agotado (parecido a *kutakuta*)
hihiin	ひひいん	relincho de caballo
hii	ひい	grito agudo de terror (proferido por cobardes o gente débil)

hikku	ひっく	sollozo | hipo
hin'yari	ひんやり	algo está fresco (positivo)
hirihiri	ひりひり	dolor o irritación
hisohiso	ひそひそ	hablar en voz baja, cuchichear
hiyahiya	ひやひや	estar asustado | sentir frío
ho(tto)	ほっ（と）	sentir alivio repentino
hoho	ほほ	risa («jo, jo»)
hyuu	ひゅー	volar con sonido agudo (como un avión) | fuerte ventisca

I

ichaicha	いちゃいちゃ	manosearse una pareja en público
iraira	いらいら	estar nervioso | estar irritado
isoiso	いそいそ	estar muy alegre, vivaz

J

jarijari	じゃりじゃり	algo de textura basta o arenosa
jiiii	じ〜	mirar a alguien inquisitivamente, como esperando algo
jiijii	じいじい	algo se está friendo | sonido de las cigarras
jirijiri	じりじり	avanzar lento pero sin pausa | ser implacables los rayos del sol
jiro(tto)	じろっ（と）	mirar inquisitivamente
jirojiro	じろじろ	mirar inquisitivamente | mirar para enterarse de algo
jitabata	じたばた	montar una escena | resistirse a algo | dejarse llevar por el pánico
jiwajiwa	じわじわ	lento pero persistente

K

ka	かっ	pasos
kaa	かぁ	sonrojarse
kaakaa	かあかあ	graznido de pájaro (normalmente, del cuervo)
kachin	かちん	hacer algo un «clic»
kachiri	かちり	sonido metálico bastante fuerte
kan	かん	sonido fuerte (generalmente metálico) de corta duración
kankan	かんかん	algo está muy caliente | alguien está muy furioso
kankankan	かんかんかん	sonido de una campana
karakara	からから	estar algo seco | tener sed | reírse con fruición
karikari	かりかり	algo cruje | estar escribiendo con lápiz | nervios a flor de piel
kerakera	けらけら	reírse con ganas
kerokero	けろけろ	croar de las ranas
kichikichi	きちきち	estar algo lleno hasta los topes
kichinto	きちんと	como es debido
kii	きい	frenazo
kiikii	きいきい	gritos de los monos
kinkin	きんきん	sonido muy agudo
kinkonkankon	きんこんかんこん	sonido de la campana de inicio de clases de una escuela
kirakira	きらきら	brillar con intensidad
kirikiri	きりきり	tensar algo al máximo | estar estresado
kokekokko	こけこっこ	canto del gallo («quiquiriquí»)
kongari	こんがり	tostar algo en su punto
konkon	こんこん	llaman a la puerta | sonido grave | tos
kopokopo	こぽこぽ	echar líquido en una taza
koro(tto)	ころっ（と）	rodar
korokoro	ころころ	rodar y rodar
korori	ころり	rodar
kosokoso	こそこそ	hacer algo con sigilo
kotsukotsu	こつこつ	esforzarse continuamente pero sin hacer grandes aspavientos
kudokudo	くどくど	insistir en algo una y otra vez
kukkiri	くっきり	verse algo prístinamente
kunekune	くねくね	contorsionar el cuerpo de forma extraña
kurakura	くらくら	estar mareado
kuru(tto)	くるっ（と）	girar algo con rapidez (normalmente, la cabeza)
kusukusu	くすくす	risita traviesa, en voz baja
kutakuta	くたくた	estar exhausto, agotado

kyorokyoro	きょろきょろ	mirar alrededor nerviosamente
kyotokyoto	きょときょと	mirar alrededor nerviosamente

M

mechakucha	めちゃくちゃ	ser algo absurdo | estar desordenado, hecho un desastre
mekimeki	めきめき	ser algo digno de mención
meromero	めろめろ	ponerse sentimental, cariñoso
mesomeso	めそめそ	sollozar
mōmō	もうもう	mugido de las vacas («muu, muu»)
morimori	もりもり	sentirse vigoroso | comer con gusto
muka(tto)	むかっ(と)	enfadado, harto, hasta el gorro
mukamuka	むかむか	estar asqueado

N

nadenade	なでなで	acariciar con cariño
nikkori	にっこり	sonrisa amable
nikoniko	にこにこ	sonrisa
nitanita	にたにた	sonreír siniestramente, como ocultando algún secreto
nōnō	のうのう	no tener preocupación alguna
norarikurari	のらりくらり	perder el tiempo, hacer el vago | hacerse el sueco
nyannyan	にゃんにゃん	maullido de los gatos

O

orooro	おろおろ	movimientos torpes dubitativos

P

pa(tto)	ぱっ(と)	de repente, súbitamente
paa	ぱあ	echarse algo a perder de repente
pachipachi	ぱちぱち	aplausos
pakupaku	ぱくぱく	comer con fruición
pan	ぱんっ	disparo de pistola («bang»)
paripari	ぱりぱり	comer algo crujiente (como galletas)
patapata	ぱたぱた	algo ondea al viento | correr diligente y nerviosamente
pechanko	ぺちゃんこ	aplastar algo | ser algo plano
pechapecha	ぺちゃぺちゃ	hablar por hablar
pekopeko	ぺこぺこ	tener hambre | bajar la cabeza para hacer reverencia
perapera	ぺらぺら	hablar mucho | hablar un idioma ajeno fluidamente
pero(tto)	ぺろっ(と)	lamer algo (también *bero*)
peshari	ぺしゃり	aplastar algo
peta(tto)	ぺたっ(と)	algo se adhiere a una superficie plana
pichipichi	ぴちぴち	ser alguien muy vivaz
pika(tto)	ぴかっ(と)	resplandor, fulgor
pikapika	ぴかぴか	resplandeciente, brillante
piku(tto)	ぴくっ(と)	cogido por sorpresa, desprevenido | golpecito
piripiri	ぴりぴり	ser una comida muy picante | estar de los nervios
pita(tto)	ぴたっ(と)	algo se detiene súbitamente y se queda inmóvil en un lugar
pittari	ぴったり	encajar algo perfectamente
poi	ぽいっ	tirar algo (como si nada)
pokan	ぽかん	quedarse con la boca abierta
poroporo	ぽろぽろ	caen lágrimas (de tristeza) copiosamente
puchi(tto)	ぷちっ(と)	algo se rompe (ruido seco) | se acaba la paciencia
puripuri	ぷりぷり	estar indignado
putsun	ぷつん	romperse algo de repente | perder alguien los estribos

S

sa	さ	movimiento rápido y decidido
saa(tto)	さぁっ(と)	movimiento rápido y decidido
sakusaku	さくさく	crujido suave (al pisar la nieve o la arena)
sarasara	さらさら	ser algo (como los cabellos) muy suave
sawasawa	さわさわ	tumulto, mucha gente paseando y moviéndose a la vez
sharishari	しゃりしゃり	algo cruje
shigeshige	しげしげ	mirar algo fijamente | ser algo frecuente

shiin	しーん	(silencio absoluto)
shikkari	しっかり	aguantar, ser valiente, hacer de tripas corazón
shikushiku	しくしく	llorar silenciosamente | dolor agudo pero no muy fuerte
shitoshito	しとしと	lluvia suave que lo humedece todo poco a poco
shittori	しっとり	estar algo húmedo | estar calmado
shoboshobo	しょぼしょぼ	estar deprimido, bajo de moral
sowasowa	そわそわ	sentirse nervioso, excitado
soyosoyo	そよそよ	sopla una brisa refrescante
subesube	すべすべ	ser algo muy suave al tacto
suka(tto)	すかっ(と)	sentirse mejor, sentirse refrescado (parecido a *sukkiri*)
sukkiri	すっきり	aliviarse, refrescarse
sunnari	すんなり	ir algo sobre ruedas | acceder a algo como si nada
suppari	すっぱり	dejar algo sin cabos sueltos | cortar algo de cuajo
surari	すらり	ser ágil, hacer algo rápidamente | estar delgado
sururi	するり	movimiento rápido y ágil
sūsū	すうすう	pasa el aire por un orificio pequeño

T

tappuri	たっぷり	lleno, repleto
taratara	たらたら	sudar copiosamente
tekateka	てかてか	ser algo brillante
tonton	とんとん	golpe suave y repetitivo (como golpear suavemente una puerta)
toro(tto)	とろっ(と)	movimiento de líquido bastante viscoso
tsurutsuru	つるつる	sonido de sorber | ser algo resbaladizo | estar calvo
tsuyatsuya	つやつや	algo brilla con un resplandor mate

U

ukauka	うかうか	estar despistado
ukkari	うっかり	olvidar algo completamente
unzari	うんざり	estar harto de algo
utouto	うとうと	dormirse de puro cansancio
utsurautsura	うつらうつら	estar medio dormido, estar cayéndose de sueño
uttori	うっとり	estar encantado, contentísimo
uu	うう	gruñido, mueca de dolor
uwaaa	うわー	grito («¡uah!») | lloro a voz en grito

W

waaa	わー	gritos ininteligibles de una muchedumbre
wakuwaku	わくわく	estar nervioso, excitado
wanwan	わんわん	ladrido de perro («guau, guau»)

Y

yoro	よろ	estar mareado o borracho, caminar tambaleándose

Z

za(tto)	ざっっ(と)	sonido brusco
zaaaa	ざー	lluvia intensa
zaazaa	ざぁざぁ	algo como arena o polvo se mueve en gran cantidad
zakuzaku	ざくざく	partir algo con un crujido repetitivo | crujir la nieve
zawa	ざわ	una multitud se aproxima (amenazante)
zeezee	ぜえぜえ	respiración entrecortada, alguien cansado (arf, arf)
zo(tto)	ぞっ(と)	llevarse un susto súbito
zokuzoku	ぞくぞく	temblar de frío o de nervios, miedo, expectación, etc.
zorozoro	ぞろぞろ	una multitud se acerca con decisión
zozozo	ぞぞぞ	tomarse unos fideos sorbiendo
zubari	ずばり	ir al grano (en una conversación) | cortar con un tajo decidido
zukezuke	ずけずけ	sin pelos en la lengua, las cosas tal como son
zunguri	ずんぐり	ser bajito y gordo
zushizushi	ずしずし	algo pesado y grande se mueve
zuzuzu	ずずず	arrastrar algo pesado por el suelo | tomarse una sopa sorbiendo

Apéndice IV: Índice de vocabulario

En este cuarto y último apéndice ofrecemos una lista sistemática de todas las palabras aparecidas en este libro (más de 1.000), con su correspondiente traducción.

Utilización del índice

Observa cada una de las líneas del apéndice de vocabulario, que está ordenado por orden alfabético para que te resulte más fácil consultarlo. En la primera columna tienes la versión en *rōmaji* de cada uno de los términos, acompañado luego por su versión «normal» en kanji, hiragana o katakana. A continuación, entre paréntesis, se te indica su categoría morfológica (ver más abajo), la lección en la que apareció por primera vez y, en algunas ocasiones, la lección en la que el término en cuestión tiene un papel relevante. Para finalizar, en la última columna encontrarás la traducción de cada palabra al español.

Categorías morfológicas

S:	sustantivos (L.11)
V:	verbos (L.9, 18, 19 y 20)
V1:	verbos terminados en *-eru* o *-iru* del grupo 1 (L.20)
V2:	verbos terminados en *-eru* o *-iru* del grupo 2 (L.20)
Virr:	verbos de conjugación irregular (L.20)
Vs:	sustantivos que se transforman en verbo al añadirles する *suru* (L.24)
Adj.i:	adjetivos de tipo *-i* (L.13)
Adj.na:	adjetivos de tipo *-na* (L.14)
Adv:	adverbios (L.22)
L:	locuciones, expresiones hechas (L.27)
PN:	pronombres (L.7)
C:	contadores (L.25)
T:	topónimos, nombres propios geográficos
Sf:	sufijos para nombres personales (L.15)
O:	palabras de tipo onomatopéyico (L.29 y apéndice III)

● El signo «|» separa los distintos significados que puede tener una misma palabra.

A

aamii	アーミー	(S)	ECI	ejército
abunai	危ない	(Adj.i)	13	peligroso
aeru	会える	(V1)	ECIV	poder encontrarse (con)
agaru	上がる	(V)	27	subir | pasar (a una casa)
ageru	あげる	(V1)	16, 28	dar
ago	あご	(S)	26	mentón
ahō	アホ／阿呆	(S)	23	tonto, necio, bobo
ai	愛	(Vs)	16	amor
aisu	アイス	(S)	17	helado
aite	相手	(S)	13	rival, contrincante | interlocutor
aji	味	(S)	22	sabor, gusto
akai	赤い	(Adj.i)	13	rojo
akarui	明るい	(Adj.i)	13	claro, iluminado | alegre
akemashite...	明けまして...	(L)	27	feliz año nuevo
aki	秋	(S)	4, 10	otoño
amari	あまり	(Adv)	20	no mucho
amaru	あまる	(V)	13	sobrar
ame	雨	(S)	10	lluvia
anata	あなた	(PN)	7	usted
anatagata	あなたがた	(PN)	7	ustedes
anatatachi	あなた達	(PN)	7	ustedes
ane	姉	(S)	21	mi hermana mayor
ani	兄	(S)	21	mi hermano mayor
aniki	兄貴	(S)	23	hermano mayor | veterano yakuza
anime	アニメ	(S)	9	animación
anna	あんな	(Adv)	7	ese tipo de
anta	あんた	(PN)	7	tú (vulgar)
antara	あんたら	(PN)	7	vosotros (vulgar)
antatachi	あんた達	(PN)	7	vosotros (vulgar)
anzen-na	安全な	(Adj.na)	14	seguro
aoi	青い	(Adj.i)	13	azul
apaato	アパート	(S)	25	apartamento
arashi	嵐	(S)	10	tormenta
arau	洗う	(V)	20	lavar
ari	あり	(S)	11	hormiga
arigatō	ありがとう	(L)	1, 4	gracias
aru	ある	(V)	9, 18	haber (seres inanimados)
arubaito	アルバイト	(S)	2	trabajo a tiempo parcial
arukōru	アルコール	(S)	8	alcohol
aruku	歩く	(V)	20	andar
asa	朝	(S)	11, 12	mañana
ase	汗	(S)	26	sudor
ashi	足	(S)	25, 26	pie, pierna
ashi	脚	(S)	26	pierna
ashi o arau	足を洗う	(L)	26	retirarse de un trabajo o asunto turbio
ashita	明日	(Adv)	17, 21	mañana
asobu	遊ぶ	(V)	17, 19	jugar | divertirse
asshi	あっし	(PN)	7	yo (masc., vulgar)
atakku	アタック	(S)	ECII	ataque
atama	頭	(S)	7, 26	cabeza
atama ga ii	頭がいい	(L)	7, 26	ser inteligente
atama ga warui	頭が悪い	(L)	26	ser tonto
atama ni kuru	頭にくる	(L)	26	ponerse furioso
atama o sageru	頭を下げる	(L)	26	disculparse humillado
atarashii	新しい	(Adj.i)	3, 13	nuevo
atashi	あたし	(PN)	7	yo (fem.)
atashira	あたしら	(PN)	7	nosotras (fem.)
atashitachi	あたし達	(PN)	7	nosotras (fem.)

atatakai	暖かい	(Adj.i)	10	templado
atsui	暑い	(Adj.i)	10	caluroso
atsui	熱い	(Adj.i)	22	caliente (al tacto)
ayamaru	あやまる	(V2)	ECV	pedir perdón, disculparse

B

baachan	ばあちゃん	(S)	21	abuela (cariñoso)
baiorin	バイオリン	(S)	8	violín
baiu	梅雨	(S)	10	temporada de lluvias
baka	馬鹿	(S)	9, 23	tonto, imbécil
baka ni suru	バカにする	(L)	23	tomar el pelo
bakabakashii	ばかばかしい	(Adj.i)	23	ser un disparate
bakamono	ばか者	(S)	23	tonto, necio, bobo
baka o iu	バカを言う	(L)	23	decir tonterías
bakari	ばかり	(Adv)	9	solo
bakayarō	バカ野郎	(S)	23	imbécil, idiota
bakemono	化け物	(S)	23	fantasma, monstruo
banana	バナナ	(S)	11	banana
banzai	万歳	(L)	ECII	¡viva! ¡hurra!
bareebōru	バレーボール	(S)	8	voleibol
baruserona	バルセロナ	(T)	16	Barcelona
basu	バス	(S)	16	autobús
beddo	ベッド	(S)	8	cama
benkyō	勉強	(Vs)	16, 24	estudio
benri-na	便利な	(Adj.na)	28	práctico, útil
bideo	ビデオ	(S)	16	vídeo
biiru	ビール	(S)	19	cerveza
bikkuri	びっくり	(O)	29	(sorpresa)
binbō-na	貧乏な	(Adj.na)	22	pobre, sin dinero
bisshori	びっしょり	(O)	29	(estar empapado)
boke	ぼけ	(O)	29	(estar en Babia)
boke	ボケ	(S)	23	atontado, alelado
boku	ぼく	(PN)	1, 7	yo (masc.)
bokura	僕ら	(PN)	7	nosotros (masc.)
bokutachi	僕達	(PN)	7	nosotros (masc.)
bōru	ボール	(S)	8	pelota, balón
bōrupen	ボールペン	(S)	9	bolígrafo
buchō	部長	(S)	15	jefe de departamento
bunbōguya	文房具屋	(S)	15	papelería
bunpō	文法	(S)	9	gramática
busu	ブス	(S)	23	fea, asquerosa
buta	豚	(S)	11	cerdo
butsu	ブツ	(S)	23	drogas (jerga)
buubuu	ぶうぶう	(O)	29	(gruñido de cerdo)
byōin	病院	(S)	11	hospital

C

chaka	チャカ	(S)	23	pistola (jerga)
-chan	～ちゃん	(Sf)	15	(sufijo para nombres, L.15)
chansu	チャンス	(S)	ECIV	oportunidad
chesu	チェス	(S)	8	ajedrez
chi	血	(S)	11	sangre
chichi	父	(S)	9, 21	padre
chichioya	父親	(S)	21	padre (formal)
chigau	違う	(V)	7	ser diferente
chiisai	小さい	(Adj.i)	13	pequeño
chikara	力	(S)	22	fuerza
chikushō	ちくしょう	(S)	23	maldita sea | animal
chinpira	チンピラ	(S)	23	gamberro de poca monta
chittomo	ちっとも	(Adv)	14	en absoluto

chō	ちょう（蝶）	(S)	18	mariposa
chō	腸	(S)	26	intestinos
chotto	ちょっと	(Adv)	22	un poco
chūgoku	中国	(T)	16	China

D

da	だ	(V)	9	ser
dachi	ダチ	(S)	23	amigo (jerga)
-dai	〜台	(C)	11, 25	(contador para máquinas)
dai	第	(Adv)	5	(prefijo para ordinales)
daigaku	大学	(S)	4	universidad
daijōbu-na	大丈夫な	(Adj.na)	14	sin problemas
daiku	大工	(S)	14	carpintero
dainō	大脳	(S)	26	cerebro
dake	だけ	(Adv)	1, 21	solo
dakishimeru	抱きしめる	(V)	24	abrazar
damaru	黙る	(V2)	ECVI	callar
danna	旦那	(S)	21	mi marido
dannasan	旦那さん	(S)	21	marido (de otra)
dare	誰	(PN)	7	¿quién?
dasu	出す	(V)	ECIV	sacar
deeto	デート	(S)	29	cita
dekiru	出来る	(V1)	10, 20	poder
denkiya	電気屋	(S)	15	tienda de electrónica
densha	電車	(S)	16	tren
denwa	電話	(S)	16	teléfono
deru	出る	(V1)	ECIV	salir
desu	です	(V)	9	ser (formal)
disuku	ディスク	(S)	8	disco
dō itashimashite	どういたしまして	(L)	2, 4	de nada
doji	ドジ	(S)	23	estúpido, descuidado
dokan	ドカン	(O)	29	(explosión)
dokidoki	どきどき	(O)	29	(estar nervioso)
doko	どこ	(Adv)	9	¿dónde?
doku	どく	(V)	23	apartarse
dokusaisha	独裁者	(S)	ECVI	dictador
dōmo	どうも	(L)	4	gracias, hola, etc.
dōmyaku	動脈	(S)	26	arteria
donna	どんな	(Adv)	9	¿qué tipo de?
donna ni	どんなに	(Adv)	22	¿cómo?
-dono	〜殿	(Sf)	15	(sufijo para nombres, L.15)
dōshi	動詞	(S)	19	verbo
dōshita	どうした	(L)	10	¿qué ocurre?
dōshite	どうして	(L)	ECIV	¿por qué?
doyōbi	土曜日	(S)	6	sábado
dōzo	どうぞ	(L)	2	adelante, tenga

E

eiga	映画	(S)	11	película
eigo	英語	(S)	20	(idioma) inglés
en	円	(S)	4	yen
enpitsu	えんぴつ	(S)	11	lápiz
eria	エリア	(S)	ECI	area
etsuraku	悦楽	(S)	11	placer
evangerion	エヴァンゲリオン	(S)	8	evangelio

F

fan	ファン	(S)	8	aficionado
faito	ファイト	(S)	ECII	lucha
fōku	フォーク	(S)	18	tenedor

fonto	フォント	(S)	8	tipo de letra
fude	筆	(S)	9	pincel
-fujin	〜夫人	(Sf)	15	«señora de...»
Fuji-san	富士山	(T)	3	Monte Fuji
fukai	深い	(Adj.i)	ECV	profundo, hondo
Fukuoka	福岡	(T)	10	ciudad de Fukuoka
fukushi	副詞	(S)	22	adverbio
fukuzatsu-na	複雑な	(Adj.na)	22	complicado
furasshu	フラッシュ	(S)	29	flash
furigana	ふりがな	(S)	3	furigana (ver L.1)
furu	降る	(V)	10	caer | llover | nevar
furui	古い	(Adj.i)	13	viejo
fuyu	冬	(S)	4, 10	invierno

G

gabugabu	がぶがぶ	(O)	29	(beber mucho)
gakkō	学校	(S)	2, 4	escuela
gakusei	学生	(S)	4	estudiante
ganbaru	頑張る	(V)	24	esforzarse
ganko-na	頑固な	(Adj.na)	24	testarudo, tozudo
garagara	がらがら	(O)	29	(abrir una puerta corrediza)
gei	ゲイ	(S)	22	gay, homosexual
genki-na	元気な	(Adj.na)	4, 14	fuerte, saludable
geragera	げらげら	(O)	29	(reír a carcajadas)
getsuyōbi	月曜日	(S)	6	lunes
giongo	擬音語	(S)	29	onomatops. que imitan sonido
ginga	銀河	(S)	ECII	galaxia
gitaigo	擬態語	(S)	29	onomatops. que describen estado
gochisō-sama	ごちそう様	(L)	27	gracias por la comida
go gatsu	五月	(S)	6	mayo
gogo	午後	(S)	12	tarde
gohan	ご飯	(S)	11	arroz (cocido)
gokudō	極道	(S)	23	yakuza
gokurō-sama	ご苦労様	(L)	27	buen trabajo
gomen kudasai	ごめんください	(L)	27	¿hay alguien en casa?
gomen nasai	ごめんなさい	(L)	4, 27	lo siento, perdón
gomen ne	ごめんね	(L)	27	lo siento, perdón (coloquial)
gomu	ゴム	(S)	16	goma de borrar
gozen	午前	(S)	12	mañana (antes del mediodía)
guruguru	ぐるぐる	(O)	29	(girar)
gussuri	ぐっすり	(O)	29	(dormir como un tronco)
gutai	具体	(S)	22	concreción
gutaiteki ni	具体的に	(Adv)	22	concretamente
gutto	ぐっと	(O)	29	(salir de golpe, por sorpresa)
gyūnyū	牛乳	(S)	28	leche

H

ha	歯	(S)	25, 26	diente
hachi gatsu	八月	(S)	6	agosto
hae	はえ	(S)	18	mosca
haha	母	(S)	21	mi madre
hahaoya	母親	(S)	21	madre (formal)
-hai	〜杯	(C)	25	(contador de copas de líquido)
hai	はい	(L)	2, 4	sí
hairu	入る	(V2)	8, 20	entrar
haizō	肺臓	(S)	26	pulmones
hajiki	ハジキ	(S)	23	pistola (jerga)
hajimaru	始まる	(V)	20	empezar
hajimeru	始める	(V1)	10	empezar
hajimete	はじめて	(Adv)	22	por primera vez

hakase	博士	(S)	4	doctor
haki	破棄	(Vs)	5	anulación
hamukau	歯向かう	(V)	11	rebelarse
han	半	(Adv)	12	medio
hana	花	(S)	14	flor
hana	鼻	(S)	4, 26	nariz
hana ga takai	鼻が高い	(L)	26	ser orgulloso
hanasu	離す	(V)	8	soltar
hanasu	話す	(V)	ECIV	hablar
hane o nobasu	羽を伸ばす	(L)	26	extender las alas
hannin	犯人	(S)	16	delincuente
hansamu-na	ハンサムな	(Adj.na)	1	guapo
hara ga hetta	腹が減った	(L)	27	tengo hambre (vulgar)
hara ga tatsu	腹が立つ	(L)	26	ponerse furioso, enfadarse
hare	晴れ	(S)	10	(tiempo) despejado
haru	春	(S)	4, 10	primavera
hashi	はし（箸）	(S)	18	palillos (para comer)
hashiru	走る	(V2)	19	correr
hassei	発生	(Vs)	24	surgimiento, aparición, desarrollo
hayai	早い	(Adj.i)	22	rápido (de tiempo), temprano
hayai	速い	(Adj.i)	22	rápido (de velocidad), veloz
hebi	へび	(S)	11	serpiente
Heisei	平成	(T)	6	era Heisei (1989-)
hentai	変態	(S)	23	pervertido, cerdo, salido
heso	へそ	(S)	26	ombligo
hetakuso	下手くそ	(S)	23	torpe, inútil
heta-na	下手な	(Adj.na)	14	torpe
heya	部屋	(S)	25	habitación
hi	日	(S)	3, 6	sol | día
hi	火	(S)	3	fuego
hibi	日々	(S)	11	día a día
hidari	左	(S)	4	izquierda
hidoi	ひどい	(Adj.i)	ECV	terrible, cruel
higashi	東	(S)	4	este
hige	ひげ	(S)	26	barba
hiitaa	ヒーター	(S)	8	calefacción
hiji	ひじ	(S)	26	codo
-hiki	〜匹	(C)	11, 25	(contador para animalitos)
hikui	低い	(Adj.i)	13	bajo
hima-na	ひまな	(Adj.na)	14	desocupado, con tiempo libre
hinto	ヒント	(S)	8	pista
hiragana	ひらがな	(S)	1	silabario hiragana
hiroba	広場	(S)	8	plaza
Hiroshima	広島	(T)	10	ciudad de Hiroshima
hiru	昼	(S)	11, 12	mediodía
hisashiburi desu	久しぶりです	(L)	27	cuánto tiempo (sin vernos)
hitai	額	(S)	26	frente
hito	人	(S)	3	persona
hitosashiyubi	人差し指	(S)	26	(dedo) índice
hitsuji	羊	(S)	11	oveja | carnero
hitsuyō-na	必要な	(Adj.na)	22	necesario
hiza	ひざ	(S)	26	rodilla
Hokkaidō	北海道	(T)	10	isla de Hokkaidō
-hon	〜本	(C)	11, 25	(contador para cosas alargadas)
hon	本	(S)	9	libro
hon'ya	本屋	(S)	15	librería
Honshū	本州	(T)	10	isla de Honshū
hoo	ほお	(S)	26	mejilla
hōseki	宝石	(S)	ECIII	piedra preciosa
hoshi	星	(S)	10	estrella

hotto	ほっと	(O)	29	(sentirse aliviado)
hyō	ひょう	(S)	10	granizo

I

i	胃	(S)	26	estómago
ichaicha	いちゃいちゃ	(O)	29	(manosearse una pareja)
ichido ni	一度に	(Adv)	25	a la vez
ichi gatsu	一月	(S)	6	enero
ichigo	いちご	(S)	11	fresa
ichiichi	いちいち	(Adv)	22	uno por uno
ie	家	(S)	11	casa
ii	いい	(Adj.i)	7, 13	bueno
iie	いいえ	(L)	2, 4	no | de nada
ikkai	一階	(S)	25	planta baja
iku	行く	(Virr)	8, 20	ir
ikura	いくら	(Adv)	4, 22	¿cuánto (dinero)?
ima	今	(Adv)	8, 22	ahora
imōto	妹	(S)	21	mi hermana menor
imōtosan	妹さん	(S)	21	hermana menor (de otro)
inochi	命	(S)	19	vida
inu	犬	(S)	9	perro
ippai	いっぱい	(Adv)	17	mucho
iraira	いらいら	(O)	29	(estar nervioso, irritado)
irasshai	いらっしゃい	(L)	27	adelante, pase
irasshaimase	いらっしゃいませ	(L)	4, 27	¡bienvenido! (a una tienda)
ireru	入れる	(V1)	8	meter
irezumi	刺青／入れ墨	(S)	23	tatuaje
iru	いる	(V1)	16, 18	estar (seres animados)
isha	医者	(S)	21	médico
isogashii	忙しい	(Adj.i)	ECIII	ocupado, con mucho trabajo
isogu	急ぐ	(V)	19	apresurarse
isshoni	一緒に	(Adv)	20	junto a
isu	いす	(S)	9	silla
itadakimasu	いただきます	(L)	27	buen provecho
itai	痛い	(Adj.i)	16, 26	que duele
itsu	いつ	(Adv)	22	¿cuándo?
itte kimasu	行ってきます	(L)	27	me marcho
itte rasshai	行ってらっしゃい	(L)	27	hasta luego
iu	言う	(V)	16	decir
iyakukin	違約金	(S)	5	indemnización
iya-na	嫌な	(Adj.na)	14	desagradable, molesto
izakaya	居酒屋	(S)	15	taberna

J

jagaimo	じゃがいも	(S)	11	patata
jetto	ジェット	(S)	8	reactor
ji	字	(S)	16	letra, carácter
jiichan	じいちゃん	(S)	21	abuelo (cariñoso)
jingi	仁義	(S)	23	código del honor yakuza
jinzō	腎臓	(S)	26	riñón
jishin	地震	(S)	10	terremoto
jitensha	自転車	(S)	11	bicicleta
jitto	じっと	(O)	29	(mirar fijamente)
-jō	〜畳	(C)	25	(contador de *tatami*)
jōbu-na	丈夫な	(Adj.na)	14	sano, vigoroso
jōken	条件	(S)	ECIV	condición
josūshi	助数詞	(S)	25	contador
jōzu-na	上手な	(Adj.na)	14	hábil
jūbun	十分	(Adv)	22	suficiente
jūdan	銃弾	(S)	26	bala

jū gatsu	十月	(S)	6	octubre
jū ichi gatsu	十一月	(S)	6	noviembre
jū ni gatsu	十二月	(S)	6	diciembre

K

ka	蚊	(S)	18	mosquito
kaachan	かあちゃん	(S)	21	madre (cariñoso)
kaapetto	カーペット	(S)	8	alfombra, moqueta
kaban	かばん	(S)	13	maleta
kabocha	かぼちゃ	(S)	11	calabaza
kachō	課長	(S)	15	jefe de sección
kaeru	かえる	(S)	18	rana
kaeru	帰る	(V2)	16, 19	volver
-kai	〜階	(C)	25	(contador de plantas de edificio)
kaigi	会議	(S)	ECIII	reunión
kaijō	会場	(S)	24	sala
kaiwa	会話	(S)	4	conversación
kakkoii	かっこいい	(Adj.i)	13	guapo (para hombres)
kaku	書く	(V)	16, 19	escribir
kame	亀	(S)	18	tortuga
kamera	カメラ	(S)	11	cámara
kami	紙	(S)	11	papel
kamikaze	神風	(S)	10	«viento divino»
kaminoke	髪の毛	(S)	26	pelo, cabellera
kanai	家内	(S)	21	mi esposa
kanashii	悲しい	(V.i)	ECVI	triste
kandō	感動	(S)	ECIV	impresión, emoción
kane	金	(S)	3	dinero, metal
kangaeru	考える	(V1)	ECV	pensar
kangeki	感激	(Vs)	17	emoción
kanji	漢字	(S)	3	kanji
kannō	間脳	(S)	26	mesencéfalo
kanojo	彼女	(PN)	7	ella
kanojotachi	彼女達	(PN)	7	ellas
kantai	艦隊	(S)	5	flota de barcos o naves
kan'yō hyōgen	慣用表現	(S)	27	expresión hecha
kanzō	肝臓	(S)	26	hígado
kao	顔	(S)	7, 26	cara
kao ga hiroi	顔が広い	(L)	26	tener muchos contactos
kao o uru	顔を売る	(L)	26	hacerse autopromoción
kappa	カッパ	(S)	2	capa
kappuru	カップル	(S)	29	pareja
karada	体	(S)	26	cuerpo
karakara	からから	(O)	29	(estar seco)
karasu	からす（烏）	(S)	18	cuervo
kare	彼	(PN)	7	él
karee	カレー	(S)	8	curry
karera	彼ら	(PN)	7	ellos
kari ni	仮に	(Adv)	22	hipotéticamente
kasei	火星	(T)	3	Marte
kasu	貸す	(V)	16,19	prestar
kasumeru	かすめる	(V)	26	rozar
kata	肩	(S)	26	hombro
katsu	勝つ	(V)	30	ganar, vencer
kau	買う	(V)	19	comprar
kau	飼う	(V)	18	criar a un animal
kawa	川	(S)	3	río
Kawasaki	川崎	(T)	10	ciudad de Kawasaki
kayōbi	火曜日	(S)	6	martes
kaze	風	(S)	10	viento

kazoku	家族	(S)	10, 21	familia
keekiya	ケーキ屋	(S)	15	pastelería
keikan	警官	(S)	23	agente de policía
keirin	競輪	(S)	6	carrera de bicicletas
keirin-jō	競輪場	(S)	6	velódromo
keisatsukan	警察官	(S)	21	agente de policía
keiyaku	契約	(Vs)	5	contrato
keiyōshi	形容詞	(S)	13, 14	adjetivo
kekkan	血管	(S)	26	vaso sanguíneo
kekkon	結婚	(Vs)	16, 24	casamiento, boda
kerokero	けろけろ	(O)	29	(croar de una rana)
ketsu	ケツ	(S)	26	trasero (vulgar)
ki	木	(S)	3	árbol
ki	機	(S)	3	máquina
kichi	基地	(S)	ECI	base (militar)
ki o tsukete	気をつけて	(L)	4	ve con cuidado
kihon	基本	(S)	9	base
kiiroi	黄色い	(Adj.i)	13	amarillo
kiken-na	危険な	(Adj.na)	14	peligroso
kikōgun	機甲軍	(S)	5	ejército acorazado
kiku	聞く	(V)	30	escuchar, oír
kimi	君	(PN)	7	tú (masc.)
kimira	君ら	(PN)	7	vosotros (masc.)
kimitachi	君達	(PN)	7	vosotros (masc.)
kimochi	気持ち	(S)	ECVI	sentimiento, sentir
kimochi warui	気持ち悪い	(Adj.i)	23	desagradable, repugnante
kinō	昨日	(Adv)	22	ayer
kinoko	きのこ	(S)	11	seta
kin'yōbi	金曜日	(S)	6	viernes
kirai-na	嫌いな	(Adj.na)	14	que no gusta
kirakira	きらきら	(O)	29	(brillar, resplandecer)
kirei-na	きれいな	(Adj.na)	14	bonito
kiri	きり	(S)	10	niebla
kiru	斬る	(V2)	23	matar
kisama	きさま	(PN)	7, 23	tú (amenaza)
kishoku warui	気色悪い	(Adj.i)	23	desagradable, repugnante
kissaten	喫茶店	(S)	2	cafetería
kita	北	(S)	4	norte
Kitakyūshū	北九州	(T)	10	ciudad de Kitakyūshū
kitanai	汚い	(Adj.i)	23	sucio
kitte	切手	(S)	11	sello
kitto	きっと	(Adv)	22	ciertamente, seguro que
kizu	傷	(S)	15	herida
-ko	〜個	(C)	25	(contador de cosas pequeñas)
ko	子	(S)	4	niño/a
Kōbe	神戸	(T)	10	ciudad de Kobe
kobun	子分	(S)	23	subordinado yakuza
kōchi	コーチ	(S)	9	entrenador
kōen	公園	(S)	14	parque
kōhai	後輩	(S)	15	no veterano
kōhii	コーヒー	(S)	11	café
koitsu	こいつ	(PN)	7	este tipo
kokoro	心	(S)	4, 26	corazón, alma
kokuban	黒板	(S)	16	pizarra
kome	米	(S)	11	arroz (sin cocer)
konban wa	こんばんは	(L)	2, 4	buenas noches
kondo	今度	(Adv)	18	esta vez | la próxima vez
konnichi wa	こんにちは	(L)	2, 4	buenas tardes
kono yarō	この野郎	(S)	23	este tipo | desgraciado
konpyūta	コンピュータ	(S)	2	ordenador, computadora

koppu	コップ	(S)	18	vaso
kora	こら	(L)	23	(amenaza)
korobu	転ぶ	(V)	24	caerse
korosu	殺す	(V)	7	matar
koto	事	(PN)	9	cosa (intangible)
kotoba	言葉	(S)	23	palabra
kotoshi	今年	(S)	27	este año
kowai	怖い	(Adj.i)	13	que da miedo
kowasu	壊す	(V)	1	romper
kōyō	紅葉	(S)	10	hojas rojas de arce
koyubi	小指	(S)	26	(dedo) meñique
kōza	講座	(S)	30	curso
kubi	首	(S)	26	cuello | cabeza
kubi ni naru	首になる	(L)	26	ser despedido de un trabajo
kuchi	口	(S)	4, 26	boca
kuchi ga karui	口が軽い	(L)	26	no saber guardar un secreto
kuchi ga katai	口が堅い	(L)	26	saber guardar un secreto
kuchi ga warui	口が悪い	(L)	26	ser malhablado
kuchihige	口ひげ	(S)	26	bigote
kudamono	果物	(S)	11	fruta
kudamonoya	果物屋	(S)	15	frutería
kudasai	ください	(L)	4	por favor
ku gatsu	九月	(S)	6	septiembre
kujira	くじら (鯨)	(S)	18	ballena
kuma	熊	(S)	11	oso
kumi	組	(S)	23	banda yakuza
kumichō	組長	(S)	23	jefe yakuza
kumo	雲	(S)	10	nube
kumori	曇り	(S)	10	nublado
-kun	～君	(Sf)	15	(sufijo para nombres, L.15)
kun'yomi	訓読み	(S)	3	lectura kun'yomi
kurai	暗い	(Adj.i)	13	oscuro
kurakku	クラック	(S)	8	crack
kureru	くれる	(V1)	28	dar (a mí)
kuroi	黒い	(Adj.i)	13	negro
kuru	来る	(Virr)	16, 19	venir
kuruma	車	(S)	11	coche, carro, automóvil
kurushii	苦しい	(Adj.i)	23	doloroso
kūso	くうそ	(S)	2	vacío, insustancial
kuso	クソ／糞	(S)	2, 23	mierda
kusokurae	クソ食らえ	(L)	23	¡Vete a la mierda!
kusottare	くそったれ	(S)	23	imbécil, estúpido
kusuriyubi	薬指	(S)	26	(dedo) anular
kutakuta	くたくた	(O)	29	(estar agotado)
kutsuya	靴屋	(S)	15	zapatería
kuzu	くず	(S)	23	basura, escoria
kyanon	キャノン	(S)	ECII	cañón
kyanpu	キャンプ	(S)	ECII	campamento
kyaputen	キャプテン	(S)	8	capitán
kyō	今日	(Adv)	10, 22	hoy
kyōshitsu	教室	(S)	11	aula
Kyōto	京都	(T)	10	ciudad de Kioto
kyūsen	休戦	(S)	ECIV	tregua (de guerra)
Kyūshū	九州	(T)	10	isla de Kyūshū

M

mada	まだ	(Adv)	22	todavía
made	まで	(Adv)	8	hasta
mae	前	(Adv)	12	antes | delante
mae ni	前に	(Adv)	22	delante de

mago	孫	(S)	21	nieto/a
-mai	〜枚	(C)	11, 25	(contador para cosas planas)
makeinu	負け犬	(S)	ECVI	(perro) perdedor
makeru	負ける	(V1)	19	perder
mama	ママ	(S)	21	mamá (cariñoso)
mame	豆	(S)	11	judía
mamoru	守る	(V)	19	proteger
manga	マンガ	(S)	9	cómic
manuke	間抜け	(S)	23	estúpido, tonto, bobo
mappu	マップ	(S)	ECI	mapa
masaka	まさか	(Adv)	16, 22	oh, no | no puedo creer que...
massaaji	マッサージ	(S)	2	masaje
mata	また	(S)	23	otra vez, de nuevo
matsu	待つ	(V)	19	esperar
matsuge	まつげ	(S)	26	pestañas
mattaku	まったく	(Adv)	22	completamente, enteramente
mawaru	回る	(V)	29	girar
mayuge	眉毛	(S)	26	cejas
me	目	(S)	4, 26	ojo
meccha	めっちゃ	(Adv)	17	mucho (vulgar)
mechakucha	めちゃくちゃ	(O)	29	(estar hecho un desastre)
medama	目玉	(S)	25	globo ocular
mega	メガ	(S)	ECII	mega- (prefijo)
megami	女神	(S)	7	diosa
megane	めがね (眼鏡)	(S)	18	gafas
me ga takai	目が高い	(L)	26	ser un experto en algo
Meiji	明治	(T)	6	era Meiji (1868-1912)
meirei	命令	(S)	ECV	orden
meishi	名詞	(S)	11	sustantivo
mekishiko	メキシコ	(T)	17	México
mesu	雌	(S)	11	hembra
michi	未知	(S)	22	desconocido
michi	道	(S)	14	camino, carretera
migi	右	(S)	4	derecha
mikan	みかん	(S)	11	mandarina
mikata	見方	(S)	ECIII	aliado
mimi	耳	(S)	4, 26	oreja
mimi ga itai	耳が痛い	(L)	26	encajar una crítica
mimi ga tooi	耳が遠い	(L)	26	estar un poco sordo
minami	南	(S)	4	sur
minikui	みにくい	(Adj.i)	ECIII	feo
minna	皆	(S)	3	todos
miru	見る	(V1)	3	mirar
misairu	ミサイル	(S)	26	misil
mizu	水	(S)	3	agua
mō	もう	(Adv)	16, 22	ya
mochiron	もちろん	(Adv)	ECV	por supuesto
mokuhyō	目標	(S)	8	objetivo
mokuyōbi	木曜日	(S)	6	jueves
momiji	紅葉	(S)	10	hojas rojas de arce
momo	桃	(S)	11	melocotón
mono	物	(S)	22	cosa tangible
morau	もらう	(V)	28	recibir
mōshiwake nai	申し訳ない	(L)	27	lo siento, disculpe (formal)
mōsu	申す	(V)	7	llamarse (humilde)
motsu	持つ	(V)	18	tener, poseer | agarrar
motto	もっと	(Adv)	22	más
mukashi	昔	(Adv)	ECIII	hace mucho tiempo, antes
mune	胸	(S)	26	pecho, busto
mune o haru	胸を張る	(L)	26	hacer de tripas corazón

mura	村	(S)	20	pueblo
muri-na	無理な	(Adj.na)	ECIII	imposible
mushiatsusa	蒸し暑さ	(S)	10	bochorno
musuko	息子	(S)	21	mi hijo
musukosan	息子さん	(S)	21	hijo (de otro)
musume	娘	(S)	21	mi hija
musumesan	娘さん	(S)	21	hija (de otro)
muzukashii	難しい	(Adj.i)	13	difícil

N

nagai	長い	(Adj.i)	17	largo
Nagano	長野	(T)	10	ciudad de Nagano
Nagasaki	長崎	(T)	10	ciudad de Nagasaki
Nagoya	名古屋	(T)	10	ciudad de Nagoya
naifu	ナイフ	(S)	18	cuchillo
naka	中	(S)	4	centro, dentro
nakayubi	中指	(S)	26	(dedo) corazón
namae	名前	(S)	4	nombre
namida	涙	(S)	11	lágrima
nani	何	(Adv)	3, 4	¿qué?
nani mo	何も	(Adv)	19	nada
naru	なる	(V)	7, 28	llegar a ser, convertirse
naru	鳴る	(S)	16	sonar (teléfono) | cantar (pájaro)
nashi	なし	(S)	11	pera
natsu	夏	(S)	4, 10	verano
naze	何故	(Adv)	7	¿por qué?
neko	猫	(S)	9	gato
nerai	狙い	(S)	21	punto de mira
nerau	狙う	(V)	25	apuntar
neru	寝る	(V1)	24	dormir
nichijō	日常	(S)	4	cotidiano
nichiyōbi	日曜日	(S)	6	domingo
ni gatsu	二月	(S)	6	febrero
nigeba	逃げ場	(S)	18	escapatoria
nihon	日本	(S)	3	Japón
nihongo	日本語	(S)	3	idioma japonés
niku	肉	(S)	11	carne
nikuya	肉屋	(S)	15	carnicería
-nin	〜人	(C)	11, 25	(contador para personas)
ninkyō	任侠	(S)	23	valores caballerescos yakuza
ninniku	にんにく	(S)	11	ajo
ninshōdaimeishi	人称代名詞	(S)	7	pronombre personal
nioi	臭い	(S)	8	olor
nishi	西	(S)	4	oeste
niwa	庭	(S)	11	jardín
nodo	のど	(S)	26	garganta
nodo ga kawaita	のどがかわいた	(L)	27	tengo sed
nogo ga karakara	のどがからから	(L)	27	tengo sed (coloquial)
nokoru	残る	(V)	24	permanecer, quedar
nomu	飲む	(V)	19	beber
noru	乗る	(V)	30	subir (a un vehículo)
nuku	抜く	(V)	22	quitar, sobrepasar
nyannyan	にゃんにゃん	(O)	29	(maullido de un gato)
nyōbō	女房	(S)	21	mi esposa

O

ō	王	(S)	3	rey
oba	叔母 | 伯母	(S)	21	mi tía
obaachan	おばあちゃん	(S)	21	abuela (cariñoso)
obaasan	おばあさん	(S)	21	abuela

obasan	叔母さん｜伯母さん	(S)	21	tía
o-bentōya	お弁当屋	(S)	15	tienda de fiambreras «bentō»
oboeru	覚える	(V1)	ECVI	recordar
o-cha	お茶	(S)	11	té
o-daiji-ni	お大事に	(L)	17	que te mejores
ofukuro	おふくろ	(S)	21	mi madre (coloquial, masc.)
o-furo	お風呂	(S)	10	bañera
ohayō gozaimasu	おはようございます	(L)	2, 4	buenos días
oira	オイラ	(PN)	7	yo (campesino)
oishii	おいしい	(Adj.i)	13	rico, delicioso
o-jama shimasu	お邪魔します	(L)	27	con permiso
oji	叔父｜伯父	(S)	21	mi tío
ōji	王子	(S)	4	príncipe
ojiichan	おじいちゃん	(S)	21	abuelo (cariñoso)
ojiisan	おじいさん	(S)	21	abuelo
ojisan	叔父さん｜伯父さん	(S)	21	tío
okaachan	お母ちゃん	(S)	21	madre (cariñoso)
okaasan	お母さん	(S)	21	madre
o-kaeri nasai	お帰りなさい	(L)	27	bienvenido
o-kane	お金	(S)	9	dinero
o-kashi	お菓子	(S)	11	bollo, dulce
o-kashiya	お菓子屋	(S)	15	tienda de dulces
Okinawa	沖縄	(T)	10	archipiélago de Okinawa
okiru	起きる	(V1)	19	levantarse
okusan	奥さん	(S)	21	esposa (de otro)
omae	お前	(PN)	7	tú (vulgar)
omaera	お前ら	(PN)	7	vosotros (vulgar)
omaetachi	お前達	(PN)	7	vosotros (vulgar)
o-matase shimashita	お待たせしました	(L)	30	perdón por hacerte esperar
omedetō	おめでとう	(L)	4	felicidades
omedetō gozaimasu	おめでとう...	(L)	27	muchas felicidades
omoi	重い	(Adj.i)	13	pesado
omoshiroi	面白い	(Adj.i)	3	interesante, divertido
o-naka	お腹	(S)	16, 26	barriga, vientre
o-naka ga pekopeko	お腹がぺこぺこ	(L)	27	tengo hambre (infantil)
o-naka ga suita	お腹がすいた	(L)	27	tengo hambre
ondo	温度	(S)	10	temperatura
oneesan	お姉さん	(S)	21	hermana mayor
o-negai shimasu	お願いします	(L)	2, 4	por favor
oniisan	お兄さん	(S)	21	hermano mayor
onna	女	(S)	3	mujer
onore	おのれ	(PN)	23	yo｜desgraciado (amenaza)
on'yomi	音読み	(S)	3	lectura *on'yomi*
ookii	大きい	(Adj.i)	13	grande
oppai	オッパイ	(S)	26	tetas
oranda	オランダ	(T)	8	Holanda
ore	俺	(PN)	7	yo (vulgar)
orenji	オレンジ	(S)	11	naranja
orera	俺ら	(PN)	7	nosotros (vulgar)
oretachi	俺達	(PN)	7	nosotros (vulgar)
oriru	降りる	(V1)	30	bajar
Ôsaka	大阪	(T)	10	ciudad de Osaka
oshieru	教える	(V1)	19	enseñar
o-shiri	お尻	(S)	26	trasero
osoi	遅い	(Adj.i)	16	tardío｜lento
osoraku	おそらく	(Adv)	11	quizás
osu	雄	(S)	11	macho
o-tera	お寺	(S)	17	templo budista
otōchan	お父ちゃん	(S)	21	padre (cariñoso)
otoko	男	(S)	3	hombre

otonashii	おとなしい	(Adj.i)	13	manso, calmado
otōsan	お父さん	(S)	3, 21	padre
otōto	弟	(S)	21	mi hermano menor
otōtosan	弟さん	(S)	21	hermano menor (de otro)
o-tsukare-sama	お疲れ様	(L)	27	buen trabajo
otto	夫	(S)	21	mi marido
owaru	終わる	(V)	25	terminar, acabar
oyabun	親分	(S)	23	jefe yakuza
oyaji	親父	(S)	21	padre | hombre de mediana edad
o-yasumi nasai	お休みなさい	(L)	4	buenas noches
oyayubi	親指	(S)	26	(dedo) pulgar

ℙ

paatii	パーティー	(S)	11	fiesta
pakupaku	ぱくぱく	(O)	29	(comer con ganas)
pan	パン	(S)	2	pan
pan'ya	パン屋	(S)	15	panadería
papa	パパ	(S)	21	papá (cariñoso)
pasokon	パソコン	(S)	9	ordenador, computador
pechapai	ペチャパイ	(S)	28	pecho plano
pekopeko	ぺこぺこ	(O)	29	(tener hambre)
pen	ペン	(S)	16	bolígrafo
perapera	ぺらぺら	(O)	29	(hablar con fluidez)
piiman	ピーマン	(S)	11	pimiento
pikapika	ぴかぴか	(O)	29	(brillar, relucir)
pita	ぴたっ	(O)	29	(detenerse de repente)
poketto	ポケット	(S)	8	bolsillo
puramoderu	プラモデル	(S)	16	maqueta de plástico
puretaporute	プレタポルテ	(S)	2	prêt-à-porter

ℝ

raamen	ラーメン	(S)	17	sopa de fideos «ramen»
raamenya	ラーメン屋	(S)	15	restaurante de ramen
raifuru	ライフル	(S)	ECII	rifle
raion	ライオン	(S)	11	león
raketto	ラケット	(S)	2	raqueta
rakujō	落城	(Vs)	ECVI	caer un castillo
ranbō-na	乱暴な	(Adj.na)	28	violento
remon	レモン	(S)	9	limón
renzu	レンズ	(S)	8	lente
resutoran	レストラン	(S)	11	restaurante
retasu	レタス	(S)	11	lechuga
riidaa	リーダー	(S)	ECI	líder
ringo	りんご	(S)	9	manzana
robotto	ロボット	(S)	ECII	robot
roku gatsu	六月	(S)	6	junio
ryū	竜	(S)	11	dragón

𝕊

saau	サー	(S)	ECII	señor (*sir*)
saabisu	サービス	(Vs)	8	servicio
saiboogu	サイボーグ	(S)	ECII	cyborg
saifu	財布	(S)	18	cartera
saikai	再開	(S)	ECIV	reanudación
saikin	最近	(Adv)	ECIII	últimamente, recientemente
saisho	最初	(Adv)	10	el primero
Saitama	さいたま	(T)	10	ciudad de Saitama
sakana	魚	(S)	11	pez | pescado
sakanaya	魚屋	(S)	15	pescadería
sake	酒	(S)	11, 22	alcohol | sake

shita ni	下に	(Adv)	22	debajo de
shitsumon	質問	(Vs)	24	pregunta
shitsurei shimasu	失礼します	(L)	27	con permiso | me retiro
shizuka-na	静かな	(Adj.na)	14	tranquilo
shizumaru	静まる	(V2)	10	calmarse
shō	章	(S)	ECI	capítulo
shōko	証拠	(S)	24	prueba
shōnō	小脳	(S)	26	cerebelo
shōrai	将来	(S)	ECIV	futuro
shorui	書類	(S)	28	documento
shōsetsu	小説	(S)	28	novela
Shōwa	昭和	(T)	6	era Shōwa (1926-1989)
shujin	主人	(S)	21	mi esposo
shuppatsu	出発	(Vs)	2	salida, partida
shuriken	手裏剣	(S)	16	estrella ninja *shuriken*
soba ni	側に	(Adv)	22	al lado de
sobo	祖母	(S)	21	mi abuela
sō desu	そうです	(L)	2	eso es
sofu	祖父	(S)	21	mi abuelo
sora	空	(S)	13	cielo
sōri daijin	総理大臣	(S)	9	primer ministro
sorou	揃う	(V)	10	reunir
sorujaa	ソルジャー	(S)	ECIV	soldado
soshite	そして	(Adv)	9	entonces
soto	外	(S)	ECII	fuera
souru	ソウル	(T)	16	Seúl
sugi	過ぎ	(S)	12	exceso, demasía
sugoi	すごい	(Adj.i)	22	genial, fantástico
sugu	すぐ	(Adv)	ECVI	enseguida
suika	すいか	(S)	11	sandía
suiyōbi	水曜日	(S)	6	miércoles
sūji	数字	(S)	5	número
suki-na	好きな	(Adj.na)	14	que gusta
sukkiri	すっきり	(O)	29	(sentir alivio)
sukoshi	少し	(Adv)	22	un poco
sumimasen	すみません	(L)	2, 27	lo siento, disculpe | gracias
sumu	住む	(V)	16	vivir
supagetti	スパゲッティ	(S)	8	espaguetis
sūpu	スープ	(S)	11	sopa
supūn	スプーン	(S)	18	cuchara
surippa	スリッパ	(S)	8	zapatilla
suru	する	(Virr)	19	hacer
sushi	すし	(S)	17	sushi
sushiya	すし屋	(S)	15	restaurante de sushi
sutajiamu	スタジアム	(S)	8	estadio
suu	吸う	(V)	7	aspirar
suwaru	座る	(V)	24	sentarse
suzu	鈴	(S)	18	campanilla
suzushii	涼しい	(Adj.i)	10	fresco

T

ta	田	(S)	3	arrozal
tabako	たばこ	(S)	7	tabaco
tabako o suu	たばこを吸う	(L)	7	fumar
taberu	食べる	(V1)	10, 20	comer
tadaima	ただいま	(L)	27	ya estoy en casa
tadashii	正しい	(Adj.i)	9	correcto
tai	タイ	(T)	17	Tailandia
taifū	台風	(S)	10	tifón
taihen	大変	(Adv)	22	difícil, grave

taihen-na	大変な	(Adj.na)	14	difícil, molesto
taimu rimitto	タイムリミット	(S)	12	tiempo límite
taisetsu-na	大切な	(Adj.na)	14	importante
Taishō	大正	(T)	6	era Taishō (1912-1926)
takai	高い	(Adj.i)	7, 13	alto | caro
tako	たこ	(S)	23	pulpo | asqueroso, pervertido
takusan	たくさん	(Adv)	22	mucho
tama	玉	(S)	3	pelota
tama	弾	(S)	ECIV	bala, proyectil
tamanegi	玉ねぎ	(S)	11	cebolla
tane	種	(S)	16	semilla
tanomi	頼み	(S)	ECIII	petición, solicitud
tatakau	戦う	(V)	16	luchar, pelear
tatami	畳	(S)	25	estera de paja *tatami*
tatemono	建物	(S)	11	edificio
te	手	(S)	4, 26	mano
teate	手当て	(S)	15	cura, remedio, tratamiento
teeburu	テーブル	(S)	9	mesa
tegami	手紙	(S)	11	carta
teikoku	帝国	(S)	5	imperio
teki	敵	(S)	22	enemigo
tekkyo	撤去	(Vs)	ECIV	desmontar
tekubi	手首	(S)	26	muñeca (de la mano)
temee	てめえ	(PN)	7, 23	tú (amenaza)
temo ashimo denai	手も足も出ない	(L)	26	no saber qué hacer
tenki	天気	(S)	17	tiempo meteorológico
tenohira	手の平／掌	(S)	26	palma de la mano
te o ageru	手を上げる	(L)	26	rendirse, resignarse a algo
te o dasu	手を出す	(L)	26	meterse en algún asunto nuevo
te o kasu	手を貸す	(L)	26	echar una mano, ayudar
terebi	テレビ	(S)	9	televisor, televisión
-tō	〜頭	(C)	25	(contador de animales grandes)
tobu	飛ぶ	(V)	24	volar
tōchan	父ちゃん	(S)	21	papá (cariñoso)
toire	トイレ	(S)	11	lavabo
tokidoki	時々	(Adv)	22	a veces
tokoro	所	(S)	27	sitio, lugar
tokushū	特集	(S)	8	(programa o publicación) especial
Tōkyō	東京	(T)	6, 10	Tokio
tomaru	止まる	(V)	29	detenerse, parar
tomato	トマト	(S)	11	tomate
tōmorokoshi	とうもろこし	(S)	20	maíz
tonikaku	とにかく	(Adv)	22	de todos modos | en cualquier caso
tono	殿	(S)	19	señor (feudal)
tooi	遠い	(Adj.i)	20	lejano
tora	虎	(S)	11	tigre
tori	鳥	(S)	9	pájaro
toshi	年	(S)	6	año
toshokan	図書館	(S)	16	biblioteca
totemo	とても	(Adv)	22	muy
-tsu	〜つ	(C)	25	(contador universal)
tsuaa	ツアー	(Vs)	8	tour
tsuchi	土	(S)	3	tierra
tsukareru	疲れる	(V1)	17	cansarse
tsukeru	付ける	(V1)	21	poner, colocar
tsuki	月	(S)	3, 6	luna | mes
tsukue	机	(S)	18	pupitre, escritorio
tsukuru	作る	(V)	16	hacer, construir
tsuma	妻	(S)	21	mi esposa
tsumaranai	つまらない	(Adj.i)	27	aburrido

tsume	爪	(S)	26	uña
tsutaeru	伝える	(V1)	ECIV	comunicar
tsuyoi	強い	(Adj.i)	26	fuerte
tsuyu	梅雨	(S)	10	temporada de lluvias

U

uchi	家	(S)	17	casa
uchū	宇宙	(S)	3	universo, espacio
ude	腕	(S)	26	brazo
ude ga ii	腕がいい	(L)	26	ser muy bueno en algo
udon'ya	うどん屋	(S)	15	restaurante de *udon*
ue	上	(S)	4	arriba
ue ni	上に	(Adv)	22	encima de
ugoku	動く	(V)	24	moverse
uketoru	受け取る	(V)	5	aceptar
uma	馬	(S)	11	caballo
unten	運転	(Vs)	24	conducción
urusai	うるさい	(Adj.i | L)	23	ruidoso, molesto | ¡Cállate!
usagi	うさぎ	(S)	11	conejo
ushi	牛	(S)	11	vaca | toro
ushiro ni	後ろに	(Adv)	22	detrás de
uta	歌	(S)	9	canción
utau	歌う	(V)	17	cantar
utsu	撃つ	(V)	17	disparar
utsukushii	美しい	(Adj.i)	13	bello, bonito
uun	ううん	(L)	10	no

V

vaiorento-na	ヴァイオレントな	(Adj.na)	ECII	violento
vaiorin	ヴァイオリン	(S)	8	violín

W

-wa	〜羽	(C)	25	(contador de pájaros)
wain	ワイン	(S)	28	vino
wakareru	別れる	(V1)	7	cortar una relación
wakaru	分かる	(V)	2, 19	entender
wakuwaku	わくわく	(O)	29	(estar nervioso, excitado)
wan-chan	ワンちゃん	(O)	29	perro (infantil)
wanwan	わんわん	(O)	29	(ladrido de perro)
warau	笑う	(V)	24	reír | sonreír
wareru	割れる	(V1)	25	romperse
wareware	我々	(PN)	7	nosotros (formal)
warui	悪い	(Adj.i)	13	malo
washi	わし	(PN)	1, 7	yo
watakushi	わたくし	(PN)	7	yo (formal)
watakushidomo	わたくしども	(PN)	7	nosotros (formal)
watakushitachi	わたくし達	(PN)	7	nosotros (formal)
watashi	私	(PN)	4, 7	yo
watashitachi	私達	(PN)	7	nosotros

Y

yahari	やはり	(Adv)	22	tal como pensaba | a fin de cuentas
yakusoku	約束	(Vs)	17, 24	promesa
yakuza	やくざ	(S)	23	yakuza (mafia japonesa)
yama	山	(S)	3	montaña
yameru	やめる	(V)	ECIV	dejar, abandonar
yaoya	八百屋	(S)	15	verdulería
yappari	やっぱり	(Adv)	22	tal como pensaba | a fin de cuentas
yaru	やる	(V)	12	hacer (vulgar)
yarō	やろう	(S)	ECVI	tipo, tipejo

yasai	野菜	(S)	11	verdura
yasashii	優しい	(Adj.i)	28	tierno, amable, dulce
yasashii	やさしい	(Adj.i)	13	fácil
yasui	安い	(Adj.i)	13	barato
yasumi	休み	(S)	11	descanso
yatsu	奴	(S)	11	tipo, tipejo
yatta	やった	(L)	4	¡viva!, ¡lo conseguí!
yōbi	曜日	(S)	6	día de la semana
yobu	呼ぶ	(V)	19	llamar
yokan	予感	(S)	14	presentimiento
Yokohama	横浜	(T)	10	ciudad de Yokohama
yoku	よく	(Adv)	22	mucho, bien
yomu	読む	(V)	3, 19	leer
yo no naka	世の中	(S)	9	en el mundo
yorokobu	喜ぶ	(V)	20	alegrarse
yoroshii	よろしい	(Adj.i)	ECIV	bien, de acuerdo (formal)
yoroshiku	よろしく	(L)	4	encantado
yoroshiku o-negai...	よろしくお願い...	(L)	27	encantado | lo dejo en sus manos
yoru	夜	(S)	11, 12	noche
you	酔う	(V)	20	marearse | emborracharse
yubi	指	(S)	26	dedo
yubisaki	指先	(S)	26	punta del dedo
yubiwa	指輪	(S)	28	anillo
yubizume	指詰め	(S)	23	cortarse el dedo (yakuza)
yūgata	夕方	(S)	11, 12	tarde
yuki	雪	(S)	10	nieve
yūki	勇気	(S)	ECIV	valor, valentía, coraje
yukkuri	ゆっくり	(Adv)	22	lentamente, poco a poco
yūmei-na	有名な	(Adj.na)	14	famoso
yurusu	許す	(V)	ECVI	perdonar

Z

zasshi	雑誌	(S)	11	revista
zenbu	全部	(Adv)	28	todo
zenmetsu	全滅	(Vs)	ECVI	aniquilar
zō	象	(S)	11	elefante
zunō	頭脳	(S)	26	cerebro

お疲れ様でした！

¡BUEN TRABAJO!

Pero este solo ha sido el primer paso. Ahora, si quieres
seguir adelante en el estudio del japonés, empieza ya con
Japonés en viñetas 2 y el *Cuaderno de ejercicios 2*.